Stefan Stadtherr Wolter

Bekenntnis und Aufbruch

Gefördert im Rahmen des "Kulturpaket II: Perspektiven öffnen, Vielfalt sichern (2021)". Der Herausgeber dankt zudem jenen beiden "leiblichen Geschwistern" sowie den Nichten und Neffen von Ruth Begrich, die die beiden Bände wohlwollend unterstützt haben:

Brigitte Wolter geb. Begrich
Christoph Begrich
Dr. med. Markus Begrich mit Familie
Bernhard und Franziska Prokein geb. Begrich mit Familie

Bibliografische Information der Deutschen Nationalbibliothek
Die Deutsche Nationalbibliothek verzeichnet diese Publikation
in der Deutschen Nationalbibibliografie, detaillierte bibliografische Daten
sind im Internet über http://dnb.d-nb.de abrufbar

Impressum

1. Auflage
© Stefan Stadtherr Wolter 2021

Satz: Dr. Stefan Stadtherr Wolter, Berlin
Herstellung und Verlag: BOD - *Books on Demand, Norderstedt*

ISBN 978-3-75575-130-4

Stefan Stadtherr Wolter

Bekenntnis & Aufbruch (I)

"In meiner Schrankwand steht eine Karte mit einem flötespielenden Engel von Ruth zu meinem Geburtstag 2010. Der Spruch darauf:

Jesus Christus spricht: Euer Herz erschrecke nicht. Glaubt an Gott und glaubt an mich. Joh. 14.1

Das ist die innere Haltung, die uns alle verbunden hat."

Schwester Renate Stegmann

„Ich gönne es ihr sehr, daß sie noch kurz vor ihrem Sterben ein so schönes Konzerterlebnis haben durfte. Möge sie Frieden haben im Herrn", schrieb im Herbst 2020 eine Bekannte von Ruth Begrich (1938-2020), Bezug nehmend auf eine letzte Begegnung mit ihr in der Erfurter Reglerkirche: "Sie schien völlig O.K., sah aus wie immer."

Unfassbar war das stille Ableben der sog. "Kursschwester" Ruth, deren plötzlicher Tod den Anstoß zur Herausgabe dieser Briefsammlung gab. Dieses zweibändige Werk ist nicht nur eine profane Zusammenstellung von mehr als ein Dutzend Frauenbiografien aus der DDR – was ja der Aufmerksamkeit genug wert wäre. Versammelt sind in diesem Buch vielmehr Frauen, die im christlichen Glauben und im gegenseitigen gedanklichen Austausch ihr Leben zu gestalten suchten: als geistliche Geschwisterschaft.

Etwa die Hälfte der zu Wort kommenden Frauen sind geborene Pfarrerstöchter. Einige von ihnen traten später neben ihrem Beruf selbst in den Verkündigungsdienst.

All diese Frauen hatten ihre Ausbildung als Diakonieschwester in Arnstadt begonnen und nennen sich aufgrund ihres gemeinsamen Ausbildungskursus noch heute "Kursgeschwister".

Die Zufälligkeiten, besser "Fügungen", mit denen dieses Buch einsetzt, mögen vom Fenster des "Himmels" künden, das sich uns bisweilen ein Stück weit öffnet.

Ruth wurde, nachdem sie nicht wie verabredet in der Erfurter Reglerkirche erschienen war, tot in ihrer Wohnung gefunden. Auf dem Tischchen neben ihr das Herrnhuter Losungsbüchlein 2020 mit der letzten Losung, die sie noch gelesen haben dürfte (23.9.20):

„Er wird den Tod verschlingen auf ewig." (Jes. 25,8) Lehrtext: *„Wir sind bedrückt und stöhnen, solange wir noch in diesem Körper leben (...) Was an uns vergänglich ist, soll vom Leben verschlungen werden."*

Wie bekannt wurde, ließ sich Ruth in ihrem letzten Telefonat von der Trauerfeier für Hans Simon (1935-2020) berichten. Hans, einst Pfarrer an der Berliner Zionskirche, war mit ihrer Cousine Bärbel verheiratet. Das war jene Frau, die in ihrer ermunternden Art der geheimen "Berliner Umweltbibliothek" den eigentlich für Einweckgläser benötigten Platz im Keller zur Verfügung gestellt hatte. Hans und Bärbel, die im Jahr 2014 an ihrem Geburtstag starb, ahnten nicht, dass die Bibliothek zu einer bedeutenden Keimzelle der Friedlichen Revolution heranwachsen würde. Groß waren nun Gedenken und Würdigung. Ruths Aussegnung unter ihrem christlich motivierten Lebensmotto "Das Beste kommt noch!",

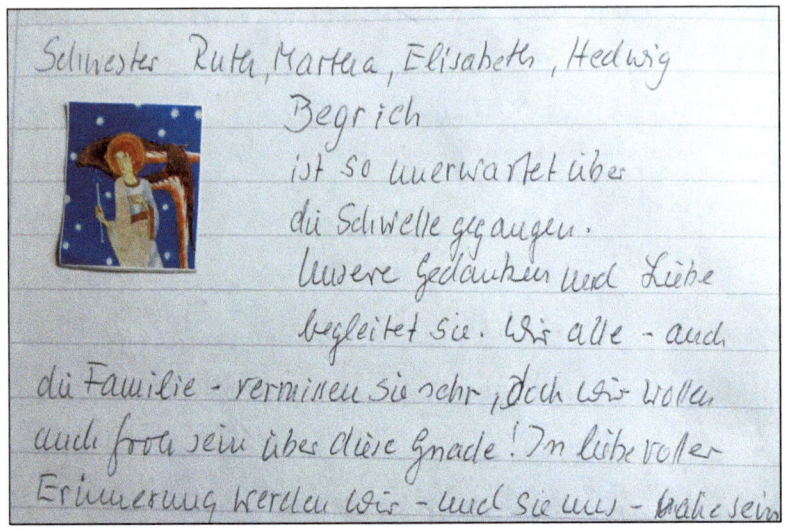

Schwester Ruth, Martha, Elisabeth, Hedwig
Begrich
ist so unerwartet über
die Schwelle gegangen.
Unsere Gedanken und Liebe
begleiten sie. Wir alle - auch
die Familie - vermissen sie sehr, doch wir wollen
auch froh sein über diese Gnade! In liebevoller
Erinnerung werden wir - und sie uns - nahe sein

Ruth Begrich (1938-2020)

"Ruthli – die Grande Dame – ich kenne sie nur freundlich, bescheiden still und irgendwie edel und in allem immer sehr gegenwärtig. Sie war ein Menschenkind, von dem ich irgendwie dachte: die wird nicht älter und die stirbt nicht, jedenfalls nicht so bald. Nun hat sie ein gesegnetes Alter erreicht und Ihr werdet viele Erinnerungen an sie austauschen", schreibt Pastorin Elfriede Begrich Ruths leiblichen Geschwistern in ihrer Kondolenzkarte 2020.

Oben: Trauerbekundung im Kursrundbrief, 2020.

wurde von "Regler-Singschar" und Familienorchester ebenfalls glanzvoll ausgestaltet. Die dortige Wiederbegegnung mit zwei "Kursgeschwistern" ließ die Idee reifen, den vorliegenden jahrzehntelangen Schriftwechsel zu bewahren: Genauer gesagt den "Rundbrief", mit dem jene Schwestern Kontakt hielten, die im Jahr 1958 nach ihrer zweijährigen Ausbildungszeit in Arnstadt das Schwesternexamen abgelegt hatten.

Dem "Rundbrief" voraus ging ein alle verbindendes Erlebnis ihrer Jugend – die "Vertreibung" aus Arnstadt infolge eines gemeinsamen oder doch von jeder Schwester einzeln vorgebrachten Bekenntnisses zu den Werten des Diakonievereins Zehlendorf; den Maßstäben einer christlichen Schwesternschaft. Der im Anschluß ausführlicher dargelegte Akt, welcher bis heute zusammenschweißt, ist schon aus historischer, die DDR-Geschichte aufbereitender Perspektive des Erinnerns und Festhaltens wert. Das trotz äußerer Trennung bleibende Miteinander der Schwestern kommt als geistlicher, tief in die Fragen des Lebens und Glaubens hineinführender Mehrwert hinzu.

Im sonnigen Juni 2008, es ist ein Weilchen her, traf ich schon einmal auf jene Schwestern. Damals führte mich die Recherche der Vertreibung der Diakonieschwestern aus dem Stadtkrankenhaus Merseburg, eine bis dahin vor Ort verdrängte Geschichte, in deren sog. Heimathaus in Berlin-Zehlendorf. Und zwar für einen einzigen Tag! Ausgerechnet jener Tag war es, an dem Ruth, die meine Tante gewesen ist, mit einigen ihrer Mitschwestern ebenfalls dort weilte – anlässlich des Jubiläums ihres sehr besonderen Examens 50 Jahre zuvor. Dass sich unsere Wege im Eingangsbereich dieses Heimathauses zur selben Minute kreuzten, belachten wir beide als eine der Überraschungen des Lebens. Die besondere Geschichte meiner Tante kannte ich bis dahin nicht. Hier lernte ich sie im Kreise ihrer Mitschwestern neu kennen. Diese Begegnung, ohne die das spätere "Wiederbegegnen" unmöglich gewesen wäre, ist im Buch „Der Prinz und das Proradies" (2009) festgehalten:

„In Zehlendorf, wo ich die 'verdrängte Verdrängung' aufarbeite, begleitet die Schwestern der biblische Leitspruch: 'Wer das Leben verliert um meinetwillen, der wird es erhalten'. Ein harter Spruch im erhabenen Flur aus schlesischem Sandstein, der sichtbar wird, sobald man das Haus betritt. Unter ihm empört sich eine Schwester im Gespräch mit mir: ‚Wie hat man uns doch als Jugendliche vereinnahmt'."

Das mag zunächst wenig schmeichelhaft für die Schwesternschaft klingen, in die die jungen Mädchen während ihrer Ausbildung eintraten – bezüglich ihres "Ausbildungkursus" sich wie erwähnt "Kursschwestern" oder liebevoll "Kursgeschwister" nennend. Die harte Arbeit; die Disziplinierung bis in den Freizeitbereich hinein; die Erwartung der Ehelosigkeit zugunsten der uneingeschränkten Nachfolge im Glauben, standen zunehmend konträr zu einer nach dem Krieg auch in der DDR aufstrebenden, sich modernisierenden Gesellschaft. So darf es nicht verwundern, dass auch die jungen Mädchen ihre eigenen, selbst bestimmten Wege zu gehen suchten; zum Leidwesen der traditionellen Schwesternschaften, welche im 19. Jahrhundert in der uneigennützigen Nachfolge eine urchristliche Wesensform des Dienens wiederbelebt hatten. Damals sogar eine gesellschaftliche Aufwertung der unverheirateten Frau – die Tracht tragend befand sie sich wie die bürgerlichen Frauen seither "unter der Haube".

In einer Zeit als Frauenbildung noch in den Kinderschuhen steckte, ermöglichte der im Jahr 1894 von Theologe Dr. Friedrich Zimmer gegründete Diakonieverein Zehlendorf praktische und lebensnahe Ausbildung für pflegerische und soziale Berufe und bot Frauen die Möglichkeit, in einem anerkannten Berufsstand Verantwortung in Kirche und Gesellschaft wahrzunehmen.

Glaubens- und Dienstgemeinschaft waren bis weit in das 20. Jahrhundert hinein auch mit der schwesterlichen Lebensgemeinschaft verbunden. Doch die Entwicklung hüben wie drüben des zweigeteilten Nachkriegsdeutschlands wies in eine andere Richtung. Bis auf Renate und Else-Marie zeigten trotz ihres einstigen Bekenntnisses zur Schwesternschaft alle hier versammelten Schwestern dem Diakonieverein nach und nach ihren Entlassungswunsch an: Ursula, Gisela, Ruth B., Lotti, Christel, Christa, Elisabeth, Christiane, Waltraud, Ruth I., Eva, Anneliese, Maria, außerdem "Kursmutter" Marlies, jene etwa sieben Jahre ältere Schwester, die sich die jungen Mädchen als Betreuerin während der Ausbildung selbst ausgesucht hatten. Die Gründe waren vielfältig. Zum Teil mögen sie in der schwierigen Lage der Schwesternschaft in der atheistischen DDR begründet gewesen sein. Oftmals aber sind sie doch sehr persönlicher Art, bis hin zum Wunsch größerer Selbstbestimmung über das eigene Leben, etwa auch in Partnerschaft und Familie.

Die Briefe der "Kursgeschwister" führen vor Augen, dass ein Dienen in der Liebe zum Nächsten auf vielfältig andere Weise möglich ist. Eine gewisse Widersprüchlichkeit, ein Spannungsfeld, aber bleibt. Bezüglich Ruth Begrich ist das Bedauern der Vereinsoberin Ursula von Dewitz mit Händen zu greifen. Im überlieferten Nachlass (Anhang) heißt es:

"Ihren Eltern zuliebe sind Sie jetzt wieder in Heimatnähe zurückgekehrt und werden in Kürze mit der Arbeit in der heutigen Medizinischen Akademie in Erfurt beginnen – einst unser großes Erfurter Diakonieseminar. Der Gedanke daran ist uns schmerzlich, liebe Schwester Ruth, das werden Sie verstehen. (...) Wir brauchen Ihnen wohl nicht zu sagen, daß wir uns freuen würden, wenn Sie eines Tages in die Schwesternschaft zurückfinden und munter eine der Arbeiten angreifen, in die wir in der Diakonie täglich gerufen werden. Wir müssen schweren Herzens immer wieder Hilferufe ablehnen, die uns von Seiten der Pfarrer, Heime und Gemeinden erreichen, weil die Schwestern, die inzwischen zu verantwortlicher Arbeit fähig sind, heiraten oder eine andere Aufgabe vorziehen. Wir geben Ihnen, nachdem Sie Frau Oberin von Lindeiner Ihre Schwesterntracht und -brosche abgegeben haben, Ihre persönlichen Papiere zurück..."

Wenngleich die Identifikation mit der Schwesternschaft bei den meisten "Kursgeschwistern" schon bald nicht mehr allzu groß war, stellte ihre briefliche Gemeinschaft unter "Führung" der ein paar Jahre älteren Kursmutter Marlies – später Pfarrfrau und Mutter – letztlich doch auch eine Antwort auf den Verlust dieser geistlichen Heimat dar. Unabhängig institutioneller Strukturen bestärkten sich die Schwestern in ihrem Alltag, in dem sie am jeweiligen Platz in der "Nachfolge" zu bleiben suchten. Doch die Prägung im jugendlichen Alter ist groß. Sieben der 14 examinierten Schwestern blieben unverheiratet.

Renate und Else-Marie, die neben der institutionell unabhängigen "Schwesternschaft" auch im Diakonieverein organisiert blieben und diese Zeit als sehr erfüllend beschreiben, erlebten ihr 50-jähriges Jubiläum eigenen Worten zufolge so:

"Am 7. Oktober 2006 kamen Frau Oberin Hünlich mit Schwester Barbara Hinterthür aus Rothenburg a. d. Fulda angereist, und Schwester Else-Marie Kaiser und ich konnten unser Schwesternjubiläum im Kreise unserer ehemaligen Kursschwestern und mit der Kursmutter und Gästen feiern. Frau Oberin hielt uns eine Andacht über den barmherzigen Samariter. Sie sprach uns nun alt gewordenen Schwestern den Trost zu, dass wir Jesu Liebe und Erbarmen zu uns auch annehmen dürfen: „Mit seinem Segen und seiner Güte will er mir alles schenken. Lassen wir uns beschenken, damit wir seine Liebe weiter geben können und fähig werden, immer wieder neu unseren Nächsten so zu lieben wie uns selbst." Zum Schluss der Andacht stimmten wir aus vollem Herzen in unser Schwesternschaftslied „Bis hierher hat mich Gott gebracht." ein. Wir hatten es schon an den vergangenen Abenden aufgefrischt und konnten es dreistimmig singen. Nach der geistigen Nahrung erfreuten wir uns an Kaffee und Thüringer Kuchen. Mit dem Lied 'Komm Herr, segne uns' gingen unsere Wege wieder auseinander – in der Hoffnung, dass wir uns im nächsten Jahr wieder treffen können." (Renate Stegmann)

Befragt über die Bedeutung der Diakonieschwesternschaft für sie stellt Schwester Else-Marie fest:

"Ich komme von einem armen Bauernhof, wo für geistiges u. geistliches Leben keine Zeit war. Aber meine Mutter war eine gläubige Frau. So war es für mich ein Privileg, dass ich zur DDR-Zeiten eine Oberschule besuchte. Durch GOTTES Führung kam ich danach in die Schwesternschaft. Neben der fachlichen Ausbildung zur Krankenschwester lernte ich erstmalig ein geistlich geprägtes Leben kennen u. praktizieren. Die Schwesternschaft war groß in Ost- u. Westdeutschland, etwa 6000 Mitglieder, die damals auch noch in staatlich geführten Krankenhäusern tätig war. Entscheidend für mich war die Begegnung u. das Miteinander mit entschiedenen Christen und die „trachttragende Schwesternschaft" – in gelockerter Form: „Am Arbeitsort ist Tracht zu tragen" (sehr entscheidend als Gemeindeschwester) oder auch: „Wo wir nicht in Tracht hingehen können, da gehören wir nicht hin." Später erfuhr ich auch den besonderen Schutz der Tracht. Ich durfte an einer staatlichen Einrichtung an einer Fortbildung teilnehmen. Da konnte ich frei u. leicht meinen Glauben bekennen – hinter mir stand eine ganze Schwesternschaft. So ließ ich mich auch bewußt u. gern in „das Amt der Diakonie (innerhalb der Diakonieschwesternschaft)" einsegnen. Damals bedeutete das noch die Entscheidung zur Ehelosigkeit. Ich empfand den Dienst nicht als Ausbeutung. „Wir arbeiten solange wie wir gebraucht werden; für ausreichend Freizeit wird gesorgt." Es war GOTTES Weg mit mir, u. dazu gab ER Kraft und Freude."
Else-Marie Kaiser. Rockensußra, den 29.11.2020"

Dieses Buch kennzeichnet die Schwelle inmitten eines Spannungsfeldes, in dem sich die tradierten Schwesternschaften befinden: Auf der Suche nach neuen "zeitgemäßeren" Strukturen veränderte sich auch der Ev. Diakonieverein, der sich im Jahr 2015 sogar für Frauen *und* Männer öffnete, die einer Kirche oder einer kirchlichen Gemeinschaft der Arbeitsgemeinschaft Christlicher Kirchen in Deutschland (ACK) angehören. Zu prüfen sind die Gefahren der "Verwässerung". So ist zu fragen, ob sich das familiär ungebundene, uneigennützige, sich einem Sendungsauftrag stellende, allein auf das Dienen in der "Nachfolge" schauende Schwesterndasein wirklich ersetzen lässt.

Die aufblitzenden "Streiflichter" dieser Dokumentation tragen zur "Ausleuchtung" von Diakonie und Kirche insbesondere in der ehemaligen DDR bei. Insofern laden die authentischen Zugänge und Zeugnisse der vorliegenden "Quellenedition" zur Auseinandersetzung mit diakoniehistorischen Fragestellungen ein.

Briefliches "Gespräch"* (im Jahr 2021) über die Ausbildung im Diakonieseminar Arnstadt

Renate Stegmann, Pfarrerstochter, Jg. 1937: "Meine persönlichen Erlebnisse, die ich mit u. in der Diakonieschwesternschaft bzw. mit dem DV gehabt habe, begannen schon am 26.9.37. Damals sangen die Diakonieschwestern aus der „Veronika" zu meiner Taufe in der Cabarzer Kirche und behaupteten, daß ist unser jüngstes Diakonieschwesterchen. Mein Großvater mütterlicherseits, war von 1914-1949 in Tabarz/Cabarz Pfarrer und immer freundschaftlich mit den Schwestern verbunden. Wenn wir zu Besuch beim Großvater waren, besuchten wir auch Schw. Auguste Machemehl und meine Schwester u. ich bekamen in der Veranda, hinter Schw. Augustes Arbeitszimmer, Kakao serviert, was zu Kriegs- u. Nachkriegszeiten etwas Besonderes war. Zu meiner Konfirmation waren auch Schw. Auguste u. Schw. Else aus Tabarz unsere Gäste, damals selbstverständlich in Tracht. So war mein Lebensweg schon vorgezeichnet.

Es war dann eine gnädige Fügung, daß ich gerade mit diesen jungen Mädchen (die sich später im Rundbrief widerspiegeln) im Herbst 1956 in Arnstadt im Kreiskrankenhaus im Diakonieverein meine Schwesternausbildung beginnen konnte. Vom ersten Tag an standen wir an den Krankenbetten und auch an den Sterbebetten. Es war oft eine harte Arbeit und auch der Umgangston mit uns Schülerinnen war für mich schwer zu verkraften. Da tat es gut, daß wir 3 Mitschwestern, die wir zusammen wohnten, uns verstanden und eine Freundschaft fürs Leben daraus wurde.

Eine Lichtgestalt war für mich Oberin Grete Seidel, die uns jeden Morgen eine kurze Andacht hielt und die Wochenschlußandachten. Dabei wurde auch gesungen, manchmal auch mehrstimmig. Die wöchentlichen Chorstunden u. das Stationssingen Sonnabendabend im ganzen Krankenhaus waren besonders schöne Erlebnisse. Am 1. Advent wurden schon morgens vor dem Dienst die Patienten mit den schönen Adventsliedern, immer mehrstimmig, geweckt u. erfreut. Unsere „Kursmutter" erfreute uns auch mit gemütlichen Abenden. Zum ersten Weihnachtsfest bekam jede Schülerin ein Gedeck mit Bürgeler Geschirr und dieses nahmen wir zu diesen Zusammenkünften mit und so war ein hübscher Tisch gedeckt. Nach einer Probezeit bekam man dann die Schülerinnenbrosche. Eigentlich ist das ein kleiner feierlicher Akt, aber ich bekam sie zusammen mit einer kleinen Andacht, in der der 90. Psalm gelesen wurde, alleine vor meinen Kursschwestern, von Frau Oberin Seidel angesteckt, weil sie mich für 14 Tage nach Neustadt/Orla zur Hilfe schickte."

* Zusammenstellung schriftlicher Berichte im Frühjahr 2021.

*Christiane geb. **Winde**, Pfarrerstochter,* Jg. 1938: „Mit 17 Jahren bin ich von der Schule weg im Kreiskrankenhaus in Arnstadt in den Zehlendorfer Diakonieverein eingetreten. Ich tat mich im Anfang wohl ziemlich schwer, die damals noch strengen Vorschriften und Anweisungen zu akzeptieren. Doch im Laufe der Jahre wuchs ich unbewußt in die niveauvolle Atmosphäre dieser Schwesternschaft hinein. Ein verständnisvoller u. einfühlsamer Umgang mit den Patienten wurde mir durch vorbildliche ältere Schwestern (mit einiger Strenge) und besonders durch unsere Oberin Grete Seidel vermittelt. Das war für mich sehr hilfreich in meinem späteren Berufsleben. Im Nachhinein bin ich dankbar für diese Erfahrungen, die ich im DV machen konnte."

*Lieselotte (Lotti) **Nölle**, Pfarrerstochter,* Jg. 1938: "Im Oktober 1956 – gerade 18 Jahre geworden – kam ich bei Dunkelheit, aus Wismar kommend, in Arnstadt an und wurde dort freundlich aufgenommen. Ich bekam nach Vorstellung bei der Frau Oberin usw. ein Bett in einem Zimmer zu dritt. Und das neue Leben konnte beginnen!

Schon als Kind hatte ich Krankenschwester werden wollen, Arnstadt wählte ich wegen des Thüringer Waldes, welchen ich zuvor durch eine Klassenfahrt in die Nähe der Wartburg kennengelernt hatte, im DV (Diakonieverein) wollte ich lernen, weil mein Elternhaus ein Pfarrhaus war.

Wir wurden eingekleidet, eine jede einer Station zugeteilt als Pröbchen. Nach drei Monaten war eine Arbeit zu schreiben über: Warum der Schwesternberuf, warum im DV, über die Erfahrungen in den ersten drei Monaten, meine Meinung zu dem Leben in der Schwesternschaft. Dann wurden wir mit einer neuen Brosche geehrt, die Halbjahrkurse – mit und ohne Prüfungen – begannen, bis wir in den Examenskurs 1958 aufrückten und ins Berghaus – zum besseren Lernen – umzogen."

*Ursula geb. **Götze**,* Jg. 1938: "Das 'Berghaus', ich würde sagen, ein etwas größeres Gartenhaus oder kl. Villa, stand im Gelände, auf einer Anhöhe im großen Garten des Krankenhauses. Im Parterre wohnte ein Arzt mit Familie. Die oberen 2 Stockwerke (meist 3 Bettz.) bewohnten immer die Lehrschwestern und die Schülerinnen im 2. Lehrjahr, sicher sollten wir uns dort besser auf das Examen vorbereiten können!? Vielleicht waren wir auch besser unter Aufsicht?

Im Nachhinein ist zu sagen, waren wir (14) alle sehr artige junge Mädchen ohne irgendwelche Ausschweifungen, nur Schw. Gertraude, unsere Lehrschwester, rauchte immer auf der Toilette (sind so Erinnerungen, lächeln Sie nur)."

Lotti: "Wir lebten die Zeit mit viel Arbeit, waren fröhlich, machten Späße, es wurde viel gesungen, in der Freizeit gewandert, seltene

Blumen mitgebracht für unsere Zimmer. Es waren gute Zeiten in der Schwesternschaft, mit denen die uns unterrichteten, die uns anleiteten und lehrten, wir verehrten unsere Frau Oberin, die immer gerecht und liebevoll zu uns war, wir liebten unsere Kursmutter, die wir uns selbst aus dem Kreis der älteren Schwestern aussuchen durften."

Renate Stegmann: "Der erste 'Arbeitstag' galt der Einkleidung mit der nötigen Arbeitskleidung. Eine Nähfrau sorgte damals für die passenden Röcke, mit einer Abstandslänge 26 cm bis zum Fußboden, und wir quälten uns, die passenden Knopflöcher in Röcke und Schürzen zu sticken. Als diese Tat vollbracht war, wurden wir eingekleidet und es gab die dazu gehörigen Hauben auf glatt gekämmtes Haar. Fast alle hatten wir damals noch langes Haar und trugen einen braven 'Dutt'. Wir wohnten in 3- und 5-Bettzimmern auf dem Schwesternflur, wo auch unsere geliebte Oberin Grete Seidel, die etwas gefürchtete Hausschwester Agnes Ruppnow mit ihrem dicken Kater 'Wiens' und einige Stationsschwestern und Jungschwestern wohnten. Mit den Jungschwestern teilten wir uns einen 'Waschraum' mit vier Waschbecken und einer Badewanne. Für das Baden gab es einen Badeplan, damit jede Schwester in den Genuss eines Bades pro Woche kam.

Der Arbeitstag begann morgens im Speiseraum mit dem Morgenchoral, einer kurzen Andacht, und danach gab es eine Tasse Tee mit einem Marmeladenbrot, ehe wir auf die Stationen zum Dienst gingen. Dieser ging meistens bis zum Mittagessen um 13 Uhr. Danach durften wir bis 16 Uhr in die Freistunde gehen. Dann begann der Abenddienst, bis die Arbeit getan war und die Stationsschwester durch alle Patientenzimmer gegangen waren und nachgesehen hatte, ob auch nichts vergessen worden war. Danach erst durften wir in unser Zimmer verschwinden. Einmal in der Woche hatten wir einen freien Nachmittag, und einmal in der Woche war Unterricht am Nachmittag. Auch wer Nachtwache hatte, musste dazu erscheinen.

An einem Abend in der Woche traf sich der Schwesternchor, wohin wir jungen Schwestern gerne gingen; wir waren ein singefreudiger Kursus. Es war wohl auch mitbestimmend, dass wir uns Schwester Marlies Müller als unsere „Kursmutter" erbaten. Mit ihrem fröhlichen Wesen und ihrem klaren Sopran hatte sie unsere Herzen erobert. Somit sind wir bis zum heutigen Tage eine echte Gemeinschaft geblieben. (…) Neben der Ausbildung am Krankenbette hatten wir im ersten halben Jahr einmal wöchentlich am Nachmittag ein paar Stunden Unterricht bei unserer Unterrichtsschwester, Schw. Gertraude Döhrmann. Es gab damals noch kaum Bücher, wir mußten alles mitschreiben u. dann abends, wenn wir eigentlich müde waren, noch lernen. Aus heutiger Sicht war der theoretische Unterricht mangelhaft

u. doch bekamen wir das Rüstzeug, um eine gute Krankenschwester zu werden. Nach einem Jahr wurde ich mit noch 3 Kursschwestern nach Kölleda in das kleine Krankenhaus geschickt. Dort hatten wir eindrücklichen (für mich) Unterricht vom Chefarzt persönlich. Er stellte sich vor uns hin in seinem weißen Kittel u. zeigte uns an seinem Körper, wo Herz, Magen, Lunge, Milz, Bauchspeicheldrüse, Nieren u. Därme liegen. Wir durften aber auch bei größeren Operationen zusehen u. überhaupt wurden wir schon als volle Kraft auf Station eingesetzt. An diese Zeit denke ich gerne zurück.

Die Rückkehr nach Arnstadt war nicht so einfach. Ich wurde in einem 5-Bettzimmer untergebracht u. wurde krank u. versäumte nochmals viele Wochen Unterricht. Man war aber nachsichtig mit mir und ich durfte in dem Kurs bleiben und im 4. Kurs mit ins Gartenhaus ziehen. Dort waren die Wohnbedingungen etwas besser. Wir hatten dann auch mehr Unterricht u. ganz neu für uns: Staatsbürgerkunde. Bisher hatte der Staat nicht in den Lehrplan eingegriffen, man nahm aber nun wohl Anstoß, daß da Schwestern nur im christlichen Sinn ausgebildet wurden. Zum nächsten Schritt war es nicht weit, man kündigte der Schwesternschaft, sie sollte binnen 14 Tagen das Kreiskrankenhaus verlassen, was dann auf 4 Wochen verschoben wurde."

Lotti: "Es kam die Examenszeit, besonders erschwert durch den – eigentlich sofortigen – Rauswurf der gesamten Schwesternschaft aus dem Arnstädter Krankenhaus; dieses wurde durch Eingaben und Aktivitäten der Leitung des Vereins und den persönlichen Einsatz unserer Frau Oberin auf vier Wochen verlängert, dazu die Zusage, daß wir in der Zeit unser Examen ablegen durften. Man wollte – und tat es – uns werben von staatlicher Seite, im Krankenhaus zu bleiben und als freie Schwestern zu arbeiten. Auch in dieser Zeit erfuhren wir viele Hilfen, Zuspruch, Zuwendungen von Schwestern, Ärzten und vielen Menschen aus der Stadt. Diese Wochen und der Geist, der im DV herrschte, die Führung durch unsere verehrte Oberin, Singen und Beten, haben unseren Kurs – und für das ganze Leben – in eine Festigkeit und Zusammenhalt geführt und uns geprägt in besonderer Weise. Wir waren unser ganzes Leben dankbar für die Zeit, die wir im DV verbracht hatten."

Renate: "Kurz vor unserem Examen mussten wir erfahren, dass das Kreiskrankenhaus 'störungsfrei' gemacht werden sollte, d.h. es wurde der Schwesternschaft kurzfristig gekündigt. Es setzen sich dann einige Persönlichkeiten, u.a. auch Landesbischof Moriz Mitzenheim*, dafür ein, dass wir noch unser Examen machen konnten. In dieser Zeit hatten wir viel Unterstützung von unseren Stationsschwestern und unserer Unterrichtsschwester Getraude Döhrmann."

* Mitzenheim, Moritz (1891-1977), Landesbischof der Evangelisch-Lutherischen Landeskirche von Thüringen 1945 bis 1970.

Bekenntnis und Aufbruch

Die jungen Schwestern, knapp 20 Jahre alt, wurden mit Schließung des Diakonieseminars Arnstadt Zeugen der Repressionen gegen die kirchlichen Häuser wie sie am Beispiel Merseburg im Jahr 2009 ausführlicher herausgestellt werden konnten. Diese bedeutende Ausbildungseinrichtung für die Diakonieschwestern hatte bereits 1951 ihre Pforten geschlossen. Bis dahin hatten die dortigen Diakonieschwestern einen fast fünf Jahre währenden Spießrutenlauf mit den staatlichen und städtischen Behörden hinter sich gebracht. Damals, als es bereits darum ging, die kirchlichen Schwestern zu verdrängen und die kirchlichen Ausbildungsseminare durch antikirchliche Strukturen zu ersetzen, wurden dem Diakonieverein nur noch 260 Ausbildungsplätze zuerkannt, die sich auf Arnstadt (40), Hagenow (40), Güstrow (40), Wittenberg (50), Mittweida (40), Weimar (20) und Magdeburg (30) bezogen. Das Kontingent der Ausbildungsplätze verkleinerte sich danach weiter.

Die bedeutenden Diakonieseminare Erfurt und Merseburg blieben geschlossen, weitere Schließungen folgten.

Leider wurde dieses Pilotprojekt* bei Erstellung des Buches "Diakonieschwestern. Arbeit und Leben in der SBZ und in der DDR" (2015) übersehen. Das ist insofern schade, als es in Merseburg – im Rahmen der Buchpräsentation unter Teilnahme einiger Diakonieschwestern – zu einem kleinen Akt der Versöhnung kam (2009).

Im genannten Buch von Ulrike Gaida äußerte sich bereits Schwester Else-Marie Kaiser zu den fragwürdigen Vorgängen in Arnstadt. Sie sind also nicht gänzlich unbekannt, können hier aber nun näher beleuchtet werden.

Das Bekenntnis, das in den Ausführungen ihrer Mitschwestern näher beschrieben wird, ereignete sich den Worten von Schwester Else-Marie Kaiser (2014) so: Als die "Parteileute" vom Rat des Bezirkes kamen, um die Schwestern zum Übertritt zu den "freien", d.h. nicht kirchlich gebundenen Schwestern zu bewegen,

---

* *Stefan Wolter:* Im Geiste edler, hilfreicher Menschlichkeit. Vom Städtischen Krankenhaus Merseburg zum Saalekreisklinikum, 2009, S. 80-111, vgl. online http://www.denk-mal-prora.de/2021-03-01-DiakonieseminarMerseburg.pdf

*

Ders.: „Noch lange sahen wir unsere Patienten winken." Verdrängungsstrategien bei der Einführung der staatlichen Krankenpflegeausbildung in der DDR am Beispiel des Diakonieseminars Merseburg, In: Historia Hospitalium, Bd. 26, 2008–2009, S. 171–220.

"... haben sie uns gesagt, auch die Häuser Hagenow, Mittweida, Güstrow, das alles wird aufgelöst. *Das war eine Lüge!* Die wurden Jahrzehnte später aufgelöst, aber damals haben sie uns das als Schülerinnen erzählt. Und nun hatte ich eine Freundin und die war Tochter eines Gemeinschaftspredigers. Und der Gemeinschaftsprediger hatten schon während des Dritten Reiches Predigtverbot und war auch in der DDR (...) im Gefängnis. Und die war also mit Schwierigkeiten von zu Hause her konfrontiert, die wusste wie es ist. Und die hat dann die Stimme ergriffen und hat gesagt – sie hat von sich gesprochen, wir haben zugestimmt – wir sind bewusst in eine christliche Ausbildung gegangen und wir gehen mit weg. Und das hatten die nicht berechnet. Das waren zwei so Herren. Der eine wusste gar nicht, was er sagen sollte. Nun, wir waren vierzehn Leute, so um die 20 Jahre rum. Der eine ging raus und der andere stand auf (...) verbeugte sich und sagte: Meine Hochachtung, meine Damen!" (...) Ja und dann hat sich der Bischof Mitzenheim eingesetzt, und da ist die Kündigungszeit um vier Wochen verlängert worden und wir konnten Examen machen."*

Die Schwestern Renate (2006, vgl. Bd. II), Christel und Christiane (2021) erinnern sich an diesen Akt wie folgt:

Renate: "Von staatlicher Seite bekam unser Kursus an einem Tag einen Herrn vom Bezirk zu Besuch, der uns überreden wollte, doch aus dem Ev. Diakonieverein auszutreten und in Erfurt als freie Schwestern unser Examen zu machen. Man hoffte so, auf jeder Station in Arnstadt eine eingearbeitete Schwester zu haben. Das gelang diesem Herrn aber nicht und er musste unverrichteter Dinge von dannen ziehen."

Christel geb. Karsten: „Wir, das waren die 14 Examensschülerinnen des Diakonie-Seminars Berlin–Zehlendorf in Arnstadt, waren zu einem Gespräch mit einem Herrn vom Rat des Bezirkes Erfurt geladen. Es wurde uns schmackhaft gemacht, was es für uns bedeutet, staatlich gelenkt zu werden. Finanzielle Vorteile und vieles mehr wurden uns vor Augen gemalt. Renate Stegmann, Tochter des damaligen (Oberkirchenrates) OKR in Weimar, äußerte sich dagegen. Der Herr vom R. d. Bez. fragte daraufhin, ob sie die Klassensprecherin sei. Da meldete ich mich zu Wort, wobei mir klar war, dass ich nur für mich sprechen kann. So sagte ich, dass ich bewußt in eine christliche Schwesternschaft gegangen bin. Wenn ich in dieser nicht mein Examen machen könnte, würde ich verzichten. Nach einer Pause fragte der Herr aus

* *Ulrike Gaida:* Diakonieschwestern. Arbeit und Leben in der SBZ und in der DDR", Frankfurt/Main 2015, S. 104.

16

Erfurt, was die anderen 13 Schülerinnen machen würden. Alle sagten, sie würden verzichten. Da schnappte der Herr vom Rat des Bezirkes nach Luft. Dann sind wir ja fertig, meinte er. Frau Oberin Seidel sagte uns später, sie hätte so für uns gebetet, dass wir nicht schwach würden. Für uns standen Bockwürstchen u. Brötchen abends vor der Tür im Bergheim. Auch die Stationsschwestern wurden einzeln zum Gespräch geladen, ebenso unsere Ärzte. Sie sollten über uns fromme Schwestern Negatives aussagen. Wenn nicht, so würde es ihnen an die „Hammelbeine" gehen. Auch ging ein Aufruf an die Thür. Krankenhäuser, Schwestern für Arnstadt abzustellen. Die frommen Schwestern würden ihre Patienten im Stich lassen, hieß es. Als freie Schwestern kamen, hat unsere Oberin uns Examensschülerinnen abgezogen u. wir konnten uns auf unser Examen besser vorbereiten. Die Ärzte gaben noch extra Unterrichtsstunden. Ergebnis vom Examen 7 x sehr gut, 7 x gut! Manche von ihnen sind auch über Nacht verschwunden. Alle Stationsschwestern blieben dem DV treu u. so wurde unsere Examensfeier gleich der Abschied von Arnstadt.

Wir 14 wurden auf andere Krankenhäuser in der DDR verteilt u. man sandte uns erst Monate später unser Diplom zu, weil man fürchtete, wir würden nach West-Deutschland abwandern. So wurden nach und nach alle Diakonieschwestern aus den staatlichen Krankenhäusern entfernt."

Christiane: "Als die Diakonieschwestern Arnstadt verlassen mußten, hat sich auch unser sehr harmonisch zusammengewachsener Kursus zerstreut in Einrichtungen an verschiedenen Orten, in denen noch Diakonieschwestern arbeiten durften. Wir mußten ja im DV noch unser 3. Jahr (Aufbaujahr, um die staatliche Anerkennung unseres Examens zu bekommen) arbeiten. Um miteinander in Verbindung zu bleiben und voneinander zu hören, ist der Rundbrief unseres Kurses entstanden, der noch bis heute existiert und weitergeführt wird."

Renate: "Diese schweren Wochen schweißten uns wohl besonders zusammen, und als wir nach unserem Examen in alle Winde unserer kleinen Republik verstreut wurden, entstand unser Rundbrief, und wir trafen uns in den ersten zehn Jahren jährlich bei einer anderen Kursschwester.

1970 trafen wir uns in Erfurt und luden unsere Oberin Grete Seidel auch dazu ein. Sie konnte so wunderbar fröhlich mit uns sein. Unser Kursbrief ging einige Male verloren, in den ersten Jahren fiel er wohl der Grenzkontrolle zum Opfer, aber unsere Kursmutter wurde nicht müde, immer wieder eine neue Runde zu beginnen. Seitdem die 'Veronika' wieder Erholungsheim war, trafen wir uns alle zwei Jahre in Tabarz, und seit dem das nicht mehr möglich war, fanden wir uns in Weimar im Haus der evangelischen Frauenhilfe zusammen."

Der Rundbrief als Spiegel der Zeit

Wer weiß: Ohne die überstürzte Zerstreuung der Schwestern im Jahr 1958 wäre vielleicht manches anders gekommen. Manch eine Schwester, die in Heimatnähe hätte bleiben können, wäre möglicherweise dem Diakonieverein treu geblieben. Das ist anzunehmen. Weil nicht nur die Schwestern sich vermissten, sondern letztlich auch mancherlei Formen ihrer christlich motivierten Umgebung, versuchten sie in Verbindung zu bleiben – mittels des Rund- oder sog. "Kursbriefes". Als Anführerin erweist sich die knapp sieben Jahre ältere sog. Kursmutter, die, nach Tradition des Diakonieseminars von den jungen Schwestern als examinierte Begleiterin ihrer Ausbildung erwählt, sich zeitlebens für die Schwestern verantwortlich wusste. Geradezu rührend geht "Schwester Marlies" in den Briefen auf ihre "Kurskinder" ein und gibt bisweilen Denkmuster und Dynamik vor. Später im Rentenalter (Bd. II) erinnern Sie gern mit einem Bibelwort oder mit einer geistlichen Liedpassage an Gottes Zusagen. Frühzeitig erkennen die Kursgeschwister den geistigen Wert ihrer gegenseitigen Briefe:

"Es ist wirklich nett, daß wir wieder unseren Kursbrief haben, so hören wir alle wieder voneinander und fühlen uns alle miteinander verbunden." (Ursula 20. November 1963)

*

"Unser Rundbrief, auch ein Gang durch die vier Jahreszeiten mit all' den Festen!" (Christa, 19. April 1986)

*

"In fast jedem Brief sind wertvolle Erfahrungen festgehalten, die einem für so manche Situation zur Lebenshilfe werden können. Ich wünsche uns allen, daß wir tapfer durchhalten." (Ruth B., 14. April 1982)

*

"Da kann man aus den Berichten lesen, daß doch einer, vielmehr alle des Anderen Last mittragen und mitfühlen. Das tut gut." (Elisabeth, 11. Februar 2013)

Marlies, die 1967 bekennt,"Ich muß doch noch einmal sagen, daß mir unser Kursbrief recht wertvoll ist" (2. August 1967), begann die gefüllten Hefte, bei sich zu deponieren, um sie bei einem der Treffen nochmals vorzulesen. Noch vierzig Jahre nach dem Examen bekennt sie rückblickend: "Ich hebe alle auf. Sie sind ein echtes Zeitdokument."(16. März 1998)

Später schreibt sie: "Seit vor einer Woche der Rundbrief bei mir eintraf, habe ich mich in Gedanken immer wieder mit meinen 'Kindern' beschäftigt. Eure Beiträge sind inhaltsreich u. geben Zeugnis von Eurer geistigen u. geistlichen Haltung. Vielen Dank!" (24. August 2000)

Als es im Alter zu Erkrankungen kommt, bemühen sich hier und da auch Familienangehörige darum, den Kursbrief nicht etwa verschütt gehen zu lassen: "Wie schön", kommentiert dies Ursula im Jahr 2017 "daß auch z. Teil unsere Kinder mit helfen, daß unsere Berichte am Leben bleiben und weitergereicht werden."

In jenem Jahr stirbt Kursmutter Marlies, die sich bis ins hohe Alter mit zittriger Schrift an den Briefen beteiligt. Ihre letzten Worte:"'Ich steh im Glauben bis ans Ende u. bleibe von Dir ungetrennt.' Bleibt behütet u. in Verbindung! Mit lieben Grüßen denkt an Euch, Eure alte Kursmutter." (18. November 2016)

Immer drängender wird die Frage, wie die Briefe mit ihrem innewohnenden Zeitkolorit dauerhaft bewahrt werden können:

"Die Tochter von Marlies will nun auch die alten Rundbriefe, die bei Marlies sind, zu mir schicken. Vielleicht können wir Thüringer uns nächstes Jahr noch einmal treffen und beschließen, was mit den Briefen werden soll. Ein bißchen sind sie ja auch Zeitdokumente, aber wer interessiert sich einmal dafür, wenn wir nicht mehr da sind? Mir fällt es immer wieder schwer, Briefe wegzuwerfen, weil sie oft etwas Besonderes sind." (Renate, 28. September 2017)

*

"Inzwischen hat die Tochter von Marlies mir die Rundbriefe, die bei Marlies lagerten, zugeschickt. Sie selbst hat alle Briefe ihrer Mutter kopiert; sie meinte, sie würden ihre Familiengeschichte widerspiegeln. Im Grunde sind unsere Briefe auch eine Zeitgeschichte u. sind eigentlich zu schade vernichtet zu werden. Wer würde sich da wirklich interessieren? Vielleicht fällt einem von Euch da etwas Einschlägiges ein." (Renate, 5. Januar 2018)

*

"Es war wohl eine Fügung, daß wir uns nach dem berührenden Gedenkgottesdienst für unsere Ruth noch einmal begegnet sind. (...) Es ist mir ein großer Trost, daß ich diese 'gesammelten Werke' nun in Ihre Hände geben kann und ich danke Ihnen dafür. (...) Es ist mir immer wieder nicht begreiflich, daß unsere agile Ruth nicht mehr unter uns Lebenden weilt. Sie war mir immer nah, wie eine Schwester. Das Loslassen fällt schwer." (Renate, 10. November 2020 im Schreiben an den Herausgeber.)

Historisch: Mehr als ein Dutzend Hefte mit "Kursrundbriefen" wurden zwischen 1963 und 2021 gefüllt. Das sind rund 500 handschriftliche Briefe aus zwei verschiedenen Gesellschaftssystemen. Mit modernen "sozialen Netzwerken" machten die Schwestern so gut wie keine Bekanntschaft.

   Im Bild die DDR-Hefte (oben) und die *nach* 1990 begonnenen Hefte und Blöcke darunter. Im Rentnerdasein wurde nicht nur *mehr* geschrieben, sondern auch reichlicher verziert und mit Fotos der nun vielfach unternommenen Reisen sowie der Kursgeschwistertreffen illustriert.

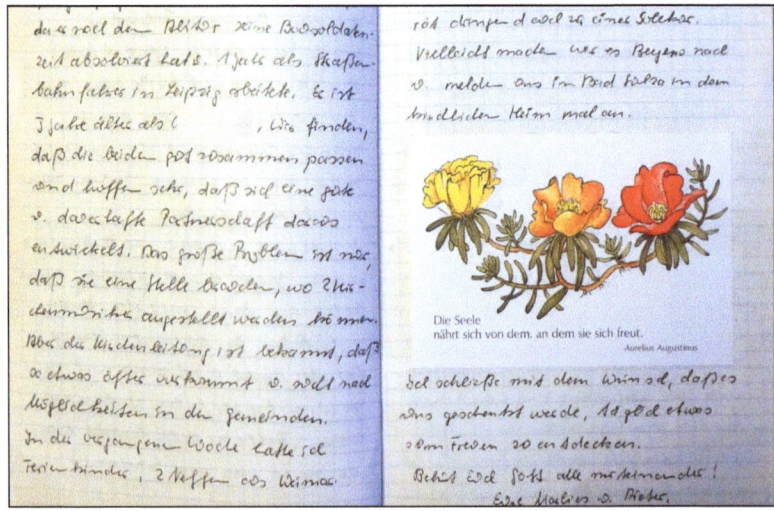

Die Seele
nährt sich von dem, an dem sie sich freut.
Aurelius Augustinus

Es folgte ein liebevoll, akkurat verpacktes Päckchen mit mehreren DIN A 5- und DIN A 4- (seit 1990) Schreibheften. Die Schlichtheit erstaunt. Keineswegs ist ein schönes oder gar materiell wertvolles Schreibbuch darunter. In den letzten Jahren gingen die Schwestern sogar dazu über, einfache Blätter zu beschreiben und in einer Pappmappe zu verwahren.

Dieser äußeren Schmucklosigkeit stehen die von Herzen kommenden Verschönerungen gegenüber, die sich die geistigen Geschwister aus der Situation heraus einfallen ließen: eingeklebte Fotos und Bilder, säuberlich abgeschriebene Sprüche oder gar kleine Gemälde. Es stellte sich zudem heraus, dass nicht alle Briefe vollzählig waren. Die Jahrgänge 1959-62, 1968-77, 1992-97 und 2008-1912 fehlen nahezu vollständig. Irgendwo blieben diese Briefe im Laufe der Jahre "hängen". So ist hin und wieder zu lesen, dass der Rundbrief zeitweilig in einer Schublade vergessen wurde.

Immerhin: Wenige Briefe tauchten noch nach dem Start des Projektes auf: "Leider erwischte meinen Mann und mich im eigenen Haus ein Wasserrohrbruch und das Haus war nicht mehr bewohnbar", meldete sich Ursula aus Mühlhausen im Frühjahr 2021: "Nun konnte ich auch erst jetzt an meine Schränke daheim und beiliegende, bei mir deponierten älteren Kursbriefe erreichen."

Die "Rundbriefe", dokumentarisch dargestellt und in ihrer Ursprünglichkeit (sich weithin selbst erklärend) belassen, sind sowohl inhaltlich als auch in der Form Zeugen der Geschichte und ihres (Zeit-)Geistes. Die Zusammenstellung der Biografien und Briefe der Protagonistinnen am Ende des Buches dient der Orientierung.

Alle verbliebenen sieben geistlichen Geschwister sendeten aufmunternde Worte und trugen zum Gelingen des Projektes bei.

Drei Jahrzehnte in der DDR

Nach ihrer zweijährigen Ausbildungszeit wurden die jungen Mädchen zur Ableistung des obligatorischen "Aufbaujahres" auf andere Einrichtungen des Ev. Diakonievereins verteilt. Auf Wünsche versuchte der Diakonieverein Rücksicht zu nehmen. Dennoch traten die meisten, so wie Ruth Begrich, bald aus der Schwesternschaft aus. Eine große Anziehungskraft besaß Erfurt mit der sich modernisierenden Medizinischen Akademie bzw. der Poliklinik Süd.

Zum Zeitpunkt des zweiten kursierenden Rundbriefes (seit Juli 1963) verabschiedeten sich einige der Schwestern schon wieder aus der Erfurter Runde. Nur knapp seien im Folgenden die Briefeschreiberinnen den Orten ihrer Korrespondenz zugeordnet (siehe auch S. 294 ff.):

Lotti geht in die Heimat nach *Wismar* zurück, wo sie sich zur Fürsorgerin für Rheumaerkrankte ausbilden lässt.

Eva (zunächst mit Ruth und Elisabeth in Hagenow) geht zwischenzeitlich nach *Nordhausen*, wo sie ihrem Vater zur Seite steht und sich ebenfalls zur Fürsorgerin ausbilden lässt.

Christiane folgt Ihrem Ehemann nach *Karl-Marx-Stadt* (Chemnitz) und beginnt in der dortigen Poliklinik.

Waltraud geht nach *Allstedt*, wo sie die Arbeit in einer Niederlassung des Krankenhauses Sangerhausen fortsetzt und bald Mutter wird.

Ruth, von Hagenow nach *Erfurt* wechselnd, bleibt an der Medizinischen Akademie. Zur Unterscheidung zu Ruth geb. I. ist sie als *Ruth Begrich* gekennzeichnet.

Renate ist nach ihrer Zeit in Neustadt/Orla zunächst in *Zeitz* und *Greiz* und danach fast zwanzig Jahre lang als Gemeindeschwester in *Tabarz* aktiv. 1986 wechselt sie nach *Eisenberg* ins Pflegeheim Bethesda.

Auch die übrigen Schwestern bleiben zumeist nicht lange am Ort ihres 3. Lehrjahres, dem sog. "Aufbaujahr":

Gisela wechselt von Hagenow nach *Berlin-Buch*, wo sie Zeugin eines materiell wesentlich besser gestellten Krankenhauses wird als wie sie außerhalb der Hauptstadt existieren.

Maria wechselt von Hagenow nach *Dresden*, wo sie als studierte Laborantin in den Sächsischen Serumwerken (SSW) forscht.

Else-Marie geht nach *Güstrow,* wo ein Hautekzem ihrer Tätigkeit vorerst ein Ende setzt. Etliche Jahre ist sie später in der Schwesternausbildung in Wittenberg eingesetzt und folgt danach der Entsendung nach Weimar (Sophienhaus) und Tabarz (Haus "Veronika").

In den Hafen der Ehe wechseln außer Christiane auch **Christel** *(Ohrdruf, Erfurt)*, **Ruth** *(Jeeben/Altmark)* und "Kursmutter" **Marlies** *(Haussömmern, Teuchern)*, die ihrem Mann alle drei als Pfarrfrauen zur Seite stehen. Marlies wird in den 1980er Jahren zudem als Sprechstundenschwester in einer Arztpraxis tätig sein.

Ursula, Elisabeth und später auch **Christa** heiraten ebenfalls, bleiben aber beruflich im Gesundheitswesen aktiv. Ursula im thüringischen *Mühlhausen*, Elisabeth in *Neubrandenburg*. Christa ist bis Anfang der 1980er Jahre in *Schwerin* zu finden, wechselt dann nach *Stadtilm* und arbeitet seither im Marienstift Arnstadt.

All diese jungen Frauen starten frohgemut ins Leben, nehmen Weiterbildungschancen wahr, etwa zur Stationsschwester, Hebamme oder Fürsorgerin – oder aber sie berichten in ihren Briefen von den Mutterfreuden.

So sind alle Schwestern ausgefüllt, sich in einem recht spartanischen Leben einrichtend. Insbesondere in den veralteten Pfarrhäusern ist das Leben unbequem. Nicht mal ein Wasseranschluss ist selbstverständlich. Die Aufopferung für den kirchlichen Dienst, zum Teil auf Kosten der eigenen Familie, ist mit Händen zu greifen.

Während das Pfarrhaus hier und da mit weiteren Mietern geteilt werden muss, sind die unverheirateten Schwestern zunächst schon froh über ein eigenes Zimmer. Die Freude über einen Plattenspieler, einen Fernseher oder den Kauf neuer Möbel, bevorzugt Marke "Hellerau", ist groß: Bescheidener Wohlstand in der DDR, in der sich die jungen Frauen einrichten.

Nach dem Mauerbau 1961 rechnet niemand mehr mit einer baldigen Wiedervereinigung. Stolz wird der trotz aller Widrigkeiten forcierte Wiederaufbau der Städte wahrgenommen und kommentiert. Das lässt auf ein gewisses Eigenbewusstsein als "DDR-Bürger" schließen, wobei Politik in den Briefen, die schließlich nicht beschlagnahmt werden sollten, so gut wie ausgespart bleibt.

Erst in den Briefen ab den 1970er Jahren (Fortsetzung der Einleitung S. 132 ff.) lassen sich deutlichere kritische Anklänge vernehmen, was dem ökonomischen Niedergang und den zunehmend verkarsteten politischen Strukturen einerseits sowie den Wahrnehmungen der gereifteren Frauen andererseits zuzuschreiben ist. Zum Zeitpunkt der "politischen Wende" sind die Frauen Anfang 50. Spannend ist, wie die politischen Brüche bewältigt werden. Und eindrücklich ist aus heutiger Perspektive (bei höherem Eintrittsalter), welch Aufatmen das Erreichen der Altersrente ab 60 Jahre (!) mit sich bringt. Nach den Wirren der Revolution, die auch die

Arbeitswelt sorgenvoll veränderte, werden die Freiräume genossen. Insbesondere auch die des Reisens, das sich zuvor auf den Ostblock, zumeist sogar nur auf die DDR beschränkte. Waltraud, der 1983 vor einer ersten Flugreise graute, lernt im Alter Europa kennen. Die Tochter findet eine Arbeit in den USA und "die Sehnsucht ist auf beiden Seiten des Atlantiks groß". Ursula wird sich 2015 gar entschuldigen: "Meine Erholung ist immer eine Reise, da kann ich abschalten – deshalb bin ich aber nicht vergnügungssüchtig." (29. März 2015). Ruth Begrich begibt sich bereits in den frühen 1990er Jahren auf Weltreise, während Marlies und Else-Marie erst im höheren Alter ein Flugzeug besteigen.

Was für Welten liegen zwischen den 1960er Jahren und den Jahren *nach* 1990! Während der jeweilige Zeitgeist über all die Jahrzehnte hinweg durch die Zeilen schimmert, wird im wiedervereinigten Deutschland dieses und jenes freier angesprochen. Thematisiert werden in den 2000er Jahren unter anderem der 11. September 2001, das furchtbare Schulmassaker in Erfurt und die Jahrhundertflut in Sachsen (2002), der Irakkrieg (2003-2011), der Tsunami in Asien (2004) und natürlich auch die berühmte WM 2006. Vor allem aber beschäftigt die Schwestern die ungleiche Verteilung des Vermögens im Lande; die vielfach schroff zutage tretende Diskrepanz zwischen Arm und Reich. "Wir können nur bitten u. flehen, daß Menschen mit besseren Ideen zur Erhaltung der Schöpfung u. einer gerechteren Verteilung des Geldes mehr Einfluß bekommen", schreibt Marlies im Jahr 1999.

Im Übrigen wird nun das Leben stärker reflektiert, wozu die Schwestern schon aus Gründen der Arbeitslast zuvor nicht gekommen sind. Der Grundtenor bleibt den Briefen erhalten: "In jedem kommt viel Dankbarkeit zum Ausdruck", stellt Eva im Jahr 2003 fest: "Wie schön, daß das Danken bei unseren unterschiedlichen Lebensverhältnissen wichtig, nennenswert und ein Bedürfnis ist."

"Aufbruch ins Leben" könnte der vorliegende Band lauten, "Aufbruch ins Alter" entsprechend Bd. II. Zwangsläufig spielen die eigene Gesundheit und die Auseinandersetzung mit dem Leben und Sterben eine immer größere Rolle.

Der Herausgeber weiß um die abverlangte anfängliche Geduld der Leserinnen und Leser, sich auf die *verschiedenen Werdegänge* der Frauen (immerhin aus *denselben Wurzeln* speisend) einzulassen; Empathie und Interesse werden mit fortschreitender Lektüre wachsen, denn: Die exemplarische Entwicklung der "Kursgeschwister", von der Jugend an bis ins hohe Alter, gestattet einen biografischen Zugang zur Zeitgeschichte und spornt an zur Reflexion des eigenen Lebens und Glaubens.

Anatomie-Unterricht mit Schwester Gertraude. Gisela trägt bereits die Examiniertenhaube.

Im Jahr 1970 trafen sich einige der Schwestern, die 1956 ihre Ausbildung in Arnstadt begonnen hatten, mit ihrer einstigen Oberin Grete Seidel in Erfurt.

August 1958: Obere Reihe v. li.: Ursel, Christiane, Lotti, Maria, Waltraud, Ruth B., Elisabeth.
Untere Reihe: Renate, Ruth I., Christel, Christa, Else-Marie, Gisela, Eva

Links: Christel und Else-Marie
Rechts: Ruth B., Lotti, Renate

S. 27: Das sog."Berghaus" hinter dem Kreiskrankenhaus Arnstadt.
S. 28: Opernaufführung Hänsel und Gretel nach Engelbert Humperdinck (1854-1921). Traditionell war der 3. Kursus der Schwesternschülerinnen für die Ausgestaltung der Feierlichkeiten für die Examensschülerinnen verantwortlich.

Examen: V. li.: Elisabeth, Ruth I., Gisela, Ruth B., Lotti, Maria, Else-Marie.
Vorn: Frau Oberin Seidel.

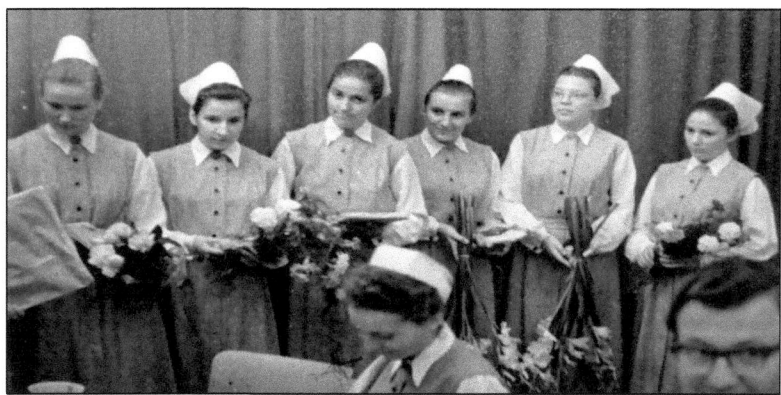

Christel, Christiane, Eva, Christa, Renate, Waltraud.
Vorn Kursmutter Schw. Marlies.

Alle 14 Schwestern des Examenskursus in ihrer Festtagskleidung.

Oben: Sr. Else-Marie
(links) und Sr. Christa
(rechts)
*
Unten: Ruth Begrich und
Eva Zänglein
*
Rechts: Marlies und Ehe-
mann Dieter, 1963

Haußömmern, d. 9.7. 1963

Meine lieben Kurskinder ringsum
     im Lande!

7 Wochen sind vergangen, seit wir auf dem Kurstreffen hier bei uns beschlossen hatten, den Rundbrief neu aufleben zu lassen. Und ich hatte die Verpflichtung übernommen, den Anfang zu machen. Ich bitte sehr herzlich um Entschuldigung, daß es erst heute geschieht. Der Pflichten sind so viele, und jeder Tag hat halt nur 24 Std.

Wie einige von Ihnen wissen, hatten wir am 19. Mai hier ein kleines Kurstreffen. Es war sehr nett, sich einmal wiederzusehen. Wir bedauerten nur, daß nicht mehr kommen konnten. Obwohl wir uns zum Teil mehrere Jahre nicht gesehen hatten waren wir uns gar nicht fremd. Wir spürten etwas von dem Geist, der bindet und Gemeinschaft schafft.

Meine lieben Kurskinder ringsum im Lande!

7 Wochen sind vergangen, seit wir auf dem Kurstreffen hier bei uns beschlossen hatten, den Rundbrief neu aufleben zu lassen. Und ich hatte die Verpflichtung übernommen, den Anfang zu machen. Ich bitte sehr herzlich um Entschuldigung, daß es erst heute geschieht. Der Pflichten sind so viele und jeder Tag hat halt nur 24 Std.

Wie einige von Ihnen wissen, hatten wir am 19. Mai hier ein kleines Kurstreffen. Es war sehr nett, sich einmal wiederzusehen. Wir bedauerten nur, daß nicht mehr kommen konnten. Obwohl wir uns zum Teil mehrere Jahre nicht gesehen hatten, waren wir uns gar nicht fremd. Wir spürten etwas von dem Geist, der bindet und Gemeinschaft schafft.

Wir haben uns natürlich über jeden einzelnen unterhalten. Jeder mußte mitteilen, was er an Neuigkeiten wußte und so erfuhren wir, daß Sie, liebe Schwester Ruth (geb. I.), ein Töchterchen haben. Ich möchte Ihnen sehr herzlich Gottes reichen Segen für sie und Ihr Kind wünschen.

Nun muß ich wohl doch ein wenig von meinem Eheliebsten u. mir erzählen. Gut 2 Jahre sind wir verheiratet (leider noch keine richtige Familie). Aber sonst sind wir glücklich miteinander, was beiliegendes Bildchen beweisen möchte.

Mein Mann hat 3 Gemeinden zu betreuen. Wir haben ein schwieriges Erbe angetreten; unser Vorgänger wurde wegen Unterschlagung seines Amtes enthoben. Außerdem war die geistliche Führung der Gemeinden völlig im Argen. So hat es mein Mann oft recht schwer. Ich helfe ihm hier in Haussömmern bei der Christenlehre. Seit einem reichlichen Jahr unterrichte ich das 1.-5. Schuljahr, oftmals allerdings mit Bangen und Herzklopfen. Der größte Teil der Kinder kommt zur Christenlehre. Nur läßt es an Regelmäßigkeit zu wünschen übrig. Orgelspielen habe ich auch lernen müssen, es macht mir aber viel Freude; fehlt nur leider an Zeit zum Üben.

Unser Pfarrhaus liegt sehr hübsch, mitten in einem großen Garten. So schön wie ein Garten ist, so kann man auch graue Haare darüber kriegen, zumal in diesem Jahr, wo man mit der Unkrautbekämpfung nicht nachkommt.

Wir haben eine schöne große Wohnung. Es muß aber sehr viel renoviert werden. In der nächsten Woche hoffen wir auf den Ofensetzer. Wir haben im letzten Winter jämmerlich gefroren. Wasserleitung haben wir noch nicht.

Am kommenden Sonntag haben wir hier ein Missionsfest. Wir haben unsere Nachbargemeinden dazu eingeladen und rechnen etwa mit 200 Gästen. Bei gutem Wetter soll im Pfarrgarten Kaffee getrunken werden. Unsere Frauenhilfe bäckt Kuchen. Den Kaffee will ich in der Waschküche kochen. Ich stecke tüchtig in den Vorbereitungen. Da unsere Kirchendienerin krank ist, muß ich die Saubermacherei von Kirche und Gemeinderaum usw. allein machen. Auch muß der Garten leidlich in Ordnung sein. Hoffentlich geht alles gut! Mir ist etwas bange davor; denn es ist das erste Fest dieser Art.

Wenn das Missionsfest überstanden ist, werden wir beide froh sein. Dann rüsten wir uns auf den Urlaub, den wir vom 12.8.-3.9. in Kirchmöser b. Brandenburg verbringen wollen. Urlaubsreif sind wir beide tüchtig.

Nun soll es für's erste genug sein – ich hoffe, daß Sie diesmal meine Schrift lesen können, ich habe extra lateinisch geschrieben. Unsere Adressen werden wir auf der letzten Seite eintragen. Ich vergaß, vorne Platz zu lassen.

Nun behüte Sie alle unser Vater im Himmel!

Mit herzlichen Grüßen auch von meinem Mann,

Ihre Schw. *Marlies*.

*

Erfurt, den 18.7.63

Ihr Lieben!
Als Zweite schreibe ich unser neues Buch und grüße Euch alle ganz
herzlich. Ich wünsche, daß dieser Rundbrief eine längere Lebens-
dauer hat als unser erster. Von Schwester Gertraude fehlt jede Spur.-
Ganz mächtig bin ich schon in Urlaubsstimmung, übermorgen soll
die Reise losgehen. Natürlich in die Heimat, wohin ich im Herbst ganz
übersiedeln werde. Im Augenblick habe ich meine kleine Schwester
bei mir. Wir haben zusammen schon viel gesehen und erlebt. Einmal
waren wir in Weimar und Jena auf Goethes Pfaden, dann auch viel in
der Natur, Thüringer Wald und seine Vorläufer. Von allem nehme ich
gleichzeitig Abschied. Die 3 ½ Jahre Erfurt sind so schnell vergangen,
und was habe ich alles erlebt in dieser kurzen Zeit. Nun gehe ich aber
mit Freuden nach Wismar, um ganz in der Nähe meiner Lieben zu sein.-
Schwester Marlies, vielen Dank für das Bild, es ist wirklich so voll
Leben und Elan. Nachdem wir nun bei Ihnen gewesen sind, läßt sich
von allem besser plaudern. Ich finde, jede sollte, wenn möglich, ein
Bild von sich beifügen. Bei der nächsten Runde werde ich bestimmt
etwas für Eure Augen bieten können. Euch allen viele liebe Grüße,
verbunden mit herzlichen Wünschen für die Zukunft, von
Eurer *Lotti.*

*

Erfurt, d. 26.7.63

Ihr Lieben!
Auch ich freue mich mächtig, daß unser Rundbrief wieder existiert,
man erfährt sonst so wenig voneinander. Ich hoffe doch, daß Ihr Euch
alle recht wohl fühlt, von mir kann ich das jedenfalls behaupten. Arbeitsmäßig hat sich allerdings bis jetzt noch nicht viel verändert. Ich
bin noch immer in der Poliklinik tätig, zusammen mit Renate Wegener (sie ist Euch sicher noch ein Begriff von Arnstadt her) und zur
Zeit auch noch Lotti. Wir haben hier nur Sprechstundenbetrieb und
auch Hausbesuche werden gemacht, aber keine Bettenstationen. Ich
habe mich eigentlich damals schnell auf die Arbeit umgestellt und
sie macht mir auch weiter viel Freude. Man hat ja da auch immer
Stammkunden, die ständig wieder aufkreuzen. Ich arbeite in einer
praktischen Abteilung zusammen mit einer recht netten Ärztin, die
ganz christlich eingestellt ist. Unsere Dienstzeit ist auch einigermaßen
geregelt und so kann man sich nebenher eher mal etwas vornehmen.-
Meinen Urlaub habe ich zum größten Teil schon hinter mir und
zwar war ich von Ende Mai bis Anfang Juni im Harz und habe dort
viele schöne Orte kennengelernt. Der Harz war mir bisher noch völlig unbekannt und ich muß sagen, ich bin jetzt ganz begeistert von

seiner Wildheit. Nur kann man ja leider nicht mehr ins Brocken-
gebiet, wo es doch eigentlich erst richtig typisch wird. – Den Rest
des Urlaubs werde ich jetzt im August, diesmal zusammen mit der
Familie (Mutti, Bruder u. Schwester), in Katzhütte im Thür. Wald
verbringen. Ja, mehr habe ich im Moment von mir noch nicht zu
berichten. Ich wünsche Euch allen zunächst einen recht schönen Urlaub, denn es ist ja jetzt die Zeit dafür, und vor allem viel Freude bei
all' Eurer Arbeit! Es grüßt Euch herzlichst

Eure **Christiane.**

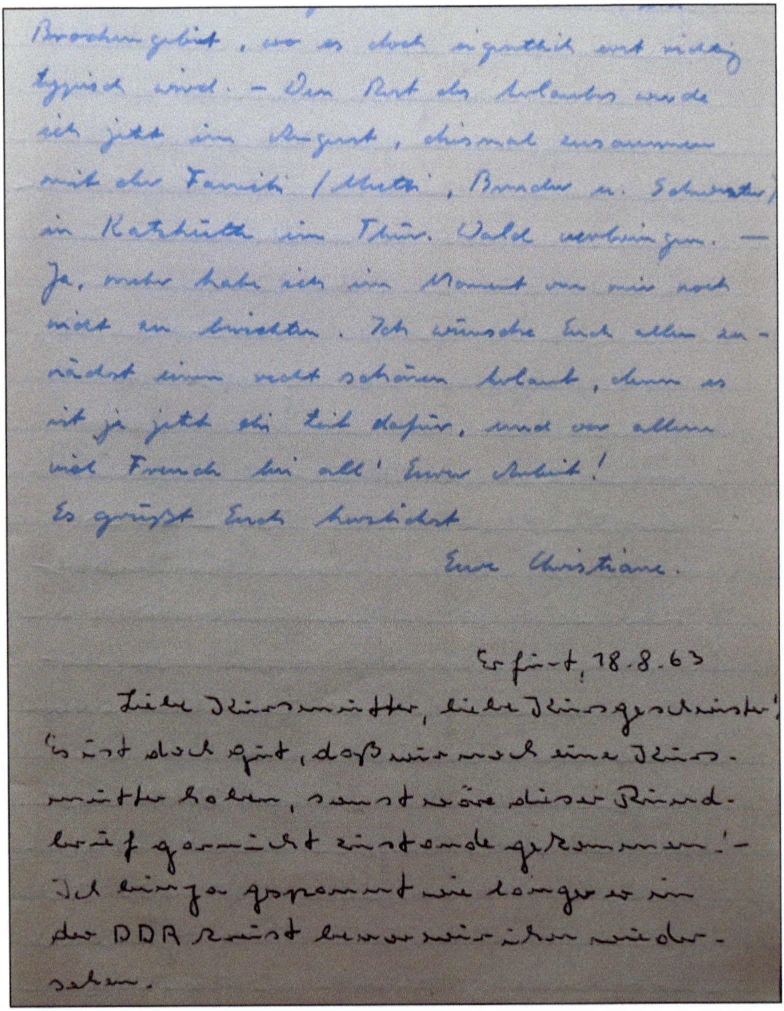

Liebe Kursmutter, liebe Kursgeschwister!
Es ist doch gut, daß wir noch eine Kursmutter haben, sonst wäre
dieser Rundbrief gar nicht zustande gekommen! Ich bin ja gespannt
wie lange er in der DDR kreist, bevor wir ihn wiedersehen. Schon
über ein Jahr bin ich hier in Erfurt und ich muß sagen, daß es mir gut
gefällt. Ich arbeite wieder im Op. Fast täglich operieren wir in vier
oder fünf Sälen. Wir sind zwanzig Schwestern und zum Teil fast alle
in einem Alter. So verstehen wir uns alle recht gut und die Zusammenarbeit macht Spaß. Nur ist die Arbeitszeit oft recht lang. Nach
10 Stunden Arbeitszeit hat man nur selten Lust noch etwas Anderes
zu unternehmen. Wenn der heutige Tag rum ist, habe ich wieder
eine Woche Bereitschaft hinter mir. Nun freue ich mich auf den Urlaub, den ich zusammen mit Schw. Elisabeth Glass in Kühlungsborn
verleben werde. Auch werde ich den Hagenowern einen kurzen Besuch abstatten. Schw. Inge Schmidt ist jetzt Stationsschwester einer
großen 50-Betten-Männerstation. Schw. Erika Goldbach war sehr
lange krank, sie kann fast gar nicht mehr arbeiten. So ab und zu hilft
sie Schw. Margot im Op bei den Schreibarbeiten. Nun wünsche ich
Euch noch weiter alles Gute und grüße Euch ganz herzlich,
Eure **Ruth** Begrich.

*

Ihr Lieben!
Nun wird es aber wirklich Zeit, daß der Kursbrief von mir weiter
wandert und Euch herzlich grüßt. Nach meiner 3½ jährigen Tätigkeit in Erfurt bin ich wieder in Allstedt gelandet. An die Erfurter Zeit
werde ich sicher genau so gern denken wie Lotti. Ich konnte dort sehr
viel lernen und erleben. Sicher werden mir Lotti, Mäxchen (Christiane) und Ruth sowie Eva bestätigen, wie schön es dort ist. Jedenfalls
fühle ich mich hier zu Hause so etwas auf verlorenem Posten und
werde mich schon auf die erneute Ankunft des Kursbriefes freuen.
Hier arbeite ich auf einer Infektionsstation. Die Abteilung gehört
zum Kreiskrankenhaus Sangerhausen. Auf unserer Station liegen vorwiegend Kinder mit Scharlach und Hepatitis. Da mir die Arbeit neu
ist, gibt es viel zu lernen. Wie ihr Euch denken könnt, ist von dem
Arnstädter Unterricht nicht mehr allzu viel hängen geblieben.
Meine knappe Freizeit verbringe ich am Plattenspieler, den ich mir
in Erfurt zulegte. Dadurch habe ich etwas Abwechslung und Erbauung. So, nun aber genug von mir hier. Ob es wohl etwas verfrüht ist,
Ihnen liebe Schwester Marlies und Euch allen ein recht gesegnetes
Weihnachtsfest zu wünschen? Jedenfalls tue ich es von ganzem Her-
zen mit vielen Grüßen!
Eure **Waltraud.**

Meine knappe Freizeit verbringe ich
am Plattenspieler, den ich mir in Erfurt
anlegte. Dadurch habe ich etwas Abwechslung und Erbauung. So, nun
aber genug von mir hier. Ob es wohl
etwas verfrüht ist Ihnen liebe Schwester
Charlies und Euch allen ein recht
gesegnetes Weihnachtsfest zu wünschen?
Jedenfalls tue ich es von ganzem
Herzen mit vielen Grüßen!
Eure Waltraud

Zeitz, den 13. November 1963

Liebe Kursmutter, liebe Kursschwestern!
Gestern kam der lang ersehnte Kursbrief, und damit er nun schneller
durch die Lande kommt, will ich gleich schreiben. Anscheinend hast
Du, liebe Waltraud, sehr viel zu tun und ich wünsche Dir für die
neue Arbeit und Aufgaben viel Kraft und Freude. Wohnst Du bei
Deinen Eltern oder im Krankenhaus?
    Lotti hat nun am 1. November in Wismar angefangen. Sie suchte
noch nach einem Leerzimmer. So löst sich langsam der schöne Erfurter Kreis auf. Vor zwei Jahren war ich auch sehr am Überlegen,
ob ich auch nach Erfurt gehen sollte, aber es sollte wohl nicht sein.
Kurz bevor ich dem DV kündigen wollte, wurde ich zu einem „Vierteljahreskursus" des Burkhardthauses nach Hirschluch in die Mark
geschickt. Es war eine wunderschöne Zeit der Gemeinschaft und des
gemeinsamen Lernens. Danach arbeitete ich noch ½ Jahr in Neustadt und hatte eine kleine Männerstation zu betreuen. Seit dem 1.
X. 62 bin ich hier in Zeitz als Gemeindeschwester.
    Wir sind hier 5 Gemeindeschwestern, wohnen aber fast alle woan-
ders. Nur ich wohne mit einer Schwester, Schw. Maria Nützler, zusammen. Wir führen allerdings auch getrennten Haushalt und haben
auch sonst leider sehr wenig Berührungspunkte. In der ersten Zeit
ist mir das sehr schwer geworden, aber mit den Jahren gibt sich das
und ich bin nun auch schon mehr in meine Arbeit hineingewachsen.
Mein Bezirk ist sehr zerstreut, dafür habe ich aber auch nicht so viel
Patienten, wie die Stadtschwestern. Wer diese Gegend hier nicht nä-

Zeitz, den 13. November 1963

Liebe Kursmutter, liebe Kursschwestern!

Gestern kam der lang ersehnte Kursbrief, und damit
er nun schneller durch die Lande kommt, will ich
gleich schreiben. Anscheinend hast Du, liebe Waltraud,
sehr viel zu tun und ich wünsche Dir für die neue
Arbeit und Aufgaben viel Kraft und Freude. Wohnst
Du bei Deinen Eltern oder im Krankenhaus?
Lotti hat nun am 1. November in Wismar angefangen. Sie sucht noch nach einem Leerzimmer, so
löst sich langsam der schöne Erfurter Kreis auf. Vor
zwei Jahren war ich auch sehr am Überlegen, ob ich auch
nach Erfurt gehen sollte, aber es sollte wohl nicht sein.
Kurz bevor ich dem JV kündigen wollte, wurde ich in
einem „Vierteljahreskursus" des Burckhardthauses nach
Hirschluch in die Mark geschickt. Es war eine wunderschöne Zeit der Gemeinschaft und des gemeinsamen Lernens. Danach arbeitete ich noch ½ Jahr in Neustadt
und hatte eine kleine Männerstation zu betreuen.
Seit dem 1. X. 62 bin ich hier in Zeitz als Gemeindeschwester. Wir sind hier 5 Gemeindeschwestern, wohnen

her kennt, glaubt nicht, wie bergig es hier ist. Zwei Schwestern in der Stadt haben dieses Jahr ein Moped bekommen. Eigentlich hätte ich auch eins haben können, aber ich wollte noch nicht zu viel wagen, weil ich doch voriges Jahr erst im Radfahren Sicherheit erlangt habe. Außerdem sind meine Wege, vor allem auf die Dörfer, so schlecht, daß mir das Moped leid tun würde. –

Worüber ich alle Tage froh und dankbar bin ist, daß ich eine so schöne Wohnung habe. Ich wohne in einer Gärtnerei. Meinem Wohnzimmer gegenüber liegt ein kleiner Park, den sich ein Großfabrikant zu seiner Villa angelegt hatte. Das Schlafstuben- und Küchenfenster liegen zur Gärtnerei heraus. Neulich wackelte es mal sehr, ob ich wohnen bleiben kann. Die Gärtnersleute sind alt und möchten gern verpachten, aber es hat nicht geklappt. Meinen Urlaub verbrachte ich dieses Jahr mit den Eltern zusammen im Harz. Wir kannten den Harz auch noch wenig und haben uns an den verschiedenartigen Baumbeständen und der Rauheit des Bodetals gefreut. Auf der Hinreise traf ich in Halberstadt auf dem Bahnhof Schw. Marlies mit ihrem Mann und ihrer Schwiegermutter. Das war eine große Freude und ein guter Auftakt zum Urlaub. Hoffentlich hatten Sie, liebe Schwester Marlies, damals auch noch einen schönen Tag. –

Nun möchte ich Dir, liebe Ruth, auch sehr herzlich zu Deinem Töchterlein gratulieren und wünsche fürs Gedeihen Gottes Segen. Ob der Rundbrief bis nächsten Oktober wieder herum ist? Bis dahin wird meine Adresse noch so lauten.

Nun wünsche ich Euch allen, wenn es auch noch 5 Wochen Zeit hat, ein frohes und gesegnetes Weihnachtsfest. Es grüßt Euch alle herzlich mit allen guten Wünschen,

Eure **Renate.**

*

Dir, liebe Renate, vielen Dank für den hübschen und so praktischen Umschlag, den Du diesem Rundbrief gabst.

Ursula

Mühlhausen, den 20.11.1963

Liebe Klassmutter, liebe Klassschwestern!

Es ist wirklich nett, daß wir wieder unseren Klassbrief haben, so hören wir alle wieder voneinander und fühlen.

Mühlhausen, den 20.11.1963

Liebe Kursmutter, liebe Kursschwestern!
Es ist wirklich nett, daß wir wieder unseren Kursbrief haben, so hören wir alle wieder voneinander und fühlen uns alle miteinander verbunden.

Seit April 1959 arbeite ich nun schon hier in Mühlhausen in einer kleinen chirurgischen Abteilung im Op. Unsere Klinik, die vormals privat war, gehört nun auch zum hiesigen Kreiskrankenhaus. Mein 79-jähriger Chef ist in diesem Jahr verstorben und hat eine riesige Lücke hinterlassen. Wir sollten jetzt zum 1.12. einen neuen Chefarzt bekommen und schaffen somit wieder Ordnung im Hause. –

Ja, ihr Lieben, man kann es kaum fassen, es sind schon 5 ¼ Jahre her, als wir kurz vor dem Examen zitterten. Jetzt sind wir teilweise schon sehr selbständig. Der eine als Öse* auf einer Station, der andere treue Gemeindeschwester und einige sogar schon Mutti von einem kleinen Kindchen. Ich selbst bin seit 1 ¾ Jahren verlobt und lege Euch ein kleines Bildchen aus unserem letzten gemeinsamen Urlaub bei. Wir verlebten diesen in einem kleinen Örtchen an der Hohenwarte-Talsperre. Es gefiel uns dort sehr gut und war für uns bestimmt genau so schön wie ein Urlaub am Schwarzen Meer. Ansonsten gibt es von mir nicht viel Neues zu berichten. So verbleibe ich für heute mit den besten Wünschen für eine gesegnete, frohe Advents- und Weihnachtszeit,

Eure **Ursula.**

* Öse = Stationsschwester

meinem Örtchen an der Hohenwarte - Talsperre. Es gefiel uns dort sehr gut und war für uns bestimmt genau so schön wie ein Urlaub am Schwarzen Meer. Ansonsten gibt es von mir nicht viel Neues zu berichten. So verbleibe ich für heute mit den besten Wünschen für eine gesegnete frohe Advents- und Weihnachtszeit
Eure Ursula

Ohrdruf, Nov. 1963

Liebe Schwester Marlis, liebe Kursschwestern!
Meine Freude war wirklich groß, als ich all Eure lieben Berichte in den Händen hielt. Ich sah jeden vor mir und fühlte mich so recht mit Euch allen verbunden. Nun muß sich der Rundbrief beeilen, damit auch die anderen, die noch fehlen, ihren Beitrag geben und wir alle wissen, wie es jedem geht.

Ach, ich hätte Euch ja so viel zu erzählen und weiß gar nicht recht, wie und wo ich beginnen soll. Im Dez. 1961 heiratete ich und arbeitete danach noch ein Jahr in den Gothaer Kreiskrankenanstalten im Op. Mir bereitete die Arbeit viel Freude und die Gemeinschaft unter uns freien Schwestern war ganz prima. Ich hatte ja ein wenig Angst, da ich bisher nur im kirchl. Dienst stand und damit von vielem verschont blieb. Gott gab mir aber Kraft und Freude Ihn zu bekennen vor den Menschen durch Wort und Wandel.

Im Okt. vergangenen Jahres wurde uns ein M. geschenkt. Wir haben ja so viel Freude an unserem Buben. Leider habe ich nur ein Familienbild von Weihnachten 1962. Unser M. ist inzwischen schon ein großer Junge geworden und macht seine Umgebung unsicher. Täglich entdecken wir etwas Neues an ihm. Die ersten Worte wie Mama, Papa, tick-tack, ada, Lada (Schoko) u.a. spricht er jetzt. Für die Musik scheint er eine besondere Vorliebe zu haben. Immer zieht es ihn zum Klavier und haben wir im Radio Musik, dann wackelt er mit seinem Po den Takt dazu oder singt mit. Es ist zu niedlich!

Hier machen wir einen kleinen Familienausflug in den Wald, Aug. 63. M. bekommt gerade zu trinken. Vor ihm liegt Vatis Sturzhelm, auf dem man so schön patsche-patsche machen kann. Unseren Urlaub verlebten wir ohne Jungen (wenn's auch schwer fiel).

Mit dem Roller (Berlin) ging es quer durch die DDR von Ohrdr, über Bln. bis nach Görlitz und ins Zittauer Gebirge. Für mich alles Neuland und es war herrlich!

Ja und nun noch kurz etwas zu unsere jetzigen Tätigkeit. Mein Mann ist hier in Ohrdruf Prediger der Landeskirchl. Gemeinschaft. Wir haben als Außenstationen noch Waltershausen, Friedrichroda + Ernstroda. Im Sommer hatten wir eine Jugendbibelrüste und ich hatte für 20 Pers. 14 Tage zu kochen. Schw. Marlies, ich kann Ihre Angst vor dem Missionsfest sehr gut verstehen. Mir blüht auch manchmal so etwas.

Wir haben Freude an unserer Arbeit. Vertretungsweise muß ich Jugend- u. Kinderstunden halten. Zu den Alten- und auch Krankenbesuchen nehme ich meistens M. mit. Er bringt so viel Sonne in die Häuser und alle haben ihn lieb. Doch nun Schluß. Ich wünsche Euch allen eine reich gesegnete Advents- und Weihnachtszeit. Herzlichst,

Eure **Christel + Familie.**

*

Ihr Lieben!
Fast hätte ich es vergessen, Euch bei dieser Gelegenheit schon für das nächste Kurstreffen im Mai 1964 einzuladen. Als wir bei Schw. Marlis zusammen waren, wurden wir uns einig, daß wir 1964 bei uns in Ohrdruf sein würden. Merkt Euch die Zeit schon ein wenig vor. Ihr seid alle herzlich willkommen! Einladungen werden Euch noch gesondert zugehen.

Viele liebe Grüße Eure **Christel.**

*

Malche, den 8.12.63
Liebe Schwester Marlis, liebe Kursgeschwister!
Wie alle habe ich mich auch sehr über den Rundbrief gefreut. Durch Eva war ich ja etwas von Euerem Ergehen unterrichtet. Und Ihr seid durch das Kursustreffen usw. ja nicht ganz ahnungslos. Trotzdem will ich auch einen kleinen Überblick über die letzen Jahre geben.

Bis zum Frühjahr 1961 war ich in Güstrow. Das Krankenhaus Güstrow wurde vom DV aus gekündigt, d.h. das „Schloßkrankenhaus" mit 100 Betten ist dort noch von uns besetzt.

Der DV übernahm damals die Innere Abteilung u. einige chir. Stationen vom Diakonissenmutterhaus „Stift Bethlehem" in Ludwigslust. Das Einarbeiten war nicht immer leicht, aber dennoch war ich persönlich sehr gern dort. Man konnte hier beinahe von einer Ökumene sprechen. Es waren Diakonissen (sogar verschiedene), Diakonieschw., Diakonische Schw. (Sitz Wolmirstedt), Gemeinschaftsdiakonissen, freie Schw., jetzt sind auch welche aus (~~Saluflen~~) Salzelm da. Von Chefarzt zu Probst bis zur Hausangestellten waren sie bei der Andacht versammelt. –

Mein Ekzem an den Händen verschlimmerte sich da, und ich mußte ins kleine Krankenhaus nach Tabarz am 1.9.61.

13-14 schöne Monate habe ich da verlebt, besonders auch dadurch, daß Christel in der Nähe war. Am 15. Nov. 1962 kam ich in die Gemeindearbeit nach Nordhausen. Es war für mich eine schwere und doch schöne Zeit:

1. Sehr gute Zusammenarbeit mit dem Pfarrer,
2. Jüngste in der Gemeindeschwesterngesellschaft,
3. Meine Freundin u. später auch Eva wohnte am Ort.

Aber als kirchliche Gemeindeschwester wird man auch zu Verkündigungsdiensten herangezogen, wozu ich mich aber durchaus nicht fähig fühlte u. daher um eine derartige Ausbildung bzw. Kurzkursus bat. Sie wurde mir auch von der Schwesternschaft aus bewilligt. Seit 1.9.63 bis voraussichtlich 1.8.64 darf ich nun an dem Grundkursus für Gemeindehelferinnen u. Katechetinnen in der Malche teilnehmen. Das Lernen bereitet mir Freude. Der Kursus sowie auch der Oberkursus ist eine frisch-fröhliche muntere Schar, daß ich nicht froh und dankbar genug für den Aufenthalt hier sein kann. Und dazu noch etwas sehr Schönes: Weihnachtsferien vom 20.12.63-6.1.64. Mit herzlichen Segenswünschen für das Weihnachtsfest grüßt Euch,

Eure *Else-Marie* Kaiser.

Nordhausen, am 3. Weihnachtsfeiertag 1963

Ihr Lieben!

Groß war die Freude, als dieser Rundbrief mich zum Weihnachtsfest erreichte u. mir all Eure Grüße brachte. Einige von Euch wissen, daß ich seit dem Frühjahr des Jahres wieder für ganz in den heimatlichen Gefilden landete, zunächst um meine schwerkranke Mutter zu pflegen. Im Mai schloß sie nach mehreren Wochen Krankenlager für immer die Augen u. ich sah es als meine Pflicht an, bei meinem Vater zu bleiben u. ihm den Haushalt zu führen. Der Abschied von Erfurt, wo ich 3 Jahre hauste und zuletzt mit Ruth Begrich u. meiner Freundin Fiffi Glaß im chirurg. Op-Saal arbeitete, fiel mir nicht leicht. Ich hatte die Stadt, die Arbeit in der Med. Akademie, auch einen Chor u. viele nette Menschen liebgewonnen u. so wurde es mir schwer, alles zurückzulassen. Mein Platz ist nun daheim u. sehr notwendig. Seit Juli bin ich in einer chirurg. Klinik halb in der Ambulanz, halb in der neuerrichteten Gebietsblutspendezentrale (im Hause) tätig und friste mein Arbeiterdasein. Der Dienst befriedigt mich hier nicht unbedingt, manchmal komme ich mir überflüssig vor. Das Haus – bis vor 3 Jahren „Privatbesitz" – beherbergt vorzugsweise Jubiläumsangestellte mit 20-40 Jahren Treueleistung. Allen Neuerungen begegnet man mit Skepsis, es ging ja schon 40 ganze Jährchen im selben gewohnten alten Trott. Diese Einstellung erschwert den Dienst u. bereitet mir Unlust. In der Blutspendezentrale geht's um etliche Grade moderner zu. Hier hab' ich 2 freundliche, aufgeschlossene Kolleginnen, eine junge Schwester, mit der ich an Spendetagen gemeinsam Konservenblut abnehme u. eine MTA, die hämatologisch besonders interessiert ist u. uns auf diesem Gebiet so allerhand beibringt. Leider sind wir räumlich sehr beengt u. müssen uns mit unsren Luftschlössern begnügen. Neben Dienst u. Haushalt muß aber auch Seele und Geist etwas Nahrung haben u. die finden sie in verschiedenen Kreisen, denen ich angehöre.

Einer davon ist selbstverständlich ein Chor, der dieses Jahr zu meiner großen Freude erstmalig das Weihnachtsoratorium – 1. Teil aufführte. In Erfurt sang ich alle 3 Jahre dieses großartige Bach'sche Werk mit. Aber auch im kleinen Kreis zwischerten wir oft aus Leibeskräften recht beachtliche Chorsätze. Die a-capella-Musik erfordert sauberste Feinarbeit. Mit diesen tüchtigen Sängerlein war ich im Sommer für einige Tage auf Reisen, eine schöne Sache!

Einem Jugendkreis für „ältere Mädchen!" – au Backe! wenn die wüßten, wie lästerhaft ich von ihnen spreche – gehöre ich auch an. In der Adventszeit bastelten wir allerlei für die Gemeinde mit Stroh und Bast. Man kriegt hier so manche Anregung.

Laßt's für diesmal genug sein, es war schon zu viel der Plauderei. Meine Hieroglyphen werdet Ihr hoffentlich entziffern können.

Ich grüße Euch herzlich mit allen guten Wünschen u. Gottes Segen für 1964, Eure *Eva.*

Neubrandenburg, d. 2.1.1964

Liebe Schwester Marlies!
Liebe Kursschwestern!
War das eine Überraschung, als ich heute aus dem Dienst kam und ich fand den Rundbrief vor. Sehr habe ich mich über alle Berichte gefreut. Nun weiß man doch wieder, wo man Euch findet und was Ihr so macht. Leider konnte ich bis jetzt noch an keinem Kursustreffen teilnehmen, aber ich will versuchen, in diesem Jahr dabei zusein.

Kurz möchte ich Euch auch von meinem Ergehen von der Arnstadt-Zeit bis jetzt berichten. Ein Jahr war ich ja noch mit Eva, Ruthchen und Maria in Hagenow zusammen. Dann ging ich nach Neustrelitz, war dort von 1960 bis November 63, und arbeite ab 21. Nov. hier in Neubrandenburg im Krankenhaus. Da wir im Frühjahr umziehen in eine kleinere Wohnung, bekomme ich dort auch mein eigenes Zimmer, in Neustrelitz habe ich mit einer anderen Schwester, die auch meine Freundin geworden ist, zusammengewohnt, aber wenn sich die Gelegenheit bietet, soll man doch zugreifen. Meine Mutter hat sich natürlich sehr gefreut.

Kulturell ist hier in Neubrandenburg ja weniger los, ein Theater haben wir leider noch nicht, soll aber noch kommen, dafür ist aber hier die Junge Gemeinde mehr auf Zack. Als Hobby nehme ich jetzt fast ein Jahr Orgelunterricht und lerne Flügelhorn blasen. Ich habe viel Freude daran. Euch allen wünsche ich für dieses neue Jahr Gottes reichen Segen, Gesundheit, viel Kraft und Freude im Beruf und im Haushalt. Es grüßt Euch Eure *Elisabeth.*

*

Schwerin, d. 19.1.64

Liebe Schwester Marlies, liebe Kursgeschwister!
Wie sehr freute ich mich bei meiner Rückkehr aus dem Winterurlaub, den Rundbrief vorzufinden. Ich hatte überhaupt keine Ahnung, daß er existiert. Wie schon erwähnt, war ich im Urlaub und zwar in Frauenwald. Mußte oft an unseren gemeinsamen Ausflug dorthin denken. Auf dem Gewässer, in dem wir damals schwammen, bin ich mit den Brettern gelaufen. Es war das dritte Mal, daß ich im Winter in Urlaub war und muß sagen, daß es mir jedesmal gut gefallen hat. Es sind nun schon über 4 Jahre, daß ich in Schwerin bin. Davon 1¼ Jahr auf einer Wochenstation. Im März werden es drei Jahre, die ich im Gyn. Op. arbeite. Wir sind 6 Schwestern und bilden ein gutes Kollektiv, wie man sich jetzt auszudrücken pflegt. Im Herbst 1962 nahm ich am Mittelstufenlehrgang für OP-Schwestern teil. Seitdem schimpfe ich mich qualifizierte Op.-Schwester, obwohl ich von der Chirurgie überhaupt keine Ahnung habe.

mehr auf Zack. Als Hobby
nehme ich jetzt fast ein
Jahr Orgelunterricht, und
lerne Flügelhorn blasen. Ich
habe viel Freude daran.
Euch allen wünsche ich für
dieses neue Jahr Gottes reichen
Segen, Gesundheit, viel Kraft
und Freude im Beruf und
im Haushalt.
Es grüßt Euch eure Elisabeth

Schwerin, d. 19.1.64

Liebe Schwester Marthes, liebe Kursgeschwister
Wie sehr freute ich mich, bei
meiner Rückkehr aus dem Winterurlaub,
den Rundbrief vorzufinden. Ich hatte über=
haupt keine Ahnung, daß er existiert.
Wie schon erwähnt, war ich im
Urlaub und zwar in Frauenwald. Mußte
ich an unseren gemeinsamen Ausflug

Doch gefällt es mir hier im Op sehr gut, ich hege noch nicht die Absicht, woanders hinzugehen. Unser Dienst ist so eingerichtet, daß wir regelmäßig eine Woche Früh- bzw. Spätdienst haben. Die Spätdienstler haben nachts Bereitschaftsdienst, so daß wir praktisch von 14-7 Uhr im Hause sind. Ich selber wohne im Haus. Es wurde der Boden ausgebaut, da sind schöne Zimmer mit Nebenräumen entstanden. Im März 1963 konnten wir einziehen. Die Zimmer haben alle den Blick zum See, es freut sich jeder, der kommt, an der schönen Aussicht. Ich bewohne ein Einzelzimmer, wer Lust hat, Schwerin zu besuchen, sei hiermit herzlich eingeladen.

Seid vielmals gegrüßt von **Christa.**

Dr(esden) 23.1.64

Ihr Lieben!

Ich war ja platt, daß der Rundbrief heute bei mir gelandet war. Habt ganz herzlichen Dank für all Euer Erzählen und Berichten, schön, daß man wieder von einander hört und teils auch sieht. Den jungen Müttern alles Gute und viel Freude an ihren Kindern und der Familie.

Durch Eva war ich vorbereitet, daß ein Rundbrief seine Reise durch die DDR tut, sonst hätte ich wohl heute ein ungläubiges Staunen an den Tag gelegt. Damit der Brief schnell weiterreisen kann, soll mein Beitrag gleich heute noch zu Papier gebracht werden. Meine Bücher und Aufzeichnungen liegen um mich her verstreut, aber vom Lernen bin ich immer schnell abzubringen, auch mit Arbeiten, die sonst keinen großen Reiz für mich haben. Da mit Musik alles besser geht, läuft nebenher auf Plattenspieler Beethovens 5. Klavierkonzert.

Ansonsten bleibt mir im Augenblick nicht allzu viel Zeit. Die Schule verlangt ganz kräftig nach ihrem Recht. Gestern startete eine Klausur in Klinischer Chemie. So einmal quer durch die Botanik, als da ist: Prinzip und formelmäßiger Ablauf von bestimmten Reaktionen, allerlei Methoden usw.

Wir sind froh, daß wir diese eine Arbeit hinter uns gebracht haben. Aber jede Woche starten eigentlich wieder ähnliche Dinge. Nächste Woche Staatsbürgerkunde und Bakteriologie-Arbeiten. Jeden Montag nach normaler Dienstzeit gibt es ein Praktikum. Ich bin froh, wenn Ende Juni alles abgeschlossen ist und wir fertig sind. Es ist doch eine ganz schöne Belastung, vor allem, weil immer bei allen anderen Dingen das schlechte Gewissen plagt. Denn jeden Tag sollen eigentlich mindestens 3! Stunden Selbststudium getrieben werden. Was die Leute sich so denken! Das Gute an dieser Ausbildung ist, daß ein ganzer Teil der Fächer nacheinander abgeschlossen werden. So liegt Hämatologie (Prakt. + Theorie), Physik, Chemie, Histologie, Fachrechnen schon hinter uns. Ich allerdings muß Phys. und Chemie in den nächsten 3 Wochen allein nachholen. Meine Krankheitszeit im vorigen Jahr hat sich 5 Monate hingezogen (der ganze schöne Sommer! Ausgezeit von 14-17 Uhr) Aber nun scheint die Anämie sich hoffentlich endgültig verkrochen zu haben.

Sonst ist nicht viel von mir zu berichten. Dresden bietet vieles Schöne. Ab August werde ich auch mehr davon genießen. Allerdings Konzerte werden wenigstens zum Teil jetzt auch gehört. Diese Woche freue ich mich auf „Dreigroschen.-Oper" am 1.2. Ich sah im Herbst in Berlin die Brechtsche Inszenierung im Theater am Schiffbauerdamm. Sie hat mir sehr gut gefallen. Auf unser Treffen im Mai freue ich mich sehr. Hoffentlich können viele kommen. Ich hoffe, daß ichs schaffe. Allerdings müssen wir unseren Urlaub mit allen einzelnen Tagen schon bis <u>30.1.</u> eingereicht haben, aber es wird dann schon werden, wenn ich den genauen Termin habe. Schließlich ist Kursustreffen ja eine wichtige Sache u. von Jahr zu Jahr wirds glaube ich interessanter. Ob wir mit Erzählen fertig werden? Wenn einer von Euch nach Dresden oder auch mit Aufenthalt durch Dresden kommen sollte, seid alle herzlich willkommen. Auch gerne zur Übernachtung, auch in „großer Familienbesetzung"*, bei uns ist <u>viel</u> Platz und ich würde mich riesig freuen. In Dresden und Umgebung gibt es viele lohnende Urlausbziele.

* Vaters Ausdruck, wenn unsere ganze Familie irgendwo zu Gast ist (Wir sind immerhin allein 7 Kinder).

Euch allen ganz liebe Grüße mit einem dicken Pack guter Wünsche für das kommende Jahr, Eure *Maria*
Wann mag der Brief wieder hier landen? Bald!

Ihr Lieben!

Schon vor einigen Wochen kündigte mir Evchen den Rundbrief an, und ich war beinahe ungeduldig, weil er noch „so lange" ausblieb. Gestern endlich konnte ich all' Eure lieben Berichte lesen. Vielen Dank! Ich will das kostbare Buch schnell wieder auf die Reise schicken, damit es bald zurückkommt. Wegen des verlorenen Rundbriefes hatte ich bei Schw. Gertraudes Nichte, die einige Zeit in Suhl war, nachgeforscht, aber ohne Erfolg. Ihr wißt sicher alle, daß ich jetzt beinahe 3 Jahre verheiratet bin. Wir sind sehr glücklich miteinander und dürfen uns jetzt täglich an unserer kleinen G. freuen. Sie ist solch ein liebes Geschöpfchen, jetzt 10 Monate. Schon seit einigen Wochen steht sie im Bettchen (statt Laufheck) auf und tippelt an den Latten entlang. Auch versucht sie wie der kleine M. (Christels Stolz), die ersten Worte hervorzubringen.

Schon als kleines Baby lauschte sie auf Gesang oder auf unser Musizieren (Trompete, Flügelhorn), wozu wir leider nur selten kommen. Wie jauchzt und freut sich unser Liebling, wenn Vati oder Mutti die Arme ausstrecken, um sie mal aufzunehmen. Das geschieht selten, da wir ein großes Pfarrhaus und ein Riesengrundstück (ca. 2 Morgen) zu verwalten haben – und 1. Linie 6 Gemeinden – ohne Hilfe. Da noch eine Familie im Haus wohnt, haben wir allerdings nicht sehr viel Raum zu bewohnen, gerade das Nötigste. Für eine größere Familie würde es reichlich eng. Bei uns muß, wie bei Ihnen, liebe Schw. Marlies, viel renoviert werden, doch sind unsere Gemeinden nicht sehr wohlhabend, so daß dies langsam vorangeht. Wasserleitung haben wir allerdings, der Abfluß soll in diesem Jahr fertig werden. Von unserem Garten haben wir einen Teil abgegeben, dafür bekommen wir unser Stück geackert, im Sommer komme ich mir manchmal wie eine Bäuerin vor. Unsere Gemeinden sind verhältnismäßig klein, insgesamt etwa 1000 Seelen, die Schwierigkeit liegt in den Entfernungen: 2 x 2 km, 2 x 4 km, 1 x 8 km. Zum großen Teil muß mein Mann die Wege mit Fahrrad zurücklegen, da das Dienstmoped (Baujahr 56) oft streikt. Da jeden Sonntag 3 Gottesdienste zu halten sind, ist das nicht wenig anstrengend. Manchmal bin ich ein bißchen traurig, daß besonders an Festtagen so wenig Zeit für die Familie bleibt, in der Woche kann man auch keinen freien Tag einlegen. Doch sind wir froh und dankbar, wenn wir gesund sind und Seinen Dienst noch tun dürfen. Ich selbst halte hier in Jeeben Kindergottesdienst und helfe meinem Mann in der Frauenhilfe. Zu Besuchen komme ich wegen der Kleinen noch selten mit. Dies sei fürs erste genug. Mit vielen guten Wünschen für Euch alle grüße ich Euch herzlich zugleich im Namen meiner Familie, Eure **Ruth**.

Haussömmern, d. 13 Febr. 64

Meine lieben Kreiskinder!

Meine Freude war groß, als vor 3 Tagen
unser Rundbrief nach genau 7 Monaten
bei uns eintraf. Das ist eine gute Lauf
zeit. Also auf zur 2. Runde!
Ich danke Ihnen allen herzlich für Ihre
anschaulichen Berichte. So kann man
sich jeden einzelnen ganz gut in seiner
Tätigkeit vorstellen, und ich habe den Eindruck, daß jedes auf seinem Platz versucht
seinen Mann zu stehen. Und das ist gut so!
   Diesmal können wir eine weitere
Braut in unserer Runde begrüßen.
Liebe Christiane, auf diesem Wege noch einmal herzliche Glück- u. Segenswünsche
für Ihre Brautzeit! Wir freuen uns alle
mit Ihnen.
Ihnen, liebe Christel, Dank für die Einladung zum Kreistreffen im Mai. Ich
hoffe u. wünsche, daß wir in Ohrdruf
ein fröhliches Wiedersehen feiern kön-

Meine lieben Kurskinder!

Haussömmern, d. 13. Febr. 64

Meine Freude war groß, als vor 3 Tagen unser Rundbrief nach genau 7 Monaten bei uns eintraf. Das ist eine gute Laufzeit. Also auf zur 2. Runde!

Ich danke Ihnen allen herzlich für Ihre anschaulichen Berichte. So kann man sich jeden einzelnen ganz gut in seiner Tätigkeit vorstellen, und ich habe den Eindruck, daß jeder auf seinem Platz versucht, seinen Mann zu stehen. Und das ist gut so!

Diesmal können wir eine weitere Braut in unserer Runde begrüßen. Liebe Christiane, auf diesem Wege noch einmal herzliche Glück- und Segenswünsche für Ihre Brautzeit! Wir freuen uns alle mit Ihnen. Ihnen, liebe Christel, Dank für die Einladung zum Kurstreffen im Mai. Ich hoffe und wünsche, daß wir in Ohrdruf ein fröhliches Wiedersehen feiern können. Bis dahin werde ich mich um Abzüge der Photos von dem Kurstreffen bei uns bemühen. Daß einige unserem Rundbrief Photos einfügten, finde ich sehr nett und würde mich freuen, wenn alle diesem Beispiel folgten.

Nun will ich versuchen, von uns und den Ereignissen der vergangenen Monate zu berichten. Wir haben frohe und schwere Tage erlebt. Im Juli vorigen Jahres starben hier im Hause von unseren Mitbewohnern innerhalb von 14 Tagen Mutter u. Sohn, beide an Krebs. Wochen schwerer Pflege gingen voraus. Wir haben uns nun, so gut es geht, des übrig gebliebenen armen alten Mannes angenommen. Anfang November haben wir für den Winter eine 74-jährige ehemalige Gemeindeschwester unserer 3 Dörfer bei uns aufgenommen, sodaß unsere Familie auf 4 Pers. angewachsen ist. Ehrlicherweise muß ich gestehen, daß ich manchmal traurig bin, daß sich der Zuwachs der Familie nur auf alte Menschen erstreckt. Doch geben wir die Hoffnung nicht auf, daß sich das noch einmal ändert.

Im Sept. 63 verloren wir unseren verehrten Superintendenten durch einen Herzinfarkt. Er hatte uns getraut und wir waren ihm freundschaftlich verbunden. Das war ein schwerer Schlag und brachte viel Sorgen u. Nöte mit sich. Auf dem Pfarrkonvent, der gestern bei uns stattfand, wurde von unserem Propst aus Erfurt der von Bischof Jänicke* zum Nachfolger bestimmte Pfarrer vorgestellt. Er hat uns einen sehr guten Eindruck gemacht. Wir hoffen nun, daß unser Kirchenkreis die längste Zeit verwaist war.

* Jänicke, Johannes (1900-1979), Pfarrer, 1955 bis 1968 Bischof der Evang. Kirche der Kirchenprovinz Sachsen.

Von Juli bis Oktober, bis auf die Zeit, wo wir selbst im Urlaub waren, hatten wir fast ständig Besuch: Eltern, Verwandte, Patenkinder, Freunde. Wir sind ja glückliche Besitzer eines Gästezimmers. Das Missionsfest am 14. Juli war ein großes Ereignis, wovon die Leute heute noch schwärmen. Gerade noch vor der Heizperiode kam der langersehnte Ofensetzer. Nun haben wir zwei neue Kacheleinsatzöfen u. brauchen nicht mehr zu frieren. Es gehört zu den Bauereien unheimlich viel Geduld. Sehr froh sind wir immer wieder, daß wir uns mit unseren 11 km entfernten Nachbarn so gut verstehen. Meistens fahren wir mit unserem Dienstroller herüber, weil Familie Lauszat 3 kleine Kinder hat.

Die größte Freude macht uns das gemeinsame Singen. Wir singen zu viert 4 stimmig (die Männer wünschen immer eine Verstärkung des Soprans, damit sie besser dröhnen können.) Wir haben schon mehrere Male in unseren Gemeinden musikalische Feierstunden gehalten. Morgen werden wir uns zum Weltgebets-tag der Frauen sammeln. Mein Mann ist zur gleichen Zeit in einer unserer Filialen. Bleiben Sie alle behütet an Leib und Seele! Mit herzlichen Grüßen, Ihre Schw. *Marlies* nebst Eheliebsten.

*

Erfurt, den 22.2.64

Ihr Lieben!
Mit großem Interesse habe ich alle Eure Berichte gelesen und dabei gemerkt, daß wir doch noch recht miteinander verbunden sind. Wie es aussieht, werden wir ja zum diesjährigen Kurstreffen beinahe vollzählig sein. Prima! Hab' Du liebe Christel schon vielen Dank für die Einladung. Als erfahrene Hausfrau wird Dir unser Überfall ja keine allzu großen Schwierigkeiten machen.

Und nun danke ich Ihnen, liebe Schwester Marlies, noch ganz herzlich für Ihre guten Wünsche, die Sie hier im Rundbrief noch einmal an mich gerichtet haben. Ja, Silvester haben Gerhard und ich uns verlobt. Vor knapp 2 Jahren haben wir uns bei einem Festchen der Studentengemeinde in Ilmenau kennen gelernt. Gerhard hat jetzt eine Tätigkeit in Karl-Marx-Stadt aufgenommen, die sich wahrscheinlich über mehrere Jahre erstrecken wird, und so werde ich wohl eines Tages auch dort landen. Das hat allerdings noch ein bißchen Zeit, denn die Wohnungsaussichten sind ja jetzt nicht mehr gerade die besten. Bis nach Dresden ist es von da aus dann auch nicht mehr weit, und so werden wir von Deiner Gastfreundschaft, liebe Maria, wohl manchmal Gebrauch machen können. Mit meinem Dienst in der Poliklinik habe ich mich in der Zwischenzeit nicht verändert. Der Umgang mit den Patienten und das Zusammenarbeiten mit einer netten Ärztin macht mir weiter Freude, nur sind in der letzten Zeit schrecklich viel statistische Arbeiten dazugekommen, so daß man sich oft fragt, was das alles wohl noch mit unserem eigentlichen Beruf zu tun hat. Es ist aber für mich sehr schön, daß Renate Wegener – sie läßt Euch übrigens alle herzlich grüßen – in derselben Klinik arbeitet. Sie ist zwar in der Hausbesuchsabteilung tätig, aber wir können uns doch öfter sehen. Leider kann ich Euch kein Bild beifügen, wie Ihr es wahrscheinlich gern hättet, aber da ist noch eins vom Urlaub mit Mutti und den Geschwistern im August 1963. Wir haben da gerade von Katzhütte aus einen kleinen Ausflug nach Schwarzmühle gemacht. Ja, und nun werden schon wieder neue Urlaubspläne geschmiedet, aber davon dann bei der nächsten Runde. Bis zum Wiedersehen in Ohrdruf grüßt Euch alle ganz herzlich,

Eure *Christiane*.

Erfurt, 27.2.64

Ihr Lieben!

Gestern brachte mir Christiane den Rundbrief. Wir haben einen sehr netten Abend miteinander verlebt. Alle Berichte haben wir noch einmal zusammen gelesen und haben viel von der „guten alten Zeit" geplaudert. Drei Wochen meines Urlaubs verlebte ich in Kühlungsborn im „Haus am Meer". Fast jeden Tag hatten wir Sonnenschein. So aalten wir uns fast den ganzen Tag in der Sonne, badeten, spielten

Ball und ließen uns das Essen gut schmecken. Braun gebrannt und frisch gestärkt ging es dann wieder an den Dienst im Op-Saal. Die Arbeit macht mir weiterhin Freude. Überhaupt, hier in Erfurt, gefällt es mir sehr gut. Auch ist es schön, daß ich so oft nach Hause fahren kann. Im Herbst lag mein Vater sechs Wochen hier in der Klinik. Er hatte einen Herzinfarkt. Wir sind alle so dankbar, daß alles noch so gut abgelaufen ist. Augenblicklich ist er zur Erholung bei meiner Schwester in Kaltensundheim in der Rhön. Sie heiratete im Sommer, auch einen Theologen. Auf diesem Bildchen seht ihr alle meine Geschwister. Mein Schwager ist leider nicht dabei.

Liebe Else-Marie! Ob Du Deinen Freund Martin wiedererkennst? Er hat ein Pünktchen am Kragen. Nun freue ich mich schon auf das nächste Wiedersehen in Ohrdruf. Hoffentlich können recht viele kommen. Bis dahin grüßt euch alle ganz herzlich,

Eure **Ruth** Begrich.

Wismar, den 9.III.64

Ihr Lieben!
Ich bin ja erstaunt! So schnell gingen unsere Berichte noch nie durchs Land. Weiter so! – Wir alle freuen uns wohl auf das Wiedersehen in Ohrdruf, hoffentlich können alle kommen. Wir Mecklenburger haben schon doll geplant und sind fest entschlossen zur Reise, wenn uns nichts dazwischen kommt. Ja, ich bin inzwischen wieder im Heimatland angekommen. Die Jahre in Erfurt waren für mich sehr schön und wertvoll, sie gaben mir fürs ganze Leben meinen Weg. Und hier

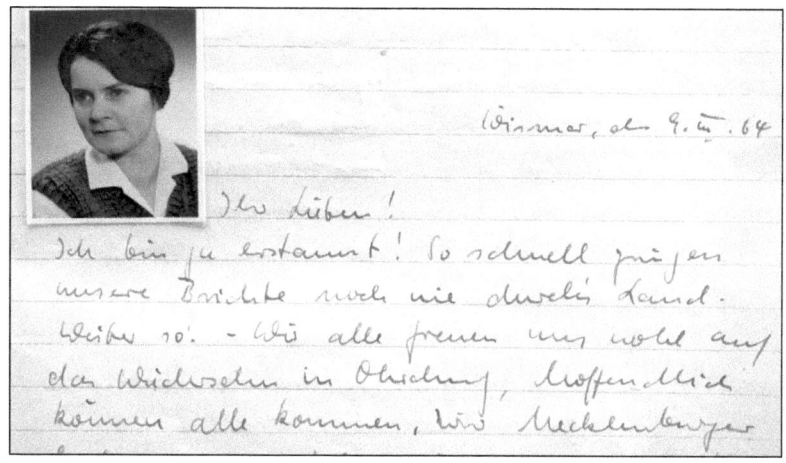

Wismar, den 9. III. 64

Ihr Lieben!

Ich bin ja erstaunt! So schnell zogen unsere Berichte noch nie durchs Land. [...]

in Mecklenburg bin ich nun glücklich, in der Nähe meiner Lieben und eine richtige ‚plattdeutsche‘!

Mit einem großen Zimmer hat es nach vielen Kämpfen auch geklappt, ebenso habe ich wieder Arbeit auf einer Inneren Station, Männer und Frauen, 25 Betten. Die chorische Tätigkeit ist gleich wieder in vollem Zuge, wir singen a capella, jetzt die ‚Matthäus Passion‘ von Schütz. Es ist ein kleiner, musikalisch großer Kreis voller Harmonie und Freudigkeit. Reisen ins Land werden oft gemacht, ebenso viele Besuche empfangen. Dabei möchte ich gleich jeden von Euch herzlich einladen, vielleicht kommt Ihr mal nach Mecklenburg. Viele liebe Grüße Euch allen,

Eure **Lotti.**

*

Allstedt, 4. IV. 64

Ihr Lieben!

Ganz herzlich möchte ich Euch für Eure interessanten und anschaulichen Berichte danken. Man sieht durch den Kursbrief jeden bei seiner Arbeit und auf seinem Platz stehen. Es macht mir immer sehr viel Freude, Eure Berichte zu lesen. Nun soll im Mai unser diesjähriges Kurstreffen in Ohrdruf stattfinden. Dabei wird es sicher manches freudige Wiedersehen geben. Leider wird es mir nicht möglich sein, bei Euch zu sein. Es tut mir leid, aber im nächsten Jahr komme ich bestimmt. Auf alle Fälle wird es mir schwerfallen, Dienst zu tun. Euch wünsche ich aber sehr viel Freude in Ohrdruf.

Ansonsten gibt es von mir wenig zu berichten, wie Ihr Euch denken könnt. Meine Abwechslung ist der Chor und hin und wieder mal ein Gang ins Kino. Im Chor reicht es bestenfalls zu einem leichten 4-stimmigen Satz, da wir nur über sechs ganze Männer verfügen.

Für dieses Jahr planen wir aber trotzdem zwei Abendmusiken. Ist das nicht sehr mutig?

Leider habe ich heute noch kein Bild zum Einkleben. Euch sage ich aber ganz herzlichen Dank für Eure Photos. Nun möchte ich Sie, liebe Kursmutter und Euch alle ganz herzlich grüßen. Einen besonders lieben Gruß an die zwei Erfurter und grüßt Hannelore von mir.

Herzlichst Eure **Waltraud.**

*

Zeitz, den 10. April 1964

Ihr Lieben alle!

Es ist wirklich kolossal, wie schnell unser Brief durch die Lande geflogen ist und überall Freude bereitet hat. Einen Tag später als der Rundbrief kam die Einladung zum Kurstreffen zu Dir, liebe Christel. Hab herzlichen Dank dafür, und ich will mir Mühe geben zu kommen. Du bekommst dann noch genauen Bescheid von mir. Im letzten Brief schrieb ich schon, daß ich wahrscheinlich aus meiner Wohnung ausziehen muß. Bis jetzt habe ich nur meine Küche zur Verfügung gestellt. Ab 1. April hat ein junger Gärtner hier gepachtet und ist nun mit Familie hier eingezogen. Da ich am 1.9. sowieso Zeitz verlasse, habe ich keine Lust vorher noch mal umzuziehen. So müssen wir nun sehen, wie wir uns so hindrücken. – Augenblicklich habe ich viel Arbeit. Diese anhaltend feuchte Witterung hat viele Altchen umgeworfen. Es war aber auch wirklich furchtbar, und auf meinen Dorfstraßen bin ich fast im Dreck stecken geblieben. Heute sind es nun an meinem Thermometer in der Sonne 25 Grad Wärme. Wenn es so bleibt, wird nun alles schnell grün werden. –

Nun noch schnell ein Blick in die Zukunft. Mein Schwager will ab 1.9. mit dem Theologiestudium beginnen u. meine Schwester wird das Amt ihres Mannes als Kantorkatechtin übernehmen. Da sie aber zwei kleine Jungens haben, kann meine Schwester nicht ohne Hilfe bleiben. So habe ich mich entschlossen, drei Jahre in Greiz auszuhelfen. Der DV war sehr entgegenkommend und wird mich drei Jahre „zurückstellen". Sie hätten auch einen dreijährigen Dienstvertrag mit der dortigen Gemeinde gemacht, da ich mal daran dachte, halbtags als Gemeindeschwester zu arbeiten. Aus verschiedenen Gründen möchte ich mich aber nicht fest binden und will versuchen, eine Halbtagsarbeit im Krankenhaus zu finden.

Übrigens habe ich auch letztes Weihnachten das Weihnachtsoratorium von Bach mitsingen können. Unser Kantor hat alle Kirchenchöre der Stadt Zeitz dazu vereinigt. Es war ein großer Erfolg. Sonntag geben wir mit unserem kleinen Chor, wir haben nur drei Männer!, ein Konzert. Wir tun allerdings das Wenigste dabei. Am Karfreitag und Ostersonntag haben wir psalmodiert, das war eine feine Sache. Nun

seid alle ganz herzlich gegrüßt von Eurer *Renate.*
Meine Adresse ab 1.9.64:
Greiz, Siebenhitze 51

*

Mühlhausen, den 29.4.1964

Ihr Lieben!
Sehr gefreut habe ich mich, daß unser Kursbrief wieder so schnell
bei mir gelandet ist. Habt alle recht herzlichen Dank für die Berichte
und die so netten Bildchen. So weiß man doch wenigstens wieder,
wie es jedem Einzelnen geht, was er alles erlebt hat und wie jeder sein
Aufgabenbereich meistert.

Bei mir hat sich arbeitsmäßig nichts geändert, ich bin dem chirurgischen Operationssaal treu geblieben. Seit November 1963 hat
unser Haus auch wieder einen neuen Chef (noch sehr jung – Anfang
30). Es läuft noch nicht alles so, wie wir es uns gedacht haben, aber
mit der Zeit kann sich das ja noch ändern. Vielleicht waren wir auch
verwöhnt.

Was mein Privatleben anbelangt, so kann ich berichten, daß ich
am 8. August heiraten werde. Ich habe sogar das große Glück Ende
Juni oder Anfang Juli schon in eine 3 Zimmer Wohnung (Dienstwohnung) einzuziehen. Unsere Gärtnerin siedelt nach Westdeutschland über, so werden 3 zentralbeheizte Räume vier Häuser neben der
Klinik frei. Diese sind mir vom Haus schon zugesagt. So bin ich zur
Zeit natürlich laufend auf Möbelkauf aus. Einen hübschen vierteili-
gen Küchenschrank, einen Küchentisch mit vier Stühlen und einen
passenden Handtuchhalter habe ich schon erstanden, das Schlafzimmer ist bestellt und ebenfalls die Polstermöbel für das Wohnzimmer.
Das macht mir alles riesige Freude, so hoffe ich, daß bis zur Hochzeit meine Wohnung fertig eingerichtet ist. An Kleinmöbel bestellt
mein Verlobter viel selber, sodaß wir es schon zu einer Stehlampe,
einer Tischlampe, einem Zeitungsständer und einem kleinen MKW-
Empfänger gebracht haben. Das wäre es mal wieder von mir. Bis zu
unserem Kurstreffen in Ohrdruf bei Christel, worauf ich mich riesig
freue, verbleibe ich mit vielen lieben Grüßen an Euch alle, sowie die
kleinen Familien, Eure *Ursula.*

*

Ohrdruf, den 21. Mai 1964

Liebe Kursmutti, liebe Kursschwestern!
Sicher wird mir keiner böse sein, daß der Rundbrief etwas lange bei
mir ausgeruht hat. Der Grund ist der, es sollten nämlich gleich Bilder
von unserem Kurstreffen mit hinein und mein lieber Martin kam erst
gestern dazu, die Bilder zu entwickeln. Mit großer Freude und Dankbarkeit denken wir an die gemeinsamen Tage bei uns zurück. Schade,

daß Sie, Schw. Marlis, und die anderen nicht dabei sein konnten. Wir freuten uns des guten Verstehens untereinander, obwohl doch jede von uns jetzt auf einem anderen Platz steht und jede andere Interessen hat.

Langeweile kam nicht auf, dafür sorgte schon unser M.. Zunächst sah es so aus, als wolle er Theater machen bei dem vielen Besuch, aber dann hatte er sich doch bald mit allen Tanten angefreundet. M. ist mit seinem 1 Jahr und 7 Mon. ein pfiffiger Bursche und hat lauter Dummheiten im Sinn. Sein Sprachschatz hat sich nicht sehr erweitert, dafür fährt er rasend gern mit dem Papa auf dem Motorroller. Mutti wird sogar manchmal daheim gelassen.

In unserer Familie läuft alles in seinen gewohnten Bahnen. Im Dienste Jesu stehen wir nach wie vor mit Freuden, wenn auch manches zu wünschen übrig läßt. Vielleicht freuen sich die Lieben auch an den Bildern, die nicht zum Kurstreffen waren. Versucht nächstes Jahr dabei zu sein! Seid nun alle herzlich Gott befohlen und lieb gegrüßt, von

Eurer Christel u. Familie.

*

Ein Männlein steht
im Walde . . . . .

Vielleicht freuen sich
die Lieben auch an
den Bildern, die
nicht zum Kurstreff
fin waren. Vielleicht
nächstes Jahr dabei
zu sein!
Seid nun alle herz
lich fort befohlen
und lieb gegrüßt

von
Eure
Christa
u.
Famil.

"Hier stellen wir uns alle vor. Der Hausherr fotografiert!"
Kurstreffen, 7./.8. Mai 1964 im Thüringer Wald.

Ihr Lieben!

In 1 Woche ist der Grundkurs in der Malche zu Ende, also Endspurt. Alle arbeiten auf die Schlußwoche ihn. Die Schlußwoche in der Malche ist mit einem kleinen Kirchentag zu vergleichen. Jede Menge Gäste – jeden Tag Bibelstunden und Vorträge. Der Höhepunkt ist der sog. Schlußsonntag, woran die nähere Umgebung auch teilnimmt. Da finden alle Versammlungen auf der großen Nußwiese statt. In dieser Woche sind wir natürlich unterrichtsfrei, können an den Vorträgen teilnehmen u. helfen in der Küche u. im Haus. Diesmal soll Pfarrer Jansa aus Salzelm die Schlußwoche leiten. Dazu wird jedes Jahr ein anderer Pfarrer gebeten.

Nach der Schlußwoche helfen wir extra noch 1 Woche im Haus u. haben ab 12.7. bis 1.8. Ferien. Am 18. beginnt das Praktikum in der Gemeinde u. dauert bis 31.12.64.

Am 7.1.65 bis 15.12.65 läuft in der Malche dann der Oberkursus u. schließt mit dem Examen für B-Gemeindehelferin oder Katechetin oder Pfarrgehilfin (wie es Euch am besten gefällt). Ob ich persönlich ins Praktikum u. in den Oberkursus gehe, soll sich erst zw. 1.-15.7. entscheiden. Die Malche hat sich in dieser Angelegenheit nach Magdeburg gewandt. Der Oberkursus wird nämlich voraussichtlich sehr klein, da 2 davon im August u. Nov. heiraten wollen. Von der Zukunft könnt Ihr also nicht mehr erfahren, deshalb ein wenig von der Vergangenheit!!: Das Wintervierteljahr schloß für uns mit 14 Tage Osterferien ab. Schulzeit ist eben doch die schönste Zeit. Dann übten wir 1-2 Verkündigungsspiele (u. neben dem Unterricht für eine 3-tägige Singefahrt). Mit einem von beiden waren wir jeden Sonntag per Eisenbahn oder Fahrrad unterwegs. Zur Zeit unseres Kursustreffen in Ohrdr. hatten wir auch frei. Zu 3 fuhren wir per Rad u. S-Bahn nach Potsdam. Da haben wir 2 Gemeindeschwestern mit Wochenendhäuschen am Templiner See. Einen Abend davon hörten wir den Schweizer Arzt Dr. Theodor Bovet* über „Experiment Ehe". Als wir uns einen Platz suchten, erkannte mich Gisela u. redete mich an. Sie hat sich sehr verändert. Ihr werdet es hoffentlich auf einem Bild sehen. Deshalb schicke ich Dir, liebe Gisela, auch gleich den Rundbrief. Hoffentlich bist Du nicht so bummelig wie ich! – Nun weiter in der Vergangenheit. Pfingsten besuchte mich Gerda Sehnhoff aus Nordhausen mit dem Motorrad. Am Donnerstag hatte sie Motorradprüfung gemacht, freitag quer durch den Harz gefahren, am Sonnabend über 350 km zu mir. 2. Pfingsttag mußte sie schon wieder zurückfahren. –

---

* *Bovet, Theodor* (1900-1976), Schweizer Nervenarzt und christlicher Eheberater.

Augenblicklich sitze ich auf dem Bahnhof in Bernau. Etwa 8 Wochen vertrete ich die Krankenschwester in der Malche. Das macht mir Freude. Während die anderen sich jetzt unheimlich aufs Lernen konzentrierten, konnte ich es einfach aus praktischen Gründen nicht. Dadurch lockerte sich für mich die ganze Situation u. war nicht so strapaziös. Durchschnittlich habe ich täglich 5 feste Patienten zu versorgen u. einige „ambulant". Dazu habe ich ein schönes Behandlungszimmer u. auch ein dauernd belegtes Krankenzimmer zur Verfügung. Heute fuhr ich mit 2 Kranken in die Charité. Entschuldigt bitte die Unebenheiten im Brief, es ist nicht sehr leise im Wartesaal. Habt herzlichen Dank für all Eure interessanten Berichte und seid alle herzlich gegrüßt und einen recht schönen erholsamen Urlaub wünscht Euch, Euere *Else-Marie.*

*

Berlin-Buch, den 31. Juli 1964

Ihr Lieben!

Aus dem Urlaub kommend fand ich zu meiner Freude den Rundbrief vor, den mir Else-Marie schon angekündigt hatte. Er muß gleich nach meiner Abreise gekommen sein und so blieb er etwas länger bei mir liegen. Ich war zu einer Freizeit in Rathen (Sächs. Schweiz). Es war ganz herrlich, jeden Tag waren wir woanders, das Wetter war auch sehr günstig.

Von mir selbst gibt es nicht viel Neues zu berichten. Ich bin jetzt fünf Jahre hier in Berlin-Buch „Deutsche Akademie der Wissenschaften". Es ist ein ganz wunderbares Arbeiten hier, woanders könnte ich gar nicht mehr arbeiten. Wir sind auf das Modernste eingerichtet und in jedem Jahr kommen neue Errungenschaften hinzu. Ich bin Zweitschwester auf einer chirurgischen Station. 42 Betten, vorwiegend Lungenpatienten (Geschwulstkranke). Leider sind ab und zu auch mal Kinder hier, dann kann ich mich mal wieder als Kinderschwester betätigen. Die Zusammenarbeit mit Ärzten und Schwestern ist einfach vorbildlich. Wir unternehmen auch viel gemeinsam. Im Gelände habe ich eine wunderschöne kleine Einzimmerwohnung mit kleiner Küche und Bad, Zentralheizung und warmen Wasser (auch im Sommer). Man wird hier sehr verwöhnt. Zeit hat man auch kaum, dauernd ist etwas anderes in Berlin los. Inzwischen hab ich auch mal wieder die Schule besucht und meine Prüfung für die Mittelstufe abgelegt. Auch gedenke ich auch noch mal die Oberstufenprüfung zu machen. Wir bekommen hier viele Möglichkeiten zur Weiterbildung.

Privat gehe ich sehr viel ins Theater und zu Konzerten. Sehr oft bin ich auch in der Ev. Akademie in Weißensee, wo immer ganz wundervolle Tagungen mit bekannten Rednern oder Ausländern sind. Im

Januar ist jedesmal eine Schwesterntagung, wo auch immer ausländische Schwestern und Ärzte vertreten sind. In diesem Jahr waren Ägypten, Amerika und Holland vertreten. Bei uns in der Klinik sind auch immer ausländische Ärzte vertreten.

In der Marienkirche waren jetzt an 4 Tagen Vorträge von Corrie ten Boom*, es war ganz gewaltig.

Wir haben in der Akademie und in jedem Jahr eine Israel-Tagung, die immer sehr beeindruckend ist, wenn man so das Neueste über Israel aus jüdischem Munde hört oder auf Lichtbildern sieht. Unser Volk hat doch gerade diesem Volke gegenüber viel gut zu machen. Es ist doch daher sehr erstaunlich, daß immer wieder jüdische Menschen nach Deutschland zurückkommen.

Ich wünsche Euch allen die noch nicht im Urlaub waren recht schöne Tage. Ein Bild kann ich diesmal noch nicht mitschicken, ich habe zur Zeit kein passendes da. Bei der nächsten Runde wird aber sicher eins dabei sein. Seid alle recht herzlich gegrüßt von

Eurer *Gisela.*

Nbg. d. 14.VIII.64

Ihr Lieben!

Nun wird es aber auch Zeit, daß der Rundbrief wieder seine Reise antritt. Übrigens habe ich mich sehr zu allen Briefen und Bildern gefreut. Leider konnte ich Euch beim Kurstreffen nicht in Augen-

* *Corrie ten Boom* (1892-1983), niederländische Christin und Retterin von Juden vor dem Holocaust.

schein nehmen. Für Euern lieben Kartengruß danke ich Euch noch vielmals. Man muß, trotz des Rundbriefes, doch nach einigen Jahren sich mal wieder gegenübergestanden haben, um wieder persönlichen Kontakt zu bekommen, und daher bedauere ich sehr, daß ich im Mai diese Gelegenheit nicht wahrnehmen konnte. Schön wäre es, wenn bald mal wieder ein „Treff" starten würde.

Von mir persönlich gibt es nicht viel Neues zu berichten. Mein Wandertrieb hat sich bis jetzt noch nicht wieder gemeldet, ich sitze noch auf der alten Scholle, auf meiner Muttererde, hier bin ich auch geboren. Meine Vorfahren lebten schon hier, wir sind sozusagen schon ein Teil der Stadt. Mit großer Bewunderung und großem Stolz sehe ich, wie die einst in Trümmern begrabene Stadt neu entsteht. Sie ist nun auch Bezirksstadt. Wenn von Euch mal jemand Lust und Zeit hart, der kann gerne kommen. Ihr seid alle herzlich willkommen, und ich würde mich sehr freuen.

Seit November arbeite ich auf einer gemischten internen Station als Seitenschwester, hier ist auch großer Schwesternmangel, aber hauptsächlich auch Stationshilfenmangel. So pendelt man zwischen Scheuerfrau und Schreibarbeit hin und her. Aber bei Muttern wird man als Entgelt verwöhnt. Es grüßt Euch ganz herzlich **Elisabeth.**

*

Nordhausen, am 7.9.64

Liebe Schwester Marlies, liebe Kursschwestern!
Zurückgekehrt von einer einwöchigen Singereisen, die uns durch die Thüringer Lande-Gegend Lobenstein-Saalburg/Saaletalsperre führte, erwartete mich der Rundbrief. Welch Freude er auslöste, wißt Ihr ja aus eigener Erfahrung. Habt alle herzlichen Dank für Eure anschaulichen Berichte. Inzwischen werden die Urlauber wieder ihren Platz im Dienst und Haushalt eingenommen haben u. noch lange Zeit von den erlebnisreichen Tagen zehren. So geht es mir jedenfalls. Voll von Erlebnissen ging es vorige Woche wieder in den Alltag, in den ich ohne Übergang blitzschnell aufgenommen wurde. Mit einer ehemaligen Dresdner Studentengruppe reiste ich in diesem Jahr zum 2. Mal in verschiedene Orte zu geistlichen Abendmusiken. Werke alter u. neuer Meister standen auf dem Programm. Allabendlich zogen wir in größere u. kleinere Gemeinden u. erfreuten die Zuhörer mit unserer auf alle Feinheiten erprobten Chormusik.

Dienstmäßig sitze ich seit Juni auf einer Ganztagsstelle in der Blutspendezentrale. Außer der Entnahme von Konservenblut mache ich vorwiegend Laborantendienste, insbesondere Blutgruppenbestimmungen mit sämtlichen Austestungen u. Titerbestimmungen. Aber auch die von unserer Klinik anfallenden chemisch-serologischen wie auch hämatologischen Untersuchungen starten in unserem Labor. All diese Arbeit war für mich völlig neu u. ist sehr interessant, trotzdem sehne ich mich oftmals nach Krankenbettarbeit. Die Gemeinschaft in unserem Labor ist aber äußerst gut u. hat Stil, jedenfalls bemühen wir uns darum.

Ob wir uns bald mal wiedersehen, um das Ungesagte persönlich berichten zu können? Hoffentlich!

Für diesmal grüßt Euch u. Sie, liebe Schwester Marlies, herzlich

Ihre u. Eure *Eva*.

*

Schwerin, den 22.10.64

Ihr Lieben!

Will nun endlich meinen Bericht zu dem Rundbrief beitragen. An sich gibt es von mir nichts Neues zu sagen. Die Tage gehen mit ihren Freuden und Leiden so schnell vorbei, man staunt nur. Im Sommer u. an den schönen, sonnigen Tagen des Herbstes unternahm ich allein oder mit einer Kollegin kleine und größere Radfahrten in die Umgegend.

Manchmal erleben wir kleine Abenteuer. So erging es uns bei einer Fahrt um den Schweriner Außensee. Wir wollten abkürzen, fuhren durch Koppeln, drüber mit den Rädern über die Drähte, dann wieder drunter durch. So ging es 1 Std. und länger, bis wir wieder an die alte Stelle kamen. Sollten wir lachen oder weinen? Dabei war der richtige Weg so wunderbar.

Seit März haben wir einen neuen Chef mit Oberarzt aus Jena. Sie brachten erst etwas Unruhe ins Haus. Manches wurde geändert, dieses und jenes bekam einen anderen Namen. Im Allgemeinen schimpfen sie über Mecklenburg, daß alles noch soo rückständig sei.

Operiert wird mehr, wir kommen oft später nach Hause. Auch die operative Station ist mehr belastet. Die Patienten werden, wenn es ihnen einigermaßen gut geht, auf die Konservativen Stationen verlegt, damit immer wieder Betten für die Operierten frei sind. Das Haus ist einfach in jeder Beziehung zu klein.

Recht herzliche Grüße Eure *Christa*.

*

Dresden, am 12.11.64

Nun liegt der Brief schon wieder einige Tage bei mir und wartet auf meinen Schrieb und die Fortsetzung seiner Reise. Heute soll er nun wieder starten, vorher aber noch schnell meinen Bericht in seinen Bauch aufnehmen.

Ein Kurstreffen im kleinsten Kreise fand am 31.10. + 1.11. bei uns statt. Eva war nämlich mit einer Freundin in Dresden zum Treffen des Dresdner Singkreises, da haben sie beide bei uns gewohnt. Es gab natürlich eine Menge, fast schon Unmenge, zu erzählen. Da die beiden Tage ausgefüllt waren, mußten die Nächte herhalten, vor 2 h war nie Schluß. Von mir wäre zu berichten, daß ich seit 26 Juni fertig mit der Ausbildung bin und auch seit 1.6. schon meine Assistenten-stelle im Institut der Hämatologie habe. Meine Klassenkameraden meinten schon: Die letzte, die eine Stelle bekommt und dabei den fettesten Brocken geschnappt hat – mir gefällt es dort sehr gut. Wir sind im Labor 6 MTA's und eine nette Frau, die uns unsere Glassa-chen wäscht und alle ähnlichen Arbeiten verrichtet. Wir passen alle recht gut zueinander, eine schließt sich zwar öfters etwas aus und gibt uns manchmal zu verstehen, daß sie etwas besseres sei, aber wir lassen uns nicht stören.

Unser tägliches Programm sieht etwa so aus: Von ½ 8 bis ½ 11 h Patienten zur Blutentnahme für alle chem. Untersuchungen (die in anderen Abteilungen des Hauses gemacht werden) und zum Blutbild +Senkung. Meistens 50-80 und mehr Patienten. Nach dem blutigen Geschäft geht es ans Zählen und Differenzieren der Blutbilder und am Nachmittag an den schriftlichen Kram, d.h. Befunde schreiben. Meine Maschinenschreibkenntnisse kommen mir zugute, ich hab allerdings ganz schön vieles lernen müssen und mein Tempo steigert sich auch langsam. Ansonsten geht mein Leben im gleichmäßigen Trott. Abwechslung gibt es in Dresden auch allerlei, aber meist blei-ben sie von mir ungenutzt.

Im Urlaub war ich an der See in Ahlbeck, es war schön, wenn wir auch nur 5 Tage Sonne hatten und die Tage schon reichlich kurz waren (Anfang September) – Im Juni war ich gleich nach den letzten Prüfungen für 4 Tage in Prag zum Treffen mit der Familie. Es waren sehr eindrucksvolle Tage.

So, ich merke mein Brief wird schon reichlich lang und es muß ja noch Platz für die Nachschreibenden bleiben. Dir liebe Ursel noch meinen herzlichsten Glückwunsch und alles Gute für den gemeinsa-men Weg. (…) Euch allen viele liebe Grüße Eure *Maria*.

*

Jeeben, den 19.11.64

Ihr Lieben alle!

Es ist erstaunlich, was aus einem jeden von Euch geworden ist und wie fein ist es, daß wir nach „so vielen Jahren" noch alle mitein-ander verbunden sind. Ich wünsche, daß das Band nicht zerreißen möchte. Habt für all' Eure lieben Berichte und Grüße herzlichen Dank. Ich habe mich sehr gefreut, daß Du, liebe Gisela, nun auch eingeschlossen bist. Dir, liebe Christiane, nachträglich meine herz-lichsten Glück- und Segenswünsche für eine frohe Brautzeit. Zu schön und unwiederbringlich ist diese Zeit!! Und Du, liebe Ursel, bist nun auch glückliche Ehefrau – Gottes Segen zum gemeinsamen

Lebensweg! Zu gern wäre ich bei Eurem Treffen in Ohrdruf zuge-
gen gewesen, aber Ihr wißt sicher alle den Grund meiner Absage.
Im Juni nämlich hat G. ein Brüderchen bekommen, unseren lieben
M. – der zweite in unserem Kreis. Er ist in Suhl geboren und wurde
dort vom Opa getauft. Sicher weiß dieser oder jener von Euch, daß
Evchen seine Patentante ist. Mein Mann kam nach der Geburt auch
nach Suhl, wo wir zugleich unseren Urlaub verbrachten. Viel unternehmen konnten wir allerdings nicht. Unsere Kleinen machen uns
täglich sehr viel Freude – und auch ein „bißchen" Arbeit. M. hat
sich prächtig entwickelt, lang, schlank, braun (vom Möhrensaft) und
immer freundlich. Besonders, wenn sein Schwesterchen in die Nähe
kommt, ist die Freude groß. Die beiden haben sich sehr lieb. Lange
möchte man die Augenblicke festhalten, in denen sie sich umarmen,
so, als könnte sie nichts erschüttern. G. hat ein tolles Temperament,
wir fragen uns oft, von wem sie das haben mag. Am liebsten läuft sie
auf dem Hof umher, der sehr groß ist, und von dem sie leicht auf die
Straße entwischen kann mit einer ungeheuren Schnelligkeit. Sie ist
sehr gelenkig und führt uns sie tollsten Kunststücke vor. Vielleicht
wird sie „Spitzentänzerin". Ach, ich könnte Euch ein ganzes Heft
voll schreiben von den Erlebnissen mit unseren Kindern. Oft wird
G. mit einer Käte-Kruse-Puppe verglichen mit ihren großen Augen,
langen Wimpern u. Locken. Daß diese beiden Rangen keine Langeweile aufkommen lassen, könnt Ihr Euch denken. Für meinen Peter
sind ja die Gemeinden die Hauptaufgabe. Und je länger wir hier
sind, desto größer werden die Aufgaben. Jetzt hat er auch noch die
gesamte Christenlehre in allen 6 Dörfern dazubekommen. In fast allen Kirchen sind Bauarbeiten in Gang und auch bei uns im Haus –
diese erfordern viel Geduld. Ich wünsche Euch allen eine frohe und
gesegnete Advents- und Weihnachtszeit und grüße Euch herzlich,

Eure **Ruth** u. Familie.

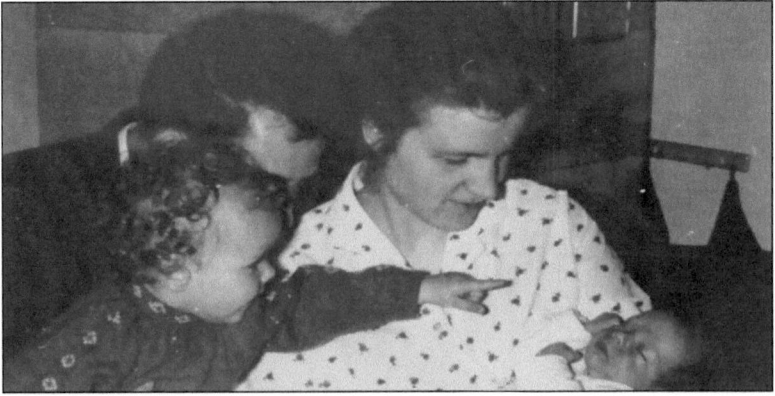

Pfarrerehepaar singen wir viel und
haben schon mehrere Male - zu viert! -
in unseren Gemeinden gesungen.
Ich freue mich sehr, daß die meisten
von Ihnen in irgendeiner Weise
der „musica sacra" dienen.
Die vor uns liegende Advents- und
Weihnachtszeit gibt uns dazu viel
Gelegenheit. Wie schön war in Arnstadt das Stationensingen am 1. Advent
frühmorgens!
Möchten wir nun alle in dieser
heiligen Zeit unsere Herzen ganz weit
öffnen, um zu begreifen:

„Das hat Er alles uns getan,
sein groß' Lieb zu zeigen an,
Des freu sich alle Christenheit
und dank ihm des in Ewigkeit. Kyrieleis."

Mit vielen lieben Grüßen und
guten Wünschen für Sie und
all' Ihre Lieben
        Ihre Schw. Marlies und Mann.

Haussömmern, 1. Advent 1964

Meine lieben Kurskinder!

Die Ruhe des Sonntagnachmittages will ich benutzen, unseren Rundbrief wieder auf die Reise zu schicken. Es beginnt damit also die 3. Runde. Herzlich danke ich für alle Briefe und Bildchen. Ich hoffe, daß in dieser Runde von all denen ein Bildchen kommt, von denen bisher noch nichts Sichtbares da ist.

Ich freue mich, daß Sie, liebe Schw. Gisela, nun auch wieder mit von der Partie sind. Und da ich gerade beim Begrüßen bin, möchte ich auch unsere beiden neuen Kursenkel M. und S. herzlich willkommen heißen und den dazugehörigen Eltern herzlich gratulieren.

Leider haben wir bis jetzt immer noch vergeblich auf einen kleinen Erdenbürger gewartet. Wir tragen uns ernsthaft mit dem Gedanken, ein Kind anzunehmen. Es gibt viele Kinder, die auf Liebe und Geborgenheit warten. Leider ist das hierzulande mit großen Schwierigkeiten verbunden. Aber ich darf mich ja gar nicht beklagen: habe ich doch 14 wohlgeratene Töchter!

Besonders gefreut habe ich mich über die Bilder vom Kurstreffen in Ohrdruf. Ich wäre gern dabei gewesen. Wo ist eigentlich das nächste Treffen geplant?

Was soll ich nun von uns berichten? Das Leben im Pfarrhaus ist sehr abwechslungsreich. Es kommt immer anders, als man es sich vornimmt, mal besser, mal schlechter. Viele Arbeiten, die man sich vornimmt, bleiben liegen, weil ein Hilfeschrei aus der Gemeinde kommt, sei es zu Kranken oder auch zu Sterbenden, oder es kommt jemand, der mal sein Herz ausschütten möchte. So ist es uns kürzlich mit den beiden Malern ergangen, die unser Zimmer renovierten (seit 10 Jahren u. länger war nichts gemacht worden). Die beiden suchten nach Gelegenheit, um entweder bei meinem Mann oder mir ihrem Herzen Luft zu machen. Da muß man zuhören und kann nicht einfach weglaufen, weil die Arbeit auf den Nägeln brennt. Der Unterricht bereitet meinem Mann u. mir nach wie vor viel Kopfschmerzen. In einigen Klassen findet man gute Mitarbeit, in anderen dagegen Gleichgültigkeit und Ablehnung. Braucht es aber zu wundern, wenn wir uns die Elternhäuser anschauen?

Von April bis Oktober hatten wir, bis auf die Zeit unseres eigenen Urlaubs, fast ständig Besuch. Wir sind bekannt als Aufnahmestelle für Kinder, deren Eltern in Urlaub fahren wollen. Wir haben uns im Sommer ein kleines Motorrad gebraucht gekauft und haben im Urlaub schöne Fahrten damit gemacht. In der Hauptsache waren wir in Themar bei meinen Eltern. Wir sind auch tüchtig gewandert. Mein Mann macht z. Zt. noch einen Taufbesuch in einem Filialdorf. Heute Abend wollen wir noch zu unseren Freunden ins übernächste Dorf, 11 km von hier. Wir verstehen uns gut, und das ist für beide Teile sehr schön. Sonst ist man auf dem Dorfe etwas einsam. Mit diesem Pfarrerehepaar singen wir viel und haben schon mehrere Male – zu viert! – in unseren Gemeinden gesungen.

Ich freue mich sehr, daß die meisten von Ihnen in irgendeiner Weise der „Musica sacra" dienen. Die vor uns liegende Advents- und Weihnachtszeit gibt uns dazu viel Gelegenheit. Wie schön war in Arnstadt das Stationssingen am 1. Advent frühmorgens! Möchten wir nun alle in dieser heiligen Zeit unsere Herzen ganz weit öffnen, um zu bgereifen:

> *„Das hat Er alles uns getan,*
> *sein groß' Lieb zu zeigen an.*
> *Des freu sich alle Christenheit*
> *Und dank ihm des in Ewigkeit, Kyrieleis."*

Mit vielen lieben Grüßen und guten Wünschen für Sie und all' Ihre Lieben, Ihre Schw. *Marlies* und Mann.

Der „Zauberstab" darf in der Küche der 1960er Jahre nicht fehlen. Marlies, die eigentlich noch Sütterlin schrieb, disziplinierte sich in ihren Briefen (siehe den Brief vom 9. Juli 1963).

Erfurt, den 8.12.64

Ihr Lieben!

Sehr gefreut habe ich mich wieder über alle Eure Berichte. Sie klingen alle so fröhlich und zufrieden, das ist besonders schön. In bin nun das 5. Jahr hier in der Poliklinik und ich finde, es wird Zeit, daß ich mich nun mal bißchen verändere. Na, mal sehen, was das nächste Jahr bringt. Vorläufig genieße ich das Zuhause und bemühe mich, von Mutti so ein paar hauswirtschaftliche Kniffe abzugucken.

In diesem Sommer habe ich einen ganz besonders schönen Urlaub verbracht. Durch die Jugendtouristik konnten Gerhard und ich im Juni für 10 Tage nach Budapest fahren. Das war ein ganz tolles Erlebnis für uns, denn wir waren beide vorher noch nicht im Ausland gewesen. Budapest ist wirklich eine wunderschöne Stadt. Besonders reizvoll ist immer wieder die Donau, deren viele große Brücken die beiden Stadtteile Buda und Pest miteinander verbinden. Auf dem Bild sieht man im Hintergrund das Parlamentsgebäude und davor fließt die Donau, die allerdings gar nicht so schön blau ist, wie sie immer besungen wird! An einem Tag fuhren wir dann noch zum Plattensee und haben uns dort einen gründlichen Sonnenbrand geholt. Aber das wurde gern in Kauf genommen für das, was man alles erlebt und gesehen hatte.

Den Rest des Urlaubs waren wir im September im Pfarrhaus meines Bruders in Pretzsch an der Elbe und haben dann noch per Motorrad so allerlei unternommen. Dabei sind wir in Potsdam mal tüchtig eingeregnet. Ja, und nun bemüht sich jeder wieder eifrig Geld zu verdienen und für den künftigen Ausstand zu sparen. Übrigens ist Renate Wegener, die meisten von Euch kennen sie ja, seit September in Naumburg und studiert dort Theologie. Sie hatte hier auf der

Volkshochschule das Abitur nachgemacht und hat nun am Studium sehr viel Freude. Inzwischen ist nun auch die Adventszeit wieder herangekommen und da sind die Tage tüchtig ausgefüllt mit Weihnachtsvorbereitungen. Aber das tut wohl jeder gern!

Ich wünsche Euch allen deshalb recht viel Freude und Segen für diese Zeit und recht frohe Weihnachtstage. Es grüßt Euch herzlich,
Eure **Christiane.**

Erfurt, 17.12.64
Ihr Lieben!
Da der Rundbrief kurz vor Weihnachten bei mir angekommen ist, möchte ich Euch allen ein recht frohes und gesegnetes Weihnachtsfest wünschen. In diesem Jahr kann ich am Heiligabend zu Hause sein. Erst am 2. Weihnachtstag habe ich Dienst. Seit dem 7.9. habe

ich nicht mehr praktisch gearbeitet. Ich wurde zu einem Qualifizierungslehrgang für Op.-Schw. delegiert. Der Lehrgang fand hier in Erfurt statt und dauerte ¼ Jahr. In der vorigen Woche schlossen wir alle Fächer mit einer schriftlichen Arbeit ab. Gestern nahm unser Professor die mündliche Prüfung ab. Wir bekommen richtige Zeugnisse wie in der Schule, nur mit dem Unterschied, daß meine Schulzeugnisse nie so gut ausgefallen sind. Abends feierten wir mit unseren Dozenten. Die Feierei dehnte sich endlos lange aus und war ganz wunderschön.

Meinen Urlaub verlebte ich in diesem Jahr zusammen mit Schw. Margot u. Schw. Erika und mit meiner Freundin in Bad Liebenstein. Wir machten zu Fuß oder mit dem Trabant die ganze Liebensteiner Gegend unsicher. Schw. Margot konnte nie genug bekommen. Sie hatte einen ungeheuren Wandertrieb, so daß es uns manchmal zu viel wurde. Sieglinde und ich baten ab und zu einmal um einen freien Nachmittag. Aber trotz allem war es sehr schön. Im nächsten Jahr habe ich vor, nach Bulgarien zu reisen. Bis zum nächsten Kursustreffen grüßt Euch alle ganz herzlich,

Eure **Ruth** Begrich.

*

Wismar, d.15.1.65

Ihr Lieben!

Habt alle herzlichen Dank für Eure Grüße und Wünsche, für all das Erzählen. Allen scheint es gut zu gehen und allgemein freut man sich auf ein Kurstreffen. Wir sprachen davon, es bei Ursel zu machen, wir bekommen aber noch Nachricht von ihr. Wie schön, wenn der Kreis diesmal noch größer würde. Und 1966, wenn alles so bleibt, sind wir dann hoffentlich hier in Wismar zusammen.

Über das Weihnachtsfest hatte ich Nachtwache. Es gab viel zu tun. Dafür erlebte ich das neue Jahr in Passee bei meinen Eltern in aller Stille. Die Schwestern waren schon wieder fortgereist. Elisabeth ist jetzt im Vorpraktikum auf dem Michaelshof/Rostock, wo es ihr sehr gut gefällt. Gertraud Degel ist ihre Öse. Christel ist jetzt als Meisterin an einem Forschungsinstitut bei Potsdam und fühlt sich sehr wohl. Wir drei hängen sehr aneinander. Immer wieder neu beglückt mich mein Sein in der Heimat, es ist sehr harmonisch und ruhig um mich geworden. – Unser Chor gab ein Konzert mit Kantaten von Buxtehude* und Lübeck**, und wir sangen auf allen Stationen unserer Krankenhäuser und an den vielen Festtagen.

---

* *Buxtehute, Dieterich* (1637-1707), Organist und Komponist

** *Lübeck, Vincent* (1654-1740), Komponist des Barock

Das Weihnachtsoratorium erlebten wir in Schwerin, vom Brahms-chor gesungen. Wir hatten einen schönen Sommer, der nach Mög-lichkeit viel am Wasser verbracht wurde. Das ist ja hier so bequem. Urlaub machte ich 14 Tage auf Hiddensee bei Herbststürmen. Diese unvergleichliche Insel hat zu jeder Jahreszeit ihr eigenes, lieblich-herbes Gesicht. An freien Tagen bin ich viel bei den Eltern, weils dort immer Arbeit gibt, die ich gerne tue, und die für mich ein guter Ausgleich zur Stationsarbeit ist. – In den Stationsrhythmus habe ich mich gut hineingefunden, es war schwer im Anfang. Zusätzlich lerne ich im Endoskopieraum die nötigen Handgriffe zur Assistenz bei ver-schiedenen Untersuchungen nach neuesten Methoden.

Viele liebe Grüße Euch, meine Lieben, bis zu einem baldigen Wie-dersehen hoffentlich,

Eure *Lotti.*

*

Allstedt d. 15.II.

Ihr Lieben!

Nun ist die Reihe wohl an mir, die letzten Seiten dieses Heftes zu füllen. Dieses tue ich sehr gern und freue mich, wenn Eure Berichte hier in Allstedt aufkreuzen. Wie immer war mir das Lesen Eurer Brie-fe eine große Freude.

Hier arbeite ich als Seitenschwester* noch auf Infektion und wir Ihr Euch denken könnt, herrschte während der ganzen „durchfälligen" Zeit hier Hochbetrieb. Nun scheint es allerdings den Salmonellen und Shigellen etwas kalt zu werden und sie verziehen sich.

Seit dem 10.IX.64 nehme ich am Lehrgang für Stationsschwes-tern (Mittelstufe) in Halle teil. Es wird doch allerhand verlangt und wenn man lange nicht auf der Schulbank gesessen hat, muß man sich schon anstrengen. Die ersten Fächer schließen wir schriftlich und mündlich ab. Dann habe ich die Anatomie, Staatsbürgerkunde und med. Dienst aber hoffentlich endgültig hinter mir. Im Juli haben wir es dann geschafft und können dann beruhigt urlauben.

Im März muß sich mein Vater einer Augenoperation unterziehen. Er hat auf beiden Augen grauen Star. Hoffentlich kann er dann wie-der besser sehen, denn er leidet sehr darunter. Im Sommer werden wir dann zusammen in Urlaub fahren, so Gott will.

Nun ihr Lieben, grüße ich Euch in herzlicher Verbundenheit. Ob es wohl was aus dem Wiedersehen zum Kurstreffen wird?

Eure *Waltraud.*

---

*Schwester, welche dem Arzt, den Patienten, den Angehörigen, eigentlich der gesamten Klinik „zur Seite steht".

Ihr Lieben alle!

Gestern kam unser Kursbrief angeflattert. Da ich gerade wegen einer Grippe krank geschrieben bin, will ich die Zeit nutzen, damit er weiterreisen kann. Dir, liebe Ruth, noch meine herzlichsten Segenswünsche für Deinen M. Hoffentlich hat G. ihr Brüderchen weiterhin so lieb, und ist nicht manchmal eifersüchtig auf ihn. Daß es mit 2 Kindern viel Arbeit gibt, erlebe ich ja täglich selber. Nun bin ich fast ½ Jahr hier bei meiner Schwester. C., das ist der Kleine, läuft seit dem 1. Advent und macht noch viele Dummheiten. Das Aufräumen und Saubermachen mit ihm in einem Zimmer ist fast eine Unmöglichkeit. Aber sonst macht er uns so viel Freude, daß man gern alle Arbeit in Kauf nimmt. M. wird Anfang April 3 Jahre und ist mittendrin im Trotzalter, Er hat einen schlimmen Dickkopf und es gibt andauernd Brüllerei. Da fehlt der Vater nun doch. Die beiden Brüder sind äußerlich sowie im Temperament grundverschieden.

Seit dem 1. Oktober arbeite ich nun doch als Gemeindeschwester halbtags. Mir überstellt ist eine Dresdner Diakonisse, die mit hier im Haus wohnt. Sie hat viel Verständnis für unsere Situation und gibt mir nach Möglichkeit wirklich nur für 4 Stunden Arbeit. Ich gehe morgens um 7 Uhr aus dem Haus und komme zwischen 11 und 12 Uhr nach Hause. Auf meinen Wegen kaufe ich nebenbei ein, damit meine Schwester mit den Kindern nicht erst losziehen muß. Ab Mittag übernehme ich dann den Haushalt. Die Küche sieht meistens einem Schlachtfeld gleich, denn die Kinder spielen meistens mit den unmöglichsten Sachen, nur nicht mit ihren Spielsachen: Uns fehlt eben ein ausgesprochenes Kinderzimmer, das habe ich bezogen. Meine Schwester hat an 3 Nachmittagen in der Woche Christenlehre zu geben und braucht wenigstens einen Nachmittag zur Vorbereitung dazu, leider muß sie oft die Abende dazu nehmen, da sie nachmittags nicht die nötige Ruhe hat.

Ihr könnt Euch denken, daß der Umschwung von Zeitz, wo ich doch immer Ruhe um mich hatte, hier in den turbulenten Haushalt, recht groß war. Es ist aber wunderbar, wie einem immer wieder geholfen wurde. Als ich jetzt krank wurde, sagte sich meine Patentante zum Besuch an. Sie wollte uns schon lange mal helfen.

Nun hoffe ich sehr, daß wir uns zum Kurstreffen im Mai bei Ursel alle froh und gesund wiedersehen, Seid bis dahin alle Gott befohlen. Herzliche Grüße von Eurer **Renate**.

*

Mühlhausen, den 7.4.1965

Ihr Lieben!

Ob Ihr mir noch mal verzeihen könnt, wegen der großen Verzöge-
rung? Es war aber mal wieder zu viel, was in der letzten Zeit auf mich
einstürmte, hinzu kam, daß ich mich noch einige Tage ins Bett legen
mußte. – hatte eine starke Bronchitis und Fieber. Am vierten Tage
ging ich jedoch wieder arbeiten, nur die vollen Kräfte fehlen noch.
Jetzt geht es mir aber wieder gut und ich freue mich auf ein dienst-
freies Osterfest und ganz besonders natürlich auf das Kurstreffen am
8. u. 9. Mai hier bei mir. Ob wir wohl ein großer Kurs werden?

Als ich vor etwa einem Jahr meinen letzten Bericht in dieses wertvolle Buch eingetragen habe, schrieb ich noch von meiner bevorste-
henden Hochzeit (offiziellen) – jetzt darf ich auch verraten, daß ich
bereits zum letzten Kurstreffen schon 3 Monate verheiratet war. Wir
waren damals ein wenig gezwungen, so schnell standesamtlich zu
heiraten, sonst hätten wir ja die Wohnung im Sommer nicht schon
bekommen. Wir fühlen uns aber sehr wohl in unserem kleinen Heim
und ich hoffe, es Euch allen bald zeigen zu können. Aber es hatten
bzw. haben noch einige von uns ein Geheimnis zum letzten Kurstreffen (ob anwesend oder nicht). Bei Christel war es die kleine S., welche so still und versteckt in unserer Mitte weilte. Ob sich nun bald
ein weiteres Geheimnis lüftet, ich denke doch. –

Wer nun im Mai nicht bei mir sein kann, soll doch auch ein Hochzeitsbildchen von mir sehen. Was nun das Dienstliche anbetrifft, werde ich mich am 1. Juni d. J. verändern. Unsere II. Chirurg. Abt. wird der I. chirurg. Abt, angeschlossen. Wir drei Op-Schw. gehen aber nicht mit dorthin, sondern besetzen den gynäkolog. Op. Saal. Dieser ist zur Zeit ohne Schwestern, so werden wir wenigstens nicht getrennt und sind unser eigener Herr. Das wäre nun von mir das Neueste. Familienzuwachs ist noch nicht unterwegs, wir wünschen ihn uns nur.

Viele herzliche Grüße und ein gesegnetes Osterfest wünscht Euch allen, Eure **Ursula**.

*

Ohrdruf, den 14. April 1965

Meine Lieben!

Das war wirklich eine Freude, als nach fast einem Jahr der Rundbrief wieder bei mir anlangte. Christiane hat recht, wenn sie meint, die Berichte klingen alle so froh. Sicher hat auch mancher von Euch Sorgen und Nöte, doch das Schöne bleibt länger in der Erinnerung. Und dafür dürfen wir dankbar sein. Sehr gefreut habe auch ich mich, daß Gisela wieder in unserer Mitte ist. Ihr Bericht hat mich sehr interessiert. (Die anderen natürlich auch!!!)

Ist Ursel, unsere Braut, nicht allerliebst? Und erst die Kinderlein von Ruth? Die G. möchte man so nehmen und Knuddeln. Ob die lieben Kursschwestern alle erst heiraten müssen, um ein passendes Foto beizulegen? Mir kommt es fast so vor.

Bei uns hat sich nicht viel verändert. Die meisten von Euch wissen, daß wir jetzt in der eigentlichen Dienstwohnung wohnen und somit viel Platz haben. Auch für Besucher von Euch, Ihr Lieben. Jeder ist herzlich willkommen!

M. hat sein Schwesterchen sehr lieb und vermißt es gleich, wenn ich es mal woanders hinstelle zum schlafen. Bis jetzt ist S. noch nicht mit im Kinderzimmer. Da macht einer den anderen wach, denn beide haben einen sehr leichten Schlaf.

S. bereitet uns kaum Not. Dagegen ist M. schon ein kleiner Raudi, dem das Gehorchen sehr schwer fällt. Auch sonst sind seine Höschen oft noch naß und dadurch habe ich täglich zu waschen. Dafür bin ich auch Hausfrau+ Mutti gelt?

In diesem Sommer wartet noch so allerlei auf uns. Am 8. + 9. Mai haben wir 60. Gemeinschaftsjubiläum. Im Juli startet bei uns das Landesposaunenfest und im August ist wieder die Jugendbibelrüste. Zu der haben sich über 40 junge Menschen angemeldet. Wir freuen uns darüber und es ist unser Bitte zu Gott, daß die Jugend eine Begegnung mit IHM haben möchte. Im vergangenen Jahr half mir

Else-Marie bei der Kocherei + im Haus. Das war fein. Seid nun alle Gott befohlen und lasst Euch herzlich grüßen von Eurer **Christel** + Familie.

z. Zt. Rockensußra, den 25.4.65

Ihr Lieben!

Habt Dank für alles berichten. Eben habe ich sie alle auch meiner Mutter vorgelesen, die Euch alle auch vom Erzählen kennt. Ich verlebe den letzten Urlaubstag zu Hause. Übermorgen fange ich, so Gott will, in Potsdam an.

Am Oberkursus in der Malche habe ich nun nicht teilnehmen können, sondern begann am 1.9.64 im Krankenhaus Neustadt/Orla. Bis zum 1.III.65 sollte ich da meine krankenpflegerischen Kenntnisse auffrischen, um sie dann in der Gemeinde Potsdam wieder anzuwenden. Da aber mein Ekzem an den Händen wieder aufflackerte, mußte ich am 1.2.65 nach Jena in die Hautklinik. Durch eine ausgedehnte Eisenbehandlung sollte eine Überempfindlichkeit gegenüber so vieler Medikamente herabgemindert werden. Außerdem begannen sie eine Desensibilisierungskur mit Penicillin u. Streptomycin. Bei letzterem brachen sie nach der 2. Spritze ab, weil die Reaktionen trotz der Verdünnung 1:1 Mill. zu stark waren. Nach 9 ½ wöchigem Aufenthalt dort, fällt nun das Gutachten (Berufskrankheitsmeldung) so aus, daß die Klinik keinerlei Verantwortung übernimmt, wenn ich meinen Beruf weiter ausübe. Berufswechsel! Der DV wurde davon mündlich unterrichtet, dennoch bin ich nach Schonung u. Urlaubszeit nach Potsdam berufen. Da kann ich mit einer älteren Schwester zusammen eine 2 ½ Zimmerwohnung bewohnen u. arbeiten. Ich kenne Schwester Elfriede schon längere Zeit und kann mich auf die Zusammenarbeit mit ihr freuen.

Wenn uns so eine Tür im Leben verschlossen wird, wartet man gespannt darauf, welche Gott uns nun öffnet. IHM seid alle herzlich befohlen und lieb gegrüßt von Euerer *Else-Marie.*

Ihr Lieben alle!
Als ich aus dem Krankenhaus kam, fand ich den Rundbrief vor. Er hatte sich inzwischen in meiner Wohnung verkrümelt, ich hatte nämlich in dieser Zeit noch die Maler und da hatte meine Freundin alles fortgeräumt und den Brief ganz und gar vergessen. Beim Aufräumen fand ich mit einem mal das Buch. Entschuldigt bitte, daß er dadurch solange bei mir liegenblieb. Heute soll er nun gleich fortgehen, denn nächste Woche fahr ich noch für 4 Wochen nach Bad Lausick ins Moorbad. Ich hoffe, daß ich danach wieder völlig hergestellt bin und endlich wieder arbeiten kann. Für September hatte ich eine Reise nach Moskau, Leningrad gebucht Die mußte ich nun leider zurückgeben, denn mein Arzt erlaubt noch keine Auslandsreisen. Zum Trost habe ich mir einen Fernsehapparat „53er" gekauft, so habe ich doch auch etwas von der weiten Welt.

Wie war denn das Kurstreffen? Im nächsten Jahr will ich aber unbedingt dabei sein, ich bin auf Euch alle sehr gespannt. Ilse Schuhmacher hat inzwischen geheiratet und arbeitet nicht mehr bei uns. Rosemarie Böhm ist noch in unserem Haus. Waltraud Schröder treffe ich öfter in Buch und dann wird immer wieder von Arnstadt erzählt. Sie ist im Klinikum Stationsschwester und fühlt sich dort auch sehr wohl.

Das Klinikum hat 5.600 Betten und ist eine kleine Stadt für sich. Bei uns wird auch mal wieder gebaut, wir bekommen einen neuen Op. ganz toll eingerichtet, 4 Säle, Fernsehen, alles wird eingebaut, allerdings wird er erst 1966 fertig. Unser Gelände hat immer einen Bauplatz. In den 6 Jahren, die ich nun hier bin, wurde immer gebaut. Eine neue Krippe bekommen wir auch, vielleicht geh ich, wenn sie fertig ist, mal wieder zu den Kindern. Aber dies dauert noch einige Jahre, denn das Bauen dauert ja heute seine Zeit.

Beinahe hätte ich nach Magdeburg zurückgehen (sollen) müssen. Denn meine Eltern sind kurz nacheinander verstorben, und da war allerlei mit den Erbschaftsangelegenheiten zu erledigen. Unser Haus hab ich auch zum Teil mitbekommen, aber nun wohnen meine Schwestern darin und ich hab mir nur noch 1 Zimmer behalten, wo ich über das Wochenende öfter hinfahre und so kann ich hier bleiben. Die Umstellung in ein anderes Krankenhaus wäre mir doch sehr schwer geworden. Seid für heute recht herzlich gegrüßt

von Eurer *Gisela*.

*

Nbg. d. 24.7.65

Liebe Schwester Marlies!
Liebe Kursschwestern!
Eine kleine Ruhepause! Und es war eine schöne Ruhepause!
Ich war bei dem Lesen der Briefe weit weg von hier und besuchte
Euch alle. Vielen Dank für Eure Berichte. Je älter man wird, desto
mehr freut man sich, noch mit allen verbunden zu sein.

Zur Zeit ist bei uns viel Leben. Mein Bruder nebst Schwägerin
verlebt seinen Urlaub mit dem kleinen Thomas hier. Außerdem haben wir den ganzen Sommer von meinem anderen Bruder die beiden
Kinder bei uns. So gibt es außer dem Dienst noch alle Hände voll
zu Hause zu tun. Aber man macht es gerne, und die Kinder machen
auch viel Freude. Zu meiner Mutter sage ich öfters, daß ich zwar
nicht verheiratet bin, aber mir wie eine alte Mutter vorkomme, es
krabbelt und wimmelt um mich herum, und wenn ich mich mal ein
bisschen verduften will, gleich wird von allen Enden „Tante Beet",
die größeren „Tante Liesabeth" gerufen. Bei schönem Wetter sind wir
alle am See, ich gehe viel mit den Kindern hin, hinter mir höre ich
dann oft ein Geflüster „Die kriegt wohl auch nicht genug." Ich könnte dann immer laut loslachen, und die vorausgelaufene kleine Elvira
ruft dann „Tante Liesabeth, wir sind bald da." Schnell sehe ich mich
um – diese verdutzten Gesichter. Mein eigentlicher Wunsch war,
Hebamme zu werden, ich hatte auch eine Deligierung (sic!) nach
Leipzig in der Tasche, aber mein Hautekzem hat sich auch auf der
Hand sehr vergrößert, und ich habe es aufgeben müssen. Mit Lösun-
gen darf ich nicht in Berührung kommen. Es wird sich entscheiden,
ob ich weiter als Schwester arbeiten kann, aber ich hoffe doch sehr
auf eine Besserung, bis jetzt ging es ja immer ohne stationäre Behandlung vorüber. In der Hoffnung, daß der Rundbrief bald wieder
hier landet, grüßt Euch alle ganz herzlich *Elisabeth.*

*

Nordhausen, am 31. Juli 1965

Ihr Lieben alle nah und fern!
Unser Rundbrief ist doch eine feine Erfindung. Trifft er ein, erfreut
er 14fach. Seid bedankt für all Euer Erzählen. Es ist mir eine große
Freude, zu erfahren, was ein jeder so treibt, worin jeder einzelne seine
Aufgaben sieht u. diese auch zu bewältigen versteht. Während unserer Kurstreffen finden wir zwar Gelegenheit zu persönlichen Gesprächen und diese Begegnungen sind unwiederbringlich, leider aber ist
ein Teil von uns immer verhindert, daran teilzunehmen. Darum ist
unser Brief unersetzlich.

Das Kurstreffen im Mai, das Ursel mit so viel Liebe vorbereitet hatte, brachte uns in erstaunlicher Weise wieder einander näher. Nicht

84

nur beim Singen unserer altvertrauten Weisen, sondern besonders im Gespräch wurden neue Bande geknüpft, alte erneuert. Alle Beteiligten werden mir recht geben, es war ein schönes Wochenende der Gemeinsamkeit, an das wir gern noch lange denken werden.

Nun ist Urlaubszeit! Ob ihr schon alle in diesem Genuß, Ferien zu haben, ward? Ich wünsche Euch gute Erholung u. die echte Stille abseits allen Alltagsgetriebes.

Ich verbrachte in diesem Monat 4 schöne Tage mit einer Freundin bei Christa in Schwerin. Christa stellte uns freundlicherweise ihr Zimmer zur Verfügung. Von dort aus unternahmen wir dann in die nähere u. fernere Umgebung unsere Streifzüge. Mehrere Male regneten wir tüchtig ein, doch wer erlebte das bei dem wetterunbeständigen Sommer nicht auch!?

Ende August startet wieder die nun schon zur Tradition gewordene Singreise. Diesmal geht's ins Sachsenland, Meerane wird unser Standquartier sein. Ich freu' mich sehr auf diese Woche , die wir schon seit Anfang ds. Jhs. vorbereiteten. Motetten u. Chorsätze alter, besonders aber neuer Meister stehen auf dem Programm.

Im September gedenke ich meinen Resturlaub in Ungarn zu verbringen. Per Omnibus geht's über Prag, Brünn, Bratislava nach Budapest u. auch 1-2 Tage zum Plattensee. Das wird sehr teuer, ist dafür aber auch ein einmaliges Erlebnis. –

Sehr herzliche Glück- und Segenswünsche sollen auf diesem Weg Christiane zur Gründung des Ehestandes erreichen. Meine Wünsche kommen verspätet, liebe Christiane, aber unvermindert herzlich. Und Gisela bitte ich viele herzliche Grüße an Schw. Waltraud Schröder u. Rosemarie Böhm auszurichten.

In herzlicher Verbundenheit grüßt Euch, Eure *Eva*.

*

Schwerin, d. 5.9.65

Liebe Schw. Marlies!

Liebe Kursschwestern!

Heute habe ich Sonntagsdienst und ein wenig Zeit, den Rundbrief zu schreiben. Ja, auch ich muß sagen, wir können froh und dankbar sein, daß wir einen solchen besitzen und somit ALLE untereinander verbunden sind.

Auch nächsten Sonntag werde ich Dienst tun, damit ich freie Tage für meine Heimfahrt vom 17. bis 20. d. M. habe.

Urlaubstage besitze ich keine mehr. Meinen Urlaub verbrachte ich im Winter wieder in Frauenwald, im Sommer in Kühlungsborn.

Nach Kühlungsborn fuhren wir zu viert; Karin – Op.-Schwester in Parchim (kl. Stadt b. Schwerin), Christa – Schwester, jetzt Fürsorgerin in Schwerin u. deren Schwester Erika. Wir alle gehören dem

Volksmissionskreis an. Es waren schöne Tage, die wir an der See verbrachten, auch hatten wir's mit dem Wetter einigermaßen gut getroffen.

Mit Karin war ich schon im Winter zusammen in Frauenwald. Wir nahmen gemeinsam am Op.-Kurs teil und durch sie kam ich in den Kreis. Nach Evas Besuch kam meine Schwester mit Mann und Kind nach Schwerin. Sie wohnten bei meiner Tante. Leider waren sie, des Wetters wegen, zu sehr auf die Zimmer angewiesen. Doch waren es auch so schöne Stunden des Zusammenseins, zumal ich meinen kleinen Neffen wenig zu sehen bekomme. Er ist zwei Jahre und gerade jetzt in dem niedlichen Alter. Die, die ihr Kinder habt, wißt dies ja. Und nun noch einige Schnappschüsse vom letzten Kurstreffen. 8. u. 9. Mai 1965. Recht herzliche Grüße bis zum Wiedersehen in Mecklenburg, Eure *Christa.*

Recht herzliche Grüße bis zum Wiedersehen
in Mecklenburg. Eure Chrime

Dresden, am 10.9.65

Liebe große Runde!

Nachdem der Brief bzw. das Buch bei mir einige Tage sich wohlgefühlt hat, will's nun doch wieder auf die Reise gehen.

Euch allen herzlichen Dank für die ganze Berichterei. Jetzt, nach
einigen Jahren, wird die Sache doch erst richtig interessant. Die Runde ist doch schon beachtlich gewachsen, allein schon durch die verschiedenen männlichen (Ehe-)Teilnehmer und was nun schon alles
an „Kleingemüse" so durch die Gegend steigt. Man kommt sich fast
schäbig vor, daß man noch nichts im dieser Richtung geleistet hat!
Kommt Zeit, kommt Rat. Mal sehen, wer die nächste ist.

Ich wachse, blühe und gedeihe nach wie vor auf Dresdner Pflaster
und in der guten Laborluft. Die Arbeit macht noch immer Freude.
Ich bin noch immer in der Hämatologie und steche jeden Tag ein
ganz Teil Leute in die Armvene und in die Fingerbeere. Bei uns gibt
es jetzt eine Menge zu tun. Die Ärzte sind in Scharen aus dem Urlaub
zurück gekommen und schicken mir die Patienten in großen Mengen. Bei uns herrscht ein kleiner Mangel an Arbeitskräften, 1 Assis-
tentin hat am 9.8. einen Sohn zur Welt gebracht, 2 sind im Urlaub,
so ist es halt knapp! Eine sehr nette Assist. hatte im April aufgehört zu
arbeiten, unterstütze mich aber freundlicherweise in der schlimmsten
Zeit.

Ich habe einen schönen Urlaub hinter mir, meine Zeltscheine fanden sich wieder an, so konnten meine Schwester Christiane (stud.

med. 3. Sem.) und ich am 8.8. gen Zempin/Usedom losgondeln. Eine Bekannte hatte uns den Zeltplatz besorgt. Sie selbst waren vorher 3 Wochen dort und ließen uns freundlicherweise Zelt samt Überzelt stehen. Da haben wir beiden gehaust wie die Götter, hatten natürlich viel Platz und haben uns sauwohl (Entschuldigung! Vielleicht haben wir empfindliche Naturen unter uns) gefühlt. 3 Wochen bei recht gutem Wetter, die Haut hatte eine ganz anschauliche Verwandlung erfahren.

Vom 13.-16.8. habe ich Christiane noch mal allein gelassen und bin zur Chorfahrt unseres Kammerchors nach Oderbrück gestartet. Es war sehr schön, wenn auch ein wenig anstrengend, aber ich hatte ja hinterher noch Urlaub. – Ansonsten lebe ich ruhig und beschaulich, wie es sich das für eine Dame meines Alters wohl geziemt.

Euch allen ganz liebe Grüße mit einem großen Packen guter Wünsche für alle und alles, Eure *Maria.*

*

Jeeben, den 21.10.65

Ihr Lieben alle in weiter Ferne!

Fast 1 Jahr hat der Brief gebraucht, ehe er wieder in Jeeben landete, ich war beinahe ungeduldig, habt herzlichen Dank für alle Berichte. Die, liebe Christiane und Deinem, lieben Mann, herzliche Segenswünsche zu Eurem gemeinsamen Weg! – Beim nächsten Mal wird wohl die „sechste!?" Ehefrau geworden sein. Wir freuen uns schon auf 1967, wo das Kursreffen bei uns stattfinden soll, ob Ihr alle diesen Weg „zum Ende der Welt" finden werdet? Unsere beiden Rangen werdet Ihr dann ja auch kennenlernen. Sie bringen immer wieder viel Freude und Leben ins Haus, G. (2 ½) wird ein sehr lebhaftes und aufgewecktes Kind werden, bzw. das ist sie schon. Aufmerksam und wißbegierig hört sie zu, wenn ihr etwas vorgelesen wird. Im Nu kann sie den Text auswendig u. es kann nie genug sein. Neuerdings singt sie fortwährend, manchmal schon im Morgengrauen „Hänschen klein…" und „Himmelsau, licht und blau…." Besonders groß ist die Freude, wenn alle mit einstimmen.

Verzeiht, daß ich zu eng schrieb!

Ohne Murren bleibt sie morgens oft bis 10 Uhr im Bett und beschäftigt sich mit allem Möglichen, am liebsten mit Bildern, wo sie alles Mögliche entdeckt, das uns zum Lachen reizt. Neulich fand sie eine Karte mit einer Madonna u. dem Jesuskind: Mami, guck mal, das Jesuskindlein muß auch eingepudert werden (M. Pulverdose stand in der Nähe). Oder dem Teddy werden die Ohren mit Wattetupfern saubergemacht… ich könnte jetzt endlos erzählen, aber da würde ich heute nicht fertig werden. Wenn G. merkt, daß man Zeit für sie hat, ist sie sehr lieb und anhänglich, auch um M. sorgt sie sich sehr, daß er vor aller Gefahr bewahrt bleibt, doch kann sie auch ein kleines Böckchen sein, wenn's nicht nach ihrer Nase geht. Dann bekommt auch M. gelegentlich eine gewischt. Doch der kleine Mann (¾ J.) läßt sich nicht mehr ohne weiteres alles gefallen. Er greift ihr dann mal kurz in die Haare und zeigt voller Freude seine Beute. Wenn er allein ist, macht er überhaupt keine Schwierigkeit, spielt zufrieden und artig im Laufheck oder steht auf dem Hof im Sportwagen. Allein laufen konnte er schon mit 13 ½ Monaten. Im Sprechen gibt er sich kaum Mühe, sein wichtigstes Wort ist „haben", weil er sehr gern ißt, man sieht auch wo's bleibt. Weil er so ein gemütliches Kerlchen ist, könnte man ihn dauernd auf den Arm nehmen und liebhaben. Aber man muß sich das oft verkneifen, denn der Pflichten tagsüber bis zum späten Abend sind gar viele und manchmal denke ich, am Ende meiner Kraft zu sein. Aber der Herr schenkt sie jeden Tag neu. Daß das Pfarramt auf dem Land so vielseitig ist, hätte ich nicht für möglich gehalten, als Kind sah man das nicht, ich bin ja auf dem Land groß geworden. Eine große Erleichterung besitzen wir allerdings seit etwa 1 Jahr, einen „Trabant 601", der kommt dem Amt und der Familie zugute. Da wird manchmal ein kleiner Ausflug gemacht, die Kinder sind begeistert. Ja, unser Familienglück ist groß und es ist unser großer Wunsch, daß es immer so bleiben möchte. Im Namen der ganzen Familie grüße ich Euch herzlich, Eure **Ruth**.

Haussömmern, d. 3. 11. 65.

Meine lieben Kurskinder!

So darf also wieder eine neue Runde
unseres Briefes gestartet werden.
Ich danke allen sehr herzlich für
alle Berichte, die ein anschauliches
Bild vom Leben u. Treiben eines jeden
geben.

Eine ganz große Freude war es für mich
daß ich in diesem Jahr zum Kurstreffen
in Mühlhausen 9 meiner 14 „Kinder"
wiedersehen konnte. Unserer lieben
Gastgeberin sei hier noch einmal
sehr herzlich für die wirklich schönen
Tage gedankt.

Meine lieben Kurskinder! Haussömmern, d. 3.11.65

So darf also wieder eine neue Runde unseres Briefes gestartet werden. Ich danke allen sehr herzlich für alle Berichte, die ein anschauliches Bild vom Leben und Treiben eines jeden geben.

Eine ganz große Freude war es für mich, daß ich in diesem Jahr zum Kurstreffen in Mühlhausen 9 meiner 14 „Kinder" wiedersehen konnte. Unserer lieben Gastgeberin sei hier noch einmal sehr herzlich für die wirklich schönen Tage gedankt.

Ein 10. „Kind" besuchte uns: Christel mit Mann u. M. Es war eine nette Überraschung. M. wollte die „Großmutter" sehen. (Wie ich mich fühle.)

Die Zahl meiner „Enkel" hat sich erhöht u. ich möchte hier den süßen kleinen Bub von Ihnen, liebe Waltraud, herzlich in unserer Runde willkommen heißen. Das nächste Mal bitte im Bild! In einem Jahr hat sich unsere „Familie" sicher schon wieder verändert. Bin gespannt, wer für Überraschungen sorgen wird. Ich finde meine „Enkel" bisher ganz prächtig. Man müßte sie nur alle mal kennenlernen.

Ihnen, liebe Schw. Gisela, möchte ich meine herzliche Teilnahme zum Tode Ihrer Eltern sagen. Hoffentlich hat Ihnen die Kur in Bad Lausick geholfen!

Wie geht es Ihnen, liebe Else-Marie, mit dem Ekzem? Könnten Sie nicht doch in den Beruf der Gemeindehelferin hinüberwechseln? Jedenfalls alles Gute Ihnen! Nun müßte eine gedrängte Jahresübersicht kommen. Ich will mich kurz fassen: Besonderes hat sich bei uns nicht ereignet. Es ist so, wie Sie, liebe Ruth, schreiben: das Leben im Pfarrhaus auf dem Lande ist sehr vielseitig. Ich hatte in den ersten Monaten des Jahres einen sehr schwierigen Seelsorgefall zu betreuen. (Depressionen mit Selbstmorddrohungen.) Es hat mich sehr viel Zeit u. Kraft gekostet; ich habe aber auch viel dabei gelernt. Ich rate aber jedem, der mal in eine solche Lage kommt, einen erfahrenen Seelsorger zu Rate zu ziehen, denn es ist oft zu schwer, alles allein zu verkraften. Wie durch ein Wunder geht es dieser Frau jetzt viel besser.

Im Juni verlebten wir 3 Wochen Urlaub am Beetzsee b. Brandenburg/Havel. Wir hatten ein unwahrscheinliches Glück mit dem Wetter. Am 31. Juli heiratete mein jüngster Bruder. Die Hochzeit fand in Themar statt. Mein Mann hielt die Trauung, ich fungierte als Organist. Von Frau Oberin erhielt ich im Sommer einen Gruß aus Eisenach. Sie ist dort in einem Altersheim. Sie hat sich sehr über unseren Gruß vom Kurstreffen gefreut. Von August bis Oktober gab's viel Besuch. Jetzt beginnt nun die Winterarbeit mit vielen Gemeindeabenden. Wir haben zwar das Gefühl, daß wir auch schon wieder Urlaub gebrauchen könnten. Aber es muß auch so gehen.

Nun behüht' Sie Gott mit all Ihren Lieben.

Es grüßt sehr herzlich Ihre **Kursmutter** mit Eheliebstem.

*

Karl-Marx-Stadt, d. 15.11.65

Ihr Lieben!

Immer größere Reisen muß unser Rundbrief jetzt machen, um von dem Einem zum Anderen zu gelangen. Ja, Ende August habe ich nun meine Zelte in Erfurt endgültig abgebrochen und bin nach Karl-Marx-Stadt übergesiedelt. Am 29. Mai haben Gerhard und ich geheiratet. Mein Bruder hat uns in seiner Kirche in Pretzsch (bei Wittenberg) getraut. Das war für uns alle natürlich ganz besonders schön! Nur habe ich leider zur Zeit gar kein Hochzeitsbild zum Einkleben, und so müßt ihr halt mit diesem hier vorlieb nehmen.

Zur Hochzeitsreise fuhren wir nach Bad Schmiedeberg, wo die Rheuma- u. Gichtkranken hingeschickt werden. Aber wir fühlten uns eigentlich noch recht beweglich u. haben wunderschöne Spaziergänge durch die Dübener Heide gemacht. 14 Tage Urlaub verlebten wir dann noch in Ahlbeck an der Ostsee.

Inzwischen sind wir nun schon stolzer Besitzer einer eigenen Wohnung geworden. Es ist zwar kein Neubau, aber wir haben auf die Weise doch 2 Zimmer, Küche u. Garten, was wir sonst nie bekommen hätten. Na, im Jahre 1968 könnt Ihr dann alles besichtigen, denn da soll ja das Kurstreffen hier stattfinden. Hoffentlich können recht viele kommen, trotz der großen Entfernungen!

Allmählich wird K.M.St. auch wieder ansehnlich. Durch den Krieg war ja alles tüchtig zerstört, aber es wird jetzt sehr sehr viel gebaut, und die Stadt sieht eines Tages mal völlig anders aus als vor dem Kriege.

Ich arbeite hier auch wieder in einer Poliklinik, allerdings nur halbtags. Die Arbeit dort macht mir zwar recht viel Freude, aber ich gehe danach auch sehr gerne wieder nach Hause. Nun, und da gibt es ja dann auch noch so allerlei für mich zu tun. Ansonsten fühlen wir uns sehr wohl in unserer Zweisamkeit. Ab und zu gehen wir mal in den Altfreundekreis der hiesigen Stud. Gemeinde, wo dann auch die Predigtvorbereitungen für einen modernen Gottesdienst, der monatlich einmal hier gehalten wird, stattfinden. Und nun wünsche ich Euch allen eine recht gesegnete Adventszeit und alles, alles Gute für Arbeit u. Familie und grüße Euch herzlich, Eure **Christiane.**

Erfurt, 1.12.65

Ihr Lieben!

Auch ich habe mich wieder sehr über das Erscheinen des Rundbriefes gefreut. Ob er im nächsten Jahr etwas schneller durch die DDR reisen wird? Diesmal mußte ich ihn erstmalig ganz allein studieren, da Christiane als Vorletzte der Stadt Erfurt untreu wurde. Nun bin ich ganz alleine hier, es gefällt mir aber immer noch sehr gut. Meinen Urlaub verlebte ich in Bulgarien in Pamporovo (Rhodopen). Jeden Vormittag unternahmen wir größere Wanderungen. Nachmittags ruhten wir uns sonnenderweise auf der Terrasse aus. Das Essen war oft sehr eigenartig. Für uns Mitteleuropäer schwer verdaulich. Aber ansonsten war es ohne Zweifel mein schönster Urlaub, den ich überhaupt erlebte. Meinen Eltern und Geschwistern geht es zur Zeit auch gut. Meine Schwester ist sehr glücklich über ihr nun jetzt schon 6 Monate altes Töchterchen. Die Kleine ist sehr niedlich und der Stolz der ganzen Familie. Ich arbeite immer noch im Op. Es gibt immer sehr viel zu tun. Täglich wird in fünf Sälen operiert. Wir fragen uns oft, wo wohl die vielen Kranken herkommen? Zum Tag des Gesundheitswesens bekommen wir eine Kollektivprämie in der Höhe von 300 DM. Mit dem Geld wollen wir unsere Weihnachtsfeier ausgestalten. Nun wünsche ich Euch allen ein recht frohes u. gesegnetes Weihnachtsfest und alles Gute für das neue Jahr.

Herzlichst Eure **Ruth** Begrich

*

Wismar, d. 31.1.66

Meine Lieben!

Habt alle Dank für die lieben Grüße und guten Berichte. Besonders begrüße ich Gisela in unserer Runde. Endlich sind wir wieder vollzählig. Es ist interessant was Du, Gisela, schreibst. Hätten wir nur an jedem Krankenhaus diese Möglichkeiten und Mittel.

Hier in Wismar bleibt viel zu wünschen übrig. Eine kleine Neuigkeit meinerseits: ich beginne am 1. März, zunächst mit einem Vorpraktikum, mit der Fürsorgerinnenausbildung. Rheuma wird wohl mein Fach. Dazu muß ich 2 x 5 Monate nach Weimar. Ich freue mich sehr auf das Neue. Einen guten Chef habe ich jetzt schon, er möchte mit mir gemeinsam die Sache aufbauen. Es war einige Jahre unser Stationsarzt, daher kennen wir uns.

Von Christiane hörte ich von ihrer notwendigen Operation, liebe Schwester Marlies. Ich fühle mit Ihnen!

Von großen Urlaubserlebnissen kann ich nicht berichten. Ich wirtschaftete in Passee als meine Mutter gen Westen reiste. Mir macht das ja auch immer wieder viel Freude, nur zur Erholung kommt man dabei nicht recht.

Elisabeth ist nun in Ludwigslust, im Hafen des DV, mit aller Arbeit und bekannten Leiden. Schw. Lydia Brauner regiert über ihr mit viel Getöse. Sie freut sich auf einen Besuch von mir. In Kürze soll etwas daraus werden. Meine große Schwester wird im Frühjahr heiraten. Ich selbst steure mit allen Kräften auf das Neue zu.

Liebe Grüße Euch allen, Eure *Lotti.*

*

Allstedt d. 15.2.66

Ihr Lieben!

Genau vor einem Jahr schrieb ich das letzte Mal in den Kursbrief. Wie viel hat sich seitdem verändert und ereignet. Das vergangene Jahr war für mich nicht leicht. Im März wurde mein Vater zum ersten Mal an den Augen operiert. In meinem Urlaub ging Mutti ins Krankenhaus wegen eines großen Ulcus cruris* und Vati mußte sich der Staroperation auf dem zweiten Auge unterziehen. Ihr könnt Euch denken, daß es viel Arbeit und Aufregungen gab. Mit meinem Jungen auf dem Fahrrad pendelte ich immer zwischen Krankenhaus, Wohnung und dem Bad, denn der Herr Sohn wollte doch Sandkasten u. Wasser genießen. L.** ist sehr lebhaft und spielt am liebsten mit Tieren. Am meisten gefällt ihm der Esel einer bekannten Familie, ihm versucht er sogar die Nase zu putzen. Aus der Krippe bringt er nicht immer die besten Ausdrücke mit nach Hause. Ab und zu singt er auch mal „Adelheid, schenk mir einen Gartenzweig".

Zur Zeit soll er die Masern haben. Ich habe aber nur mit viel Phantasie ein Exanthem entdecken können. Außer Husten und Schnupfen fehlt ihm nichts und damit soll ich ihn im Bett halten. Wenn ich Spätdienst habe, versorgt Mutti dann den Kleinen. Allerdings fehlt uns unser Opa sehr, der am, 16. Oktober ganz plötzlich heimgerufen wurde. Vati war erst 14 Tage aus dem Krankenhaus zurück und freute sich über die gelungene Operation. An Vatis Sterbetag war ich mit L. in Erfurt und kam erst 10 Uhr zurück. Eine halbe Stunde vorher war er eingeschlafen. Der Arzt stellte einen Schlaganfall fest. Vati hatte an dem Kleinen viel Freude und ging oft mit ihm spazieren. L. fragt auch jetzt noch oft nach seinem Opa. Besonders schwer aber war Vatis Tod doch für Mutti. Der Junge hat ihr viel über den ersten Schmerz geholfen. Ob wir uns wohl zum großen Teil beim Kurstreffen wiedersehen? Lotti lud mich mit L. ein, ein paar Urlaubstage bei ihr zu verleben. Es wäre eine günstige Gelegenheit für mich, beides zu verbinden. Die beiden Bildchen sind vom Juli vergangenen Jahres und schon etwas veraltet. Leider ist L. noch ebenso schlank. Er ist ein

* *Ulcus cruris* = Unterschenkelgeschwür (offenes Bein)
** Namensabkürzung geändert.

schlechter Esser. Das erste Heft dieses Kursbriefes wird doch wohl Schwester Marlies für ihre Kurskinder zur späteren Einsicht deponieren?

Nun laßt Euch alle ganz herzlich grüßen, Ihnen liebe Schwester Marlies besondere Grüße von L.

Herzlichst Eure **Waltraud.**

Greiz, den 23.II.66

Meine Lieben!
Wie habe ich mich gefreut, als ich Eure Briefe in den Händen hielt!
Ich hatte schon manchmal Angst, sie kämen nicht mehr. Nun weiß
man doch wieder von Freud und Leid von einem jeden. –
Von mir gibt es nicht viel Neues zu berichten. Die Kinder wachsen und gedeihen und werden wohl auch in jedem Lebensjahr etwas
frecher. Im Großen und Ganzen ist unser M. aber viel einfacher als
vor einem Jahr. Dafür kommt der Kleine jetzt ins Trotzalter, er hat
auch einen ganz schönen Dickkopf. Wir haben aber auch viel Freude
an den beiden Brüdern. Sie spielen so schön zusammen. Am liebsten
spielen sie „Herr Pfarrer". Da klettert jeder auf sein Stühlchen (das ist
die Kanzel) und dann geht es mit Donnerstimme los: „Ehr sei dem
Vater…Halleluja…Vom Himmel hoch da komm ich her…" usw.
Das Schönste ist, wenn sie die Weihnachtsgeschichte aufsagen.
Maria hatte M. Luk. 2., 10-14 auswendig lernen lassen und das kam
nun zu jeder passenden und unpassenden Gelegenheit, sodaß es der
Kleine nun schließlich auch schon kann. – Meinem Dienst in der
Gemeinde gehe ich auch noch jeden Vormittag nach. Vom 1.5.-1.12.
war unsere Diakonisse krank, sodaß aus den 4 Std. Arbeitszeit meis-
tens 6 Std. wurden. Das war für den Haushalt oft schwer zu verkraften und ging auch manchmal über meine körperlichen Kräfte.
Vorläufig ist sie aber wieder im Dienst, es geht ihr allerdings wenig
gut und sie wird wohl nicht mehr lange bleiben können.

Was dann wird, weiß ich noch nicht, denn Dresden hat keinen Ersatz für sie. Doch ich will mich nicht sorgen es kommt dann schon alles so, wie es kommen muß. Ich las da eben einen Ausspruch von Michel Quoist*: „Die Zukunft steht noch nicht in deiner Macht, verbrauche dich nicht im voraus. Schenke Gott die Zukunft im Großen wie im Kleinen und lebe der Gegenwart."

Meinen Urlaub verbrachte ich letzten Sommer in Ilsenburg im Harz mit meinen Eltern zusammen, es waren wunderschöne Wochen der Ruhe und wir wollen, so Gott will, dieses Jahr noch einmal nach Ilsenburg fahren. Maria, meine Schwester, hat sich nun auch gut in ihren Dienst eingearbeitet. Palmarum haben wir wieder eine Abendmusik unter ihrer Leitung. Maria spielt Passionschoralbearbeitungen von Joh. Seb. Bach und wir singen Passionschoräle alter Meister. Das Bild ist im Jan. 66 aufgenommen.

Nun seid alle herzlichst gegrüßt von Eurer **Renate**.

*

Mühlhausen, den 27.3.66

Ihr Lieben!

Eure netten und interessanten Berichte habe ich wieder mit sehr viel Freude gelesen. Habt für diese und die eingeklebten Bildchen recht herzlichen Dank. Nun fehlt gar nicht mehr viel an einem Jahr, als wir uns hier bei uns in Mühlhausen zum Treffen sahen. Damals erzählte ich von meinem Wechsel in den Gyn. Op., da bin ich nun auch gelandet und habe mich ganz und gar eingelebt. Mir gefällt es hier auch ganz gut, störend ist nur der viele Bereitschaftsdienst. Zur Zeit sind es schon wieder etwa 5 Wochen Dauerbereitschaft. Das kann ich aber auch nicht so weiter führen. Anfang April kommt nun mein Mann für immer heim; ihm wird es auch nicht gefallen, wenn seine Frau nie zu Hause ist.

Unseren letzen Urlaub verlebten wie im Harz in Friedrichsbrunn, das ist ein kleiner Kurort bei Bad Suderode. Dort war es wirklich wunderschön. Von dort machten wir wunderschöne Ausflüge nach Quedlinburg, Wernigerode und ins Bergtheater nach Thale. Wo es nun in diesem Jahr hingehen soll, wissen wir noch nicht. Doch so viel weiß ich, daß ich im Mai erst mal zu Christa nach Schwerin fahre. Darauf freue ich mich schon lange.

Hoffentlich können recht viele kommen, vor allem auch diejenigen, die wir zum Examen in Arnstadt zum letzten Mal sahen. Euch allen wünsche ich ein gesegnetes Osterfest bis zum Wiedersehen in Schwerin, viele liebe Grüße von Euerer **Ursula** und Mann.

*

* *Quoist, Michel* (1921-1997) war ein französischer Priester und Autor.

Ohrdruf, den 31. März 1966

Meine Lieben!

Laßt Euch von Herzen grüßen und danken für alles Erzählen aus Eurem Leben. Mit großer Freude habe ich die Berichte studiert. Bei mancher lieben Kursschwester war es wirklich eine Kunst, die Zeilen zu entziffern. Da möchte ich ein Wort weitergeben, welches mein Vater mir des Öfteren sagte: „Schönschreiben heißt – Liebhaben." Sicher haben wir uns alle lieb, darum…Ich sage es mir selbst und will mir Mühe geben!

Voller Freude und Dankbarkeit darf auch ich auf das vergangene Jahr zurückblicken, das zwischen meinem letzten Bericht liegt. Nach viel Arbeit im Sommer winkte endlich im Sept./Okt. der langersehnte Urlaub. Es ging mit dem Roller durch das schöne Thür. Land zu einer Singerüste nach Steinbach-Hallenberg. Anschließend hatten wir daheim lieben Besuch aus München.

Bei unseren Kindern könnte ich, wie Ruth, seitenlang erzählen. Sie sind süß und frech zugleich. M. (3 ½ J.) reißt jetzt schon manchmal vor seiner kleinen Schwester S. (1 ½ J.) aus. Allerliebst ist es, wenn sie zusammen auf dem Sofa sitzen und M. seinem Schwesterchen aus dem Struwelpeterbuch vorliest.

Im Mai werden Martin und ich 14 Tage bei Else-Marie in Potsdam Urlaub machen. Uns steht dort ein kleines Wochenendhäuschen direkt am See mit Boot zur Verfügung. Hoffentlich wird es bald Frühling und damit auch wärmer. Wie gerne wäre ich zum Kurstreffen in Schwerin dabei. Aber sicher wird sich das mit unserem Urlaub nicht verbinden lassen können. Wenn Lotti nach Weimar zum Studieren muß, ob dann ihr Weg auch mal nach Ohrdruf führt?

Christa und Else-Marie besuchten uns schon in diesem Jahr. Von Herzen wünsche ich Euch allen eine gesegnete und frohe Osterzeit und grüße Euch herzlich, Eure **Christel** (...) und Familie.

*

Rockensußra, den 19.7.66

Ihr Lieben!

Es ist wieder mal Urlaubszeit. Wo werdet Ihr alle Eueren Urlaub verleben? Manche im Ausland, schön, ich staune. Eventuell habe ich das Glück nach Polen im nächsten Jahr eingeladen zu werden. Aber so sehr große Lust habe ich gar nicht, zu zweit in einem fremden Land, dessen Sprache man nicht kennt, zu urlauben. Uns stände da nämlich auch ein Wochenendhaus zur Verfügung. Abwarten!

Außerdem haben wir das Zittauer Gebirge noch nicht durchradelt. Sonst sind doch meine Freundin u. ich so stolz, die Gegenden der DDR in großen Zügen durchradelt zu haben. Voriges Jahr durchfuhren wir das Westerzgebirge u. das Vogtland in 11 Tagen. Jedesmal denken wir „das war die schönste Radtour". Ihr lieben Mütter von uns lächelt vielleicht und denkt: „Hast Du Sorgen". Aber keine Angst, es sind nicht meine größten Probleme!! Es geht mir aber gut in Potsdam. Ich habe dort das Neubautenviertel (Waldstadt) als evang. Gemeindeschwester zu betreuen. Daneben arbeitet da aber auch eine kommunale Schw. u. eine kl. Poliklinik. Also die Patienten sind nicht so viele. Daneben habe ich zur Zeit 2 Klassen Christenlehre zu erteilen, Kindergottesdienst zu halten u. manchmal auch Altenkreis. Das alles macht mir Freude, aber auch manche Not. Na, liebe Schwester Marlies, Sie haben darin ja auch Erfahrungen gesammelt. Seit März war meine Mitschw., Schw. Elfriede, krank. Jetzt macht sie noch Urlaubsvertretung u. ab 1.9. soll an ihre Stelle eine andere kommen. Mit Schw. Elfriede war es schön, so daß mir der Wechsel nicht so leicht wird.

Ab 9.8.66 bin ich wieder im Dienst u. da lade ich Euch alle von Herzen ein, mich mal zu besuchen. Wir haben Platz und gern Besuch. Und lohnte sich Potsdam nicht? Schade daß die Kursustreffen schon alle so vorgeplant und vergeben sind. Nochmals herzlich willkommen. Wir haben auch Übernachtungsmöglichkeiten.

Liebe Gisela, Du wärst die Nächste. Hast Du nicht mal Lust? Die Adresse steht ja hinten im Buch. Ganz herzlich grüßt Euch u. dankt für alle Berichte, Eure *Else-Marie.*

*

Buch, 30.7.66

Ihr Lieben!

Bevor das große Fußballspiel zur Weltmeisterschaft beginnt, will ich noch schnell ein wenig mit Euch plaudern.

Eine ganz große Freude war es für mich, daß ich endlich einmal am Kurstreffen teilnehmen konnte. Dir liebe Christa nochmals meinen herzlichsten Dank für die schönen Tage. Es war ja für mich besonders schön, weil ich ja selbst 3 Jahre in Schwerin gearbeitet habe und da war gleich die ganze Diakoniezeit wieder lebendig. Auch war der persönliche Kontakt mal wieder notwendig, wußte ich doch von Einigen gar nicht mehr wie sie aussehen. Wenn es irgend geht komm' ich im nächsten Jahr bestimmt wieder.

Am 31. August geht es erst einmal 14 Tage in den Urlaub nach Sellin. Die letzten 7 Tage werden im Winter genommen. Durch den arbeitsfreien Sonnabend hat man ja jetzt auch etwas mehr Zeit. Wir hören alle 14 Tage am Freitag um 14 Uhr auf zu arbeiten. Die andere Gruppe macht dann Sonnabend und Sonntag Sonntagsdienst. Das hat sich bei uns sehr gut eingespielt und wir sind alle sehr zufrieden damit. Ich fahre jetzt wieder viel nach Magdeburg, wo meine Geschwister alle wohnen, oder nach Leipzig. Zwischendurch ist man auch mal in Berlin und nützt die wasserreiche Gegend von Berlin aus. Vergangene Woche hatten wir unseren Stationsausflug zum Liepnitzsee. Wir sind um 12 Uhr los und um 23 Uhr zurück, es war ganz herrlich wir haben uns mal wieder tüchtig ausgetobt, anbei 2 Schnappschüsse, die Fähre wird erwartet. Wir sind meist 2 x im Jahr unterwegs, wenn mal sehr schönes Wetter ist, fahren wir auch ein drittes Mal, dabei wird dann die Stationskasse geplündert. Wir brauchen hier manchmal diesen Ausgleich, denn oft hat man es doch dick. Kürzlich haben wir erst wieder einen ganz süßen Jungen von 2 Jahren verloren. Er war ¼ Jahr bei uns und uns allen sehr ans Herz gewachsen. Wir lassen aber trotzdem nicht den Kopf hängen und rappeln uns immer wieder zum frohen Schaffen auf. Wenn manchmal noch nach Jahren dieser oder jener Patient uns gesund besuchen kommt, freuen wir uns um so mehr.

Im September ist bei uns in Berlin der Internationale Chirurgenkongreß, der zum 2. x hier stattfindet. Unser Prof. von der Lungenchirurgie leitet ihn wieder und so kann man wieder an vielen Vorträgen teilnehmen. Wir haben in diesen Tagen nur Notbesetzung auf den Stationen und alle anderen werden zum Kongreß eingesetzt. Es gibt immer sehr viel Aufregung und viel Trubel. Aber man lernt immer sehr viel dabei und hinterher wird natürlich wieder der gelungene Abschluß gefeiert. Anbei nun die Bilder und seid alle herzlichst gegrüßt, von Eurer *Gisela.*

Eingang zur Klinik

d. 9.8.66

Ihr Lieben!
Vielen Dank für Eure Berichte, sie waren wieder alle sehr interessant. Zu meiner Schande muß ich gestehen, daß ich zu keinem Kurstreffen war, aber es soll anders werden. So sind mir aber Eure Berichte besonders lieb geworden und im Geiste kann man sich ein gutes Bild vom Tun und Treiben jeder Einzelnen machen. Von mir gibt es nicht viel neues zu berichten. Mein neuestes Hobby ist Möbel besehen u. wenn das Geld da ist, auch kaufen.

Meine Cousine, mit der ich mein Zimmer bis vor kurzer Zeit teilte, hat in der Stadt ein Zimmer bekommen. Nun konnte ich es mir nett einrichten, einiges fehlt allerdings noch, aber es macht großen Spaß. Die neueste Errungenschaft ist ein Fernseher. Wir waren erst fanatische Gegner von der Flimmerkiste. Aber meine Geschwister, die viel bei uns sind, sehen gern in die Ferne. Meine Mutter, die größte Gegnerin, ist jetzt die fanatischste Seherin. Wie man sich doch wandeln kann. Habe mich entschlossen, heute meine Wenigkeit mit einem weiten Hintergrund + Vordergrund Euch vorzustellen. Im März 1966, wo ich in Bad Schandau zur Mastkur weilte. Aus der Mast ist nicht viel geworden. Viele Grüße Euch allen,

Eure *Elisabeth.*

103

Meine Lieben!

Mit großer Freude empfing ich genau an meinem Geburtstag den Rundbrief u. danke Euch für alle Mitteilungen sehr herzlich. Reichliche 13 Monate kurvte er durch die gesamte DDR, bis er den Weg wieder zurückfand. Was tat sich in dieser Zeit alles!! Nur das Wichtigste: Seit April ds. Js. bin ich in der TBC-Fürsorge hier in Nordhausen tätig. Eine 2-jährige Ausbildung als Gesundheitsfürsorgerin liegt vor mir. Jetzt im Oktober beginnt der Start für zunächst 4 Wochen an der Med. Fachschule in Weimar. Dort werde ich – wie ich diesem Rundbrief entnehme – höchstwahrscheinlich Lotti N. treffen, die sich für die gleiche Ausbildung entschied. Welch' ein Lichtblick! Theorie und Praxis wechseln einander öfters ab. Im nächsten Brief werde ich – falls ich der „Tbc" die Treue halte (natürlich meine ich die Dienststelle „Tbc-Fürsorge") – mehr und ausführlicher über den Ausbildungsverlauf berichten können. Ansonsten hat sich bei mir daheim einiges geändert. Mein Vater heiratete in dieser Woche wieder. Zunächst war die Tatsache dieses Vorhabens für mich ein psychischer Schock, nun beginne ich ihr inzwischen die positiven Seiten, nämlich wieder mehr Freiheit in vielerlei Hinsicht, abzugewinnen.

Meinen Urlaub verbrachte ich in diesem Jahr auf verschiedene Art u. Weise. Hiddensee stand für 14 Tage mit Maria P. im Mai auf dem Programm. Schöne, geruh- u. erholsame Tage – auch einige davon sonnig, verbrachten wir faulenzender- u. wanderweise auf dem mich immer wieder von neuem anziehenden „söten Länneken".

Im August reiste ich mit dem Dresdner Singkreis diesmal durch Mecklenburger Gefilde. Parchim war unser Standquartier. Von hier aus ging es allabendlich in die näher- und weitergelegenen Orte u. Städte um den Gemeinden Gottes Lob zu singen. 4 Pkws u. 2 Motorroller standen 21 Sängern zur Beförderung zur Verfügung. Mit meinem „Berlin" (ein alt gekaufter Motorroller) startete ich, wenn auch nicht allein, in die nördl. Breitengrade. Im Sommer machte ich nämlich nach langem Vorsatz meine Fahrerlaubnis für die Kl. 1 + 4 (Krad u. PKW). Eine feine Sache wenn man dann selbständig losziehen kann. Es sei Euch allen empfohlen!

Während unserer Singreise u. der sich daran anschließenden gemeinsamen Faulenzerwoche im Wandschneiderschen* Park in Plau am See (vielleicht kennt Ihr dieses nur zu empfehlende Urlaubsgelände der Inneren Mission?) leistete mir mein Roller gute Dienste. Meine Gedanken während meines dortigen Aufenthaltes weilen oft u. besonders bei Euch Mecklenburgern Betty, Lotti u. Christa. Manch-

*_Wandschneider, Wilhelm_ (1866-1942), Bildhauer

mal plante ich auch Stippvisiten zu Euch, doch die Tage während der Chorfahrt waren restlos ausgefüllt. In Parchim, Plau/See, Sternberg über Güstrow (wo wir die Barlachgedenkstätten besuchten), Neustadt, Glewe, Hagenow (in meiner ehem. Diakonieheimat), wo ich Inge Schmidt u. Fr. Oberin v. Lindeiner sprach, Neuhaus/Elbe u. Lübtheen gaben wir unsere Abendmusiken.

Das Programm, das außer H. Schütz-Motetten vorwiegend von moderner Kirchenmusik geprägt war, führte von Christi Geburt bis zum Wiedergeborenwerden des Menschen. Ich bin sehr dankbar, alljährlich an der Reise u. somit an der Gemeinschaft dieses Freundeskreises teilnehmen zu können, auch wenn es mit einigen Strapazen verbunden ist. Anbei ein Bild, das während einer Frühstückspause im Dienst (aufgenommen) wurde. Meine kleine Kollegin, mit der ich mich unterhalte, ist leider unsichtbar. Seid herzlich gegrüßt von

Eurer *Eva.*

Schwerin, den 3.10.66

Ihr Lieben alle!
Wie sehr freute ich mich, als ich bei meiner Rückkehr von daheim den langersehnten Rundbrief vorfand. Noch zur späten Stunde, ich kam so gegen 24 Uhr in mein Zimmer, habe ich all die Berichte gelesen. Wie reich sind wir doch, dies merkte ich wieder einmal in einer Äußerung unserer Oberärztin. Ich hatte Sonntagsdienst u. bekam Besuch einer Freundin aus dem Freundeskreis. Die Doktorin sah es und fragte mich einige Tage darauf: „War das auch eine Freundin von Ihnen?" Ich bejahte es. „Sie haben wohl viele davon?"
„Ja, im ganzen Land hin und her. Schw. Christa braucht kein Hotelzimmer, wenn sie irgendwohin fährt."
Sie selber ist in dieser Beziehung sehr arm. Nun hat sie seit Januar d. J. Dauerdienst. Kein frei, Tag u. Nacht, Wochen- u. Sonntags ist sie an das Haus gebunden. Unser Chef ist seit Januar mit Gefolge nach Halle gegangen. Nun haben wir sie als Oberärztin u. Assistenzärzte, keinen Facharzt, der sie mal vertreten könnte. Bei jedem schwierigen Fall muß sie dabei sein. Am Anfang machte es ihr Spaß, so nach Herzenslust zu wirtschaften, doch nun ist sie am Ende ihrer Kraft. Wir sollten im Sept. einen neuen Chef aus Berlin bekommen, bis jetzt ist aber noch keiner da.
Wie ich anfangs schrieb, kam ich von zu Hause. Ich war gespannt auf meine kleine Nichte. Sie sollte am 27.6. geboren werden u. ich war zu dieser Zeit daheim, um Hilfestellung zu leisten. Doch verging die Zeit des Urlaubs u. das Baby kam u. kam nicht, am 7.7. reiste ich ab u. Silke erblicke am 8.7. das Licht der Welt. Sie wollte nichts von ihrer Tante wissen. Doch jetzt ist sie schon ¼ J. u. eine süße Göre u. bereitet ihren Eltern viel Freude. Seid nun alle lieb gegrüßt von

Christa.

*

Dresden, am 13. 10.66
Ich hab nicht schlecht gestaunt, als der Rundbrief vorige Woche auf meinen Tisch „flatterte". Ich dachte, der hätte das Weite gesucht oder wäre in einer Tischschublade bei einem Rendezvous hängen geblieben. Um so größer war die Freude über sein Erscheinen. Habt herzlichen Dank für alle Berichte und bildliche Darstellungen.
Ich will heute die ruhige Zeit im Labor ausnützen und gleich meinen Beitrag einschreiben. Ich arbeite nach wie vor im Hämatologischen Labor im SSW. Die Arbeit schmeckt und macht mir Freude, vor allem auch der Umgang mit Patienten. Manchmal quillt der Warteraum über. Vor allem im Herbst und Winter. Die Sommermonate sind meist „saure Gurkenzeit". Dieses Jahr waren wir auch alle 7 im Juli und August hier, alle hatten früher oder später Urlaub. Dann

fehlten allerdings durch Kur und Urlaub gleich 3 Leute aufs mal, da gab es mehr zu tun. Nun sind alle wieder in heimatlichen Gefilden und mehr oder weniger arbeitswütig.

Vom Urlaub hat Eva schon berichtet. Mir hat Hiddensee sehr großen Eindruck gemacht, ich führe auch gerne wieder hin. Mit dem Essen und dem Wetter hatte es manchmal seine Haken. Aber wir sind viel gelaufen und hatten Zeit für uns. Farbe hatten wir ganz ordentlich, da es Ende Mai/Anfang Juni war, fielen wir zu Hause unter den Weißhäuten doch auf. Mein Privatleben geht seinen alten Trott. Ich habe mir im Frühjahr Hellerauer Möbel für mein Zimmer gekauft. Mir gefällts und ich finde es ganz gemütlich, nur heizen kann ich nicht, ich muß die Tür zum Nebenzimmer auflassen, um ein wenig von den weiteren Breitengraden mitzubekommen. Eva kennt meine Kemenate. Sie besuchte mich im Sommer einmal über ein Wochenende. Von Christiane hoffe ich, daß wir uns bald einmal sehen. Als sie und ihr Mann jetzt mal in Dresden waren, mußte ich ausgerechnet in der Weltgeschichte umherdüsen.

Unsere Familie hat sich um 1 Schwägerin vergrößert. Gottfried heiratete im Sommer (die ganze Familie feierte mit in Berlin). Nun warten sie auf eine Wohnung (2-4 Jahre): Gottfried bei uns, Angelika bei ihren Eltern in Berlin. Sie sehen sich nur alle 14-28 Tg. übers Wochenende. Hoffentlich bietet sich doch mal eine Gelegenheit zum gemeinsamen Haushalten. So, Euch allen ganz herzliche Grüße und auch viele gute Wünsche für Advent, Weihnachten, das neue Jahr, Ostern und Pfingsten. (Ich weiß ja nicht, wann der Brief wieder einmal hier landet.) Eure **Maria.**

*

Jeeben, den 1.11.66

Ihr Lieben!

Es ist noch frühe am Morgen (6.35), und da die Kinder noch lieb in ihren Betten liegen, will ich den Rundbrief auf die Reise schicken. Draußen ist es noch recht düster, −5 Grad haben wir eben in unserer Laube gemessen. Wenn die Kälte so fortschreitet, können wir uns auf einiges in diesem Jahr gefaßt machen. Die Kinder mögen gar nicht mehr gern draußen sein, sonst tummelten sie sich den ganzen Tag in Hof und Garten. Da ging es auf manche Entdeckungsreise. Im Sand spielen macht viel Freude. Neulich rief M. zum Küchenfenster herein: „Guck mal, Mutti, ich hab' Mist gekocht, da faß ich jetzt rein." Der kleine Schelm wollte mich aber mit seinem angerührten Sand nur foppen. Ein anderes Mal war es den beiden Rangen zu warm. Ehe ich es gewahr wurde, half einer dem anderen, sich zu entkleiden und als ich auf den Hof kam, standen beide fast nackend vor mir. Ihre Schuhe hatten sie in der Aschenkuhle verstaut. Bei diesem

Anblick konnte man nur lachen. Des Öfteren machen sich G. und M. aber auch nützlich, indem sie das Holz aufsammeln, das jetzt von den Bäumen fällt oder sie suchten die wenigen Nüsse unter dem Laub hervor, die von den Haselsträuchern fielen. – Ganz besonders freuen sich die Kleinen, wenn ich mir nachmittags ein paar Minuten Zeit nehme, um ihnen aus einem Buch zu erzählen oder mit ihnen baue und spiele. Dabei lernen wir manches Lied, das dann tgl. bei der Andacht wiederholt wird. Z.B. singen beide von „Meinem Gott gehört die Welt" 4 Verse. Abends im Bett hört man sie alle Lieder, die zur Verfügung stehen, durchsingen. G. stimmt an. Sie ist schon ganz die Große (3 ¾) und darf auch mit zum Kindergottesdienst. Morgens geht sie seit kurzer Zeit 2 ½ Std. zum Kindergarten. Das ist für mich eine große Hilfe, da es auf unserem Grundstück und im Haus sehr viel Arbeit gibt, wobei ich unmöglich immer beide Kinder gebrauchen kann. Unser Garten ist fast winterfertig. D.h. fertig werden wir da nie, weil er ja so groß ist, wir können nur das tun, was in unseren Kräften steht. Der Beruf des Pastors gehört wohl zu den vielseitigsten, z.B. sah mein Mann sich jetzt gezwungen, unsere 20 m lange Gartenmauer (das ist allerdings nur die Hälfte), die baufällig geworden war, selbst in Angriff zu nehmen u. den Maurerberuf auszuüben. An den Kirchen ist überall zu renovieren u. vieles muß selbst in die Hand genommen werden, wenn man nicht Jahre warten will. Z.B. haben wir Fensterrahmen für die Jeebener Kirche schon mindestens 1 Jahr bestellt. Nichts tut sich. Andererseits erleben wir aber auch manches Erfreuliche. Wir konnten jetzt durch eine Spende 2 wunderbare Paramente für eine Kirche anfertigen lassen, ein drittes ist bestellt. Ach, Ihr Lieben, ich könnte endlos erzählen, doch ich muß Schluß machen, die Pflichten rufen. Wir hoffen, Euch im nächsten Jahr bei uns begrüßen zu können. Bis dahin, lebt wohl und Gott befohlen. Eure **Ruth** u. Familie. Schon jetzt ein gesegnetes Weihnachten und
ein gutes neues Jahr!

Auf dem Pfarrhof,
Mai 1966.

Hausömmern, d. 12.11.66.

Meine lieben Kursokinder!

Ein reichliches Jahr brauchte diesmal unser Rundbrief, bis er wieder hier landete. Ich hatte schon darauf gewartet.

Alle Berichte hab ich mit großem Interesse gelesen und im Geist bei jedem Kursokind ein wenig verweilt. Nun soll aber die 4. Runde beginnen. Renates Vorschlag befolgend werde ich den 1. Buchbrief hierbehalten. Wer lieber möchte, daß es auch weiter die Runden mitmacht, sage es offen. (Ich z.B. sehe mir gern die Bilder wieder an, um die Entwicklung der Kinder zu sehen.).

Neu zu begrüßen ist mein 6. "Enkelkind" in Ohrdruf. Herzliche Segenswünsche dem kleinen Mann!

Meine lieben Kurskinder!

Ein reichliches Jahr brauchte diesmal unser Rundbrief, bis er wieder hier landete. Ich hatte schon darauf gewartet.

Alle Berichte habe ich mit großem Interesse gelesen und im Geist bei jedem Kurskind ein wenig verweilt. Nun soll also die 4. Runde beginnen. Renates Vorschlag befolgend werde ich den 1. Buchbrief hierbehalten. Wer lieber möchte, daß er auch weiter die Runden mitmacht, sage es offen. (Ich z.B. sehe mir gern die Bilder wieder an, um die Entwicklung der Kinder zu sehen). Neu zu begrüßen ist mein 6. „Enkelkind" in Ohrdruf. Herzliche Segenswünsche dem kleinen Mann!

Und nun muß ich meinen Kurskindern verraten, daß sie ein „Brüderchen" bekommen haben – unser P.* Anbei auch eine Anzeige von der Taufe. Wir haben P. aus einem evang. Säuglingsheim in Magdeburg bekommen. Er ist seit knapp 10 Wochen bei uns und ist uns ganz fest ans Herz gewachsen. Er ist ein so goldiges u. sonniges Männlein und gedeiht bisher prächtig. Seitdem das Kind im Hause ist, bin ich wieder ganz gesund geworden. Die meisten von Ihnen wissen ja wohl, daß ich am 28.12.65 operiert werden mußte wegen mehrerer Myome bei einer Schwangerschaft im 4. Monat. Wir befürchteten das Schlimmste. Gott sei Dank hat sich der Verdacht auf Malignität nicht bestätigt. So kam es auf eine Uterusamputation heraus.

Der Schock war groß und das Sichdamitabfinden sehr schwer. Nun ist uns ein kleiner Junge geschenkt worden und wir sind jetzt wirklich eine glückliche Familie. Wie die Mütter unter uns wissen, bedeutet so ein Menschlein eine tüchtige Umstellung für den ganzen Haushalt, und ich muß gestehen, daß ich manchmal nicht so recht rumkomme. Vieles bleibt liegen, ich wünschte mir manchmal Heinzelmännchen, die mal die Plättwäsche und das Fensterputzen besorgten. So ganz hundertprozentig habe ich meine Kräfte noch nicht wieder. Aber ich denke mir, mit der Freude über das Gedeihen unseres Bübleins wird auch das noch besser werden.

Zwei meiner Kurskinder, nämlich aus Ohrdruf und Mühlhausen, besuchten uns, um P. zu besichtigen. Darüber haben wir uns sehr gefreut. Ursula schmiedete sogar Entführungspläne. So sehr hatte es ihr unser Hasele angetan. Wir hoffen sehr, daß P.s Adoption im Anfang nächsten Jahres glatt vonstatten geht. Bisher haben sich

---

* Namenskürzel geändert!

die Behörden sehr entgegenkommend gezeigt. Wahrscheinlich werden wir Haussömmern im nächsten Jahr verlassen. Mein Mann ist jetzt 9 Jahre hier u. da ist es an der Zeit, mal zu wechseln. Mir wird der Abschied schwer werden. Wir haben in den Wochen meiner Krankheit viel Freundlichkeiten aus den Gemeinden erfahren. Es waren ja auch für unser persönliches Geschick recht inhaltsschwere Jahre. Wir wollen hoffen u. bitten, daß wir uns in rechter Weise entscheiden.

Bleiben Sie alle mit Ihren Lieben recht behütet!

Ihre **Kursmutter** mit Mann u. Kind.

*

K.-Marx-Stadt, d. 6.12.66

Ihr Lieben!

Während ich mich an dem stärke, was mir der „Nikolaus" heute Nacht unter meinem Bett versteckt hat, will ich meinen Beitrag in den Rundbrief schreiben. Mit viel Interesse und Freude habe ich wider alle Eure lieben Briefe gelesen. Wenn ich es Schwester Marlies' Zeilen richtig entnehme bist Du, liebe Christel in Ohrdruf, schon das dritte Mal Mutti geworden. Wie werden sich die beiden „großen Geschwister" gefreut haben! Und hoffentlich ist auch alles gesund und munter!

Bei uns ist ein Familienzuwachs leider noch nicht zu verzeichnen, aber sonst geht es uns recht gut, und da sind wir schon zufrieden. Zur Zeit sind wir noch immer tüchtig am Möbelkaufen und Einrichten. Unsere letzte große Anschaffung war im Herbst eine neue Küche. Darauf bin ich nun ganz stolz!

Im Frühjahr haben wir uns als Maurer betätigt und uns im Garten einen Mehrzweckschuppen gebaut. Darin ist nun Motorrad und Gartengerät untergebracht.

Ich arbeite nebenbei noch immer halbtags hier in einer Poliklinik bei einem praktischen Arzt und in der HNO-Abteilung. Allerdings ist der Wohnbereich, den unsere Klinik zu versorgen hat, nicht gerade der edelste von Karl-Marx-Stadt, und so gibt es manchmal tüchtigen Ärger mit den Patienten. Z.B. waren jetzt die Strohsterne, die ich im Wartezimmer an einen Kiefernstrauß gehängt hatte, schon am übernächsten Tag gestohlen. Mich wunderts nur, daß sie die Kiefer nicht noch mitgenommen haben!

Unseren Urlaub verbrachten wir im September in Plau am See. Wir wohnten direkt am See im Haus des verstorbenen Bildhauers Prof. Wandschneider. Wir hatten uns mit einem jungen Ehepaar angefreundet, die im Häuschen im Wandschneider'schen Park wohnten. Dort fanden wir im Hausbuch auch Deine Eintragung, liebe Eva.

In der nächsten Woche findet nun die Adventsfeier von unserem Altfreundekreis statt. Da wir ja eine, für hiesige Verhältnisse, große Wohnung besitzen, kommen wieder alle zu uns. Darauf freuen wir uns schon, denn das war auch im vorigen Jahr recht hübsch. Am 17. Dez. wird hier das Bach'sche „Weihnachtsoratorium" aufgeführt, und ich singe diesmal wieder mit. Wir haben einen netten, jungen Kantor, der sehr vergnügt an solche Sachen rangeht. Euch allen wünsche ich nun eine recht frohe und gesegnete Weihnachtszeit!

Es grüßt Euch herzlichst, Eure **Christiane** u. Mann.

*

Erfurt, den 3.1.67

Ihr Lieben!

Der Rundbrief brauchte wieder gerade ein Jahr, um zu mir zu gelangen. Euch allen möchte ich von ganzem Herzen ein recht gesegnetes, frohes und erfolgreiches Jahr wünschen. Von Ihrem Ergehen liebe Schwester Marlies höre ich auch zwischendurch manchmal von Frau Uhl. Sie erzählte mir auch, daß sie sich noch ein zweites Kindchen annehmen möchten. Man kann die Kinder nur beglückwünschen, bessere Eltern könnten sie wohl kaum bekommen.

Nun liegen die Festtage wieder hinter uns. Ich konnte Weihnachten und auch Neujahr zuhause sein. Es war wieder einmal sehr schön. Am meisten habe ich das gute Mittagessen genossen, nach dem hiesigen, oft recht miesen Werkküchenessen. Meinem Vater geht es nach seinem Herzinfarkt, der schon fast zwei Jahre zurückliegt, erstaunlich gut. Auch meiner Mutter geht es den Umständen entsprechend gut.

Meine jüngste Schwester wurde im vergangenen Jahr konfirmiert. Sie geht jetzt in die neunte Klasse. Meine drei Brüder sind noch nicht verheiratet. Sie beglücken meine Eltern jedes Wochenende durch ihre Anwesenheit.

Meine gr. Schw. bekam im Sommer ihr zweites Kindchen, wieder ein Mädchen. Die kleine Ulrike ist mein drittes Patenkind. Den 1. Advent verlebte ich im Hagenower Schwesternkreis. Nach so langer Zeit war es wieder einmal sehr schön. Die Wiedersehensfreude war überall groß. Ich begrüßte alle, vom Chef angefangen bis zur Kartoffelschälfrau. Nur die weite Reise, bei der schlechten Witterung, war nicht angenehm. Bis zum Wiedersehen grüßt Euch alle ganz herzlich, Eure **Ruth** Begrich.

*

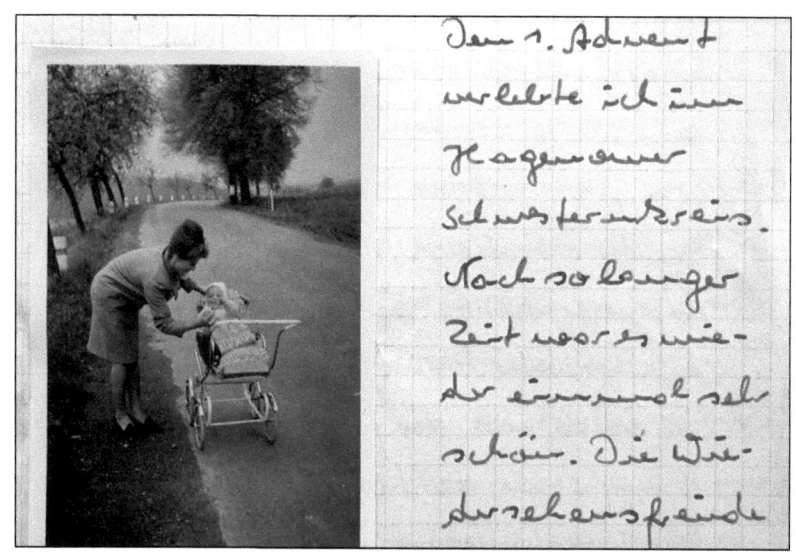

Den 1. Advent
erlebte ich im
Hagenower
Schwesternkreis.
Nach so langer
Zeit war es wie-
der einmal sehr
schön. Die Wie-
dersehensfreude

Wismar, d. 28.1.67

Ihr Lieben!
Ich las Eure Berichte mit Interesse und danke Euch für alles Erzählen Mit der Schrift will ich mir Mühe geben, Christel, Deine Worte leuchten mir sehr ein. Doch jetzt möchte ich unseren kleinen Bruder P. von ganzem Herzen in unserer Mitte begrüßen. Mögen Sie liebe Schwester Marlies und Ihr lieber Mann viel Freude und die Erfüllung Ihrer Wünsche für das kleine Söhnchen haben.

Vielleicht kann man während der Weimarer Ausbildungszeit (Dez. 67 bis Mai 68) einige kleine Reisen tun zu Euch Kursschwestern im Thüringer Land. Aber es werden harte Monate werden, das hört man von Bekannten, und der Vorgeschmack im Oktober 66 war nicht von Pappe. Eva und ich teilen uns ein Zimmer mit einer Gleichaltrigen und Gleichgesinnten, sie ist aus Mecklenburg und die Frau eines Försters. Aber von allem Geschehen dort will Eva berichten, sie hat uns angekündigt. Meine Arbeit ist leider erst zum Teil die einer Fürsorgerin, ich habe immer noch zu viele Sprechstunden zu führen. Letzte Woche war ich wieder in Rostock zur Rheumatagung, dort wurde uns in aller Eindringlichkeit die richtige Fürsorgearbeit geboten. Alles Neue ist schwer zu organisieren, entbehrt aber nicht eines gewissen Reizes. Auch in diesem Jahr steht ein Familienfest besonderer Güte bevor: Elisabeth hat Hochzeit in Passee. Dazu sind noch eine Menge Vorbereitungen nötig.

Liebe Grüße Euch allen von Eurer *Lotti.*

Allstedt, d. 21.II.67

Ihr Lieben!
Schon 2 x schrieb ich meinen kleinen Beitrag am 15.II. Diesmal lag der Kursbrief zwar auch bei mir, aber zum Schreiben kam ich leider nicht gleich. Euch allen möchte ich ganz herzlich für Eure lieben Zeilen danken. Ihr habt meistens von so vielerlei Erlebnissen zu berichten, und ich muß mir ordentlich was einfallen lassen, um Euch zu berichten. Wie Ihr Euch denken könnt, ist meine Arbeit hier recht eintönig und die kleine Chirurgie fehlt mir sehr.

Wenn ich mal kurz in Erfurt zu Besuch war, denke ich manchmal hier auf Station fällt mir die Decke auf den Kopf. Dafür gibt es zu Hause mit L. (Söhnchen) recht viel Abwechslung. Er erzählt noch heute von der Feuerwehr in Schwerin. Sie hat ihn offensichtlich am meisten beeindruckt. Leider kann ich am Kurstreffen bei Dir, liebe Ruth, nicht teilnehmen, da zur gleichen Zeit in Eisenach Helferinnentreffen ist. Eine Kollegin von mir war dort und wir wechseln uns ab.

Falls Du, Christel, oder jemand von Euch dem Kyffhäuser einen Besuch abstattet, seid Ihr mir herzlich willkommen. Allstedt liegt nämlich in allernächster Nähe. Da ich nun endlich für mich ein eigenes Zimmer einrichten konnte, habe ich auch Unterbringungsmöglichkeit. Meine Hellerau-Möbel hatte ich fast zwei Jahre untergestellt u. es gab viel Kampf bis ich endlich einen Raum bekam. Als ich mir gar keinen Rat wußte, schrieb ich an den Staatsrat und das half. Für 1969 meldet Allstedt sich also für das Kurstreffen. 1968 sehen wir uns ja, so Gott will, in Karl-Marx-Stadt.

Für das jetzige Kurstreffen wünsche ich Euch, die Ihr teilnehmen könnt, recht viel Freude. Sicher kann Schwester Marlies ihren Sprößling nicht allein lassen und muß auch fehlen. Der kleine P. ist ja ein süßer Knopf und wird Ihnen sicher viel Freude machen.

Nun wünsche ich Euch für das neue Jahr, bis der Kursbrief wieder hier landet (hoffentlich), recht gesegnete Feiertage, zuerst für Ostern, aber auch an Pfingsten u. Weihnachten sei schon gedacht.

In Verbundenheit Eure **Waltraud.**
*

Greiz, den 28.II.67

Ihr Lieben alle!
Der Februar soll nicht vorbeigehen, ohne meinen Bericht im Rundbrief. Habt Dank für die Eurigen. Wie habe ich mich gefreut, liebe Kursmutter, daß Sie sich so einen kleinen Sonnenschein ins Haus genommen haben. Hoffentlich heißt er mit Nachnamen nun auch K.!

Gebe Gott, daß Sie recht viel Freude an Ihrem P. haben. In meinem Leben hat sich noch nichts geändert.

Vormittags der Dienst in der Gemeinde und nachmittags Hausfrau. In den letzten Wochen gab es in der Gemeinde sehr viel zu tun, so daß ich mit meinen 4 Stunden nie auskam. Leider habe ich noch nicht den Mut gehabt, eine Fahrprüfung abzulegen und so muß ich eben fleißig marschieren. Zu Hause beglückt uns augenblicklich der Maler mit seiner Gegenwart. Er malte unsere Küche und den Hausflur frisch. Nun lackiert er noch die 9 Türen, die zum Hausflur gehören. Das wird ein Spaß. Ich bin gespannt, wie oft unsere Kinder an den Türen kleben bleiben. Ich garantiere auch nicht für mich. Nun sieht aber alles wieder sehr schön aus. Unsere Küche war nur noch ein schwarzes Loch.

Meine Zeit hier in Greiz nähert sich nun auch ihrem Ende entgegen. Ab 1.9. will mich der DV wieder in seine „Obhut" nehmen. Bis jetzt habe ich noch keine Ahnung, was man mit mir vorhat. Die Kinder können es sich auch nicht vorstellen, daß die Tante Renate nicht mehr da ist. Neulich behaupteten sie, sie hätten drei Eltern: Vater, Mutter + Tante Renate. Da war ich doch sehr stolz darauf.

Ich werde die Kinder auch sehr vermissen, sie sind ein so schöner Ausgleich für die Alten und Kranken. Ich erlebe so viel Trauriges in der Gemeinde, daß ich richtig froh bin, nachmittags die fröhlichen und sorglosen Kinder um mich zu haben. Hier wird eine neue Autobahn gebaut. Das Bild ist Anfang Februar aufgenommen. – Mit den besten Wünschen für Euch alle grüßt Euch,

Eure **Renate.**

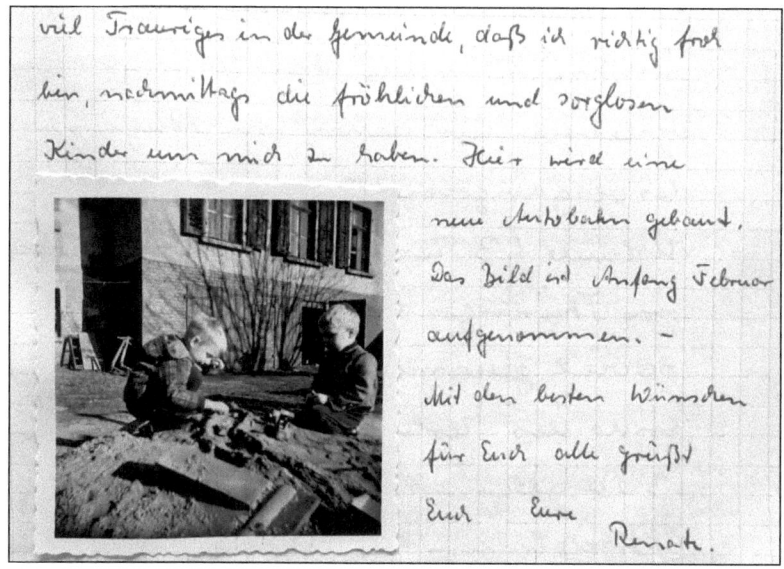

Mühlhausen, den 22.3.67

Ihr Lieben alle!

Habt alle ganz herzlichen Dank für Eure hübschen Berichte. Auch in diesem Jahr gelang es Renate wieder, den Kursbrief gerade an meinem Geburtstag hier eintrudeln zu lassen. Nun will ich mich beeilen, damit unsere Christel eine Osterfreude hat.

Nach den wunderschönen Tagen im Mai 1966 bei Christa in Schwerin verlebten wir dann im August des vergangenen Jahres unseren Urlaub (3 Wochen) in Masserberg im Thüringer Wald. Wir sind soviel gewandert, daß wir am Ende des Urlaubes sogar jeder 3 kg abgenommen hatten – es schadete uns jedoch keinesfalls etwas.

Mitte Oktober traf uns an der Arbeit ein harter Schlag. Unser Chef (Anfang 40 J.) stand von einem plötzlichen Herzinfarkt nicht wieder auf. Eine Stunde zuvor (es war an einem Sonntag, er hatte 1. Bereitsch.), hatte er gerade Visite gemacht. Er legte sich mit seiner Frau zu einem Mittagsschläfchen und erwachte nicht wieder. Bis jetzt haben wir noch keinen Ersatz, die Hauptarbeit lastet auf unserer Oberärztin, weiter haben wir nur noch eine Fachärztin und einen Assistenten. Alles ein Frauenbetrieb, wie bei Christa in Schwerin.

Im November hatten wir die große Freude, ein Wochenende bei Familie K. in Haussömmern zu verbringen. Der kleine P. ist wirklich ein reizender Bub. An einem Abend war es besonders gemütlich: Pastor K. und mein Mann hatten sich die Modelleisenbahn aufgebaut und spielten. Schw. Marlies und ich saßen am Kopfende der Bahnstrecke und strickten. Indirekt waren wir bei der Eisenbahn mit angestellt, denn jedesmal, wenn ein Güterzug vorbeirollte, beschwerten wir die Wagen mit Plätzchen und Naschereien. So könnt Ihr Euch sicher alle denken, daß der Güterzug öfter eingesetzt wurde. Wenn es unsere Zeit erlaubt, kommen wir gern wieder, liebe Familie K.

Von Ruth erhielten wir nun schon unsere Einladungen zum diesjährigen Treffen in der Altmark. Hoffentlich wird es wieder ein recht großer Kreis. Hoffentlich klappt bei uns alles mit der Zeit usw., denn 10 Tage später wollen wir in den Urlaub fahren. Für heute laßt es von mir genug sein. Wir wünschen Euch allen gesegnete und frohe Ostertage und grüßen Euch herzlichst, Eure *Ursula* und Enno.

*

Ohrdruf, den 29.III.67

Meine Lieben!

Gerade zum Osterfest traf der Rundbrief bei mir ein. Ja, das war wirklich eine Freude. Beinahe hätte Else-Marie ihn hier noch lesen können, denn sie war für 2 ½ Tage bei uns zu Besuch. Vor 3 Wochen besuchte uns Christa 3 Tage. Das war wirklich Grund zur Freude und es gab viel zu erzählen. Auch mußte das Patenkind „C." bestaunt werden, denn seit der Taufe im Okt. hat sich der kleine Mann tüchtig verändert und will nicht mehr in seinem Körbchen bleiben.

Bei uns läuft alles seinen gewohnten Gang. Die Kinder jedoch sorgen für Abwechslung und über Langeweile habe ich nicht zu klagen. Von den täglichen Wäschen können die Muttis unter uns ja ein Lied mitsingen.

Noch in diesem Jahr soll die Hoffront unseres Hauses neue Fenster bekommen. 11 Stck. an der Zahl. Das wird großen Dreck geben, da es in jedem Zim. ein großes dreiteiliges werden soll und daher auch gemauert werden muß. Ich kann kaum noch Fenster putzen, da die Scheiben fast herausfallen. Wo man hinsieht gibt es Bruch! Mein Mann macht auch vieles selber und steht so ziemlich alleine. In Jeeben ist es ja auch nicht anders, gelt? Die Materialbeschaffung ist wirklich ein Problem.

In der Adventszeit besuchte uns Schw. Elisabeth Vollprecht. Sie war in Tabarz als Patientin. Nun wird sie Else-Maries Nachfolgerin in Potsdam. Das freut mich sehr! Wir werden in diesem Jahr mit den beiden größeren Kindern in Potsdam Urlaub machen. Uns wurde auf der Halbinsel "Hermannswerder" wieder ein Wochenendhäuschen zur Verfügung gestellt. Das haben wir Tante Else-Marie zu verdanken. Sie (die Kinder) sind jetzt schon ganz aus dem Häuschen und sortieren Spielzeug, welches sie mitnehmen wollen. Hier seht Ihr die beiden Rangen, die ihre Mutti schon in Schach halten können (aber süß sind sie doch!) Laßt Euch für heute alle ganz herzlich grüßen und seid Gott befohlen. Eure **Christel** u. Familie.

Hier stellt es sich mit seinem Opi Karoten vor Weihnachten 1966

Potsdam, den 9.IV.67

Meine Lieben!
Christel hat schon alles verraten! Ich bin nämlich schon wieder mal dabei zu wechseln. Bei uns zuhause erregt das schon längere Zeit den Anschein, als ob ich es auf keiner Stelle aushalten kann. Die Gedanken unsrer Dorfbewohner beunruhigen mich aber nicht, zumal ich mir ja das wechselhafte Leben nicht wünsche.

Im Januar fragte und bat mich die Schwesternschaft, ob ich nicht ab 1.6.67 als Unterrichtsschw. weiterarbeiten könnte. Zuerst war ich zu keiner Antwort fähig, aber dann ergab sich sehr bald die Gelegenheit, an einem fachl. Qualifizierungslehrgang für Lehrmeister am Institut für Weiterbildung mittlerer medizinischer Fachkräfte in Potsdam teilzunehmen.

Der Lehrgang begann am 22.2.67 u. nach den Aufnahmebedingungen hatte ich keine Aussichten dort angenommen zu werden. Am 31.1.67 gab ich die Papiere ab u. bekam sogleich die Zusage. Das nahm ich als Zeichen Gottes und hoffe, daß es auch SEIN Weg mit mir ist.

So drücke ich augenblicklich rd. 6 Std. am Tag die Schulbank und danach wird ein 5 stündiges Selbststudium erwartet. Dazu bin ich meist nicht fähig. Es ist eine große Umstellung für mich. Z. Zt. wohne ich im Internat des kirchl. Oberseminars Potsdam Hermannswerder und habe es gut hier. Schw. Elfriede ist hier seit 15.8.66 Hausmutter. Vorher arbeiteten wir zusammen in der Gemeinde. Ihr gehört auch das Wochenendhäuschen, wo Christel mit Fam. urlauben soll. Ich selbst möchte mal wieder nach langer Zeit die längste Zeit meines Urlaubes zuhause verbringen und einige Tage in Braunsdorf b. Karl-Marx-Stadt als Gast der verhältnismäßig jungen evangel. Schwesternschaft. Nun habe ich aber genug von mir erzählt. Ich hoffe Euch beim Kurstreffen zu sehen.

Seid von Herzen gegrüßt und "Gott befohlen"

Eure *Else-Marie.*

Meine Lieben!
Wie sehr freute ich mich, als ich bei meiner Rückkehr aus Leipzig
den Rundbrief vorfand. Ich war 14 Tage in Leipzig bei meinem Bruder und Familie. Es waren sehr schöne Tage, wir sind viel mit dem
Wagen in die Umgebung Leipzig gefahren. Am Abend sind wir oft
ausgegangen. Auerbachs Keller wurde natürlich auch besucht.
Anfang Januar war ich 14 Tg. in Neustadt am Rennsteig zu einer Bibelrüste. Wir hatten herrlichen Schnee und es ging jeden Tag
hinaus. Auf der Rückreise hatten wir 2 Stunden Aufenthalt in Arnstadt. Ich nutzte natürlich die gute Gelegenheit und besuchte unser
altes Krankenhaus und das Berghaus. Die Erinnerungen an Euch
alle waren da sehr groß. Leider konnte ich in diesem Jahr nicht zum
Kurstreffen kommen.
Hier hat sich nichts verändert, ich bin noch auf meiner alten Station und es geht alles seinen gewohnten Gang. Der Christel würde
ich gern einen Arzt von uns abgeben, denn wir haben 4 davon auf
der Station und sie rennen einen nur vor den Beinen herum. Zur
Zeit haben wir noch 3 Praktikanten und so geht die Visite zu 8 los
(furchtbar).
Ende Juni fahre ich nach Rathen/Sächs. Schweiz und im August
10 Tage nach Herrnhut. Einige Tage bleiben wieder für eine Winterrüste. Nächste Woche beginnt von der Ev. Akadmie ein Seminar mit
dem Thema: Vietnam – Weltproblem.

1. Abend: Was will Vietnam? Referent Harry Haas*, Niederlande
2. Abend: Was will Amerika? Referenten Bob und Jo Starbuck,
USA, Keit Chamberlain USA
3. Abend: Weltproblem Vietnam. Martin Niemöller**, Wiesbaden

Anschließend ist noch eine Israel–Tagung. Für Abwechslung ist
reichlich gesorgt. Von Station aus waren wir vor kurzem in der Komischen Oper „Ritter Blaubart" Es war herrlich, man konnte von
ganzem Herzen lachen. Anschließend waren wir noch im Lindencorso***. Seid für heute ganz herzlichst gegrüßt von Eurer *Gisela.*

* *Haas, Harry (1925-2002),* Katholischer Theologe, Pfarrer und Autor

** *Niemöller, Martin (1892-1984),* deutscher evangelischer Theologe und führender Vertreter der Bekennenden Kirche, Kirchenpräsident der Evangelischen
Kirche in Hessen und Nassau und Präsident im Ökumenischen Rat der Kirchen.

*** Beliebtes Café an der Ecke Friedrichstraße/Unter den Linden (1966-1993 –
Abriß)

Nbg. 26.5.67

Ihr Lieben Leut!

Ganz herzlichen Dank für Eure Berichte. Man muß ja staunen, mit was für einem Elan Du Eva, Else-Marie, Maria, Erika, Lotti und wer noch, ihr an neue Dinge herangeht. Ich wünsche Euch viel Erfolg, und, daß Ihr in Eurer neuen Tätigkeit später zufrieden und glücklich werdet. Aber den Hausfrauen muß man auch Bewunderung zollen, abends sinken sie auch todmüde in die Federn und sind wohl froh, wenn es ruhig um sie geworden ist. So haben wir alle unseren Aufgabenkreis und jeder müht sich täglich redlich ab.

Meinen Beruf als Hebamme kann ich aus ungenügender körperlicher Konstitution nicht ausführen, das tut mir teils leid, teils nicht leid. Die Hebammen sind auch ein besonderes Gespann für sich, man muß sich doch recht auf den oft barschen Umgangston gerade der älteren Hebammengeneration einstellen. Sonst habe ich bis vor 3 Monaten gerne auf Entbindung, vor allem im Kreissaal gearbeitet. Nun bin ich bei den Kindern gelandet, vielmehr Kinderinfektion, die am 27. März eröffnet wurde, übrigens in einem ganz modernen neu erbauten Infektionshaus, wo es sich prima arbeiten läßt. Körperlich eine leichte Arbeit, wenn natürlich auch mit Gefahren verbunden, aber für Desinfektion auf jedem Gebiet ist bestens gesorgt. Die Kinderarbeit macht mir sehr viel Freude, und ich will versuchen, mich auch in das fachliche Gebiet weiter hineinzuvertiefen. Insgeheim habe ich wirklich auf einen kleinen Treff mit Dir, liebe Eva, gerechnet. Eure Gruppe trat ja nicht in Neubrandenburg auf, und anders, glaube ich Dir, wäre es schlecht gegangen.

Eine kurze Mitteilung möchte ich Euch noch machen. Leider habe ich noch kein Bild in schwarz-weiß von uns. Mein Verlobter ist ein leidenschaftlicher Colorspezialist, aber für das nächste Mal werden wir es wohl in Schwarz-Weiß geschafft haben.

Viele herzliche Grüße Euch allen, Eure *Elisabeth*.

*

Nordhausen, 2.6.1967

Ihr Lieben.

Viel Freude löset wieder der Rundbrief aus. Und wieviel Neuigkeiten er diesmal mit sich führte!

Da möchte ich zunächst meiner Freude über Bettys Verlobung Ausdruck geben. Da mein Glückwunsch auf diesem Wege Dich, liebe Elisabeth, erst im nächsten Jahr erreichen würde (bis dahin könnte der Ehestand schon gestiftet sein, falls Du Dirs nicht noch anders überlegst!) startet ein Extragruß an Dich. Daß Du die Ausbildung einer Hebamme nun doch absolviertest, war mir neu. Einen doppelten Glückwunsch also, auch wenn Du den Beruf nicht ausübst.

Mit großer Freude las ich Ihren Bericht, liebe Schwester Marlies, und die Taufanzeige Ihres Kindes. Von Herzen wünsche ich Ihnen und Ihrem Mann Gottes Segen zum Gedeihen des kleinen P. Die kleinen Menschlein bereiten z. Zt. auch mir in der Mütter- u. Schwangerenbetreuung, wo ich im 6-wöchigen Praktikum stecke, viel Freude. Leider ist die Zeit bald vorbei u. ich muß zu Tbc-isten zurück. Das erste 6-wöchige Praktikum machte ich im März beim „Jugend-Gesundheitsschutz", wo es auch Abwechslung mit orthopädischer u. psychiatrischer Fürsorge genug gab.

Lotti schrieb schon, daß es im Dezember für ½ Jahr mit der Theorie weitergeht. Weimar ist eine anziehend schöne Stadt, doch das Internat, in dem wir zu 40 Weibern untergebracht sind, nicht allzu verlockend. Außerdem ist in unserem Alter der Lebensstil eines jeden so ausgeprägt, daß es verdammt schwerfällt, zu mehreren auf einer Bude zu wohnen. Mich packte oft Sehnsucht nach meiner hiesigen Behausung, die ich mir recht gemütlich einrichtete. Der Unterricht für Gesundheitsfürsorge ist recht anspruchsvoll, teils interessant, teils trocken; alles jedoch von einem dicken „roten Faden" durchzogen. Ich schwitze bes. im gesellsch. wissenschaftl. Unterricht ständig Angst zu explodieren. Die Freiheit, die wir bislang beruflich genießen durften, wurde mir erst dort so recht bewußt. Dieses alles ist für mich jedoch schon in die Erinnerung eingegangen, obwohl es im Winter wieder auf uns zukommt. Stattdessen schmiede ich jetzt Urlaubspläne. Übermorgen geht's für 14 Tage an die See. Diesmal nach Prerow/Darß, wo ich mit Maria unter einem Dach hausen werde. Sie kann Euch dann ab nächsten Beitrag von unseren Urlaubserlebnissen berichten. Höchstwahrscheinlich treffen wir auch Ruthchen Begrich in Prerow, die Ende Mai–Mitte Juni die Ferien dort verbringen wollte.

Von meinen Besuchen bei Christel in Ohrdruf u. bei Ruth in Jeeben erfahrt Ihr ja größtenteils beim Kurstreffen. Bei beiden Familien gab es schöne Stunden der Gemeinsamkeit. Wie reich ist man, wenn man Freunde hat, nicht wahr?!

Nun laßt Euch von Herzen alle grüßen, von Eurer **Eva**.

*

Prerow, am 10.6.67

Ihr Lieben!

Eva brachte mir den Rundbrief mit und ich habe ihn mit viel Freude gelesen, habt ganz herzlichen Dank für alle Eure Berichte. Ihnen liebe Schwester Marlies alles Gute für das Gedeihen der Familie. Ich hab mich sehr gefreut, als ich las, daß nun doch ein Kindchen in Ihrer Familie hat Aufnahme finden dürfen. Betti noch meinen herzlichen Glückwunsch für die Verlobungs- und Ehezeit (wer weiß, wann der Rundbrief mal wieder bei mir eintrifft).

Uns beiden geht es hier recht gut. Untergebracht sind wir in 2 kleinen hübschen Einzelzimmern bei einem Maler und Grafiker. Zum Essen gehen wir in eine Pension und werden dort bestens versorgt. Jeden Tag mit Vorsuppe, Hauptgericht und Kompott. Abends sind die Mengen auch kaum zu bewältigen. Zu hause müssen wir uns dann wieder an die schmälere Kost gewöhnen. Der Petrus ist sehr wetterwendig. Wenn die Sonne scheint, bringt sie einen gewaltigen Wind mit und man muß sich eine ganz geschützte Stelle suchen, sonst ist es zu kalt. Heute hängt der Himmel tief voller Wolken und der Regen macht sich auch bemerkbar. Hoffentlich bleibt dies nicht allzulange so, einige schöne Tage könnten wir noch gebrauchen. Abends marschieren wir immer tüchtig, einmal haben wir schon einen ganz prächtigen Sonnenuntergang von der Hohen Düne aus mit angeschaut. Ruthchen trafen wir gleich am 1. Tag am Strand, seit dem allerdings nicht mehr. Sie haben (sie ist mit 2 Kolleginnen hier) ihren Strandkorb am anderen Ende vom Strand und im Ort sind wir uns noch nicht begegnet, der Ort ist ziemlich groß und weitläufig. Ich freue mich, daß ich das Fischland und den Darß einmal kennenlerne. Mir gefällt es hier sehr gut. Es gibt so viel Lohnenswertes zum Wandern. Wir werden wohl kaum alles schaffen.

Zu Hause läuft alles gleich. Im Serumwerk arbeite ich noch immer. Morgen ist bei uns großes Familienfest, die Taufe des 1. Enkelkindes. Es tut mir leid, daß ich nicht dabei sein kann, aber alles kann man leider nicht auf einmal genießen. So ist nun meine Schwester Patentante geworden, vielleicht bin ich bei einer eventuellen Nr. 2 dran. Nun Euch allen einen ganz herzlichen Gruß,

Eure *Maria.*

*

Schmannewitz, d. 29.6.67

Ihr Lieben!

Der Rundbrief nimmt an einer Rüstzeit teil, ob ihm das wohl bekommen wird? Ja, seit 19.6. bin ich hier in Schmannewitz, im Sachsenland, zu einer Tagung der Volksmission. Die erste Woche gehörte hauptsächlich der eigentlichen Tagung. Es wurde die Bergrede durchgenommen bezw. wir sind noch dabei. Und dann die eigentl. Verkündigung, der Weg zur Umkehr. Viele ältere Menschen nehmen daran teil. Und die meisten fanden den Weg zum neuen Anfang.

Schmannewitz hat eine schöne Umgebung, viel Wald u. auch Wasser. Die Gelegenheit zum Baden wird also genutzt. Gestern wurde eine Kremserfahrt veranstaltet. Ein Pferdefuhrwerk voller Leutchen, so etwa 20, fuhr lustig singend durch den Wald. Das war einfach schön. Bald ist die Zeit hier zu Ende u. meine Reise geht nach Thüringen, in die heimatlichen Gefilde. Hier werde ich mich in Mutters

Garten an den Erdbeeren laben. Ja u. dann, dann fährt die Christa zur Kur, für 4 Wochen nach Heiligendamm. Bin kurz vor Weihnachten so ein bißchen zusammengeklappt, wie man sich so schön auszudrücken pflegt. Mein Herz, besser gesagt, die Kranzgefäße, hielten den Anforderungen nicht mehr stand u. rebellierten. Doch ist organisch alles in Ordnung, liegt alles auf vegetativer Ebene. Also darf ich für 4 Wochen ausspannen. Bin sehr dankbar, daß sonst alles gesund ist. Ich merke es ja auch selbst, daß mir die Ruhe gut tut.

Vom Dienst ist zu berichten, wir haben seit Januar einen neuen Chef, Prof. Igel aus Berlin. Dafür aber großer Personalmangel im Op. Ich bin sehr dankbar, daß ich aus Seiner Kraft schöpfen kann.

Nun grüße ich Euch herzlich, Eure **Christa**.

*

Jeeben, den 23.7.67

Ihr Lieben in weiter Ferne!

Während die übrige Familie ihr Sonntagsnachmittagsschläfchen hält (Peter muß allerdings gleich wieder zum Dienst), möchte ich ein wenig mit Euch plaudern. Es tut mir manchmal noch leid, daß wir zum Kurstreffen nur ein so kleiner Kreis waren und so wenig Zeit zum Unterhalten blieb. Wenn wir nicht so „am Ende der Welt" wohnen würden, wäre es für die meisten von Euch sicher leichter gewesen zu kommen. Die, die nicht hier waren, möchte ich um Entschuldigung bitten, weil keine Grüße von uns kamen. Die Zeit war einfach zu knapp.

Die meisten von Euch werden jetzt im Urlaub sein, bzw. ihn schon hinter sich gebracht haben – wie wir. Der Gedanke ist ein bißchen sauer. Aber alle schönen Tage gehen einmal zu Ende, so auch unser Aufenthalt an der Ostsee. Für die ganze Familie bekamen wir in diesem Jahr für 3 Wo. einen Platz in Heringsdorf. Die ersten Tage waren recht kalt, die andere Zeit über hatten wir herrlichsten Sonnenschein. Teilweise war der Aufenthalt im Strandkorb unmöglich. Für die Kinder war solch ein Urlaub ein besonderes Erlebnis. Wenn Wasser und Sand vorhanden sind, kann auf das übrige Spielzeug verzichtet werden. Am liebsten hätten wir einen Sack mit Sand ins Auto gepackt. Wenn man sich so richtig erholen will, darf man allerdings nicht an den Geldbeutel denken.–

Hier zu Hause erwartete uns viel Beerenobst zur Verwertung und ein Garten voll Unkraut, worüber wir bis heute noch nicht Herr werden. Ein Stück unseres Landes haben wir in diesem Jahr schon nicht bearbeitet, weil alles viel zu groß ist und ich selbst kann nur ganz wenig im Garten helfen, da mein Herz mir sehr genau die Richtlinien zeigt, wie viel Kräfte zur Verfügung stehen. Seit meiner Krankheit im Frühjahr habe ich mich aber schon ganz gut erholt, ich bin dankbar, daß ich die Familie und den Haushalt besorgen kann. Mit unserem M. haben wir viel Sorgen, weil er des Öfteren mit Angina im Bett liegen muß, wir hoffen, daß er jetzt die bösen Tage bald wieder überstanden hat. Mit den gewöhnlichen Hausmitteln u. leichter Medizin ist ihm nicht zu helfen, unser Arzt schießt gleich immer ziemlich scharf (Chloronitrin; für Penicillin ist er schon resistent). Im Frühjahr wurde ihm die Rachenmandel entfernt, seitdem hat M. eine Abscheu vor weißen Kitteln, schon vor der Tür des „Friseurs" fängt er an zu schreien. Vor der Impfung, die eben bevorsteht, habe ich schon alle Manschetten. Sonst haben wir an den Kindern viel Freude; daß beide sehr lebhaft sind und eine strenge Hand brauchen, haben ja einige von Euch miterlebt. Herzlichen Grüße an Euch alle, Dir liebe Elisabeth einen besonderen Gruß und Gottes Segen zur Verlobung und für den weiteren Weg. Eure **Ruth** u. Familie.

Hausoommern, d. 2. 8. 67.

Meine lieben Kurskinder!

Nach einem schrecklich heißen und schwülen Tag haben wir heute abend nach einem kurzen Gewitterregen endlich etwas Abkühlung erhalten. Nun will ich versuchen meinen Beitrag zu liefern, damit der Brief weiter eine Runde ziehen kann. Danke, daß alle sich Mühe gaben und die Runde so schnell ging! Da man Familiennachrichten immer zuerst liest, begrüße ich herzlich meinen 5. Schwiegersohn. Eine fröhliche Brautzeit wünschen wir Ihnen, liebe Elisabeth.

Meine lieben Kurskinder!

Nach einem schrecklich heißen und schwülen Tag haben wir heute abend nach einem kurzen Gewitterregen endlich etwas Abkühlung erhalten. Nun will ich versuchen, meinen Beitrag zu liefern, damit der Brief weiter seine Runde ziehen kann. Danke, daß alle sich Mühe gaben und die Runde so schnell ging! Da man Familiennachrichten immer zuerst liest, begrüße ich herzlich meinen 5. Schwiegersohn. Eine fröhliche Brautzeit wünschen wir Ihnen, liebe Elisabeth.

Enkel gibt es diesmal nicht. Da hoffen wir auf die nächste Wiederkehr des Briefes. Aber ein Schwesterchen gibt es in Haussömmern: B.*, am (...) 1967 geb., seit 4 Wochen bei uns, gesund, kräftig u. munter. Pflegeerlaubnis haben wir bekommen. Bis zur Adoption müssen erst ein paar Monate vergehen. Das ist immer ein bißchen eine lange Zeit. P.s Adoption bekamen wir am 11.4.67; an der 6. Wiederkehr unseres Hochzeitstages. Das war ein großer Festtag. P. hat sich prächtig entwickelt. Meist ist er fröhlich und beschäftigt sich sehr schön allein. Sein Schwesterchen betrachtete er erst etwas mißtrauisch. Inzwischen liebt er es zärtlich und stürmisch. Es ist goldig zu beobachten, wenn er im Laufgitter auf der Wiese steht u. B. im Wagen in seiner Nähe ist, wie er sich mit ihr „unterhält". Es ist natürlich z. Zt. reichlich viel Arbeit für die Mutti. Doch ist's auch schön, wenn die Kinder zusammen groß werden.

Für uns steht noch eine große Veränderung bevor; am 28. August werden wir umziehen nach Teuchern. Das liegt zwischen Weißenfels und Zeitz. Mein Mann erhofft sich dort eine lebendigere Gemeindearbeit. Der Abschied hier wird auch nicht ganz leicht, und vor dem Umzug grauts mir. Zum Glück wollen meine Eltern zum Helfen kommen. Teuchern ist gut zu erreichen, und wer dort in die Gegend kommt, ist herzlich zu uns eingeladen.

Ich muß doch noch einmal sagen, daß mir unser Kursbrief recht wertvoll ist. Die Berichte sind wirklich interessant, und man kann sich immer wieder ein Bild vom Ergehen jedes einzelnen machen. Der Brief verbindet uns, und das ist schön. Sehr wertvoll ist es, daß sich immer wieder hier und da persönliche Begegnungen ermöglichen lassen. Wir konnten uns im Urlaub mit Christiane und Eheliebsten treffen. So bekam ich auch einen mündlichen Bericht vom Treffen in Jeeben. Teuchern ist übrigens nicht weit von Weimar und zu einem Treffen geeignet.

* Namenskürzel geändert!

Wir denken herzlich an alle, die gesundheitlich nicht ganz auf der Höhe sind und wünschen gute Besserung, und all' die, denen in beruflicher Hinsicht Veränderungen bevorstehen. Nun grüße ich alle sehr herzlich im Namen der ganzen Familie.

Ihre **Marlies** K.

K.-Marx-Stadt, d. 3.9.67

Ihr Lieben!

Nun wird es aber Zeit, daß ich meinen Beitrag in den Rundbrief schreibe. Vorgestern sind wir vom Urlaub, den wir am Balaton verbrachten, zurückgekommen. Ein befreundetes Paar und wir haben per Roller und Motorrad die Fahrt nach Ungarn gemacht und zwei Wochen am Plattensee und Umgebung verlebt. In der Nähe der Halbinsel Tihany bekamen wir ein schönes Privatquartier, und dann haben wir viel gebadet, Paprika gegessen und Wein getrunken. Die Ungarn sind so gastfreundliche Menschen, das hat uns immer wieder überrascht und erfreut. Morgen beginnt nun wieder unser Dienst, aber ich denke, nach dem vielen schönen Urlaubserlebnissen wird uns nun auch der Arbeitsanfang nicht allzu schwer fallen. Ich arbeite noch immer in der Poliklinik. Vor dem Urlaub gab es da tüchtig zu tun durch allerlei Vertretungen, aber das ist um diese Jahreszeit wohl überall so. An den Wochenenden sind wir viel in unserem kleinen Garten, wo es ja auch immer Beschäftigung gibt. Na, im Mai 1968 könnt Ihr Euch dann unsere Behausung ansehen. Ich freue mich schon sehr auf das Treffen bei uns! Seid schon heute alle ganz herzlich eingeladen! Dieses Bild ist am 30. Juli 1967 entstanden, als wir mit unserem getreuen Motorrad einen Besuch bei Verwandten in Bad Langensalza machten. Wie freute ich mich, als ich Deine Anzeige liebe Elisabeth las! Ich wünsche Dir eine recht frohe Verlobungszeit! Und nun seid alle bis zum Wiedersehen im nächsten Jahr herzlichst gegrüßt von Eurer **Christiane.**

Erfurt, den 2.10.67

Ihr Lieben!
Nun liegt der Rundbrief schon wieder ein paar Tage bei mir, die Zeit vergeht so schnell. Habt vielen Dank für Eure Berichte. Dir, liebe Elisabeth, gratuliere ich ganz herzlich zu Deiner Verlobung. Ich hörte es schon im Prerower Urlaub durch Eva. Zum Kurstreffen konnte ich leider nicht kommen, da mein Bruder Martin kurz vorher einen sehr schweren Unfall hatte. Beim Zeitfahren fuhr er mit seinem Rennrad gegen einen parkenden LKW. Der 8. Brustwirbel wurde zerschmettert. Seitdem ist er querschnittsgelähmt. Es war und ist auch noch ein sehr schwerer Schlag für die ganze Familie. Die ersten Wochen lag er in Halle. Ich holte ihn aber bald nach Erfurt. Martin fühlt sich wohl, er ist recht optimistisch. Seit einiger Zeit sitzt er nachmittags im Rollstuhl. Fast jeden Nachmittag fahre ich ihn eine Std. im Park spazieren. Meine Schwester erwartet im Oktober ihr drittes Kindchen. Mein Schwager hatte im Sommer einen Motorradunfall. Er brach sich beide Arme. Bald danach zog sich mein ältester Bruder eine Clavikulafraktur zu. Ich bin nur froh, daß meine Eltern trotz allem ihren Urlaub nehmen konnten, sie hatten es bitter nötig. Von mir habe ich nun gar nichts berichtet. Es gibt auch nichts Neues. Nun laßt Euch alle ganz herzlich grüßen von Eurer **Ruth** Begrich.

Wismar, d. 14.11.67

Ihr Lieben!

Einen Tadel habe ich gewiß verdient, ich bitte um Verständnis. Heute soll nun endlich mein Bericht geschrieben werden. Ich grüße Euch alle sehr herzlich, Elisabeth ganz besonders zu ihrer Verlobung, und Schwester Marlies wünsche ich Gottes Segen für die kleine B..

Für all Euer Erzählen habt vielen Dank. Das Jahr brachte einige Umstellungen für mich im Dienst durch die Ausbildung. Meine beiden Praktica habe ich mit Erfolg absolviert und die dazugehörigen schriftlichen Arbeiten abgeliefert. Tagungen mußten besucht werden, auch der Gerichtssaal etwas näher in Augenschein genommen werden. Die Rheumaberatungsstelle hat sich sehr erweitert, doch darf man nie den Elan fallenlassen, Rostock ist ein strenger Vorgesetzter. Ich besuche viele meiner Patienten und erlebe dabei Freude und Dankbarkeit. Manchem konnte ich auch sichtbare Hilfe bringen. Ich bin froh, daß ich diesen Berufszweig gewählt habe. Nun steht uns, Eva und mir, die lange Zeit in Weimar bevor, ich denke nicht sehr gerne daran. Zum Glück hat sich der Anfangstermin verschoben, so daß wir die Advents- und Weihnachtszeit in unserem zuhause erleben können.

In Passee ist das erste Enkelkind bzw. Nichte angekommen: eine ganz süße kleine Heike. Elisabeth pausiert ein Jahr und lebt bei den Eltern. Zum April werden Elisabeth und ihr Mann ein eigenes Heim in Güstrow gründen, beide arbeiten dann im dortigen Krankenhaus, z. T. sind sie noch in Verbindung mit Ehemaligen des DV. Wer mal dort gearbeitet hat kennt gewiß die lungenkranke Schwester Renate, die nun schon viele Jahre ihr Zimmer auf einer Station hat und auch von den jetzigen freien Schwestern mit großer Liebe gepflegt wird. Mit dieser ist Elisabeth in engem Kontakt.

Der Urlaubsort war in diesem Jahr Dierhagen, den ja auch einige kennen. Das Wasser war wunderschön, ob bei Sonne oder Sturm. In den nächsten Tagen bin ich noch die restlichen Urlaubstage bei Schwester und Schwager in der Nähe von Potsdam, das ist für mich immer besonders schön. Entschuldigt*, das Heft war plötzlich voll. Für die kommende Weihnachtszeit wünsche ich Euch frohe Stunden und etwas Besinnung in unserer turbulenten Zeit.

Liebe Grüße und Wünsche Eure *Lotti.*

---

* In die Adressenliste am Ende des Heftes hineingeschrieben.

Ohrdruf 1964,
v.l.: Martin P., Ursula, Renate, Ruth B., Christel, Christiane, Lotti, Maria

Mühlhausen um 1965,
v.l.: Christa, Renate, Maria, Eva, Enno, Marlies K.

Kurstreffen in Tabarz um 1968,
v.l.: Ruth geb. I., Christa, Waltraud, dahinter Renate.

Christa, Ruth Begrich,
Renate, Anneliese.

1978-1991

Zehn Jahre gehen ins Land. Jahre, in denen der schriftliche Austausch irgendwann abriss und damit die zuletzt geschriebenen Briefe verloren gingen. Doch nun, im Jahr 1978, belebt ein neuerliches Kursgeschwistertreffen das einstige Miteinander. Abermalig wird ein Schulschreibheft begonnen – Rückblick haltend, was aus jeder Einzelnen so geworden ist.

Um die 40 Jahre alt sind die Frauen inzwischen und sie haben Lebenserfahrungen gesammelt – schöne und weniger schöne. Hier und da stellen sich erste ernstere Erkrankungen ein, ob bei Lotti, Maria, Christel oder Ruth (geb. I.), die mit der Diagnose Multiple Sklerose ein unvergleichlich schwereres Päckchen zu tragen hat. Als unheilbar erweist sich schließlich auch Giselas Erkrankung. Sie, der es den Briefen nach zu urteilen in Berlin-Buch materiell eigentlich am besten geht, wird die erste sein, die stirbt – mit rund 45 Jahren. Bittere Erkenntnis: Der Zusammenhalt der Schwestern kann ihrer mutmaßlich schweren Depression nichts entgegensetzen. Der etwa einmal im Jahr hereinflatternde Rundbrief erweist sich hier als zu schwach. Telefone aber sind Mangelware, wie Eva schildert, die 13 Jahre auf einen Anschluss wartet. (Brief 9. Januar 1987)

Allgemein werden die ersten größeren Lebens- bzw. Gesundheitskrisen gut gemeistert. Auf dem Zenit ihres Lebens begegnen wir einigen Schwestern in leitenden Positionen, etwa Christiane in der Poliklinik – eine echte Errungenschaft des Sozialismus – oder Ruth Begrich als Oberschwester bei der "Schnellen Medizinischen Hilfe". Diese sog. SMH markiert ab 1976 zunächst in zehn Bezirks- und einigen Kreisstädten der DDR einen neuen Leistungsbereich des staatlichen Gesundheitswesens. Ziel dieses Zusammenwirkens von DRK und dem Ministerium für Gesundheitswesen – anknüpfend an die seit 1967 bestehende „Dringliche Medizinische Hilfe" – ist die Stabilisierung der Versorgung der Notfallpatienten in der Prähospitalphase.

Mehr oder weniger haben alle Frauen, die noch in den Schwesternberuf eingebunden sind, mit dem staatlichen Gesundheits- und Sozialwesen zu tun – nicht immer so erfreulich wie bei Prämienzuteilungen aufgrund von Dienstjubiläen oder einer aufgrund von Dienstjahren bevorzugten Wohnungszuweisung vonseiten der staatlichen "Wohnraumlenkung" (Brief 8. August 1989). Eva erlebt das Gerangel zwischen Gesundheitswesen und Volksbildung hautnah mit, und ebenso wie Ruth Begrich, wird sie mit der zunehmenden Suchtproblematik in der DDR konfrontiert. Nicht zuletzt führt Christa den Personalnotstand in den Krankenhäusern vor Augen. Das alles klingt in den diszipliniert kurz gehaltenen Briefen lediglich an, die doch vor allem Mut machen wollen. Und zwar nicht zuletzt hinsichtlich der alle tangierenden Situation des Alterns und Sterbens, zunächst der eigenen Eltern. Doch wird auch eine der verheirateten Schwestern schon bald die erste Witwe sein.

Immer wieder blitzen die schwierigen Lebensverhältnisse der Kursgeschwister auf, hier Außentoilette, da Kachelofen, und dort regnet es hinein. Mit viel Mühe werden annehmliche Bedingungen geschaffen. Aber das dauert – oftmals nicht nur Wochen sondern Monate, wie etwa Else-Marie zu berichten weiß: Zunächst ist der Umbau der Teeküche im Sophienhaus zu bewerkstelligen, dann stehen die notwendigen Bauarbeiten und Reparaturen zu Hause in Rockensußra an, und schließlich ist der zweimalige Umbau des Hauses "Veronika", zunächst zu einem Spezialkrankenhaus, dann zum Erholungsheim zu realisieren.

Renate schildert obendrein, wie sie die Handwerker mit der von ihnen erwarteten Verpflegung ("nach Möglichkeit etwas Warmes") bei Stimmung hält. (Brief 28. Dezember 1982).

Eva sieht indessen keinen anderen Ausweg, als ihr Haus in staatliche Hände zu geben, da die mangelnden "Baukapazitäten" ohne eigene Mittel und "Beziehungen" nicht ersetzt werden können. Bei all dem hat sie die von der "Wohnraumlenkung" angeordneten Einquartierungen zu ertragen. (2. Juli 1985)

Interessant sind die Briefe aus den Pfarr- bzw. Predigerstellen, ob Jeeben, Haussömmern, Teuchern oder Ohrdruf: Aufgrund der Mangelwirtschaft gibt es überall mehr zu tun, als eigentlich zu bewältigen ist. Im Zeitz-Weißenfelser Braunkohlerevier sowie in den Großstädten plagen darüber hinaus Atemwegserkrankungen.

Selten und schon gar nicht ganz einfach können die in kirchlichem Hause geborenen Kinder den Beruf erlernen, den sie eigentlich anstreben. Mehr als einmal lesen wir, dass die Söhne Schwierigkeiten bekommen, weil sie statt drei Jahre eben nur 1½ Jahre zur "Fahne" gehen. Ob Meisterlehrgang oder Studium – man lässt sie "zappeln", wie sich die verärgerten Mütter ausdrücken. Eine Schikane, die nicht auf Pfarrerskinder beschränkt ist: Waltrauds Sohn wird zum 1½ jährigen Dienst erst "gezogen", als dessen Sohn gerade geboren ist. "Es ist schade, denn er verpaßt ja bei dem kleinen Kerl die schönste Zeit", ärgert sich Waltraud. (Brief 28. Februar 1986) Marlies Schwiegersohn ist gar "Bausoldat" und überbrückt einen Teil der verlorenen Zeit bis zum Studium mit dem Job als Straßenbahnfahrer. Häufig helfen am Ende kirchliche Einrichtungen aus der Patsche. Dies ist nicht nur bei Marlies Tochter B. hautnah mit-zuerleben; auch die Kinder von Ruth (geb. I.), wie zum Teil auch jene von Christel, kommen in kirchlichen Einrichtungen unter. Nur selten wird der Traumberuf verwirklicht, doch in den Nischen kennt man sich aus und entsprechend ungezwungener lässt es sich leben. Andererseits profitieren die kirchlichen Einrichtungen von den im christlichen Geist erzogenen Jugendlichen. Emotional ver-wöhnt sind vor allem jene Pfarrerskinder nicht, die zugunsten des übergeordneten großen Ganzen schon in der Kindheit zurückzu-stecken hatten. Jenes aus der kleinen Kirchenwelt der DDR ein-fach zu gewinnende Klientel lässt sich nach der politischen Wende sehr viel schwerer rekrutieren.

Schon vor der politischen Wende verlangt der Zeitgeist Locke-rungen im kirchlichen Ausbildungsbetrieb. Die "Kursgeschwister" diskutieren die Veränderungen durchaus kontrovers, halten eine gewisse Zucht und Ordnung, wozu auch die tadellose Schwestern-tracht gehört, letztlich aber für ein äußeres Zeichen verlässlicher Schwesternschaft. Da die Modifizierungen auch geistliche Inhal-te betreffen (Formen der Andachten, Singekreise etc.) müssen sie zwangsläufig als eine Verflachung des Christentums erscheinen. Allzu verständlich und menschlich kommen die diesbezüglichen Einschätzungen der Kursgeschwister an der Schwelle des Übergan-ges tradierter Formen in "modernere", offenere Strukturen daher. (Briefe 12. September 1985; 9. Dezember 1986)

Wiederholt blitzt das kirchliche Leben in der DDR auf – etwa die Rolle der Kirchentage, die immer wieder das Christsein in der DDR thematisieren und gesellschaftliche Missstände mutig an-sprechen. Auch die Bedeutung der kirchlichen Erholungs- und Rüstzeitenheime, ob in Kühlungsborn ("Haus am Meer") oder in Altenbrak, in Tabarz (Waldfrieden), Bad Saarow (Hospiz zur Furche), Zinnowitz ("Haus Waldesruh") oder in Drübeck wird plausibel; mit ihr die Dankbarkeit, in diesen Nischen unter seines Gleichen ausspannen zu können. Mehrfach erwähnt ist in diesem Sinne die Kurklinik "Haus Sophie"; bedeutsam für all jene Bevöl-kerungsgruppen, die das sozialistische Gesundheitswesen weniger berücksichtigte.

Auslandsreisen bleiben die Ausnahme. Erwähnung findet Un-garn, aber auch der Kaukasus in der früheren Sowjetunion oder Bulgarien sind genannt, wo der "griechische" Himmel bei Lotti eine gewisse Sehnsucht nach "mehr" anklingen lässt. Immerhin werden erste Besuchsreisen in die Bundesrepublik genehmigt.

Mit dem Leben in der DDR scheinen sich die Frauen arrangiert zu haben. Bis auf Evas offen geschilderte Auseinandersetzung an der Arbeitsstelle klingen Unzufriedenheiten aus gutem Grunde nur an: etwa in den sarkastischen Bemerkungen, dass "Planung bei uns groß geschrieben" sei (Christel, Brief 8. April 1980), in der "hochgepriesenen DDR" (Eva, Brief 10. Juli 1981). Ruth Begrich trägt gar einen politischen Witz bei (Brief 8. Dezember 1978).

Die zeitweilige Aufbruchstimmung der 60er und 70er Jahre weicht einer geradezu spürbaren Lethargie. Und diese hat nicht nur mit beruflicher oder altersbedingter Ermüdung zu tun. Ruth Begrich, leidend unter der von Mobbing gegen Andersdenkende geprägten Atmosphäre, zieht sich zum Ende der 1980er Jahre hin selbst aus der Affäre: Auch sie wechselt in ein kirchliches Krankenhaus.

"Kursmutter" Marlies bringt das Denken und Fühlen jener Jahre auf den Punkt, wenn sie bittet, angesichts der "Not in der Welt, des Wettrüstens und der Umweltverschmutzung nicht zu verzagen". Christen seien "im besonderen aufgerufen, der um sich greifenden Resignation zu wehren. Versöhnung beginnt im Kleinen. Ebenfalls kann jeder von uns etwas zur Wiederherstellung des ökologischen Gleichgewichtes tun. Von Albert Schweitzer stammt der Ausspruch: *Das Wenige, das Du tun kannst, ist viel.*'" (Brief 22. April 1985)

Insgesamt sind die Briefe, an denen sich nun auch Pfarrerstochter Anneliese zeitweilig beteiligt – wegen einer neurologischen Erkrankung zwischenzeitlich immer wieder in die Psychiatrie aufgenommen – eher unpolitisch gehalten. Zum Zeitpunkt der politischen Wende sind die Schwestern etwa 50 Jahre alt, fiebern ihrem Rentnerdasein entgegen und stehen somit dem gesellschaftlichen Umbruch zurückhaltender gegenüber als die Jugend. Inwieweit sich die eine oder andere Schwester aktiver in die Umgestaltungsprozesse einbringt, lässt sich nicht sagen, denn: In dem recht weit gesteckten Zeitraum, in dem der Brief seine Runde zieht, werden die sich überstürzenden Ereignisse brieflich kaum erfasst.

Zum Teil gegängelt in ihren sozialistischen Kollektiven beteuern die Frauen, wie schön es sei, endlich "aufrecht gehen" zu können. Aber natürlich fällt die Umstellung in die neuen Arbeitswelten, sofern sie denn überhaupt noch vorhanden sind, schwer. So geht die Erleichterung vielfach mit der Sorge um die Bewältigung der Herausforderungen einher. Schließlich erreichen die tiefgreifenden Veränderungen auch den Raum der Kirche und die Schwesternschaften. Angesichts der neuen Verlockungen ist frühzeitig die Erkenntnis da, "daß wir echt um das Wahre u. Ewige ringen u. kämpfen müssen." (17. März 1991)

Kurstreffen in Wismar bei Lotti (Mai 1975):
v.l.: Eva, Lotti, Christa, Renate, Else-Marie.

Ruth Begrich und Renate Stegmann in Tabarz.

Die Ernte
ist groß,
aber wenige sind der Arbeiter.
Darum bittet
den Herrn der Ernte,
daß er Arbeiter in
seine Ernte
sende

MATTHÄUS 9

Echte Liebe ist wie das strömende Wasser,
das jede Tiefe sucht,
um sie zu füllen und zu bedecken.
E. Wörmann

Mit diesen Karten (links gedruckt in der BRD, rechts in der DDR) beginnt Schwester Else-Marie den neuen Rundbrief.

Wittenberg, den 15.10.78

Liebe Kursmutter,
liebe Kursgeschwister!
Nachdem das Kurstreffen so viel Freude bei mir ausgelöst hat, denke ich, daß wieder ein Brief kursieren sollte. Die Anschriften habe ich ohne bestimmte Ordnung aufgeschrieben, wie sie mir gerade alle in den Sinn kamen. Man hätte natürlich Erfurt zusammen nehmen können u. damit Porto gespart. Die Reihenfolge kann ja nummeriert werden. – Die folgenden Karten sind an alle gerichtet u. deshalb eingeklebt. Einen Jahresbericht will ich jetzt nicht geben, damit das Heft heute noch fertig wird. Mit vielen Grüßen bleibt alle dem Herrn befohlen, Ihre u. Eure *Else-Marie*.

*

Liebe Else-Marie! (Karte)
Vielen herzlichen Dank für Deine letzte Karte, die ich heute erhielt. Auch die erste Post, mit der Änderung des Treffs, die ich leider verlegt habe, und mir die genaue Anschrift entfallen war, habe ich erhalten. Gerne würde ich an dem Treffen teilnehmen, aber 1. Ist die Entfernung zu weit, 2. Arbeite ich noch viel, allerdings nicht mehr in 2 Schichten, dafür habe ich nur einen Haushaltstag im Monat. Für unsere Kinder wäre das auch zu strapaziös. Zur Zeit bin ich so richtig k.o., abends fix und fertig u. gerne würde ich verkürzt arbeiten, aber es ist z. Zt. nicht möglich. Seid mir bitte nicht böse, es ist wirklich keine Interessenlosigkeit und ich fühle mich trotz wenig Kontakt mit Euch verbunden. Viele Grüße an alle, Eure *Elisabeth*.

Teuchern, den 26. 10. 78

Liebe Kursfamilie!

Es ist zum Staunen, daß 20 Jahre nach unserem Auseinandergehen die Zusammengehörigkeit dieser Runde immer noch spürbar ist. Voller Freude und Dankbarkeit stellten wir in Wittenberg fest, daß wir uns nicht fremd geworden sind, ja sogar unsere Familien mit in diesen Kreis integriert wurden.

Das Zusammensein im Paul-Gerhardt-Stift war für unsere ganze Familie ein erfreuliches u. nachhaltiges Erlebnis.

Nun freue ich mich, daß Else-Marie gleich die Initiative ergriffen hat, den Rundbrief wieder ins Leben zu rufen. Hoffentlich kommt es diesmal über die Runden!

Liebe Kursfamilie!

Es ist zum Staunen, daß 20 Jahre nach unserem Auseinandergehen die Zusammengehörigkeit dieser Runde immer noch spürbar ist. Voller Freude und Dankbarkeit stellten wir in Wittenberg fest, daß wir uns nicht fremd geworden sind, ja sogar unsere Familien mit in diesen Kreis integriert wurden. Das Zusammensein im Paul-Gerhardt-Stift war für unsere ganze Familie ein erfreuliches u. nachhaltiges Erlebnis.

Nun freue ich mich, daß Else-Marie gleich die Initiative ergriffen hat, den Rundbrief wieder ins Leben zu rufen. Hoffentlich kommt er diesmal über die Runden! Ich will versuchen, die wichtigsten Ereignisse der beiden letzten Jahre kurz darzustellen. Wir sind also nach wie vor in Teuchern, seit nunmehr 11 Jahren, und haben auch nicht die Absicht, die Stelle zu wechseln. Wir sehen unsere Aufgabe in dieser Gemeinde als sinnvoll an u. haben den Eindruck, daß wir hier gebraucht werden. Seit wir hier sind, haben wir mit Bauerei zu tun. Vor 2 Jahren konnten wir nach 3 jähr. Sperrzeit unsere Kirche wieder in Gebrauch nehmen. Z. Zt. haben die Arbeiten an Innenrenovierung begonnen u. das wird sich noch lange hinziehen. In unserem Pfarrhaus hat sich auch einiges positiv verändert. Seit Januar 78 haben wir WC im ganzen Haus, nachdem wir im vorigen Sommer unter größten Schwierigkeiten eine Kläranlage gebaut hatten. Wir haben noch 1 Zimmer dazu bekommen, so daß unser Vati jetzt ein schönes großes Arbeitszimmer hat u. B. bekam das kl. Dachstübchen. Das ist ein gemütliches Mädchenzimmer geworden. Unsere Kinder werden immer größer. P. überragt die Mutter schon um ein paar Zentimeter. Beide Kinder sind gesund u. entwickeln sich normal. P. ist nur sehr bequem u. ich muß ständig hinterher sein, daß er mit den schulischen Belangen „am Ball bleibt". B. ist eifriger. Sie geht außerdem das 5. Jahr in die Musikschule nach Zeitz zum Klavierunterricht u. macht da gute Fortschritte. Wir Eltern sind soweit auch gesund. Es zwickt mal hier u. da. Im Ganzen müssen wir zufrieden sein. Daß eigentlich immer mehr zu tun ist, als man schaffen kann, geht anderen ja auch so. Und so muß man jeden Morgen neu überlegen: was ist heute das Nötigste? So möchte ich schließen mit einem Gebet, das uns schon oft hilfreich war.

„Herr, gib mir die Gelassenheit, Dinge hinzunehmen, die ich nicht ändern kann, gib mir den Mut,
Dinge zu ändern, die ich ändern kann u. gib mir die Weisheit, das eine von dem anderen zu unterscheiden."

Sehr herzliche Grüße Ihnen allen, Ihre *Marlies K.* u. Familie.

*

K.M.Stadt, d. 15.11.78

Ihr Lieben!

Auch ich denke noch gern an das Kursustreffen in Wittenberg und begrüße es nur sehr, daß wieder ein Rundbrief existiert, der den Kontakt noch erweitert. Hoffentlich hält er diesmal besser durch!

Von mir gibt es eigentlich nichts besonders Sensationelles zu berichten. Ich arbeite noch immer ganztags in der Poliklinik in einer Abteilung für Neurologie u. Psychiatrie. Da hier halbjährlich ein Arztwechsel stattfindet, richtet sich auch der Arbeitsstil nach den Neigungen des jeweils tätigen Arztes: mal mehr neurologisch, mal mehr psychiatrisch. Ab Januar 1979 soll die Stelle aber mit einem ständigen Arzt besetzt werden, u. wir sollen auch endlich unsere neuen Räume beziehen können. Das sehnen wir schon lange herbei, sowohl das Personal als auch die Patienten!

Zu Hause hat sich bei uns in der Zwischenzeit auch nicht viel geändert. In unsere verhältnismäßig große Küche hatten wir vor 5 Jahren ein Bad eingebaut. Das ist unsere Wohltat, wir genießen es immer wieder aufs Neue! Vor 2 Jahren hätte sich beinahe noch unsere Familie vergrößert. Es war eine große Freude, die nur leider im 4. Monat mit einer Fehlgeburt endete. Aber es geht eben nicht alles ganz wunschgemäß im Leben. Die Erfahrung hat gewiß irgendwann jede von Euch auch gemacht. Man muß sich eben andere schöne Dinge dafür suchen.

Wir haben viel Freude mit unseren Patenkindern und haben auch in diesem Jahr wieder regelrechte Verwandten- u. Bekanntenrundreisen gemacht. 14 Tage des Jahresurlaubs verbringen wir aber auf jeden Fall irgendwo in den Bergen, denn mein Mann ist ein tüchtiger Gebirgswanderer u. hat mich damit auch ganz schön angesteckt. In diesem Jahr waren wir in der Niederen Tatra u. voriges Jahr in der Malá Fatra (ČSSR) und haben trotz des fast ständigen Regenwetters herrliche Touren gemacht.

Ansonsten wird während der Arbeitswochen ja nicht viel nebenbei. Etwa einmal monatlich gehen wir ins Anrecht-Konzert, u. selbst dazu muß man sich oft tüchtig aufraffen oder die Karten verkaufen! In unserer Kirchgemeinde ist wieder ein Ehepaarkreis im Entstehen. Die Beteiligung war schon recht gut, wir hoffen, daß es ein bissel anhält.

Euch Lieben und Euern Familien wünsche ich nun alles Gute u. grüße Euch bis zum nächsten Mal herzlich, Eure *Christiane.*

*

140

K. M. Stadt, d. 15.11.78

Ihr Lieben!

Auch ich denke noch gern an das Kursustreffen in Wittenberg und begrüße es nun
sehr, daß wieder ein Rundbrief existiert,
der den Kontakt noch erweitert. Hoffentlich
hält er diesmal besser durch!
Von mir gibt es eigentlich nichts besonders
Sensationelles zu berichten. Ich arbeite noch
immer ganztags in der Poliklinik in einer
Abteilung für Neurologie u. Psychiatrie.
Da hier halbjährlich ein Arztwechsel stattfindet
richtet sich auch der Arbeitsstil nach den Neigungen des jeweils tätigen Arztes: mal mehr
neurologisch – mal mehr psychiatrisch. Ab
Januar 1979 soll die Stelle aber mit einem
ständigen Arzt besetzt werden, u. wir sollen
auch endlich unsere neuen Räume beziehen
können. Das sehnen wir schon lange herbei,
sowohl das Personal, als auch die Patienten!

Baden, am 27.11.
1978

Ihr Lieben!

Schade, dass unsere Briefe am Anfang der Rundbriefe stehen, so dauert es dann so lange bis man von allen etwas gehört hat! Aber schön ist es auch, dass viele am Anfang genannt werden sind.

Gerne denke ich noch an unser Treffen in Witten bei Else - Marie. Ich war erfreut wie wenig Zeit man braucht um wieder Kontakt zu einander zu bekommen, manchmal habe ich mich gefragt ob es wirklich schon 29 Jahre her ist, dass wir zusammen ... leben und lernen, eigentlich wird an den teils schon erwachsenen ... merkt man z.B. mit Christel merkt man wie alt man schon geworden ist. - Meine Familie d.h. der ... Kreis hat sich durch die Schwägerinnen, den Schwager und die es jetzt 8 zählenden Enkel ordentlich vergrössert, leider sehen wir uns auch nicht allzu häufig. Meine Eltern mussten einen Teil der Wohnung als Ruhestand räumen (und wollten es auch) und so kann unsere ... eine Familie und 2 kindern ... zu sein.

Von mir selber ist eigentlich nicht viel und nichts aufregendes zu berichten. Meine Arbeit macht mir noch wie vor viel Spass und ist interessant und es gibt immer viele ... zu verarbeiten und zu lernen.

Dresden bietet ausserdem ja im Menge an kulturellen Angeboten und man muss sich schon überlegen was man auswählt. Jetzt ist bei uns eine ganz grossartige Ausstellung von Meisterzeichnungen vom Kupferstichkabinett Dresden + der Albertina Wien veranstaltet, Zeichnungen aus 5 Jahrhunderten (Dürer, Granach, Rafael bis zu Moderne.)

Dresden, am 27.11. 1978

Ihr Lieben!
Schade, daß unsere Briefe am Anfang des Rundbriefes stehen, es dauert dann so lange eh man von allen etwas gehört hat! Aber schön ists auch, daß wieder ein Anfang gemacht worden ist.

Gerne denke ich nach an unser Treffen in Wittenberg bei Else-Marie. Ich war erfreut, wie wenig Zeit man braucht um wieder Kontakt zueinander zu bekommen, manchmal habe ich mich gefragt, ob es wirklich schon 20 Jahre her ist, daß wir gemeinsam lebten und lernten, eigentlich nur an den teils schon erwachsen werdenden Kindern z.B. bei Christel, merkt man, wie alt man schon geworden ist. – Meine Familie, d.h. der Geschwisterkreis, hat sich durch die Schwägerinnen, den Schwager und die bis jetzt 8 zählenden Enkel ordentlich vergrößert. Leider sehen wir uns auch nicht allzu häufig. Meine Eltern mußten eine Teil der Wohnung als Ruheständler räumen (und wollten es auch) und so kann immer nur jeweils eine Familie mit 2 Kindern gleichzeitig da sein.

Von mir selber ist eigentlich nicht viel Neues und viel Aufregendes zu berichten. Meine Arbeit macht mir nach wie vor viel Spaß und ist interessant und es gibt immer wieder Neues zu verarbeiten und zu lernen. Dresden bietet außerdem ja eine Menge an kulturellen Angeboten und man muß sich schon überlegen, was man auswählt. Jetzt lief bei uns eine ganz großartige Ausstellung von Meisterzeichnungen, vom Kupferstichkabinett Dresden + der Albertina Wien veranstaltet, Zeichnungen aus 5 Jahrhunderten (Dürer, Cranach, Rafael usw. bis zur Moderne.)

Das Singen in unserem Kammerchor habe ich auch noch nicht aufgegeben, aber leider merkt man doch schon, daß man die 40 überschritten hat und die Stimme auch kräftig mitaltert, eigentlich schade! Trotzdem habe ich gestaunt, wie wacker wir beim Stationssingen in Wittenberg geschmettert haben.

So, nun werde ich mal die weiteren Seiten meinen lieben Nachschreibern überlassen und mich auf deren Beiträge freuen. Ich grüße Euch alle ganz herzlich und wünsche Euch allen viel Kraft und viel, viel Freude für Euer tägliches Tun in Familie und Dienst,

Eure *Maria.*

*

Erfurt, 7.12.78

Ihr Lieben nah und fern!
Der wiedererstandene Rundbrief traf bei mir im Advent ein. Ich stecke z. Zt. – wie Ihr sicher alle – mitten in den Vorbereitungen, kleine Basteleien, die ein wenig Freude bereiten sollen. Eine Freiburger Freundin schickte mir zu diesem Behufe Arbeitsmaterial wie Stroh,

Erfurt, 7.12.78

Ihr Lieben nah und fern?!

Der wiederstandene Rundbrief traf bei mir
im Advent ein. Ich stecke z.Z. - wie Ihr
sicher alle - mitten in den Vorbereitungen,
kleine Basteleien, die ein wenig Freude
bereiten sollen. Eine Freiburger Freundin
schickte mir zu diesem Behufe Arbeitsmaterial
wie Stroh, Draht, Farben ect. Sie sammelte
reichlich Erfahrungen bei der Ausgestaltung
von Basaren. Der Erlös kann mancherlei guten
Zwecken zugute, z.B. der Welthungerhilfe,
Schülern bzw. Rehabilitationsstätten behinderter
Kinder. Diese Arbeiten setzen jedoch außer
Fleiß u. Zeitaufwand vor allem Talent und
auch Phantasie voraus. Letztere besitze ich leider
wenig. —

Von mir gibt's nichts wesentlich Neues zu
berichten. Ich blieb bislang der kardiologischen
Fürsorge treu, nunmehr 6 Jahre.

Sehr schön und erfüllend empfanden wir

Draht, Farben etc. Sie sammelte reichlich Erfahrungen bei der Ausgestaltung von Basaren. Der Erlös kam mancherlei guten Zwecken
zugute, z.b. der Welthungerhilfe, Schulen bzw. Rehabililitationsstät-
ten behinderter Kinder. Diese Arbeiten setzen jedoch außer Fleiß u.
Zeitaufwand vor allem Talent und auch Phantasie voraus. Letztere
besitze ich leider wenig. Von mir gibts nichts wesentlich Neues zu
berichten. Ich blieb bislang der kardiologischen Fürsorge treu, nunmehr 6 Jahre. Sehr schön und erfüllend empfanden wir das Treffen
im Oktober in Wittenberg. Else-Marie scheute keine Mühe, uns die
Tage so angenehm wie nur möglich zu gestalten. Ich genoß gleich-
falls die guten, kenntnisreichen Führungen durch die Stadt und ihre
beiden historisch berühmten Kirchen. Überstrahlt waren die Tage
des Beisammenseins von der angenehm wärmenden Herbstsonne.
Diese annährend umschriebene Atmosphäre sei den leider nicht Anwesenden mitgeteilt; der größte Teil von uns Geladene hatte sich auf-
schwingen können Vielleicht sehen wir uns in etwa 2 Jahren wieder?
Ich grüße Euch und die Familien herzlich. Allen, die der Brief in
den nächsten Wochen erreicht, wünsche ich eine gute, segensreiche
Advents- u. Weihnachtszeit! Eure *Eva.*

*

Erfurt, d. 8.12.78

Ihr Lieben!
Habt vielen Dank für Eure Berichte! Wie schön, daß wir uns nach all'
den vielen Jahren noch so gut verstehen und daß wir uns so garnicht
fremd geworden sind. Das Kursustreffen war doch sehr schön, habe
vielen Dank dafür, liebe Else-Marie!
    Viele von Euch wissen sicher schon, daß ich seit einem Jahr nicht
mehr im Op tätig bin. Ich war einfach am Ende meiner Kräfte. Nach
einem Monat Pause trat ich mit neuem Mut meine neue Arbeitsstelle
als ltd. Schw. beim Rat der Stadt Erfurt, Abteilung „Schnelle Medizin. Hilfe" an. Dazu war noch eine Qualifikation erforderlich. Etwa
½ Jahr war ich im Kath. Krh. Erfurt auf der Intensivpflegestation
tätig, nach all den vielen Jahren Op-Tätigkeit war die Umstellung
für mich groß. Die Arbeit war schwer und kostete manchmal Überwindung, machte mir aber viel Freude! Mit den Patienten kam ich
bestens zurecht, sie waren so dankbar für jede kleine Aufmerksamkeit. Es war ein schönes Gefühl manchem in seiner Not ein wenig
helfen zu können. Mit den Schw. der Station stehe ich heute noch in
Verbindung. Da ich erheblich älter war als die Stationsschwester und
vielleicht auch etwas ausgeglichener, kamen die jüngeren Schwestern
oft zu mir, um sich auszusprechen. Sie brachten mir viel Vertrauen
entgegen. Wir hatten auch Zeit füreinander. So waren es ein paar
schöne Monate für uns alle. Nach dem Praktikum im KKH hos-

Ihr Lieben!

Habt vielen Dank für Eure Berichte!
Wie schön, daß wir uns nach all'
den vielen Jahren noch so gut verstehen und daß wir uns so garnicht
fremd geworden sind. Das Klassentreffen
war doch sehr schön, habe vielen
Dank dafür, liebe Else-Marie!
Viele von Euch wissen sicher schon,
daß ich seit einem Jahr nicht mehr
im Op tätig bin. Ich war einfach
am Ende meiner Kräfte. Nach einem
Monat Pause trat ich mit neuem
Mut meine neue Arbeitsstelle als
ltd. Schw. beim Rat der Stadt
Erfurt, Abteilung "Schnelle Medizin.
Hilfe" an. Dazu war noch eine
Qualifikation erforderlich. Etwa

146

pitierte ich eine Woche bei der SMH in Halle. Die leitende Schw. konnte mir wertvolle Hinweise für meine spätere (zukünftige) Tätigkeit geben. Im September verbrachte ich sechs Wochen in der Zentralklinik Bad Berka. Dort lernte ich die Anästhesieabteilung der Herz- und Lungenchirurgie kennen. Es war sehr interessant, so einiges konnte ich dazulernen.

Ebenfalls seit September drücke ich wöchentlich einmal die Schulbank. Nach einjährigem, hoffentlich erfolgreichem Abschluß bin ich dann Fachschwester für Anästhesie und Intensivtherapie. Es wird eine ganze Menge verlangt. Manchmal macht der Unterricht sogar Spaß, oft aber auch nicht. Auf jeden Fall werde ich allseitig gebildet. Sicherlich wißt ihr auch, in welcher Etappe und in welcher Phase des Sozialismus wir uns befinden!

Nun ein kleiner Witz: Was ist eine Sprotte? Antwort: Eine Sprotte ist ein Walfisch der den S…. überstanden hat!"

Zur Zeit habe ich viel Zeit, kann sogar in unserem Büro meine Belegarbeiten schreiben. Unser Kollektiv besteht aus dem Ärztlichen Direktor, einem Ökonomen, einer Sekretärin und meiner Wenigkeit. Wir bereiten den Aufbau der Leitstelle SMH vor. Wir warten auf den Startschuß, aber leider wird sehr an unsere Geduld appelliert. Nicht „SMH" sondern „LMH".

Ich selber genieße nach all den turbulenten letzten Jahren die Ruhe, empfange häufig Besuche, bin aber auch viel unterwegs. Das Leben macht mir wieder Freude. Es ist zu schön, die Adventszeit so bewußt erleben zu können! Lebt wohl, ein recht gesegnetes Weihnachtsfest und alles alles Gute für das neue Jahr wünscht Euch

Eure *Ruth* Begrich.

So einen langen Brief schrieb ich noch nie.

*

Erfurt, d. 4.1.1979

Ihr Lieben nah und fern!

Zunächst wünsche ich Euch allen ein gesegnetes neues Jahr und ein getrostes Gehen an Gottes starker Hand. Wir alle wissen nicht, was uns im Laufe eines Jahres begegnen wird. Doch dieses dürfen wir wissen, daß denen, die Gott lieben, alle Dinge zum Besten dienen. Auch ich freue mich, daß nun der Rundbrief wieder die Reise angetreten hat.

Schon vor Weihnachten brachte Ruth ihn zu mir. Bei einer Tasse Kaffee und Kerzenschein plauderten wir miteinander. Eva sprach ich einige Male telefonisch, war auch an einem Abend ihr Gast. Zwischen Weihnachten u. Neujahr besuchte uns Christa. Wie dankbar bin ich für solche Begegnungen. Ich muß da immer an ein Wort von Bonhoeffer denken, welches er zu seinen jungen Freunden sag-

Erfurt, d. 4. 1. 1979

Ihr Lieben nah und fern!
Zunächst wünsche ich Euch allen
ein gesegnetes neues Jahr und
ein getrostes Leben an Gottes starker
Hand. Wir alle wissen nicht,
was uns im Laufe eines Jahres
begegnen wird. Doch dieses dürfen
wir wissen, daß denen, die Gott
lieben, alle Dinge zum Besten dienen.

Auch ich freue mich, daß
nun der Rundbrief wieder die
Reise angetreten hat.
Schon vor Weihnachten besuchte
Ruth ihn zu mir. Bei einer Tasse
Kaffee und Kerzenschein plauderten wir miteinander. Eva
sprach ich einige Male telefonisch,
was auch an einem Abend des
öfter. Zwischen Weihnachten u.

te: „Besucht euch, sooft ihr könnt. Es kommt die Zeit, da es nicht mehr möglich ist." Ich selbst bin ja durch meine Familie ziemlich angebunden und kann nicht so gut weg. Doch seit unser F. (er wird 3 Jahre) vormittags in den kirchl. Kindergarten geht, habe ich etwas mehr freie Zeit, um mal in der Gemeinde Hausbesuche mitzumachen. Wie viele alte und kranke Menschen warten auf diesen Dienst. Am 23.11.78 wurde meine Mutter nach langer, schwerer Krankheit von Gott abgerufen in die Ewigkeit. Wir sind ein ganzes Stück ärmer geworden, denn meine Mutter bedeutete uns Kindern sehr viel. In ihrem Glauben, ihrer Geduld und Fürsorge für andere war sie uns stets ein großes Vorbild. –

Die Arbeit hier in Erfurt bereitet uns nach wie vor Freude, wenngleich Kummer nicht ausbleibt. Die Kinder wachsen uns an Länge über den Kopf und sorgen auch reichlich für Abwechslung. Wer mit in Wittenberg war, hat unsere Truppe ja kennengelernt. Wir haben viel Grund, unserem Gott zu danken.

In herzlicher Verbundenheit grüßt Euch Eure **Christel** mit Familie.
*

Allstedt, d. 17.1.79

Meine Lieben!

Zuerst alle guten Wünsche und Gottes Segen allen für das begonnene Jahr. Wie schön, daß Else-Marie den Kursbrief aufs Neue in Umlauf brachte. Ich denke, wir freuen uns alle sehr darüber. Wie dankbar bin ich auch noch heute, daß ich am Kurstreffen in Wittenberg teilnehmen konnte, denn es hat uns die große Verbundenheit miteinander aufs Neue gezeigt. Ganz herzlich möchte ich Dir, liebe Else-Marie, für die Mühe der Vorbereitung und Durchführung unseres Zusammenseins nochmals danken. Seit dem 2. 1. arbeite ich in der Poliklinik. Für mich fällt dadurch der Schichtdienst und der weite Weg zum Krankenhaus weg. Für die Familie ist das von großem Vorteil, da ich auch an den Wochenenden dienstfrei habe. Die Sprechstundenarbeit ist mir ja nicht fremd, da ich in Erfurt auch in der Sprechstunde tätig war. Mein einziger Arbeitsplatz ist die Sprechstunde eines praktischen Arztes und es gefällt mir gut. Wir haben täglich etwa 60-80 Patienten, sind aber 2 Schwestern. Dadurch ist die Arbeit zu bewältigen. Die Schreibarbeiten und Statistik nimmt ja die meiste Zeit in Anspruch.

Meiner Familie geht es gut. Wir sind bisher ohne Knochenbrüche und Infekte durch die Wetterunbilden gerutscht. L. geht schon in die 9. Klasse. Er möchte Förster werden, will sich aber auch bei der Handelsmarine bewerben. Er meint, dort hat er mehr Freiheit und lernt die Welt kennen. Nun hoffen wir aber doch sehr, daß die Lehre beim Forst klappen wird. Mit Lehrstellen sieht es ja nicht gerade rosig aus.

Meine Lieben!

Zuerst alle guten Wünsche und Grüße gegen Euch allen, für das begonnene Jahr. Wie schön, daß Else-Marie den Rundbrief aufs Neue in Umlauf brachte. Ich denke, wir freuen uns alle sehr darüber.

Wie dankbar bin ich auch noch heute, daß ich am Rundtreffen in Wittenberg teilnehmen konnte, denn es hat uns die große Verbundenheit miteinander aufs Neue gezeigt. Ganz herzlich möchte ich Dir, liebe Else-Marie für die Mühe der Vorbereitung und Durchführung unseres Zusammenseins nochmals danken.

Seit dem 2.I. arbeite ich in der Poliklinik. Für mich fällt dadurch der Schichtdienst und der weite Weg zum Krankenhaus weg. Für die Familie ist das von großem Vorteil, die da ich auch an den

Die Ausbildungszeit sind mit Forstschule und Armeezeit insgesamt auch 10 Jahre. A.* war Ende Dezember 4 Jahre alt und hat bei ihrem Vater fast Narrenfreiheit. Da heißt es schon ab und an mal auftrumpfen. Ursel war die erste Kursschwester, die mich besuchte. Ich freue mich noch heute darüber. Sie lernte meine Familie kennen. Liebe Ursel, nochmals herzlichen Dank für Euren lieben Besuch. Nun, Ihr Lieben, grüße ich Euch in herzlicher Verbundenheit. Gottes Segen Euch und Euren Lieben!

Waltraud u. Familie

*

Wismar, d. 14.7.79

Ihr Lieben!

Nun ist der Kursbrief 6 Monate bei mir – jetzt soll er wieder auf die Reise gehen. Renate, ich danke Dir für Deine Weihnachtsgrüße; Ruth, Dir für die Wünsche zum neuen Jahr, hoffentlich konntest Du inzwischen Deine Arbeit richtig beginnen; Christiane, Dank für Deinen Brief und ebenso Dir, Eva, mit dem Bericht** von der Tagung in Warnemünde: das war zu anstrengend, du hättest pausieren müssen zwischendurch. Dank Euch allen für Eure Berichte in diesem Buch.– Ich selbst habe schwere und schmerzensreiche Monate hinter mir. Seit Mitte Januar bin ich arbeitsunfähig, zunächst wegen Magenbeschwerden. Trotz bester Pflege und Hilfe verschlechterte sich der Gesundheitszustand langsam aber stetig; die Untersuchungen ergaben ein großes Ulcus duodeni bei sehr vernarbtem Bulbus, auch nach 5 wöchentlicher Kontrolle zeigte das Geschwür keine Heiltendenz. Die Gallenblase ließ sich auch nach allen mir nur möglichen Versuchen nicht darstellen, so rieten Internisten, Röntgenologen und Chirurgen einstimmig zur Operation. Am 11. April wurde dann die Gallenblase entfernt (Verwachsungen, chron. Entzündung, Steine) und eine Vagotomie in einer Sitzung gemacht. Seitdem mühe ich mich mit Kräfte- und Gewichtszunahme, die Rückkehr ins allgemeine Leben gelingt mir nur zögernd, ein schöner Urlaub zu dritt hat mich einen guten Schritt weiter gebracht. In der nächsten Woche werde ich einen Arbeitsversuch – täglich 4 Stunden – machen, vielleicht gelingt er. Eine Sorge ist mir genommen dadurch, daß meinen Eltern in Güstrow, wo meine jüngste Schwester mit ihrer Familie seit vielen Jahren lebt, eine schöne Ruhestandswohnung bekommen haben, für uns alle ist das eine große Freude, auch die Eltern haben diesen Schritt sehr gern getan. Nun grüße ich Euch alle zusammen sehr herzlich verbunden mit guten Wünschen, Eure *Lotti.*

* Der beigelegte Bericht ist nicht mehr vorhanden.

** Namenskürzel der Tochter geändert.

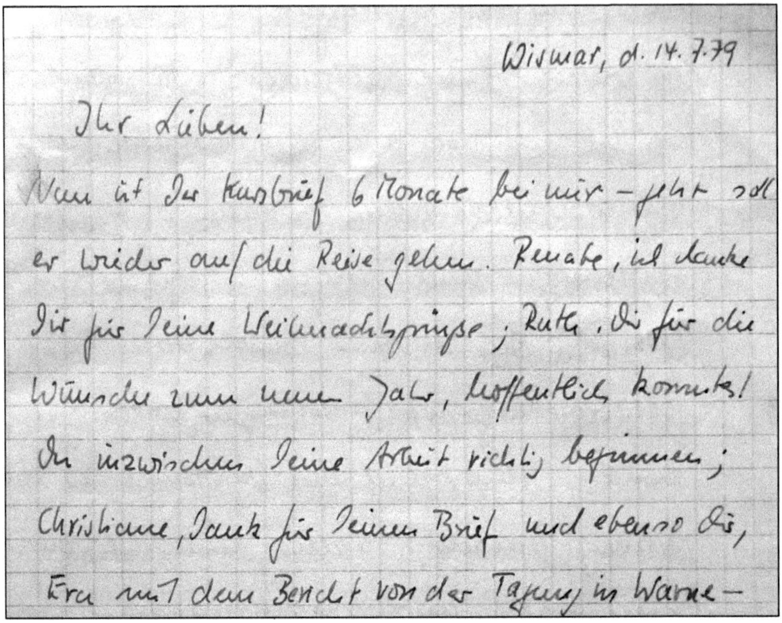

Wismar, d. 14.7.79

Ihr Lieben!

Nun ist der Kursbrief 6 Monate bei mir – jetzt soll
er wieder auf die Reise gehen. Renate, ich danke
Dir für Deine Weihnachtsgrüße; Ruth, Dir für die
Wünsche zum neuen Jahr, hoffentlich konntest
Du inzwischen Deine Arbeit richtig beginnen;
Christiane, Dank für Deinen Brief und ebenso Dir,
Eva mit dem Bericht von der Tagung in Warne–

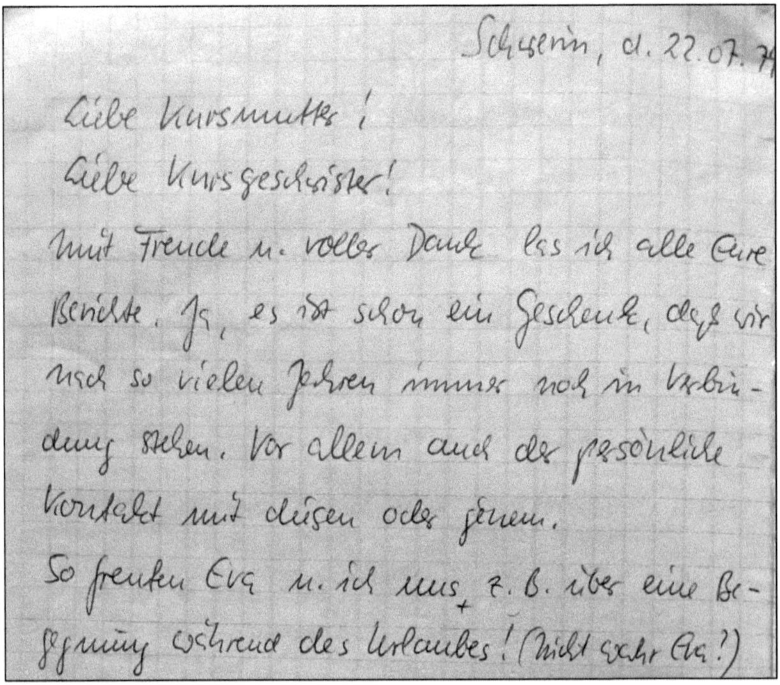

Schwerin, d. 22.07.79

Liebe Kursmutter!
Liebe Kursgeschwister!

Mit Freude u. voller Dank las ich alle Eure
Berichte. Ja, es ist schon ein Geschenk, daß wir
nach so vielen Jahren immer noch in Verbindung stehen. Vor allem auch der persönliche
Kontakt mit diesen oder jenen.
So freuten Eva u. ich uns z. B. über eine Begegnung während des Urlaubes! (Nicht wahr Eva?)

152

Liebe Kursmutter!
Liebe Kursgeschwister!
Mit Freude u. voller Dank las ich alle Eure Berichte. Ja, es ist schon
ein Geschenk, daß wir nach so vielen Jahren immer noch in Verbindung stehen. Vor allem auch der persönliche Kontakt mit diesem
oder jenem. So freuten Eva u. ich uns z. B. über eine Begegnung während des Urlaubs! (Nicht wahr Eva?) Sie Ahrenshoop, ich mit noch
vier Leutchen in Graal-Müritz – Mai/Juni. Zu zweit unternahmen
wir eine Radtour nach Ahrenshoop, es wurde ein schöner Tag der Gemeinschaft. Überhaupt war unser Urlaub zu fünft gut. Die gemeinsame Stille über dem Wort, aber auch das frohe Miteinander, alles das
sind keine Selbstverständlichkeiten! Nach 2-jähriger Op-Tätigkeit in
d. Chirurgie habe ich wieder meine Arbeitsstelle gewechselt. Bin seit
d.11.d.J. in der Chir. Abtlg. der Polik. Lankow. Dieses hatte sich so
„ergeben". Wollte an sich zur Sauna, da traf ich mit dem Chirurgen
zusammen, der ehemals O-Arzt in der Chirurgie war u. nun die Ab-
teilg. in Lankow „macht". Er fragte mich: „Wo wollen Sie denn hin?"
Aus Quatsch antwortete ich: „Wollte fragen, ob Sie eine Stelle für
mich frei haben." „Ja", sagte er, „sie können bei uns anfangen."
So begann ich ¼ J. danach dort mit dem Dienst. An sich hatte ich es
noch nicht vor, nach so kurzer Zeit wieder zu wechseln, Jedoch hatte
sich das Klima, als auch die ganze Arbeitsweise dermaßen verschlech-
tert, hinzu kam der Dienst praktisch rund um die Uhr, daß es doch
ganz schön anstrengend wurde. Es fiel mir der Weggang nicht leicht,
denn irgendwie hängt man an dieser Arbeit. Doch nun bin ich doch
froh, dankbar für meine jetzige Stelle. Kollektivmäßig ist's ein gutes
Miteinander, nicht so sehr anstrengend u. außerdem ein sehr kurzer
Weg zum Dienst! Hinzu kommt, daß ich mehr und mehr in die Gemeindearbeit mit einbezogen werde. Vor gut einem Jahr schloß ich
einen kirchl. 3½ jähr. Fernunterricht für freie Wortverkündigung ab.
Und nun werde ich so ca. alle 4-6 Wo zum Halten eines Gottesdiens-
tes eingesetzt. Für mich bedeutet die Vorbereitung dafür jedesmal die
Überwindung eines Berges. Hinterher bin ich dann immer erstaunt
u. auch dankbar, wie mir die Kraft SEINES Hlg. Geistes geschenkt
wurde.
So seid nun alle ganz herzlich gegrüßt von Eurer *Christa*
*

Jeeben, d. 9.9.79
Ihr Lieben alle!
Daß wieder ein Kurzbrief durchs Land reist, freut mich sehr. Da er
kurz vor unserem Urlaub eintraf, war es mir nicht möglich, ihn umgehend weiterzuschicken. Unsere Reise ging in diesem Jahr erstmalig

Jeeber, d. 9. 9. 79

Ihr Lieben alle!

Daß wieder ein Kursbrief durch's
Land reist, freut mich sehr. Da
er kurz vor unserem Urlaub ein=
traf, war es mir nicht möglich,
ihn umgehend weiterzudrücken.
Unsere Reise ging in diesem Jahr
erstmalig ins Ausland. Es war der
sehnliche Wunsch der Kinder, etwas
Großes zu erleben. Der Wunsch ging in
Erfüllung, und jetzt hören wir des öfteren: Wir haben Heimweh nach Ungarn.
Mit einem Freund meines Mannes
und seiner Familie konnten wir in
Tahitótfalu in einem Haus der ref.
Kirche wohnen. Wir hatten unbeschreiblich schöne, sonnige Tage, sahen und
erlebten viel, das kann man nach=
träglich erst verarbeiten: Erstergen

ins Ausland. Es war der sehnliche Wunsch der Kinder, etwas Großes zu erleben. Der Wunsch ging in Erfüllung, und jetzt hören wir des Öfteren: Wir haben Heimweh nach Ungarn. Mit einem Freund meines Mannes und seiner Familie konnten wir in Tahitótfalu in einem Haus der ref. Kirche wohnen. Wir hatten unbeschreiblich schöne sonnige Tage, sahen und erlebten viel, das kann man nachträglich erst verarbeiten: Esztergom mit der größten Kathedrale Ungarns, Burg Visegrád, Budapest am Abend vergißt man nicht, das mächtige Parlamentsgebäude...

Wir sahen viele Kirchen, besuchten Gottesdienste, auch in der ČSSR. Mit Eindrücken beladen kehrten wir in unser Heimatdörfchen zurück. Hier erwarteten uns viele dienstliche Aufgaben und Arbeiten in Haus und Grundstück. Es gab Vorbereitungen zu treffen für G.s Ausbildung. Am 31.8. startete sie nach Elbingerode, wo sie Krankenschwester werden will. Eine 4-jährige Ausbildung mit Fachschulstudium erwartet sie dort. Ob sie dann noch Lust u. Möglichkeit hat zum erwünschten Medizinstudium?

Es ist eine Umstellung, wenn ein Glied der Familie ausgeflogen ist. M. besucht die 10. Klasse u. bald muß die Entscheidung für eine Berufsausbildung fallen. Sein Wunsch war es, Dolmetscher zu werden, weil ihm das Erlernen von Fremdsprachen kaum problematisch ist, aber dazu wäre ja das Abitur notwendig...

Wir „Alten" versehen unseren Dienst in den Gemeinden soweit die Kräfte reichen. Heute war in 4 Gmd. Familiengottesdienst unter dem Thema: „Selig sind, die Gottes Wort hören u. bewahren". Die Mitarbeit während der Gottesdienste war erfreulich. Morgen beginnt wieder der Unterricht, bin gespannt auf meine Kleinen. –
Bauprobleme gibt es an fast allen 7 Kirchen, die Jeebener ist am meisten betroffen, sie steht unter Denkmalschutz und wir müssen viel Geduld aufbringen. –

Für heute ganz herzliche Grüße Eure **Ruth** u. Familie.
*

Tabarz, den 26. September 1979

Ihr Lieben alle!
Es war mir kaum glaubhaft, als ich vorgestern den Rundbrief in den Händen hielt. Er hatte aus Versehen den Umweg über Erfurt genommen, wo er sicher erst eifrig studiert wurde. Ruth legte mir ein kleines Briefchen bei, in dem sie mir berichtete, daß sie nun ihre neue Tätigkeit übernommen hat. Der „Startschuß" zur „LMH" wurde also nun gegeben. Habt Dank für all Euer Berichten, so weiß man doch wieder etwas von Euer aller Ergehen und von Freud und Leid in den Familien. – Bei mir persönlich hat sich nichts Besonderes ereignet. 12 Jahre bin nun schon in meinem geliebten Tabarz. Seit diesem

Tabarz, den 26. September 1979

Ihr Lieben alle!

Es war mir kaum glaubhaft, als ich vorgestern den Rundbrief in den Händen hielt. Er hatte aus Versehen den
Umweg über Erfurt genommen, wo es sicher erst eifrigst
studiert wurde. Ruth legte mir ein kleines Brieftchen bei, in
dem sie mir berichtet, daß sie nun ihre neue Tätigkeit
übernommen hat. Der "Startschuß" zur "CMH" wurde also
nun gegeben. — Habt Dank für all Euer Berichten, so weiß
man doch wieder etwas von Euer aller Ergehen und von
Freud und Leid in den Familien. —
Bei mir persönlich hat sich nichts Besonderes ereignet.
12 Jahre bin ich nun schon in meinem geliebten Tabarz.
Seit diesem Frühjahr habe ich eine zinngraublaue Schwalbe u.
flitze damit in allen Ecken des Ortes herum. Das Umlernen
vom Mofa auf die Schwalbe war nicht ganz einfach und
brachte mir gleich in der ersten Woche einen Sturz ein. Den
wunderschönen Osterurlaub mit Schmalzens im Eichsfeld verbracht ich humpelnd oder der Trabi wurde angespannt.

156

Frühjahr habe ich eine signalrote Schwalbe u. flitze damit in allen Ecken des Ortes herum. Das Umlernen vom Mofa auf die Schwalbe war nicht ganz einfach und brachte auch gleich in der ersten Woche einen Sturz ein. Den wunderschönen Osterurlaub mit Ursula u. Fam. im Eichsfeld verbrachte ich humpelnd oder der Trabi wurde angespannt. Inzwischen bin ich aber über 1000 km gefahren und habe doch einigermaßen Sicherheit im Fahren erlangt. Hoffentlich kommt der Winter nicht zu bald, daß ich noch lange meine 10-12 km täglich fahren kann und nicht laufen muß. –

Den Sommerurlaub verbrachte ich dieses Jahr im Eichsfeld, auf Burg Bodenstein. Zuvor war ich mit meinem jüngsten Neffen (8 J.) 3 Tage in Mühlhausen bei Ursulas Fam., die mich dann auch zur Burg hochfuhren. Dort wurden wir schon von meiner Schwester erwartet, die hintereinander 2 Durchgänge von Familienerholungszeiten von der Frauenhilfe Magdeburg aus zu betreuen hatte. Nach einer Woche kam dann noch der älteste Neffe (17 J.) zu uns u. für 1 ½ Tage beglückte uns No. 3? (16 J.) auch noch. So erlebte ich für kurze Zeit die Freuden u. Strapazen einer Familie und bin gar nicht ungern in meine Einsiedelei zurückgekehrt. – Mit vielen guten Wünschen für Euch und Eure Familien grüßt Euch

Eure *Renate.*

∗

Mühlhausen, den 2.2.80

Ihr Lieben!

Der große Fund des gestrigen Tages: Unser Kursbrief im Schreibfach – weit unten – sicher verwahrt. Nun sitze ich schön ruhig im warmen Wohnzimmer (meine bd. Männer basteln irgendwo im Haus herum), habe nochmals alle Eure Berichte studiert und die Sorgen und Freuden von Euch allen miterlebt. Habt Dank dafür.

Etwas erschrocken bin ich allerdings über die Anfangsdaten dieses Buches – wie die Zeit vergeht. Andererseits habe ich aber schon wieder darüber nachgedacht, daß schon bald wieder die 2 Jahre zu einem neuen Kurstreffen um wären. Auch ich wünsche sehr, daß dieses Buch weiter durchhält.

Was gibt es nun von mir zu berichten? Seit 10 Jahren bin ich dem Betriebsgesundheitswesen mit 22 Arbeitsstunden in der Woche treu geblieben. Die Arbeit bei uns ist auch sehr abwechslungsreich, mein Kolleginnenkreis relativ gut. Schwierigkeiten gibt es überall mal, man muß sie geduldig versuchen zu überwinden.

Die restliche Zeit verbringe ich an sich gern, in Haus, Hof u. Garten. Dieses Betätigungsfeld ist recht groß, einige von Euch kennen es ja. Dazu kommt die Betreuung von meinen Eltern, beide 70 Jahre, sie wohnen noch in ihrem eigenen Häuschen, sind zwar sehr hin-

Mühlhausen den 2.2.80

Ihr Lieben!

Der große Fund des gestrigen Tages: „Unser Kunstbrief im Schreib-fach - weit unten - sicher verwahrt. Nun sitze ich schön ruhig im warmen Wohnzimmer (meine bd. Männer basteln irgendwo im Haus herum), habe nochmals alle Eure Berichte durch-studiert und die Sorgen und Freuden von Euch allen miterlebt, Habt Dank dafür.

Etwas erschrocken bin ich aller-dings über die Anfangsdaten dieses Buches - wie die Zeit vergeht. Andererseits habe ich aber schon wieder darüber nachgedacht, daß schon bald wieder die 2 Jahre zu einem neuen Kunsttreffen um wären.

fällig, tun aber noch, was sie können. Bei uns im Haus wohnt die 80-jährige Schwiegermutter, welche zunehmend verkalkt und so manche „Stimmung" ins Haus bringt. Geduld, Geduld, aber manchmal verkraftet man es doch nicht ganz. Meine bd. Männer (M. wird jetzt 12 J.) hängen auch an mir wie die Kletten und können nichts ohne Mutter machen. Unsere Renate ist die gute Freundin meiner Männer u. von mir. Wie schön, daß sich immer mal die Gelegenheit bietet, uns gegenseitig zu besuchen. Bei einer Impfaktion im verg. Herbst im Bezirksfachkrankenhaus traf ich auch wieder Anneliese N. Ein Bild voll Traurigkeit u. Jammer. Sie lag im Bett wie ein armes Häufchen. Als ich sie begrüßte, meinte sie: „Gelle ja, das waren doch noch schöne Zeiten, als ich Dich immer auf das Töpfchen setzte." So völlig abgebaut habe ich sie noch nie vorgefunden, sonst erkannte sie mich immer noch.

So, das wäre es nun von mir. In der Hoffnung, daß ich in den nächsten Jahren wieder viele neue Berichte lesen kann, grüße ich Euch und Eure Familien alle recht herzlich. Eure **Ursula** und Familie.

*

Nbg., d. 17.2.80

Ihr Lieben alle!
Das war eine große Überraschung, als ich den Rundbrief in den Händen hielt. Voller Spannung öffnete ich ihn und las gemütlich in die Sofaecke gedrückt, Eure interessanten Berichte. Ganz herzlich danke ich Dir, Else-Marie, vor allem, daß Du Dich meiner Adresse noch erinnertest, so bin ich doch noch nicht, trotz keiner Teilnahme an einem Kurstreffen, aus der vertrauten Runde ausgeschlossen. Eva hat das letzte Treffen in Wittenberg so gut beschrieben, daß man es nachträglich miterleben konnte. Hoffentlich hast Du, liebe Lotti, Deine vollen Kräfte wiedererlangt, das wünsche ich Dir von ganzem Herzen. Jeder hat so sein Päckchen zu tragen, es ist oft eine Kunst, es richtig zu tragen.

Große Lust habe ich, am nächsten Kurstreffen teilzunehmen, bin ja gespannt, wann und wo. Mit großer Dankbarkeit kann ich von meiner Familie und mir berichten. Unsere B. ist eine gute Schülerin und macht uns viel Freude. H. kommt im September zur Schule. Er hat zwar noch keine Meinung dazu, aber etwas Zeit ist ja noch. Unsere Mutter ist mehr bei uns, da sie fast pflegebedürftig ist. Noch arbeite ich ganztags in der Endoskopieabteilung, nun auch schon 4 Jahre. Im Juni werde ich mit meiner Fachschwesternausbildung fertig, leider nicht für Gastroenterologie sondern für Innere. Ersteres steckt noch, gerade in der Ausbildung, in Kinderschuhen.

Das neue Bezirkskrankenhaus ist sehr schön, wir bekamen schöne Räume zum arbeiten und daher ist die Atmosphäre auch besser,

Nbg, d. 17. 2. 80

Ihr Lieben alle!

Das war eine große Überraschung,
als ich den Rundbrief in
den Händen hielt. Voller
Spannung öffnete ich ihn
und las gemütlich in die
Sofaecke gedrückt, Eure interessanten Berichte. Ganz herzlich
danke ich Dir, Eva-Marie, vor
allem, daß Du Dich meiner
Adresse noch erinnertest, so
bin ich doch noch nicht, trotz
keiner Teilnahme an einem
Neustreffen, aus der vertrauten
Runde ausgeschlossen. Eva
hat das letzte Treffen in
Uttenberg so gut beschrieben,

10' gehe ich zur Arbeit. Unsere Kinder sind im Verhältnis zu Ruths und Christels, Ursulas u. Waltrauds noch recht jung, aber sie erhalten uns auch jung, unser Alter ist uns oft gar nicht bewußt. Euch allen wünschen wir viel Schwung und Ausdauer beim alltäglichen Einerlei, und verbleiben mit den herzlichsten Grüßen,

Eure **Elisabeth** mit Familie.

Liebe Ursel! Zu Deiner Ansichtskarte habe ich mich ganz besonders gefreut, vielen Dank!!!

*

Erfurt, d. 12.3.80

Liebe Kursmutter, liebe Kursgeschwister!
Eure Berichte las ich wieder mit viel Interesse. Man kann sich richtig so ein bißchen in jeden hineinversetzen, wenn man sich die Zeit dazu nimmt. Daß unsere Elisabeth wieder mit dabei ist, freut mich sehr. Wir hatten damals in Hagenow sehr viel Spaß miteinander. Hoffentlich geht es Dir, liebe Lotti, inzwischen wieder gut. Ich glaube, fast jede von uns merkt den „Zahn der Zeit" an sich nagen. Bin z. Zt. auch krank geschrieben, habe eine „Sinusitis maxillaris". Am Montag war ich zur Spülung, morgen muß ich wieder hin. Es ist recht unangenehm, aber langsam wird es besser. Seit Juni bin ich nun als Oberschwester bei der „SMH" tätig. Außer mir sind dort noch drei Schw. und drei Pfleger angestellt. Ihre Aufgabe ist es, dem DMH-Arzt zur Seite zu stehen und den Patienten im Wagen, vom Unfallort bis ins Krankenhaus, zu versorgen. Anschließend haben sie den Wagen zu reinigen und wieder aufzufüllen: Medikamente, Verbandsstoffe usw. Hin und wieder helfen sie auch in der Dispacherzentrale aus. Wir bewohnen eine ganze Etage im Gebäude des DRK. Ein DHD-Arzt wird am Tage von uns gestellt. Nachts fahren zwei Ärzte und an den Sonntagen drei. Die Ärzte kommen aus den Polikliniken, sie halten sich aber bei uns auf. In der Zentrale kann bei Nachfragen festgestellt werden, wann der Patientenbesuch angefordert und wann er ausgeführt wurde. Unser Ziel ist es, den Patienten schnellste und gute Hilfe zu leisten. Wir hoffen, daß sich dieses System bewährt. Ich bin so eine Art „Hausmutter", sorge für Ordnung und Sauberkeit im Haus, für saubere Wäsche, für ein einigermaßen angenehmes Klima. Für die Auffüllung der Medikamentenkoffer des DHD sind wir auch verantwortlich.
Unsere Schw. u. Pfl. arbeiten im Schichtdienst. Ich bin nur im Frühdienst tätig. Mir gefällt es gut. Habe diesen Schritt noch nicht bereut. Einmal monatlich habe ich Wochenenddienst. An diesen Tagen bin ich auch mit der DMH unterwegs. Man kommt oft in sehr asoziale Verhältnisse. Psychisch ist es meistens sehr belastend, weil man garnicht so richtig helfen kann. Es gibt sehr viel Elend unter

den Menschen, auch dort, wo man es nicht vermutet. Oft ist es erschütternd.

Meinen Geschwistern geht es gut, meiner Mutter nicht so sehr. Die Tatsache, ein Glaukom zu haben, verkraftete sie schlecht. Sie hat dauernd andere Beschwerden, mal muckert die Galle, mal der Magen, dann ist es der Kreislauf. Es ist nicht so einfach. Meine Schwägerin (Martins Frau) zeigt viel Verständnis, sie hilft, wo sie kann. Einen sehr schönen, zehntägigen Urlaub verlebte ich in Jalta, und zwar im Februar. Auch dort lag Schnee, aber trotzdem waren wir begeistert von diesem bezaubernden, traumhaft schönen Stückchen Erde.

Euch allen, weiter alles Gute und eine kleine Freude für jeden Tag,
wünscht Euch, Eure **Ruth** Begrich.
*

Erfurt, d. 8.4.80

Meine Lieben!

Eine besondere Geburtstagsüberraschung bereitete mir Eva, als sie den Rundbrief mitbrachte. Herzlich danke ich Euch allen für Euer berichten aus Dienst, Familie und auch persönlichen Nöten und Schwierigkeiten. Sie müssen wohl sein, damit wir wachsen und reifen, um somit bestehen zu können im Alltag (als Christen). Von uns gibt es nichts wesentliches zu berichten. Unser M. begann im Herbst die Korbmacherlehre und hat viel Freude an diesem (fast künstlerischen) Beruf. Mir hat er schon zwei wunderschöne Tabletts gearbeitet. Die Korbwaren stehen ja heute wieder hoch im Kurs.

Nun sind bald zwei Jahre vergangen, seit wir in Wittenberg beieinander waren. Wie wäre es in diesem Jahr mit einer Begegnung in Erfurt? Es müßte ja schnellstens etwas in die Wege geleitet werden. Planung ist doch großgeschrieben bei uns!

Ich muß mich Ende des Monats einer Gallenblasenoperation unterziehen. Der Arzt stellte einen walnussgroßen Gallenstein fest. Ob es Dir, liebe Lotti, weiterhin besser geht? Ich mußte oft an Dich denken, besonders, als wir im Urlaub durch Wismar fuhren.

Seid nun alle Gott befohlen und herzlich gegrüßt
von Eurer **Christel** mit Anhang.
*

Erfurt, den 10. April 1980

Ihr Lieben alle!

Wie habe ich mich gefreut, daß ich mich wieder am Kursbrief beteiligen darf, und daß der Kursbrief die Runde macht. So erfährt man doch von den Einzelnen, wie es ihnen geht und was sie tun und treiben. Ich bin jetzt wieder mal auf 4 Wochen vom Krankenhaus nach Hause beurlaubt und kann mich schön erholen. Über Ostern war meine älteste Schwester Ria mit dem Auto von Celle da. Sie ist halb

Religionslehrerin, halb Gemeindehelferin. Zum Geburtstag meiner Mutter, am 1. April, brachte sie diverse Torten mit, die auch über das Osterfest reichten. Wir fuhren auch öfters ein Stück in den nahen Wald und liefen ein Stück zu Fuß.

Meine andere Schwester leitet das Theodor Fliedner Heim in Stuttgart. Das ist ein Altersheim. Sie kann erst Pfingsten kommen.

Jetzt hat der Frühling doch seinen Einzug gehalten. Die Forsythien blühen und die Primeln, Schneeglöckchen, Krokusse und Märzenbecher findet man in den Vorgärten. – Jetzt, wo alles grünt und blüht, denkt man an das Verreisen. Vom 18. bis 28. April mache ich mit meinem älteren Bruder Volker eine Freizeit in Kloster Drübeck mit. Kloster Drübeck liegt zwischen Ilsenburg und Wernigerode im Harz. Ich freue mich schon sehr auf die Freizeit, die sicher sehr schön werden wird. Für heute will ich schließen. Gott befohlen!

Eure *Anneliese*

*

11.4.80

PS: Wie sehr freue ich mich, daß Anneliese wieder in unserer Runde dabei ist. Heute Nachmittag war sie bei uns zum Kaffee und wir plauderten miteinander. Ein wunderschönes Blumensträußchen brachte sie mir mit. Herzlichst Eure Christel.

*

20.4.1980

Liebe Kursfamilie!

Heute soll mein Beitrag werden. Ich hatte den Rundbrief zunächst Christel überreicht, weil er am Vorabend ihres Geburtstages bei mir ankam. Zu meiner Freude stelle ich fest, daß sich Anneliese N. einreihte. Du fragtest schon oft mit großem Interesse nach diesem unseren Brief. Als er vor Jahren für längere Zeit verlorengegangen war, zeigtest Du Dich, liebe Anneliese, untröstlich, ja geradezu ungläubig. Wie freue ich mich, liebe Anneliese, daß es Dir besser geht, daß Du zu Hause sein und jetzt sogar an einer Freizeit teilnehmen kannst! Christel werde ich nach der Gallenop. bald besuchen. Wir sahen uns in letzter Zeit zu unserer beider Freude öfters. Wie mag es inzwischen Dir, liebe Lotti, kräftemäßig gehen? Ob Du wieder voll tätig sein kannst oder ob Du nach dem schweren Eingriff vorübergehend teilinvalidiert wurdest? An Dich, liebe Ruth in Jeeben, denke ich in besonderer Fürbitte. Aber auch all die anderen Berichte habe ich mit Anteilnahme u. Freude gelesen.

Nun wollt Ihr von meinem Tun und Treiben erfahren. Ich wechselte im verg. Herbst nach 8 jährig. Kardiologischer Dispensaire-Tätigkeit in ein neues Arbeitsfeld. Die im Oktober 79 eröffnete neu erbaute Körperbehindertenschule im Erfurter Neubaugebiet suchte eine Fürsorgerin. Ich wurde von verschiedenen Seiten angesprochen, diese Aufgabe zu übernehmen. Ich muß gestehen, daß sie auf mich kinderloses Weib sehr verlockend wirkte, und so sagte ich nach mancherlei Erwägungen und Rücksprachen endlich zu. Der Abschied von meinen „alten", besser langjährig betreuten Herzpatienten fiel mir keineswegs leicht. Vielen fühle ich mich noch immer verbunden (die Weihnachtszeit machte das mit vielen Briefen meiner ehem. Patienten besonders deutlich).

Die neue Arbeit steckt für alle Beteiligten noch spürbar in den Kinderschuhen. Die Einrichtung besitzt noch kein Pendant, an dem sie sich messen oder vergleichen könnte. In Berlin wurde vor etwa 3 Jahren zwar eine ähnliche eröffnet, aber das Internat hat man wohlweislich geschlossen gehalten. Ich hatte gehofft, bei der dortigen Fürsorgerin mal hospitieren zu können. Von unserer Erfurter Eröffnung laßt mich besser schweigen. Sie war in vielen Zeitungen, Illustrierten reichlich kommentiert in der üblichen Schönfärberei. Von den kritischen Stimmen kam nicht eines zu Wort.

Inzwischen konzipiert sich einiges, auch ein lang geplanter, von der Volksbildung geforderter Kinderarzt wurde gestellt. Aber die bekannten Kompetenzstreitigkeiten zwischen der Volksbildung u. dem Gesundheitswesen sind noch nicht beendet. Das kostet Kraft, die eigentlich den Kindern zugute kommen sollte. In Schule u. Internat sind 180–200 schwer- bis schwerstbehinderte Kinder vom Kindergartenalter bis z. Zt. 9. Klasse (später 10. Klasse) untergebracht. Sie kommen aus allen Südbezirken der DDR; die nördliche Begrenzung liegt etwa bei Magdeburg.

Meine Aufgabe liegt u.a. in der Realisierung bzw. Inangriffnahme der gesetzlich festgesetzten „sozialpolitischen" Maßnahmen. Hierzu muß ich zunächst aller Eltern zu Rücksprachen, Anamneseerhebungen etc. habhaft werden. Das ist leider schwerer als gedacht. Interessierte Eltern melden sich ohnehin, die raffinierten erscheinen nur, wenn sie Vorteile wittern. Leider haben wir auch etliche familiengelöste Kinder oder Jugendliche, deren Eltern kaum bis gar nicht zur Abholung ihrer Sprößlinge (z.B. an Feiertagen, Ferien) erscheinen; geschweige denn auf meine Rücksprachetermine reagieren. Die Zusammenarbeit unseres medizinischen Trakts mit Schule u. Internat ist im Interesse der Kinder geboten. Ich bemühe mich darum u. habe trotz mancher Wundreibungen auch einige Erfolge. Es wird noch viel Geduld brauchen.

Von meinem Privatleben will ich nach dem allzu langen Bericht besser schweigen. Ich war u. bin in diesem Jahr recht reiselüstern. Mit dem Madrigalkreis – wir sind ein Sextett – war ich bis Ostern für eine Woche in Eger/Ungarn. Unsere Auftritte (diesmal im Auftrag der Erf. Pädagog. Hochschule) fanden gutes Echo, so daß wir für nächsten Sommer wieder geladen wurden.

Seid herzlich mit einem „Gott befohlen" gegrüßt von Eurer *Eva.*

„Ein Sonnenstrahl reicht hin, um viel Dunkel zu erhellen." – Dieser Satz Franz von Assisi traf mich neulich; vielleicht macht Ihr hin u. wieder dieselbe Erfahrung und freut Euch daran. Das wünsche ich Euch allen!

*

Wittenberg, den 23.4.80

Liebe Kursmutter,
liebe Kursgeschwister!

Nach 1 ½ Jahren ist der Kursbrief wieder gelandet. Euere Berichte sind gut und übersichtlich geschrieben, denn die letzten Ereignisse bei den einzelnen sind uns ja auch nicht immer noch gegenwärtig. Vielen Dank allen. Trotz Kurstreffen war mit einiges ja ganz neu. Vielen Dank auch für die Nummerierung der Adressen, aber warum halten wir uns nicht daran? So werde ich den Brief nun auch an Gisela schicken; u. Du, liebe Gisela, müßtest ihn dann weiter an S. Marlies schicken.

Noch eine sachliche Information, die Bilder vom Kurstreffen bzw. die Bestellungen liegen noch in meinem Schreibschrank, sollen auch nochmal abgezogen und verschickt werden!!!

Nun etwas von den dazwischen liegenden 1 ½ Jahren. 1979 ging es mir „herzmäßig" nicht so gut u. mußte deshalb Medikamente nehmen. Einige von Euch wissen vielleicht auch schon, wie das so sein kann. Aber inzwischen geht es mir wieder besser. Wir haben seit Sept. 79 auch eine Hilfe im „Internat" – eine Theologin. Da fallen die häufigen, zusätzlichen Spätdienste bis 23.15 fast weg – durchschnittlich nur 1 Woche im Monat für mich.

Im November hatte meine Mutter eine heftige Nierenkolik. Seit dem gesteht sie ihre Schwäche u. Hilfsbedürftigkeit leichter ein. So fahre ich jetzt alle 14 Tage 3–4 Tage nach Hause u. erledige die „groben" Arbeiten. Seitdem bekomme bzw. nehme ich auch einen Haushaltstag. So kann ich dankbar sein, daß sich durch die Krankheit die Verhältnisse geklärt haben.

Durch die wachsende Schülerinnenzahl, wir haben jetzt durchschnittlich 100 Schülerinnen, hat sich auch der „Lehrkörper" vergrößert. Wir sind jetzt 5 Unterrichtsschwestern bzw. Medizinpädagogen. Meine Aufgabe ist es jetzt vorwiegend, allen Unterricht zu organisieren. Da hänge ich immer irgendwo u. merke, daß mir das Unterrichten mehr Freude macht. Trotzdem bin ich auch mit dieser Arbeit zufrieden.

Den Urlaub verlebe ich seit Jahren eigentlich immer zuhause. Da sollen die notwendigen Reparaturen in u. am Haus erledigt, das Obst verwertet werden und zwischendurch habe ich gern noch ein bißchen Besuch. Im Winter habe ich meist Gelegenheit, an einer Rüstzeit, meist in Bräunsdorf, teilzunehmen. Jetzt freuen wir uns erstmal auf Frühling u. Sommer u. wollen dankbar alle Wohltaten, die wir haben, annehmen.

Dem Herrn befohlen und liebe Grüße!

Ihre u. Euere *Else-Marie.*

*

Berlin, d. 1.5.80

Ihr Lieben alle!

Zu meiner großen Überraschung erhielt ich gestern Euren Brief. Ich will ihn nun schnell weiter schicken. Ich weiß nun gar nicht mehr, wann ich den letzten Brief schrieb.

Dienstlich hat sich bei mir nichts verändert. Im letzten Jahr machte ich noch eine Fachschwesternausbildung mit und dies ist nun aber endlich die letzte. In der Klinik wird wie immer gebaut. Wir sind nun halt mal das Aushängeschild für In- und Ausland. Zur Zeit geht unser Poliklinikneubau seiner Vollendung entgegen. Dies war allerdings sehr nötig. Es ist ein großer Komplex mit 4 Etagen, wir verlaufen uns schon darin, was sollen erst die armen Patienten machen. Es ist aber auch alles vorhanden, angefangen vom Computer bis zu den schönsten Einrichtungsgegenständen. Die Isotopenabteilung wurde auch erweitert und der Zeit angepaßt.

Zum Kurstreffen konnte ich wirklich nicht kommen. Im September 78 war ich doch wie immer in dieser Zeit im Ausland und da mußte ich im Oktober erst mal durcharbeiten. Die Reise durch Mittelasien war einfach herrlich. Noch besser aber hat es mir in Sibirien gefallen, der Baikal ist einfach zauberhaft schön.

79 war ich den ganzen Sept. auch wieder in der SU. Diesmal eine Rundreise durch den Kaukasus und anschließend noch an der Schwarzmeerküste entlang. In diesem Jahr aber blieb ich mal im Inland. Im Juni fahre ich erst mal zu einer Gemeinschaftsrüste nach Ansprung/Lpz. Im September geht es aber auch noch einmal los. Aber wohin hängt noch ein bißchen in der Luft.

Im vergangenen Jahr habe ich auch mal ½ Jahr nicht gearbeitet, es mußte mal sein. Nach meiner Reise bin ich von Okt.-Dez. in die Psychotherapie gegangen. Meine Freundin, die Neurologin ist, hatte es möglich gemacht, daß ich da mal rein kam. Ich war in der letzten Zeit immer ziemlich deprimiert. Denn 21 Jahre nur Krebskranke um sich, das legt sich einen einfach mal aufs Gemüt.

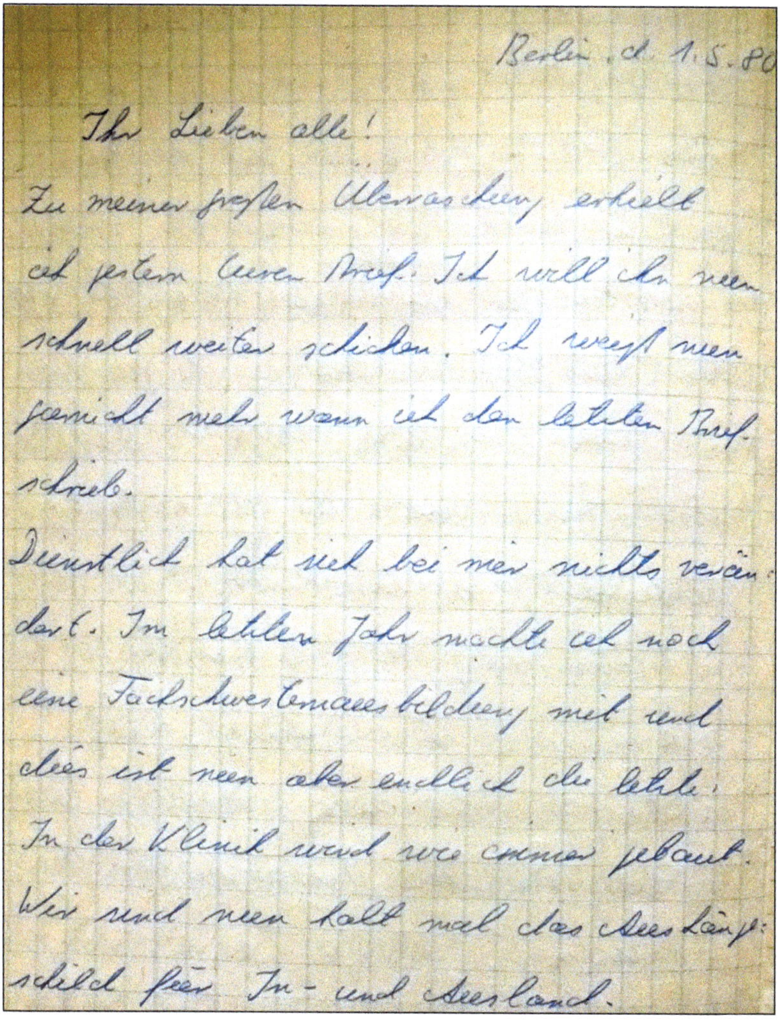

Berlin, d. 1.5.80

Ihr Lieben alle!

Zu meiner großen Überraschung erhielt ich gestern euren Brief. Ich will ihn nun schnell weiter schicken. Ich weiß nun garnicht mehr wann ich den letzten Brief schrieb.

Dienstlich hat sich bei mir nichts verändert. Im letzten Jahr machte ich noch eine Fachschwesternausbildung mit und dies ist nun aber endlich die letzte. In der Klinik wird wie immer gebaut. Wir sind nun bald mal das Aushängeschild für In- und Ausland.

Aber ich habe den richtigen Zeitpunkt zum Abspringen verpaßt. Jetzt ist man der Klinik einfach mit Haut und Haaren verschrieben. Es waren sehr schwere, aber auch sehr schöne Tage darunter und es hat mir doch sehr viel geben können. Vieles kann man jetzt auch bei den Patienten anwenden, die ja auch oft am Boden sind. Mir geht es jetzt aber wieder sehr gut. Ich bin sehr froh, daß ich diesen Kurs mitmachen konnte. Ich wünsche allen Kranken recht baldige Genesung und seid ganz herzlich gegrüßt von Eurer *Gisela.*

*

Teuchern, d. 27. 5. 80

Liebe Kursfamilie!

Vor 14 Tagen bekam ich den Rundbrief v. Gisela. Ich hatte schon ein
wenig befürchtet, es sei wieder verloren
gegangen. Nun erklärt sich der
längere Weg + dadurch, daß die Sperber
schon 2x drinstehen. So müßte es diesmal an Maria zu Rensch gehen.

Ich habe alle Berichte mit Interesse
u. Anteilnahme gelesen u. denke
an alle reihum. Es ist überall Freud'
u. Leid. Das gehört zu unserem Leben,
zu unserer Entwicklung. Doch gibt
es wohl keinen, der nicht Grund hätte
zum Danken. Manchmal muß man
nur ein wenig danach suchen u.
dann bis nachdenken. Es gibt einen
hübschen Kanon, den wir öfter in
unserem Mütterkreis singen: „wenn

Liebe Kursfamilie!

Vor 14 Tagen bekam ich den Rundbrief v. Gisela. Ich hatte schon ein wenig befürchtet, er sei wieder verloren gegangen. Nun erklärt sich der längere Weg dadurch, daß die Erfurter schon 2x drinstehen. So müßte er diesmal von Maria zu Renate gehen. Ich habe alle Berichte mit Interesse u. Anteilnahme gelesen u. denke an alle reihum. Es ist überall Freud' u. Leid. Das gehört zu unserem Leben, zu unserer Entwicklung. Doch gibt es wohl keinen, der nicht Grund hätte zum danken. Manchmal muß man nur ein wenig danach suchen u. darüber nachdenken. Es gibt einen hübschen Kanon, den wir öfter in unserem Mütterkreis singen:

„Wenn dein Herz das Danken lernt, läßt die Angst dich los."

Von uns ist auch einiges Neue zu berichten. Das Einschneidendste für die ganze Familie ist die Tatsache, daß ich seit November berufstätig bin. Zunächst habe ich an 4 Tagen voll gearbeitet, jetzt nur noch an 3 Tagen, u. zwar als Sprechstundenschwester bei unserem Hausarzt. Er ist noch frei praktizierend u. hat eine Riesenpraxis. Die Sprechstunde geht normalerweise von 7-3 Uhr. Danach habe ich noch etwa 3 Std. mit Aufräumen zu tun. Die beiden Nachmittagssprechstunden macht eine andere Pfarrfrau, die auch Diakonieschwester war. Trotz der fast 20-jähr. Pause, habe ich mich schnell wieder hineingefunden u. es macht mir Freude. Was den Umgang mit Menschen betrifft, habe ich in den 20 Jahren allerdings ein gutes Stück dazugelernt. Wir haben oft sehr viele Patienten u. manchmal ist es gar nicht so einfach, allen gerecht zu werden. 100 Karteikarten an einem Vormittag ist nichts Besonderes, wir haben aber auch öfter bis 150 Patienten zu versorgen. Da sind aber auch viele dabei, die nur ein Rezept bekommen. Die meiste Arbeit macht, wie bei Waltraud – die Schreiberei. Für unsere Familie bedeutet es eine große Umstellung. Alle Mann müssen im Haushalt zufassen. Meine Aufgaben in der Gemeinde nehme ich weitgehend wahr. Dadurch blieb der Rundbrief bei mir diesmal etwas länger liegen. Es war beim besten Willen vor dem Pfingstfest nicht zu schaffen, zumal ich noch 1 ½ Tage an einer Klassenfahrt unserer B. teilnahm. Ob ein Treffen in diesem Jahr in Erfurt noch möglich wäre? Ich wünsche allen, die sich in Krankheitsnöten befinden Mut u. Zuversicht u. baldige Genesung.

So grüße ich nun alle rundum recht herzlich.

Ihre **Marlies** K. u. Familie.

K.M.Stadt, d.19.6.80

Ihr Lieben!

Das war eine Freude, als nach etwa 1 ½ Jahren der Rundbrief auch bei mir wieder eintraf! Habt Dank für alle Eure Berichte. Sie zu lesen ist fast wie ein Kursustreffen zwischendurch!

Ich bin noch immer der neurologischen Abteilung treu geblieben. Inzwischen haben wir unsere neuen Räumlichkeiten bezogen. Es ist alles nicht sehr groß, aber zweckmäßig und freundlich eingerichtet. Für mich hat sich der Aufgabenbereich allerdings noch etwas erweitert. Seit einem Jahr bin ich zur leitenden Schwester der Poliklinik gemacht worden. Ich habe mich erst tüchtig gesträubt dagegen, weil ich wußte, wie sich meine Vorgängerinnen dabei aufgerieben haben. Ich habe mich aber inzwischen etwas eingearbeitet und mit „autogenem Training" kann ich mich spätestens zu Hause wieder beruhigen, wenn es mal gar zu turbulent war. Mir obliegt auch nicht die Hauptverantwortung. Es gibt für unseren Versorgungsbereich, in dem außer der Poliklinik noch 9 Außenstellen gehören, eine Oberschwester, der ich unterstehe. Ich bin also lediglich für die Belange des mittleren Personals in unserer Polikl. zuständig. Wir haben 11 Fachrichtungen im Haus mit insgesamt 23 z. Zt. besetzten Arztplätzen. Bei dem ständigen Personalmangel ist z.B. das Schwesternproblem meine größte Sorge. Es ist oft ein Hin- und Herjonglieren, und dabei möchte man von keiner Schwester zu viel verlangen und alle möglichst bei guter Stimmung halten!

Das Frühjahr war ein bissel anstrengend. Da fiel die Oberschwester oft aus durch Krankheit und Kongresse, und in solchen Fällen muß ich sie vertreten. Mein bester Mitarbeiter ist dann ein dickes Schreibheft – mein zweites Gedächtnis!

Unseren Urlaub nehmen wir diesmal 3 Wochen zusammenhängend im Aug./Sept., und zwar geht es wieder in die Hohe Tatra nach Starý Smokovec. Vorher steht noch allerlei auf dem Plan. Nächste Woche wird hoffentlich (!) der Maler kommen. Im Juli wird meine Mutter für 14 Tage bei uns sein. Es geht ihr verhältnismäßig gut, nur die körperl. Kräfte lassen tüchtig nach. Aber mit fast 75 Jahren ist das schon berechtigt. Es ist für mich eine große Beruhigung, daß sie in Erfurt bei einer Schwester wohnt und gut umsorgt wird. Im Juli wollen auch mein Bruder und Familie aus Görlitz für einige Tage zu uns kommen. Wir freuen uns alle schon sehr auf das Wiedersehen, besonders auch mit den Kindern. Ein Kursustreffen in Erfurt würde ich natürlich auch sehr begrüßen. Mal sehen, wie Christel sich nach der Gallenop fühlt. Sonst planen wir's für nächstes Jahr? Euch Lieben nun weiterhin alles Gute und allen Kranken recht gute Besserung! Seid herzlich gegrüßt von Eurer *Christiane.*

Dresden, am 23.6.80

Herzlichen Dank für alles Berichten und einen lieben Gruß an Euch will ich heute mit diesem Heft auf Reisen schicken. Ich hoffe und wünsche, daß alle wieder wohl auf sind. Auch ich habe gemerkt, daß der Zahn der Zeit an mir kräftig genagt hat. Im April 1979 hat mich eine kräftige Hyperthyreose* matt gesetzt, ich kam aber in die richtigen ärztlichen Hände und die Diagnose stand bald fest und ich bin knapp an einer Thyreotoxikose** vorbeigekommen. Ab September habe ich dann auf einem Schonarbeitsplatz (eigentlich eine angenehme Arbeitszeit, 5-6 ½ Std. pro Tag) mich wieder eingearbeitet.

Nach der Uterusextipation*** am 18.1.80 habe ich mich ganz schnell erholt und ab 1.3. dann wieder voll gearbeitet. Am Anfang war es eine etwas ungewohnte und lange Zeit, die 8 ¾ Std. Aber meine Schilddrüse hat sich langsam darauf eingestellt, nur muss ich leider das Methimazol wahrscheinlich noch lange oder immer brav einnehmen. Aber ich bin dankbar, daß es mir wieder so gut geht und ich wieder erstaunlich vieles leisten kann, im vorigen Jahr kam ich mir wie eine alte Frau vor (nicht Schreiben können, Tasse mit beiden Händen zum Mund führen und ähnliche Scherze).

So – Schluß mit alten Krankheitsgeschichten. Die Arbeit in der Klin. Pharmakologie macht nach wie vor Spaß und ist interessant. – Die Familie ist nun um 1 Nichte größer geworden (9 Neffen + Nichte). Anna ist meiner jüngsten Schwester (auch schon fast 26 J. alt) 1. Tochter. Mein Schwager ist gestern in Döbeln bei Grimma ordiniert worden und meine Schwester steckt im theolog. Staatsexamen. Das Dorfpfarrhaus und die Kirche sind arg baubedüftig und die Kirchenleitung hat überlegt, ob sie einen Vikar oder einen Bauingenieur dort hinsetzt, nun muß mein Schwager beides erledigen. Meine Eltern haben in ihrem Rentnerdasein kaum Zeit für ihre Sachen, sie sind laufend unterwegs um zu helfen, in Haus und Garten an den verschiedenen Orten. Laßt Euch lieb grüßen von Eurer *Maria.*

*

Tabarz, den 6. Juli 1980

Ihr Lieben alle!

Eigentlich bin ich noch nicht an der Reihe mit meinem Bericht, doch will ich den Brief nicht ohne Lebenszeichen von mir weiterschicken. Habt Dank für alle Eure Berichte. Am Donnerstag war nachmittags Ursulas Familie zum Kaffee bei mir und Ursel hat auch noch, so gut es in der Eile ging, das Buch studiert. Sie hat natürlich eine Rüge von

* Schilddrüsenüberfunktion

** krankhafte Überfunktion der Schilddrüse

*** Gebärmutterentfernung

mir einstecken müssen, aber sie hat es ertragen können. – Was gibt es aus Tabarz zu berichten? Vorigen Sonntag hatten wir ein großes Gemeindefest. Es begann mit einem Familiengottestdienst in der Tabarzer Kirche, in der der Apostel Peter und Paul gedacht wurde. Sie waren an ihrem Ehrentag von ihren Sockeln herabgestiegen und standen im Altarraum und erzählten der anwesenden Gemeinde aus ihrem Leben. Pfarrer Ch. M. Neumann* hatte extra ein Lied über Peter u. Paul gemacht und sang es mit uns. 5 Kinder wurden auch noch in diesem Gottesdienst getauft. 13.30 Uhr begann das Treiben im Gemeindehaus. Fleißige Frauen hatten unter Leitung der Pfarrfrau im letzten halben Jahr gebastelt und auch sonst kamen viele Dinge aus der Gemeinde, die auf unserem Basar zum Verkauf angeboten wurden. Außerdem gab es eine Kaffeestube, eine Weinlaube, Faßbrause (der Becher für 10 Pfg.), Wunderpäckchen, Götterspeise (Becher für 0,50 M) und auf dem Hof waren hübsche Wettspiele für die Kinder aufgebaut. Doch zunächst goß es in Strömen und alles drängte sich im Haus auf engstem Raum zusammen. Gegen 15 Uhr riß der Wolkenvorhang und die Sonne schien für ein paar Stunden, so daß die Kinder sich noch draußen vergnügen konnten. 16.30 Uhr schloß das Fest mit einer Kinderkantate „Vom Wasser". Den Text dazu schrieb unsere Pfarrfrau (Anne Carius**) und vertont wurde sie vom Kantor aus Friedrichroda, Herrn Licht***, der die Kantate auch zur Aufführung brachte. Es war eine gelungene Sache und ein guter Abschluß des Tages. Aus der Gemeinde hörten wir schon die Stimmen: „So etwas müssen wir jedes Jahr machen." Wir waren erst einmal froh, daß es für dieses Jahr vorbei war und allen Beteiligten Freude bereitet hat, die Mühen nehmen wir dann gerne in Kauf. –

Im Juni nahm ich eine Woche Urlaub und besuchte meine Schwester in Magdeburg. Morgen kommt sie mit ihrem Jüngsten zu mir in Urlaub. Die beiden Großen haben ihre eigenen Ferienpläne. Meinen Haupturlaub kann ich erst ab 16.9. nehmen und werde für 14 Tage nach Templin zu einer Bekannten fahren u. noch ein paar Tage in Weimar bei meinem Vater sein.

Allen, die ihren Urlaub noch vor sich haben, wünsche ich eine gute Zeit der Erholung.

Seid alle herzlich gegrüßt von Eurer **Renate**.

* *Neumann, Christoph Martin,* Pfarrer und Liedermacher

** *Carius, Anne* Künstlername von *Margot Friedrich,* Pfarrfrau, Kunsttöpferin, wohnte in Tabarz/Thür., dann in Eisenach, später in Erfurt.

*** *Licht, Klaus Jürgen,* Kantor in Friedrichroda, heute wohnhaft in Herleshausen.

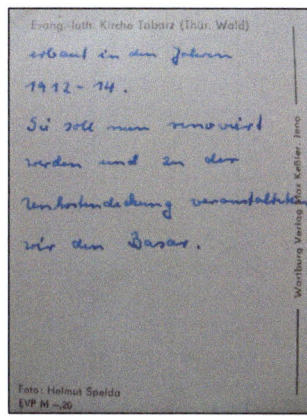

Evang.-luth. Kirche Tabarz (Thür. Wald)

Foto: Helmut Spelda
EVP M —.20

Allstedt, d. 10.11.1980

Liebe Kursmutter, liebe Kursgeschwister!
Mit einem entsetzlich schlechten Gewissen beginne ich meinen Bericht. Ich muß Euch von ganzem Herzen um Entschuldigung bitten,
daß der Kursbrief so lange bei mir lag. Für Eure Berichte danke ich
Euch sehr, ich habe mich sehr gefreut. Von uns gibt es nicht viel Neues zu berichten. Gottlob sind wir alle gesund und zufrieden. L. hat
seine Schulzeit mit gutem Abschluß beendet und begann am 1. September seine Lehre als Forstfacharbeiter. Er ist im Internat auf dem
Kyffhäuser und die Ausbildung macht ihm Freude. In seiner Freizeit
nimmt er noch zusätzlich an der Jagdausbildung teil.

Tochter A. wird im kommenden Jahr eingeschult. Der Abschied
von L. fällt ihr nach jedem Wochenende wieder schwer. Auch ich
kann mich nur schwer umstellen und mein Großer fehlt mir sehr.
Die Arbeit in der Sprechstunde macht mir noch viel Spaß. Ich schreibe noch zusätzlich die Audiogramme bei Schuluntersuchungen und
im Kindergarten. In unserer Kirchgemeinde bemühen wir uns noch,
Mittel für die große Renovierung unserer Kirche flüssig zu machen.
Wir haben einen Bastelkreis im Pfarrhaus und wollen vor Weihnachten noch einen Basar veranstalten. Auch zu Hause bastele ich mit A.
schon für Weihnachten. Heute haben wir Lärchenzapfen und Buch-
eckernhülsen vergoldet. Anschließend sahen wir nach A. Meinung
beide wie eine Goldmarie aus. Im August war ich mit L. für einige
Stunden in Erfurt, um die Uniform zu kaufen. Wir wollten Dich,
liebe Christel, kurz begrüßen, aber Ihr ward gerade zu dieser Zeit im
Urlaub. Nun Ihr Lieben, wünsche ich Euch allen eine recht gesegnete
Adventszeit, ein schönes Weihnachtsfest und für das kommende Jahr
Gottes reichen Segen.

In herzlicher Verbundenheit grüßt Euch, Eure **Waltraud.**

Wismar, d. 26.11.80

Ihr Lieben,

herzlich grüße ich Euch alle zur Adventszeit und wünsche eine gesegnete Zeit für Euch alle; für Eure Familie und Freunde, und wünsche frohe, gesegnete Weihnacht und viel Gutes zum neuen Jahr. Für alle Berichte möchte ich Dank sagen.

Ich selbst kann berichten, daß ich dieses Jahr über wieder arbeite, ab Juli ganztags, vorher stundenweise als Schonplatzarbeit. Es war natürlich vieles liegengeblieben während der langen ungewollten Pause, aber es ist inzwischen aufgeholt und die Patienten haben mir mit ihren Worten den harten Anfang erleichtert, es war wohltuend, so vieles Gute sagen zu hören. Ich kann jetzt auch wieder zuversichtlich in die Zukunft sehen und wieder froh sein. Einige Beschwerden bleiben mir, aber ich finde mich mit ihnen ab – die meisten von uns haben dieses und jenes „Zipperlein".

Der Familie geht es gut, meine Eltern haben sich sehr gut in Güstrow eingelebt und wir alle sind immer wieder dankbar über diese Lösung. Mein Vater kann durch dieses und jenes helfen in der Pfarrkirchgemeinde und er tut es gern. Meine Geschwister und die Kinder sind gesund, letztere wachsen tüchtig heran und sind gute Schüler, meine 7-jährige Nichte hat Klavierunterricht und übt fleißig.

Nun grüße ich Euch alle, verbunden mit vielen guten Wünschen,

Eure *Lotti.*

*

Schwerin am 3. Advent 1980

Ihr Lieben alle!

Eben erklingen Melodien aus „Hänsel und Gretel". Es ist eine immer neue Erinnerung an unsere „Opernaufführung". Wie schnell doch die Jahre dahin geeilt sind.

Ich denke noch an unser Treffen in K.M.Std. Wir waren so um die 30 herum. In Christianes Küche scherzten wir, daß in 30 J. auf d. großen Tisch dann unsere Zahnbecher mit d. Zahnprothesen stehen werden. Und es ist nun gar nicht mehr so weit ab, eine solche zu tragen. Für 3 Monate probierte ich's schon mal aus. Doch nun, Lob und Dank, erhielt ich eine Brücke!

Vergangenes Jahr im Herbst habe ich im Zug die ehemalige Hausschw. aus Güstrow getroffen. Nachdem wir uns wieder bekannt gemacht hatten, teilte sie mir mit, daß ein „Ehemaligentreffen" in Ludwigslust stattfinden würde. Sie lud mich auch ein u. ich bin auch hingefahren. Es kamen die Examensjahrgänge von 1952–78 od. 79 zusammen. Die Jüngeren nahmen dies zum Anlaß als eine Art Kurstreffen, denn sie waren stark vertreten. Es war recht interessant, was die Einzelnen so zu berichten hatten. Oberin Anne Heucke war auch da. Sie wollten von uns freien Schwestern nun wissen, wie der Unterschied zu beurteilen sei in der Ausbildung DV o. Fachschule. Ich meine, man kann das gar nicht so konkret beurteilen, da sich doch so manches innerhalb v. 20 J. hier und da ändert. Mit Schw. Lydia Brauner konnte ich noch kurz sprechen. Sie war zu der Zeit krank u. lag auf Station.

Mir persönlich geht's ansonsten noch gut. Mein Dienst in der Polikl. macht mir nach wie vor Freude. Manchmal mag man ja nicht, aber das gibt es ja immer mal u. überall.

Im Predigtdienst werde ich auch noch weiter alle 4–6–8 Wo. eingesetzt. Manchmal kamen auch schon Anfragen, ob ich nicht eine Pfarrstelle übernehmen wolle bzw. an einer Stelle mit einer Pastorin zusammenarbeiten wolle. Darin sehe ich keinen konkreten Auftrag für mich als Frau, schon gar nicht als Alleinstehende. Außerdem reicht für einen vollamtlichen Dienst diese Ausbildung nicht ganz. So wünsche ich Euch allen ein gesegnetes neues Jahr u. seid herzlich gegrüßt von **Christa**.

*

Liebe Kursmutter, liebe Kursschwestern!
In den letzten Tagen des alten Jahres soll der Rundbrief doch noch Ruth in Jeeben erreichen. Dir, liebe Ruth, möchte ich, natürlich Deiner Familie ebenfalls, ein gesegnetes und frohes Weihnachtsfest und ein glückliches gesundes Jahr 1981 wünschen. Letzteres können wir uns alle wünschen.

Mache dich selbst nicht traurig und plage dich nicht mit deinen eigenen Gedanken.
Aus Sirach 30

Herzlichen Dank für Eure interessanten Berichte. Man gewinnt in die beruflichen und privaten Tätigkeiten jedes Einzelnen doch einen guten Einblick und ich kann mir jeden so richtig bei der Arbeit vorstellen. Wir werden älter, man merkt es auch an den verantwortlichen Posten, die viele von uns einnehmen. Bei meiner Familie und mir hat sich nicht viel verändert. Heimlich messe ich mich in der physischen und psychischen Leistung an meinen bedeutend jüngeren Kolleginnen im Alter bis 30 Jahre, und ich ertappe mich, daß ich die Frische, den gewissen Schwung, vor allem auch für alles Neue, in der Endoskopie gibt es ja vieles Neue zu erobern (Polypektomie, ERCP, ERP, Einführung des Operationslaparoskops u.s.w.) nicht mehr so habe. Meine Familie und vor allem meine Kinder möchte ich auf keinen Fall vernachlässigen. Also geteilte Kraft. Vielen von Euch geht es ja genauso.

In Verbundenheit mit Euch allen grüße ich Euch ganz herzlich!

Eure *Elisabeth.*

*

Jeeben, 15.1.81

Ihr Lieben alle!

Zu Beginn des Jahres 1981 möchte ich Euch alle von Herzen grüßen und Euch Gottes Segen und Beistand wünschen für die kommenden Wochen und Monate.

Habt Dank für alle Berichte, die ich vor Weihnachten erhielt, unsere Zusammengehörigkeit sehe ich als Geschenk des Himmels an. Durch das Band des Glaubens ist das möglich.

Wir durften die große Freude erleben, daß G. und M. an den Festtagen bei uns sein konnten. Sicher nicht alle von Euch wissen, daß beide in Elbingerode eine Krankenpflegeausbildung machen, G. mit großer Freudigkeit, M. mehr mit Zurückhaltung. Er hätte gern mit seiner Begabung f. Fremdsprachen, Mathe und Deutsch etwas angefangen, aber … Manchmal geht es eben auf Umwegen zum Ziel.

Eva, Du bist wohl die einzige, die weiß, wie es um mich selber steht. Im Urlaub 79 konnte ich plötzlich nicht mehr richtig laufen. Ein Aufenthalt in der Nervenklinik blieb mir nicht erspart. Dort wurde sofort eine Punktion durchgeführt. Ergebnis: Spuren einer „MS". Wie mir zumute war, könnt Ihr ahnen. Nur die Flucht zu Gottes Wort, zu seinen Verheißungen und Zusagen, konnten mich trösten. Ich versuchte, in der Klinik mit Gottes Hilfe nicht nur an mich zu denken, sondern mich jener Kranken anzunehmen, die viel schlimmer dran sind als ich. Und ich durfte es erleben, daß ich zu allen Patienten der Station Kontakt fand und mit mehreren den Rundfunkgottesdienst feiern konnte. Bei meiner Entlassung nach 5 Wo. (Kur) waren wir alle wie eine gr. Familie.

Hier zu Hause bin ich nun in ambul. Behandlung. Die Gemeinden wissen um meine Behinderung u. eine große Zahl nimmt Anteil. Ich bin dankbar, daß ich (mit Pausen) meinen Mann noch versorgen und leichte Arbeiten im Haus verrichten kann. Das Orgelspielen muße ich vorläufig aufgeben, Besuche in der Nachbarschaft gelingen dann u. wann, aber meinen Kleinen in der Christenlehre konnte ich treu bleiben hier im Haus. Wenn ich mir auch die Zukunft anders vorgestellt habe, bin ich unserem himmlischen Vater sehr dankbar, daß er mir einen Partner geschenkt hat, der diese Last mit mir trägt. Und Er wird uns nicht mehr zumuten als wir tragen können. Bei IHM ist kein Ding unmöglich. In herzlicher Verbundenheit!

Eure **Ruth** u. Familie.

Teuchern, d. 1. II. 81

Liebe Kurfamilie rupum im Kandel!

Eigentlich bin ich noch gar nicht dran.

Der Brief traf unfertig bei mir ein.

Es fehlen aber diesmal Ihelau. Else-

Marie. So geht der Brief um bis nach

Berlin u. müßte dann nach Witten-

berg. Und Sie, liebe Else-Marie, müßten

dann die neue Runde beginnen mit

Auslassung an Teuchern.

Alle Berichte habe ich mit Interesse u. An-

teilnahme gelesen. Es bestätigt sich immer

Liebe Kursfamilie ringsum im Lande!

Eigentlich bin ich noch gar nicht dran. Der Brief traf vorfristig bei mir ein. Es fehlen aber diesmal Gisela u. Else-Marie. So geht der Brief von hier nach Berlin und müßte dann nach Wittenberg. Und Sie, liebe Else-Marie, müßten dann die neue Runde beginnen unter Auslassung von Teuchern.

Alle Berichte habe ich mit Interesse u. Anteilnahme gelesen. Es bestätigt sich immer wieder, was mein Mann u. ich öfter feststellen: „Man wird älter und schadhafter."

Doch jede Zeit hat ihr Gutes. Und es wäre grundverkehrt, nur der dahingegangenen Jugend nachzutrauern. Wir leben heute u. jetzt u. es gilt wahrzunehmen, welche Aufgaben auf uns warten. Daneben sollten wir die Augen offen halten für die „kleinen Freuden" des Alltags. Deren gibt es eine ganze Menge. Wir haben einmal einen Abend mit unserem Mütterkreis über dieses Thema gestaltet. Dabei war ich auf einen Ausspruch gestoßen:

„Wohl denen, die ihren Kindern den Sinn dafür bewahren, daß kleine Dinge sie freuen."

Von Christels Familie bekamen wir einen reizenden Weihnachtsgruß. Dank auf diesem Wege! Wie mag es Ihnen, liebe Eva, in Ihrer neuen Arbeit gehen? Wir wollen in unserer Gemeinde im „Jahr der Geschädigten" auch irgendetwas in Angriff nehmen, um uns um diese Menschen mehr zu kümmern. Schwere Krankheitsnöte bei Maria u. Ruth mahnen uns zur Fürbitte. Was ist nun von uns zu berichten?

Wir haben gerade eine Krankheitswoche hinter uns: beide Kinder mit Grippe, hohem Fieber u. bösen Husten. Bei B. wird's langsam besser, P. muß ich morgen nochmal mit zu meinem Chef nehmen. Mein Mann hatte zuvor eine fieberhafte Bronchitis, danach eine Zahnoperation u. erholt sich auch nur sehr zögernd. Die Mutter hielt bis jetzt die Ohren steif u. versuchte trotz überreichlicher Arbeit in der Praxis durch die Grippewelle auch die kranken Hühnchen zu versorgen. Man muß dann allerdings auch mal über eine nicht saubergemachte Wohnung hinwegsehen können.

Die Arbeit macht mir nach wie vor Spaß. Ich erfahre viel freundliche Anerkennung, will auch nicht verschweigen, daß die finanzielle Seite der Angelegenheit uns sehr hilft.

In diesem Jahr, am Pfingstsonntag, wird P. konfirmiert. Wir hoffen auf eine fröhlich-harmonische Familienfeier. 1982 wird P. in einem kleinen Schlosserbetrieb eines Kirchenältesten als Lehrling anfangen. B. schwankt noch zwischen einem medizinischen Beruf oder Musikstudium. Ihre Leistungen in der Musikschule sind sehr gut, u. sie hat vor allem viele Freude daran. Die Berufs- u. die Partnerwahl sind wirklich schwierige Entscheidungen. Nun muß ich zum Schluss kommen. Ich muß noch einige Vorbereitungen treffen für den morgigen Arbeitstag.

Mögen Sie mit all Ihren Lieben behütet bleiben im Jahr 1981!

Mit vielen herzlichen Grüßen, Ihre **Marlies K.** mit Familie.

*

Berlin, d. 11.4.81

Ihr Lieben alle!

Ich habe mich sehr über den Rundbrief gefreut. Bei mir hat sich nichts verändert. Unsere Poliklinik ist inzwischen fertig geworden, auch ist der Computertomograph voll im Gange. Die alte Poliklinik wird zur Nachsorgeabteilung umgebaut. Im März war ich zum Krebskongreß, der diesmal in Berlin stattfand. Am Wochenende hatten wir eine Tagung von der ev. Akademie mit dem Thema Angst vor Krebs. So ist hier immer etwas los. Meine Urlaubsreisen sind für dieses Jahr auch perfekt. Im Juni geht es nach Leningrad zu den „weißen Nächten". Im September geht es zum zweitenmal nach Sibirien und Mittelasien. Diesmal in umgekehrter Richtung als vor 2 Jahren. Ich freue mich schon riesig darauf, da diese Reisen immer sehr schön sind und man kann da mal so richtig abschalten. Sonst weiß ich nichts neues zu berichten. Bis auf so kleine altersbedingte Wehwehchen geht es mir gut. Seid für heute recht herzlich gegrüßt, Eure **Gisela**.

Liebe Kursmutter!

Liebe Kursgeschwister!

In den Berichten merkt man, daß wir älter werden; u. sich jetzt Schwierigkeiten einstellen, an die wir vor wenigen Jahren noch nicht dachten.

Ich selbst stellte vor ein bis 2 Jahren fest, daß man ein ganz anderes Verhältnis zum alten Menschen bekommt, ihn viel anders versteht u. vielleicht auch liebt.

Dankbar können wir für jede Heilung u. Wiederherstellung sein, und andererseits müssen wir lernen, u. das jeder für sich, mit Gebrechen zu leben. Ruth geht uns da ein Stück voran. Sie hat uns auch die Kraft- u. Lebensquelle gerade in solchen Situationen gezeigt. Vieles andere verliert dann an Bedeutung u. hat keinen Bestand.

Mir geht es zur Zeit gesundheitlich besser als in den vergangenen 2-3 Jahren. Dafür kann ich besonders dankbar sein, weil ich gerade das Arbeitsfeld wechselte. Im Herbst vergangenen Jahres sprach mich unsere Oberin Demke an, daß in Weimar* dringend eine Hausschw. gebraucht würde, ob ich bereit wäre, dahin zu gehen. Für den Augenblick war ich erstmal sehr erstaunt, konnte mir das aber vorstellen, da Weimar 150 km näher an Rockensußra liegt, u. ich mit mir selbst als leitende Unterrichtsschw. nicht mehr zufrieden war. Dann war monatelang nicht mehr die Rede davon, daß ich dachte, es hätte sich eine andere Lösung gefunden. Vor Weihnachten sprach ich dann Fr. Oberin nochmal an. Da war es ihr ganz eilig, daß sie gleich einen Termin aussmachte, daß ich mir Weimar ansehen konnte – unverbindlich auf beiden Seiten. Am 9.1.81 war ich in Weimar u. gab dort auch meine Zusage, weil ich das Gefühl hatte, daß ich sehr gebraucht werde, am 19.1. war Frau Oberin nach einer Reise wieder im Haus, wir besprachen die Sache erstmals öffentlich im Hauskreis. Ich wünschte den Wechsel nun bald, nachdem es bekannt war. Es ging zwar nicht zum 1. März sondern zum 1. April. Vor den letzten Wochen in Wittenberg graute mir sehr – aber umsonst. Alle Mitarbeiter vom leitenden Chefarzt bis zu den Stationshilfen waren sehr, sehr nett u. lieb. Ich wurde eingeladen, in rührender Weise beschenkt, wie ich es nie gedacht hätte.

In Weimar erwarteten mich zum Empfang liebe Grüße u. Blumen usw. Sehr erfreut war ich, daß am 2. Tag schon Christel und Martin kamen u. mir sehr tatkräftig beim Einrichten des Zimmers halfen.

Inzwischen hat mich auch Christa besucht u. erfreut. In der Arbeit komme ich mir wie eine Schülerin vor, die keine Übersicht

---

* *Sophienhaus*, 1875 Gründung der Schwesternschaft, seit 1968 Mitarbeit von Schwestern des ev. DV Berlin-Zehlendorf

hat u. sich freut, wenn sie in Freistunde geschickt wird, obwohl die „Öse" noch bleibt. Ich genieße nach den Wittenberger Jahren erstmal hier die Wochen ohne Verantwortung. Bis jetzt sind alle noch freundlich, nehmen Rücksicht auf meine Unkenntnis u. ermutigen mich, auch wenn ich sie zum 4.x im Laufe der Wochen nach ihrem Namen frage. An die körperliche Arbeit habe ich mich schon gewöhnt. Wegen meiner Mutter fahre ich ganz regelmäßig alle 14 Tage nach Hause, nehme auch den Haushaltstag in Anspruch. Im Sophienhaus existiert auch ein großer Bibelkreis, zu dem ich mich von Anfang an halte.

Beim nächsten Brief weiß ich sicher mehr von Weimar als Arbeitsfeld, seinen Problemen u. Schwierigkeiten. Ich betone nochmal, ich freue mich jetzt meiner Unwissenheit u. Unbekümmertheit. In die guten und schweren Situationen grüße ich Sie u. Euch herzlich mit Gott befohlen! Eure *Else-Marie.*

*

Karl-Marx-Stadt, 4.6.81

Ihr Lieben!
Nach einer verkürzten Runde ist der Kursusbrief nun schon wieder bei mir gelandet. Habt herzlichen Dank für alle Eure Briefe, die viel Schönes, aber auch weniger gute Nachrichten enthalten. Einige haben schon allerhand Schweres durchmachen müssen. Man kann dann wohl nur immer wieder um die nötige Kraft und Energie bitten, damit man sich nicht so schnell unterkriegen lässt. –

Von mir gibt es aus dem vergangenen Jahr nicht viel Neues zu berichten. Krankheit war gelegentlich auch ein bissel bei uns eingezogen, aber zum Glück nie so sehr schlimm.

Die Sorgen und Nöte in einer personell stark unterbesetzten Einrichtung, wie eben unsere Poliklinik, kennen gewiß viele von Euch ebenso. Da graut es einem schon richtig vor der Urlaubszeit. Aber selbst hat man ja dann auch noch Urlaub, und diese Aussicht gibt schon wieder bissel Auftrieb. Wir haben diesmal auch was ganz tolles vor, nämlich es soll im September für 14 Tage nach Bulgaren in die Rhodopen gehen. Wir freuen uns schon riesig! Euch Lieben allen wünsche ich recht frohe, erholsame Urlaube, besonders denen, die sehr krank waren oder es noch sind. Seid herzlichst gegrüßt

von Eurer *Christiane.*

*

Dresden, am 1.7.81

Ihr Lieben!
Ehe mein Urlaub beginnt, soll der Rundbrief noch auf die Weiterreise gehen. Herzlichen Dank allen eifrigen Schreibern; und viele guten Wünsche und Gedanken denen, die krank sind und Sorgen und

Nöte haben. Ich freue mich auf meinen Urlaub, der zwar sehr ländlich ruhig und ohne Kennenlernen neuer Landschaften und Länder verläuft, aber trotzdem ein Urlaub vom Alltag sein soll. Freunde von uns haben südlich von Doberan einen Teil eines alten Bauernhauses und dort werden meine Freundin, ihr Sohn (5 J.) und ich für 2 ½ Wochen sein. Die Jahre vorher haben wir auch schon gemeinsam da verbracht; diesmal sind ihre beiden Töchter (8+10 J.) zu einer Kinderrüste und so wird's, nur mit Clemens, etwas ruhiger werden. Ende Juli gehts von da aus gleich zu einer Chorfahrt in die Nähe von Bützow. Jedes Jahr trifft sich ein Kreis von 25–30 Leuten und eine Woche gemeinsamen Erlebens, Übens und Singens wird uns geschenkt. Es ist anstrengend und trotzdem ein Gewinn für den Einzelnen und die Gemeinschaft. Ich freue mich auch daran.

Ich bin sehr dankbar, daß es mir unter der medikamentösen Therapie so gut geht, und ich mich voll der Arbeit und dem Privatleben stellen kann. Euch allen wünsche ich viel Kraft und Freude für all Euer tun und Leben! Seid herzlich gegrüßt von Eurer *Maria.*

*

Erfurt, 10.7.81

Ihr Lieben ringsum im Lande unserer hochgepriesenen DDR!
Bei 30 Gr. C. im Schatten soll dieser Beitrag mit herzlichen Grüßen u. lieben Gedenken an Euch alle werden. Ich freute mich über das Eintreffen dieser unserer „Rundschrift", die ja ein sehr konkretes u. sichtbares Zeichen unserer Verbundenheit darstellt. Es fällt mir zwar schwer in Anbetracht der allzu hochgeschnellten Plusgrade am Thermometer, meinen Gehirninhalt systematisch zu ordnen; dennoch soll ein Versuch unternommen werden. Mit großem Interesse u. Anteilnahme las ich all Eure Berichtsbeiträge mehrfach. Viel Frohes und Beglückendes, aber auch Leidgeprüftes ging daraus hervor; doch keine Anklage, keine Resignation! Wie gut haben wir Christen es, indem wir Freud u. Leid gleichermaßen aus Gottes Hand nehmen dürfen. Wir können uns gar nicht oft genug dieses Reichtums, der mit keinem Materiellen vergleichbar ist, bewußt werden. Du, liebe Ruth, in Jeeben, schilderst es uns aus Deiner Sicht. Nun wollt Ihr gern von mir hören. Wo soll ich beginnen? Es hat sich wiederum viel geeignet. Beruflich folgendes: Ich schrieb letztlich, daß ich 1979 einer Werbung in die neue Körperbehindertenschule folgte. Hier meinte ich mich als Kinder- u. eheloses Weib sinnvoller u. effektiver einsetzen zu können. Den eigentlichen letzten Ausschlag gab der Erfurter Kirchentag unter dem Thema: „Es geht ums Leben". Unser hochverehrter Bischof Dr. Krusche* setzte hierbei Akzente, die meine

---

* *Krusche, Werner (1917-2009)* deutscher evangelischer Theologe und Bischof.

Ruhe u. selbstgerechte Zufriedenheit arg störten. Also folgte ich dem Ruf bzw. der schon erwähnten Werbung. Von den massiven Anfangsschwierigkeiten habe ich letztlich ausführlich berichtet. Sie dauerten fast 1 Jahr an. Die Kolleginnen der versch. mediz. Bereiche wurden mürbe, einige suchten verständlicherweise das Weite. Allmählich aber gewann die Arbeit an Niveau u. bekam das langersehnte Format. Ich gewann das Vertrauen der Eltern, fand mit den Erziehern des Internats u. Lehrern einen Nenner u. fühlte mich wohl u. gebraucht. Just in diese Situation hinein jedoch wurde ich von der Polikliniksleitung (der wir als med. Personal unterstellt waren) im Auftrag höher angesiedelter Organe versetzt, nachdem von einem Disziplinarverfahren Abstand genommen wurde. Grund: Ich hatte unsere Verfassung u. Gesetze beim Wort genommen u. für die christl. Unterweisung der Kinder u. Schüler in Verbindung eines Pastors gesorgt, deren Eltern eine solche wünschten. Leider war der bewußte Pfarrer sehr ungeschickt mit den Adressen umgegangen. „Strafversetzung": Psychiatrie/Neurologie in meinem Beruf! Hier bin ich nun schon wieder 7 Monate; demnach befinde ich mich noch in „blutigen" Anfängen. In dieser Woche habe ich allein 3 § 6-Einweisungen (Zwangseinwsg.) durchführen müssen. Das ist für mich jeweils eine arge Belastung.

Leider ist die Abteilung in sich sehr zerstritten. Jede der drei Sprechstunden kämpft recht wacker, aber untereinander kommt es zu keiner Einheit. Schade, das macht das Arbeitsklima mit dem ohnehin schwierigen Patientengut nicht sonderlich ersprießlich. Ich muß u. will abwarten. Vielleicht gelingt's mir, eine vermittelnde Rolle einnehmen zu können. In der Schule soll's mir lt. Aussagen meiner früheren Kolleginnen gelungen sein. Aber es mag auch zutreffen, daß ich selbst dabei zugerichtet werde. Das Vertrauen ehrlicher Patienten beglückt u. beflügelt mich. Wie viel Verstehen u. Offenheit brauchen sie! Christiane weiß darüber Auskunft zu geben, aber auch Ihr, die Ihr nicht in der Psychiatrie tätig seid.

Privat darf ich sehr am Leben guter Freunde in Ost und West u. im Ausland Anteil nehmen. Meine Freundin im Westerwald (Pfarrfrau) verlor im Frühjahr ihren 18-jährig. Contergan geschädigten Sohn. Dieser Junge war mir unter den 4 Kindern besonders ans Herz gewachsen. Wie gern wäre ich dort gewesen. Meine Großmutter verstarb 101-jährig, körperlich u. geistig bei relativ guter Gesundheit in Frankfurt/Main. Mein Besuchsantrag zum 100. Geburtstag wurde 1979 abgelehnt. Urlaub: Ende Juli starten wir nach Ungarn (Budapest u. Eger) anläßlich einer Madrigalkonzert-Reise. Die Familien der „Singers" reisen mit. Mich begleitet meine älteste Patentochter, die hier in Erfurt Kinderkrankenschwester ist. Sie freut sich sehr darauf. In herzlicher Verbundenheit!   Eure *Eva.*

Liebe Schwester Marlis!
Ihr Lieben alle!
Als Eva mir den Rundbrief gab, habe ich bis spät in die Nacht alle
Berichte gelesen. Es hat mich doch sehr bewegt, wie so manche aus
unserem Kreis in Krankheitsnöte geführt worden ist. Da ist es mir
neu wichtig geworden, daß wir in der Fürbitte treuer füreinander
einstehen sollten. Wie gut sind wir doch alle dran, daß wir unsere
Sorgen und Nöte auf den werfen dürfen, der für uns sorgt. Ich durfte
es im vergangenen Jahr auch in besonderer Weise erfahren.
    Meine Gallenblasen-OP ist gut verlaufen und ich habe mich schnell
wieder erholt. Leider ist der gewünschte Erfolg nicht so durchschla-
gend. Öfter habe ich noch Beschwerden, doch es scheint mehr ner-
vöser Art zu sein. In Familie und Dienst geht es immer lebhaft zu
und in besonderen Stoßzeiten ist es dann eben zu viel. Wir werden
halt älter!!
    Unser C. wurde nach Pfingsten eingesegnet, S. hat die 10. Klasse
absolviert und beginnt am 1. Sept. in Altenburg im ev. Kinderhospi-
tal mit der Ausbildung als Kinderkrankenschwester. Die Fachschule
ist in Borna. M. hat seine Lehre als Korbmacher auch beendet und ab
morgen wird richtig gearbeitet. Er hat viel Freude an seinem Beruf.
H.-M. und F. halten mich ganz schön in Atem. Der Kleine hatte gerade die Windpocken. Ansonsten haben wir viel Grund zum danken.
Im August sind wir 14 Tage bei Christa in Schwerin, d.h. in Chris-
tas Bungalow in Pinnow. Für 1982 wollen wir Erfurter ernstlich ein
Kurstreffen ins Auge fassen. Für dieses Jahr ist es wohl schon wieder
zu spät. Mit einem herzlichen Gott befohlen grüße ich Euch alle
                                          Eure **Christel** u. Familie.

Erfurt, den 4.8.81

Ihr Lieben alle!
Als ich am Samstag von einem anstrengenden Dienst nachhause kam, fand ich unseren Rundbrief vor. Er erfreute mich sehr. Nach all dem Elend, welches ich hinter den „Mauern" gesehen und z.T. miterlebte, taten mir Eure Berichte wohl. Es ist erschütternd, wie groß die Vereinsamung unter den Menschen ist, auch in den Familien. Wir, in unserem Beruf, erleben, daß doch sehr, sehr viele keinen Lebenssinn sehen. Sie greifen nach dem Alkohol, um sich zu betäuben, dann nach Tabletten und schließlich zum Gashahn. Nach mißglücktem Versuch ist die Verzweiflung groß. Wenn doch nur mehr Menschen glauben „könnten" und sich Hilfe für das Leben erbitten „könnten", wäre das Elend halb so groß. Wir selbst wissen ja auch, daß wir aus eigener Kraft nicht weit kommen. Fast alle haben wir erfahren, daß uns geholfen wurde, wenn wir ernsthaft darum baten.

„Gott hat nur einen Gedanken, einen Willen, eine Meinung, ein Ziel: Daß wir alle zu ihm kommen."
Hermann von Bezzel

Mir selbst geht es eigentlich sehr gut, auch gesundheitlich. Höhen und Tiefen gibt es natürlich auch. Auf unser nächstes Kurstreffen freue ich mich. Es wäre schön, wenn wir uns alle wiedersehen könnten. Alles Gute wünscht Euch in guten sowie in schweren Tagen, die einen ja eigentlich weiterbringen, Eure **Ruth** Begrich.
*

Erfurt, den 11.10.81

Ihr Lieben alle!
Wie groß war meine Freude, als ich den Kursbrief wieder in Empfang nahm. Wie schön war es, wieder von jedem zu hören, wie es ihm ergangen ist und was er erlebt hat. Vergangenes halbes Jahr war ich nur zu Hause. ¼ Jahr war ich im letzten Herbst in einem evangelischen Kindergarten in Erfurt tätig, wo ich auch Christels kleinen F. dabei hatte. Da ich noch im Invalidenverhältnis stehe, hatte ich das Glück in diesem Sommer eine Reise nach dem „goldenen" Westen zu starten. Wir waren bei Verwandten und Freunden im lieben Schwabenland, der Heimat meines Vaters. Zuletzt waren wir noch 14 Tage in der Rhön, wo wir u.a. auch auf der Wasserkuppe waren. Meine Schwester hatte ihr Auto mit, sodaß wir sehr beweglich waren. Schön war auch die kath. Barockstadt Fulda, wo wir Dom, alle anderen Kirchen und das Schloß besichtigten.
   Nun hat der Herbst wieder seinen Einzug gehalten und es regnet viel. Seid vielmals alle von Herzen gegrüßt von Eurer **Anneliese**.

Tabarz, den 25. Oktober 1981

Ihr Lieben alle!

Ehe morgen der Alltag wieder beginnt, ich hatte in der vergangenen Woche meinen Resturlaub genommen, soll der Rundbrief weiter auf Reisen geschickt werden. Habt Dank für alles Berichten, Eure Briefe haben mich erfreut und bewegt. Ob Ihr in den ersten Oktobertagen daran gedacht habt, daß es 25 Jahre her sind, daß wir in Arnstadt mit der Schwesternausbildung begannen?

Heute vor 4 Wochen feierten Else-Marie und ich mit noch einer Schwester das 25-jährige Schwesternjubiläum u. bekamen unser silbernes Kreuz umgehängt. Es war ein sehr schöner Tag. Sonnabend abend waren wir mir dem Schwesternkreis in Thalbürgel in der Klosterkirche zum Konzert. Es musizierte das Telemannorchester nur Werke von Telemann*. Es war ein wunderschönes Erlebnis. Sonntag besuchten wir alle den Gottesdienst in der Herderkirche. Dort war gerade an diesem Sonntag Kirchenchortreffen und es war ein rechter Lob- und Dankgottesdienst. Die ganze Woche über hatte ich noch die schönen Chorsätze im Ohr und im Herzen. Wie gern hätte ich sie alle mitgesungen. In Tabarz haben wir schon viele Jahre keinen Chor mehr und das fehlt mir oft. –

Für Else-Marie und mich war u. ist es sehr schön, daß wir noch zu zweit dieses Jubiläum erleben konnten. Am Sonnabend saßen wir 2 Stunden stopfenderweise zusammen und erzählten. In Weimar sind die Schwestern sehr glücklich, daß Else-Marie da ist.

Heute vor der Kirchentür fragte mich der Vater unserer früheren Katechetin, ob ich „gut überwintert" hätte. Seine Tochter ist vor 13 Jahren aus Tabarz gegangen und ich bin noch immer da, das wollte er damit ausdrücken. Gerade im letzten Jahr habe ich mich sehr mit dem Gedanken getragen noch einmal zu wechseln, doch es fehlte der letzte Anstoß. So bin ich noch immer in meinem geliebten Tabarz und Arbeit gibt es auch genug für mich. Ich wünschte, ich hätte schon wieder „überwintert", denn die weiten Wege im Winter zu Fuß sind als Zugabe im Dienst ganz schön anstrengend. Mein Moped hilft mir da im Sommer sehr, die Strecken im Nu abzufahren.

Zu unserem Jubiläum hielt Frau Oberin Demke ** uns die Andacht über den Wochenspruch der 15. Woche nach Trinitatis: Alle Eure Sorge werft auf ihn, denn er sorgt für Euch. 1. Petr. 5,7.

Mit diesem Spruch möchte ich Euch alle grüßen. Ein getrostes Wandern durch die Zeiten wünscht Euch allen Eure **Renate.**

*

* *Telemann, Georg Philipp* (1681-1767), dt. Komponist des Barock

** *Demke, Dorothea* (1930-2015), Oberin des Ev. Diakonievereins

Mühlhausen, den 22.11.81

Ihr Lieben alle!

Es ist immer eine rechte Freude, wenn der Kursbrief eintrifft. Vielen Dank für all Eure Zeilen und dessen Berichten vom beruflichen und familiären Leben. Jeder von uns hat so seine Freuden und auch persönlichen Nöte und ein jeder ist dankbar u. zufrieden, weil er weiß, daß es vielen anderen noch schlechter geht. Sehr gern sehe ich mir immer die eingeklebten Familienbilder an. Wie die Zeit vergeht, kaum hatte unsere Christel ihre großen Kinder noch im Windelpaket auf dem Arm!!!

Auch unser M., 13 ½ Jahre, ist nun schon so groß wie seine Mutti. Okt. 1982 ist schon Konfirmation. Auch die Berufsprobleme schwirren schon in unserem Kopf herum. Er ist sehr praktisch veranlagt und in diese Richtung versuchen wir ihn dann auch zu lenken. Da es ja an einem älteren Haus immer etwas zu machen gibt, ist er sehr oft Vaters bester Lehrling.

Seit März 1980 habe ich innerhalb der Dienststelle den Arbeitsplatz gewechselt. Meine Aufgabengebiet sind die Tauglichkeits- u. Überwachungsuntersuchungen der Landbevölkerung im gesamten Kreisgebiet, ein Patientenkreis von etwa 6-7000 sowie alle Siebaudiometrien für Lärmexponierte im Kreisgebiet. Insgesamt ist das ein gewaltiger Arbeitskomplex, welcher sicher auf die Dauer (bei den ständigen Paragraphen- u. Gesetzesänderungen) für 6 Std. täglich nicht allein zu schaffen ist. Wenn wir im Frühjahr u. Herbst auf den Dörfern arbeiten, bin ich ganztags beschäftigt. Bei diesen „Landarbeiten" haben wir einen großen Untersuchungswagen, dieser wird uns von der Bezirksstelle in Weimar direkt auf die einzelnen LPGs gestellt. An sich macht das selbständige Aufgabengebiet Spaß, obwohl auch ein großer Teil Schreibtischarbeit dabei ist.

Das wäre es nun von mir. In der Hoffnung, daß wir uns doch bald mal wieder in einer großen Runde sehen können, wünsche ich Euch allen eine gesegnete u. frohe Advents- und Weihnachtszeit.

Euere *Ursula* u. Familie.

*

Allstedt, d. 10.12.81

Ihr Lieben!

Schon im vergangenen Jahr konnte ich den Kursbrief zur Adventszeit in Empfang nehmen. Nun hatte ich wieder die Freude zur gleichen Zeit. Mit Muße las ich Eure Berichte gleich einige Male. Sie sind so reich an Erlebnissen und Erfahrungen, wenn auch nicht immer nur an Guten. Hätten wir wohl vor 25 Jahren daran gedacht, uns unsere Gedanken und Gefühle nach so langer Zeit noch anzuvertrauen? Ich empfinde es als ein ganz großes Geschenk, daß wir miteinander

Creuzberg d. 10. 12. 81

Ihr Lieben!

Schon im vergangenen Jahr konnte
ich den Rundbrief aus Adventszeit
im Empfang nehmen. Oder hatte ich
wieder die Freude aus gleichen Zeit.
Auch drauße laß ich Euren Bericht
gleich einige Male. Sie sind so
reich an Erlebnissen und Erfahrungen

fühlen dürfen und können. Ganz herzlich denke ich an Euch, die Ihr nicht in voller Gesundheit Eure Aufgaben erfüllen könnt. Dir, liebe Else-Marie, wünsche ich für Deine neue Aufgabe viel Kraft und Segen und auch Dir, liebe Eva, in Deinem neuen Aufgabenbereich, sei das Gleiche beschieden.

Viel Neues gibt es von uns nicht zu berichten. L. ist im 2. Jahr seiner Lehre als Forstfacharbeiter. Wie es weitergeht wissen wir allerdings noch nicht. Er sträubt sich gegen eine 3-jährige NVA-Zeit und somit ist sein Studienplatz sehr in Frage gestellt. Seit September ist A. auch schon Schulkind und bisher hat ihr die Schule auch Freude bereitet.

Von den Eltern gibt es nichts Neues zu berichten. Die Arbeitsstellen sind trotz der überall anwachsenden Probleme die gleichen geblieben. Die Renovierung unserer Kirche ist mit sehr großen Schwierigkeiten und laufend neuen Problemen verbunden. Unseren diesjährigen Basar zu Gunsten der Kirche haben wir am 1. Advent mit gutem Ergebnis abgeschlossen. Vielleicht haben die „Thüringer" unter Euch vor längerer Zeit den Bericht in „Glaube und Heimat" gelesen. Den Artikel lege ich bei. Ob dann wohl einmal jemand von Euch Lust bekommt diesen historischen Ort zu besuchen? Ich wünschte es mir sehr. Nun Euch allen und Euren Familien ein gesegnetes Weihnachtsfest und Gottes Segen und Beistand auch für das kommende Jahr, welche uns hoffentlich ein Wiedersehen beschert. Es wäre schön, wenn die Erfurter diese Mühe auf sich nehmen würden und wir wären sicher alle dankbar dafür.

Ganz herzlich grüße ich Euch und Eure Familien. *Waltraud.*

Wertvolle Rokokokirche soll keine Ruine werden

Thüringer Gemeinden helfen Allstedt durch ihre Osterkollekte bei der Restaurierung

Vor 220 Jahren schrieb die Herzogin Anna Amalia in Obervormundschaft ihres „freundlichgeliebten" unmündigen Sohnes, Herrn Carl Augusts, in ihren beiden Herzogtümern Weimar und Eisenach eine Kollekte für die Neuerrichtung der Stadtkirche von Allstedt aus. In der Woche nach Michaelis 1783 wurde sie „in vorbewußt jedes Ortes Obrigkeit, von Haus zu Haus durch gewisse verpflichtete Personen" eingesammelt.

Und nun hat der Landeskirchenrat in Eisenach die Osterkollekte 1981 aus der ganzen Ev.-Luth. Landeskirche in Thüringen für die Generalrenovierung der gleichen Kirche bestimmt. Den Lesern von GLAUBE UND HEIMAT soll davon rechtzeitig Kenntnis gegeben werden und dazu Nachrichten über unser Vorhaben.

Wissenswertes über Allstedt

Unsere Stadt ist Mittelpunkt der nördlichsten Exklave der Ev.-Luth. Kirche in Thüringen. Diese ist mit der Exklave Bad Frankenhausen seit 1945 zu einer Superintendentur verbunden. Seit der Reformation war Allstedt eine eigene Superintendentur. Die Landesherren betonten in vergangener Zeit deren Bedeutung für die Landeskirche, indem sie dem hiesigen Superintendenten Rang und Sitz in den herzöglichen Konsistorien gaben.

Allstedt liegt am Osthang des fruchtbaren Helmetales, das auch den schönen Namen „Goldene Aue" trägt. Wenn nicht gerade Dunst und Nebel die Sicht verhindern, grüßt vom Südhang des Tales der Kyffhäuser mit Burg, Denkmal und Fernsehturm herüber. Allstedt hat knapp 5000 Einwohner. Bis 1945 gehörte es mit seinen elf Dörfern zum Landkreis Weimar. Heute teilen sich die Kreise Sangerhausen, Artern und Querfurt in unsere Ortschaften.

Allstedt ist reich an Historie. Seit 5000 Jahren ist es besiedelt. In 200 Jahren wurde 42mal von Allstedt aus das Reich regiert —, jeweils für einige Tage oder Wochen. Das reich vertretene Handwerk wurde in den verflossenen Jahrzehnten durch Industriebetriebe der Metallverarbeitung ersetzt. In ihnen, aber auch im nahen Schacht, der Kupferschiefer fördert, und in der Landwirtschaft finden viele Menschen unserer Stadt und unserer Dörfer Arbeit und Brot.

Die Stadtkirche St. Johannes

Jahrelang war durch das schlecht gearbeitete und bald schadhafte Schieferdach Regenwasser ins Innere gedrungen. Der Schwamm kam in die Kirche. An seinen Folgen stürzten vor vier Jahren Emporen an der Nordseite des Kirchenschiffes ein. Seitdem ist die Kirche baupolizeilich gesperrt. Die Gefahr, daß die wertvolle Rokokokirche Ruine wird, war groß. Nach langem Bemühen schaltete sich der Bezirk Halle ein. Die Staatliche Bauaufsicht stellte Bilanzanteile zur Verfügung. Nach Überwindung mancher Materialschwierigkeiten konnte im Frühjahr 1980 das Kirchdach mit Schiefer und Schiefereersatz neu eingedeckt werden. Die schwammbefallenen Holzteile sind weg, die Kirche entfernt ist. Die Wiederherstellung der Emporen ist in Angriff genommen. Umfangreiche Maurer- und Zimmererarbeiten stehen noch aus. Die gesamte Lichtanlage muß neu installiert werden. Niederstürzende Balken zertrümmerten Teile des wurmstichigen Gestühls. Eine Erneuerung ist unvermeidbar. Die Malerarbeiten sind mit 25 000 M veranschlagt. Einige Fenster und Türen müssen erneuert werden. Der Holzbock hat den Dachstuhl befallen. Er muß ausgebessert werden. Er wurde dieser Tage mit Schädlingsbekämpfungsmitteln eingesprüht. Das Sandsteinpflaster ist teilweise zerstört, der Steinmetz will Abhilfe schaffen. Mit dem neuen Gestühl muß auch die Infrarotheizung neu verlegt werden.

Das bringt Ausgaben über Ausgaben. 22 000 Mark Spendengelder der Gemeinde wurden vom Rücklagefonds des Landeskirchenrates abgerufen und ausgegeben, die Darlehen in Höhe von 21 000 M sind verbraucht. Seit dem Ewigkeitssonntag 1979 erbrachten 113 Gemeindeglieder 6171 M Bauspenden, pro Kopf im Durchschnitt 54,61 Mark. Das ist für unsere Gemeinde ein ermutigendes Spendenaufkommen. Aber ohne Hilfe der Gesamtkirche schaffen wir es nicht.

Wir bitten die Gemeinden und Christen in Thüringen und darüber hinaus: Helft uns bauen!

Unsere Rokokokirche

ist maßvoll ausgeführt. In den festlichen Emporenraum ist der dreiseitig geschlossene Chor eingezogen. Die Emporen an den Längsseiten des Schiffes sind zweigeschossig. Sie schwingen zum Chorraum ein. Dieser ist im Inneren elf Meter lang und acht Meter breit. Das Langhaus ohne Chorhaus ist 32 Meter lang und 18 Meter breit. Die Gesamtlänge der Kirche beträgt 43 Meter.

Aus der Vorgängerkirche stammt eine großvolumige und eindrucksvolle Renaissancetaufe aus Sandstein, geschmückt mit sechsstrahligen Blattsternen. Sie ist im Chorraum in einer Flucht mit Altar und Kanzel aufgestellt. Wort und Sakrament, die Gnadenmittel der Kirche, sind auf diese Weise eindrucksvoll zur Geltung gebracht. Eine halbkreisförmige Balustrade trennt den Chorraum vom Schiff und korrespondiert mit der Orgelempore. Der Orgelprospekt aus dem Vorgängerbau stammt von 1853. Mit ihren 38 Registern ist sie für Orgelkonzerte besonders geeignet. Auch sie muß restauriert werden.

Das Kircheninnere hat eine stattliche Höhe. Die gut durchgeformte hölzerne Muldendecke gibt ihr einen gelungenen Abschluß. Der fast 50 Meter hohe Kirchturm mit Haube und Laterne ist in zuchtvoller Strenge gehalten. Die Turmspitze reckt den aus Kupferblech plastisch gearbeiteten Epiphaniastern als Zeichen der Hoffnung hoch über Allstedt.

König Heinrich II., er wird auch der Heilige genannt, feierte seine unseren Ort das Epiphaniasfest. Sollte der Epiphaniastern auf unserer Kirchturmspitze darin eine geschichtliche Begründung haben?

Die Deutsch-Evangelische Messe

Unerwähnt soll nicht bleiben, daß Thomas Müntzer Pfarrer an unserer Vorgängerkirche war. Im Frühjahr 1523 wurde er hier vom Schultheiß vorläufig eingesetzt. Nach wenigen Wochen führte er an St. Johannes die Deutsch-Evangelische Messe ein. Das war lange vor Wittenberg. Müntzer hatte die Karfreitags-, Oster-, Pfingst-, Advents- und Weihnachtsliturgie überarbeitet und verdeutscht und gregorianischen Melodien versehen. In jüngster Zeit führte die Frankenhäuser Kantorei mehrfach die Pfingstmesse des Thomas Müntzer auf. Kenner loben ihre musikalische Schönheit.

Hauptkirche der Exklave

Schloß, Rathaus, die alten Häuser am Markt und der romanische Turm der Wigbertikirchruine, die eine Ausstellung über Müntzers liturgisches Schaffen beherbergt, wurden gut renoviert. Auch steht unsere Kirche wie auf Abriß. Erbaut war als Hauptkirche der Superintendentur Allstedt. Hauptkirche der Exklave Allstedt soll sie wieder werden. Die Erfordernisse zentraler kirchlicher Veranstaltungen und Gottesdienste soll sie nun hergerichtet werden.

Georg He...

Wismar, 4.1.82

Ihr Lieben!
Zuvor wünsche ich Euch allen ein gesegnetes und gesundes neues Jahr – möchten wir alle Kraft haben, unseren Aufgaben gerecht zu werden. Habt alle zusammen Dank für Eure Briefe und Euer Erzählen, es gab so vieles zu lesen. Else-Marie, wie hast Du Dich wohl inzwischen einleben können? In Weimar wäre ich auch gerne, es ist so eine reiche Stadt. Ruth B., Du hast es so schön geschrieben wie es uns Menschen geht und wie es uns gehen könnte. Wie viel Schweres und Trauriges sehen wir in unseren Berufen, doch hier und da ist doch auch eine Hilfe möglich. Ich erfahre es öfter in meiner Arbeit, besonders in der Hausbesuchstätigkeit.

Viel Traurigkeit gab es 1981 in unserer Familie. Mein Vater war lange krank und mußte fast immer im Krankenhaus sein. Am 2. Pfingsttag ist er hinübergegangen in ein anderes Leben. Einige von Euch wissen davon und haben mir geschrieben.

Mein Urlaubsplatz ging an die sowjet. Schwarzmeerküste, in den 3 Wochen konnte ich mich dort gut erholen und auch ein wenig innerlich zum Gleichklang kommen. Über ein Kurstreffen in Erfurt würde ich mich freuen – vielleicht kann ja was aus dem Vorhaben werden. Liebe Christel, ob Du es schaffen kannst unter Mithilfe? Hoffentlich geht es Dir inzwischen wieder etwas besser. Nun möchte ich Euch alle herzlich grüßen und sage Euch allen nochmals viele gute Wünsche, Eure *Lotti.*

*

Schwerin, den 14.1.82

Ihr Lieben!
Ein Jahr ist vergangen, da der Rundbrief bei uns gewesen ist. Schnell ist die Zeit vergangen. Freude, aber auch kleinere Nöte barg das Jahr in sich. Grundlegend hat sich bei mir nichts geändert. Es besteht ein gewisses Gleichmaß im Ablauf der Wochen und Monate. Das klingt beinahe langweilig, ist es aber nicht. Denn jeder Tag birgt in sich irgendwo einen Höhepunkt, hat seine Tiefen.

Die Eindrücke, die Du Ruth B. von den alten Menschen hast, haben auch mich vor ca. 2 Jahren irgendwie betroffen. Es mag sein, daß die Arbeit in der Polikl. u. die damit verbundene Konfrontation mit den verschiedensten Menschen seine Spuren hinterläßt. Jedenfalls fiel es erst jetzt mehr denn je auf, wie einsam u. schwer es der alte Mensch doch hat.

Meinen Urlaub verbrachte ich an der See. Anschließend weilte ich als Betreuerin im Med.Punkt in einem Zeltlager nahe unserer Stadt. Es war eine ganz andere Atmosphäre. Ganz gut, so etwas mal mitgemacht zu haben.

Im Sept. war ich nochmals im Urlaub u. war bei Muttern. Sie wird dieses Jahr 70 u. hat in letzter Zeit sehr unter Herz- u. Kreislauf- schwierigkeiten zu klagen. So steht vor mir die Frage, ob ich wieder in den „Süden" umsiedele. Meine Mutter möchte nicht gern hierher. Ein gutes Erlebnis war für mich die Teilnahme an der Silvesterrüste in Slate b. Parchim. Über 60 Jugendliche weilten dort. Ein aufgelo- ckerter, lustiger Teil gab den Auftakt am Silvester-Abend. Gegen 22 Uhr saßen wir in Gruppen beieinander u. hielten sozusagen Jahres- rückblick. 23 h Gebetsgottesdienst, hinein ins neue Jahr. Es war gut. Am 1. u. 2. 1. hatten wir noch gute Bibelarbeiten, den Abschluß bildete ein Abend, an dem jeder Teilnehmer noch ein persönliches Losungswort für d. Jahr erhielt. Welch eine Freude, wie jeder Einzel- ne sein Wort vorlas u. sagte, wie sehr es ihn treffe bezw. ganz genau zu ihm passt.

Inzwischen ist das Jahr schon wieder 14 Tage alt, unser Doktor ist zur Kur u. wir Schwestern sind in andere Abteilungen verborgt worden (z. Zt. Gyn.).

Vergangenen Sonnabend lief ich mal wieder ein bißchen Ski, es war sehr schön. So hat auch der harte Winter seine Freuden.

Ganz herzlich grüßt **Christa.**

*

Nbg., d. 21.1.82

Ihr Lieben alle!

Mit großem Interesse las ich alle Eure Berichte. Es hat mich doch vie- les bewegt und ich denke da ganz besonders an die von uns, die Leid erfahren mußten und täglich überwinden müssen. Unser Leben liegt in Gottes schützenden Händen, es sind gute, wärmende tröstende Hände, wir fühlen uns darin geborgen. Euch allen wünsche ich für dieses Jahr diese Gewißheit, täglich neu zu erleben in allem Ungewis- sen was auf uns zukommt.

Von mir und meiner Familie gibt es nichts besonderes zu berichten. Im vergangenen Jahr, im Frühjahr, habe ich mich einer Krampfader- Op. an beiden Beinen unterzogen und es ist Gott sei Dank alles bes- tens geworden. Meine Mutter ist jetzt fast ganz bei uns, ihre alte Wohnung möchte sie aber noch nicht ganz aufgeben. Meine Arbeits- stelle ist noch die alte, leider sind wir mehr ein Dienstleistungsbetrieb und haben dadurch wenig Kontakt zu den Patienten, woran ich mich immernoch nicht ganz gewöhnen kann. Im nächsten Jahr sind es 25 Jahre, die man nach dem Examen außer Kinderkriegerei im Gesund- heitswesen gearbeitet hat, wie sind die Jahre vergangen.

Ab Dezember merken wir das ja auch am Geldbeutel. Auf ein Wie- dersehen mit Euch freue ich mich schon sehr, wenn es geht bitte nur am Wochenende. Viele herzliche Grüße Euch allen! Eure **Elisabeth.**

Jeeben, d. 28.2.82

Ihr Lieben alle!

Während meines Krankenhausaufenthaltes in Elbingerode von Anf. Januar – Mitte Februar erreichte mich der Kursbrief. Habt Dank für alles liebe Gedenken, Eure Grüße und Berichte.

Ende des vergangenen Jahres ging es mir gar nicht gut, so daß ich den Hausarzt in Anspruch nehmen mußte. Der Neurologe hat die Stelle gewechselt. Da er einen Schub vermutete, riet er mir sehr zur stationären Behandlung. Ich entschloß mich für Elbingerode, da ja unsere Kinder dort in der Ausbildung sind.

Neben vielen Vitaminspritzen wurden Bindegewebs- und Unterwassermassagen, Gymnastik u. Bewegungsübungen im Hallenbad verordnet. Unsere Kinder G. und M. konnten mich im Krankenzimmer – sooft es ihre Zeit erlaubte – aufsuchen. Und sie haben das tüchtig ausgenutzt, manchmal 2-3 x tgl. Auch kleine Spaziergänge machten wir. So haben sie mir geholfen, daß mir die Zeit nicht zu schwer und lang wurde. Mein Mann konnte während der ganzen Zeit nicht zu mir kommen, die Entfernung war zu groß und außerdem forderte ihn der Dienst tgl. So gaben wir der Post allerlei zu tun.

M. hatte ab Ende Januar für 4 Wochen Dienst in einem Pflegeheim in Templin. In Elbingerode gefällt es ihm gut, das 2. Jahr ist bald geschafft. G. hat von den 4 Ausbildungsjahren das dritte fast hinter sich. Eben liegt sie auf Station mit einem verbrühten Fuß. Wir hoffen, daß sie bald wieder aufstehen darf.

Seit 2 Wochen bin ich nun wieder zu Hause und ich hoffe, daß die anstrengenden Behandlungen zur Wirkung kommen und ich meinem Mann in der Passions- und Osterzeit ein wenig zur Seite stehen kann. Euch allen liebe Grüße und Gott befohlen Eure *Ruth.*

*

15.3.82

Liebe Else-Marie!

Heute kam der Rundbrief zurück, den ich an Gisela schickte. Auf dem Briefumschlag steht: Empfänger verstorben.

Das hat mich erschreckt. Hast Du eine Ahnung davon? Hoffentlich geht es Dir gut. Herzliche Grüße! Deine *Ruth.*

*

Z.Zt. Rockensußra, den 11.7.82

Liebe Schwester Marlies, liebe Kursgeschwister!

Der beigefügte Brief von Ruth hat mich sehr, sehr erschüttert. Vor allem auch darum, weil wir gar nichts von Gisela wissen. Ich zumindest weiß nicht, ob sie noch Eltern und Geschwister hat u. wo sich diese befinden könnten. Ich habe auch Giselas letzten Brief nochmal gelesen, ob sie etwas von Krankheit oder dgl. schreibt. Da fällt wohl das

15.3. 82

Liebe Else – Marie!

Heute kam der Rundbrief zurück, den ich an Gisela Nähr-
stadt schickte. Auf dem Brief-
umschlag steht: Empfänger verstorben. Das hat mich erschreckt.
Hast Du eine Ahnung davon?
Hoffentlich geht es Dir gut.

Herzliche Grüße!

Wort Beschwerden. Eigentlich wollte ich mal an die R.-Rössle-Klinik schreiben u. mich erkundigen, aber daraus ist aus Zeitmangel nichts geworden. Wenn ich aber etwas erfahren sollte, will ich es Euch gern wissen lassen.

Nun muß ich mich wohl zuerst entschuldigen, daß der Brief fast ½ Jahr bei mir lag. Das zeugt davon, daß es in Weimar genauso viel Arbeit wie in Wittenberg gibt. Sie ist natürlich nur sehr anders. Die Hauptarbeit besteht in der Zubereitung u. Ausgabe der Mahlzeiten, alle Reparaturen machen zu lassen, die Gäste zu versorgen. Im Sophienhaus sind viele Tagungen, weil das Zinzendorfhaus in Neudietendorf noch renoviert. Den Maler haben wir allerdings auch immer im Haus. Das Mutterhaus ist ziemlich groß, wenn davon auch fast 2 Etagen von alten Schwestern bewohnt werden, sind die Hausschwestern doch mit verantwortlich. Monatlich habe ich für die 30 Diakonieschwestern einen Schwesternabend zu organisieren oder zu halten. Als letzten habe ich einen sogenannten „Mitteilungsabend" gemacht, weil wir verstreut wohnen u. natürlich auch verstreut arbeiten u. wenig voneinander wissen. Alle kamen aus Zeitmangel aber nicht zum Erzählen. So 100%igen Anklang fand er auch nicht. Aber das gelingt so kaum.

Die Oberin wird glücklicherweise von der Oberschwester vertreten. Nur wenn die Oberin außer Haus ist, muß eine von den Hausschwestern in ihrem Zimmer wegen des Telefons schlafen. So könnte ich natürlich noch ein Weilchen weiter erzählen, aber so interessant ist es wiederum auch nicht. Jetzt bin ich wegen einer Gastritis für eine Woche zuhause. Am 15.7. soll ich eigentlich auf Station, lieber möchte ich aber am 16.07. den Urlaub antreten.

Mal sehen, wie sich alles begibt – beschwerdefrei bin ich noch nicht. Aber in allem wollen wir uns üben, dem Herrn die Entscheidung zu überlassen.

Bleibt Ihm befohlen und liebe Grüße,

Ihre + Eure **Else-Marie** Kaiser.

*

d.10.8.82 z. Zt. Alt-Schadow-Zeltplatz

Liebe Kursfamilie!

Diesmal habe ich unseren Rundbrief mit in den Urlaub genommen und in aller Ruhe sämtliche Berichte noch einmal gelesen. In Gedanken war ich bei jedem einzelnen. Erschüttert bin auch ich von der Nachricht von Giselas Tod. Ob jemand etwas herausbekommen kann, was mit ihr gewesen ist?

„Der Mensch lebt und besteht nur eine kleine Zeit u. alle Welt vergeht mit ihrer Herrlichkeit. Es ist nur Einer ewig u. an allen Enden u. wir in seinen Händen."

Die letzte Zeile dieses kleinen Verses ist für uns ein großer Trost. Wenn wir das doch vielen Menschen weitervermitteln könnten! Wie gut, daß Sie liebe Ruth (geb. I.), so fest daran glauben! Sind wir nicht alle unendlich reich in diesem Wissen! Das heißt gewiß nicht, daß wir immer nur lächeln und strahlen müssen. Gott erlaubt uns, zu klagen u. zu weinen, und selbst bei größter Verzweiflung werden die Arme des Gekreuzigten besonders weit für uns geöffnet sein.

Nun habe ich etwas ganz anderes mitzuteilen: ich habe einen neuen „Schwiegersohn" bekommen. Einige werden es schon wissen. Christa hat am 5.4.82 ihren ehemaligen Jugendfreund geheiratet u. wohnt jetzt wieder in Stadtilm (bitte neue Adresse beachten!) Wir freuen uns darüber u. wünschen den beiden Gottes reichen Segen für ihren gemeinsamen Lebensweg.

Ich gab übrigens meinem Mann den Brief auch zu lesen u. wir finden es beide ganz unglaublich, was Ihnen, liebe Eva, widerfahren ist. Aber Sie sind so tapfer, sich der jeweiligen Aufgabe zu stellen u. das Beste daraus zu machen. Es ist so unendlich nötig, daß es Menschen gibt, die zu vermitteln versuchen.

Nun kam kürzlich die Einladung zum Kurstreffen nach Erfurt, ich weiß noch nicht, ob ich teilnehmen kann, denn zum Erntedankfest hat die Organistin viel Dienst u. außerdem haben wir an dem Wochenende 2 Proseminaristen aus Naumburg* zum Gemeindepraktikum bei uns. Vielleicht kann ich wenigstens einen Tag kommen. Ich hoffe aber, daß sich recht viele von uns zusammenfinden. Else-Marie ist ja nun auch in die Nähe gekommen. Wenn ich das geahnt hätte, hätte ich Sie, liebe Else-Marie, bestimmt kurz besucht, denn im Dez. 81–Febr. 82 war ich mit unserer B. ca. 10 x in

---

* Ausbildungseinrichtung (1952-1990) für kirchliches Abitur

Weimar zum Förderunterricht an der Musikhochschule. Und damit wäre ich bei unserer Familie gelandet. In den letzten 1 ½ Jahren ging es sehr bewegt bei uns zu. Wir standen fast ständig unter dem Druck irgendwelcher besonderer Ereignisse, so daß wir manchmal Mühe hatten, die Übersicht zu behalten. Die größte Belastung für uns war eine im Herbst 81 auftretende Depression bei meiner Schwiegermutter, die sie zunächst in neurologische Behandlung nach Blankenburg im Harz führte.

Anfang Febr. 82 hieß es von dort, diese Behandlung sei abgeschlossen, sie müsse nun in häusliche Pflege überführt werden. Und da waren wir dran. Mein Mann holte sie am 12. Febr. nach Teuchern. Es folgten 6 Wochen, die uns seelisch und nervlich das Letzte abverlangten, denn die Depressionen waren keinesweg weg. Wer das einmal kennengelernt hat, wie das ist, wenn ein Mensch mit Worten nicht mehr zu erreichen ist, obwohl sie nicht geistig verwirrt war, versteht vielleicht unsere Hilflosigkeit u. Not. So mußte sie schließlich Ende März in unser Kreiskrankenhaus eingeliefert werden u. verstarb dort nach 10 Tagen.

Erfreuliches gab es aber auch: Die Konfirmationsfeiern unserer Kinder Pfingsten 81 bzw. 82 waren fröhlich-harmonische Familienfeiern. P. hat die 10. Kl. sogar mit „gut" bestanden. Am 1.9. beginnt seine Lehre. Hoffentlich kann er seine sagenhafte Bequemlichkeit überwinden.

B. hat sich nun doch für die Musik entschieden. Sie bestand die Eignungsprüfung in Weimar. Die Bewerbung läuft. Sie möchte Korrepetitor an einer Musikschule werden. Wenn es klappt, beginnt sie im Sept. 83 mit einem Vorbereitungsjahr in Weimar u. wird 1 Jahr später mit dem Studium beginnen.

Z. Zt. sind wir als „Großfamilie" hier im Urlaub mit Freunden von uns, ihrer Tochter u. einem Freund von P.

Da B. heute etwas Fieber hatte, blieb die Mutter am Zelt. Die übrige Familie ist unterwegs.

Die ersten 10 Tage verbrachten wir bei Sonne u. Wärme fast ausschließlich an einem herrlichen Waldsee hier in der Nähe. Wir versuchen, uns zu regenieren.

So möchte ich zum Schluß ein „Gott behüte Sie alle" sagen und grüße alle sehr herzlich.

Ihre *Marlies* K.

*

Karl-Marx-Stadt, 19.9.82

Ihr Lieben!
Groß war meine Freude, als ich nach unserem zweiten Urlaub den Rundbrief zu Hause vorfand. Dann war ich allerdings mächtig erschrocken, als ich las, daß eine unserer Kursusschwestern nun schon von uns gegangen ist. Ich schrieb es an Renate Wegener, die ja an verschiedenen Berliner Kliniken als Krankenhausseelsorgerin tätig ist und Gisela auch kannte. Vielleicht kann sie noch etwas erfahren und uns mitteilen.

Von mir gibt es zu berichten, daß ich im Dezember 1981 meinen Posten als leitende Schwester der Poliklinik abgeben konnte. Im Zuge der Gehaltserhöhungen sollte ich noch einige Aufgaben dazu übernehmen (damit das viele Geld auch gerechtfertigt ist), aber da habe ich dann doch gestreikt. Ich bin jetzt nur noch für die allgemeinmedizinischen Abteilungen der Poliklinik verantwortlich und für die Neurologie/Psychiatrie, in der ich ja auch arbeite. Seit einem Jahr haben wir für diese Abteilung endlich eine ständige Ärztin bekommen und auch stundenweise eine Sekretärin. Es ist ein schönes Zusammenarbeiten. Wir drei sind immer wieder sehr froh darüber, denn der Patientenansturm ist oft groß. Die Ärztin hat den größten Teil der Patienten von ihrer früheren Arbeitsstelle mit zu uns gebracht, weil sie dort keinen Nachfolger hatte, und neben der psychischen Betreuung der Patienten fällt eben auch viel Organisatorisches an. Das hätte ich zusammen mit den Aufgaben im Haus nur noch ungenügend bewältigen können.

Unsere beiden Urlaube waren auch in diesem Jahr sehr vom Wandern geprägt. Im Juli verbrachten wir 2 Wochen im Isergebirge, wo wir zu unserer großen Freude einige Stunden mit Lotti zusammensein konnten, denn unsere Urlaube dort überschnitten sich an einem Tag. Durch einen Freund von Gerhard konnten wir uns im August noch einer Berliner Wandergruppe anschließen und an einer 1-wöch. Rennsteigwanderung teilnehmen. Ich hatte zwar etwas Bedenken, ob ich da auch mithalten könnte, aber es ging gut, ich war nicht mal das Schlußlicht! Es hat unheimlichen Spaß gemacht und war ein Erlebnis besonderer Art.

Nun rückt das Kurstreffen bei Christel heran. Ich freue mich schon sehr auf ein Wiedersehen mit hoffentlich recht vielen von Euch und grüße Euch herzlich, Eure *Christiane*.
*

Dresden, am 23.9.

Einen lieben Gruß Euch allen und Dank für alles Berichten!
Ich hoffe, viele von Euch zum Kurstreffen in Erfurt zu sehen und zu sprechen, und freue mich schon sehr auf die gemeinsame Zeit. Ob

ihr alle gesund und erholt aus dem Urlaub zurück seid? Seit Ende August bin ich wieder fleißig nach 4 Wochen Urlaub. Die erste Urlaubswoche gehörte wieder der Chorfahrt, diesmal von Jena aus. Gesungen haben wir in Weimar, Berka, Kahla, Rudolstadt, Naumburg, Erfurt und am letzten Abend natürlich in Jena. Es war wieder trotz aller Anstrengung eine wunderschöne Zeit. Dann bin ich wieder gen Norden zu den Freunden im Bauernhaus gefahren. Leider war das Wetter nicht so freundlich wie vorher und nachher hier in der Stadt. Regen hätte es auch während meine Abwesenheit nicht geben dürfen. Seit 2 Jahren ist unsere Wohnung baupolizeilich gesperrt. Seit einem Jahr bewohne ich sie allein und versuche mühsam den Regen von meinen Möbeln fernzuhalten. Dach und die Wohnung über mir sind in einem wüsten Zustand. – Aber – ich habe Hoffnung am Dienstag eine Zuweisung für eine Neubauwohnung zu bekommen. Von dem Haus steht allerdings bis jetzt nur das Fundament, aber man wird ja hoffentlich noch vor dem Winter etwas weiterbauen (laut Plan sollen die Wohnungen im Dezember bezogen werden, bis jetzt sieht es noch nicht so aus). So, daß war das Neueste und mich natürlich am meisten bewegendste.

Ansonsten geht's mir gut. Die Arbeit macht nach wie vor viel Spaß. Meine Eltern haben viel zu tun und muten sich reichlich viel zu, aber sie können nicht „nein" sagen, wenn sie jemand um Hilfe bittet. Ich wünsche Euch allen viel Kraft, Freude und Zuversicht.

Seid lieb gegrüßt von Eurer *Maria*.
*

Erfurt, d. 10.10.82

Meine Lieben!

Eva brachte den Rundbrief vor 8 Tagen mit zum Kurstreffen. Als alle wieder fort waren, nahm ich mir Eure Berichte vor und las sie hintereinander. Mir wurde ganz warm ums Herz, da ich spürte, wie jeder seine Zuversicht und Hoffnung auf Gott setzt. Ohne IHN können wir aber auch nicht fertig werden und unsere Probleme bewältigen. Vor uns steht jetzt die Berufswahl für unseren C.. Da er ein endogenes Ekzem hat, kommt für ihn so vieles nicht in Frage. Musik ist seine Welt, doch dafür hat er zu spät mit dem Klavierunterricht begonnen. Posaune bläst er ja schon viele Jahre, aber für ein Studium reicht es nicht und die schulischen Leistungen sind auch nicht so berühmt. Nun sind wir am Fragen u. am Testen und erbitten uns von Gott klare Wegweisung.

S. fühlt sich wohl in ihrer Ausbildung als Kinderkrankenschwester und M. hat Freude an seinem Korbmacherberuf. Die beiden Kleinen gehen gern zur Schule und F. macht als Erstklässler gute Fortschritte. Wir sind nun über 14 Jahre in Erfurt und waren gerne hier. So langsam sind wir im Gespräch betreffs einer Versetzung. Mir würde schrecklich davor grauen. Außerdem haben wir die Gemeinde so lieb gewonnen. –

Renate Stegmann teilte mir schon ihre Eindrücke vom Kurstreffen mit. Alle die dabei waren, freuten sich über das frohe Miteinander. Leider kam das Singen diesmal zu kurz. Da fehlten all' die anderen, die nicht kommen konnten und unsere liebe Kursmutter. Für heute grüße ich Euch alle ganz herzlich. Gott behüte Euch. Eure **Christel** u. Familie.

Anbei eine Karte von Elisabeth. Anneliese N. liegt wieder im Krankenhaus in Mühlhausen. C.

*

Ansichtskarte Güstrow Dom

Liebe Christel!
Heute erhielt ich mit Freude aber Wehmut Eure Grüße vom Kurstreffen. Leider ist Evas Ankündigung etwas schief gelaufen, an meine alte Adresse. Das Haus ist bereits unbewohnt seit 4 Jahren, die HO hat es als Lager übernommen, meine Mutter, die ja nur 2 Häuser weiter wohnt, war im August im Westen u. im Sept. bei meinen Geschwistern in der DDR. Unsere alte Postfrau hat aufgehört u. die junge wußte sich wohl auch nicht so recht zu helfen. Kurz, der Brief kam erst Ende September 29. od. 30., das kann ich jetzt so genau nicht sagen, hier an und so Hals über Kopf, ohne Anmeldung, wagte ich die Reise nicht. Traurig war ich, ich hätte es gut einrichten können, die Kinder sind ja schon groß. Herzlichen Glückwunsch Christa!!! Freue mich sehr!!!

Viele liebe Grüße **Elisabeth.**

*

24.10.82

Ihr Lieben!
Das Kurstreffen hier in Erfurt liegt nun schon wieder 3 Wochen zurück. Christel hat schon ein wenig berichtet. Ich hoffe, es hat allen die dabei sein konnten, gefallen u. Ihr seid gut daheim wieder gelandet. Elisabeths Karte hat mich betrübt. Als ich mich mit Christel im Mai zusammensetzte u. wir zur Einladung die Adressen zusammentrugen, hatten wir dieses Heft nicht zur Hand. So gingen die Briefe an die altvertrauten Adressen. Die Tage der Gemeinsamkeit vergingen allzu schnell. Schade, daß einige, die ursprünglich kommen wollten, kurzfristig absagen mußten bzw. nicht erscheinen konnten. Aber wir sahen uns wohl nicht das letzte Mal in diesem Kreis.

Von mir gibt's nichts Neues zu berichten. Ich strample mich weiterhin in der Psychiatrie ab, ohne nennenswerte Erfolge. Am stärksten beanspruchen uns die suchtabhängigen Patienten, mit denen wir

„auf der Stelle" treten. Hier ist ein Umdenken von Seiten der Gesellschaft dringend geboten mit Schaffung von Tages- und Nachtkliniken, um Schlimmeres zu verhindern. Diese Menschen sind meistens labil u. lebensuntüchtig u. bedürfen über kurz oder lang der Begleitung. Stattdessen geschieht so gut wie nichts. Daß mich diese Verhältnisse nicht gerade beglücken, könnt Ihr Euch denken.

Lebt wohl, bleibt guter Dinge u. seid vor allem Gott befohlen!

Eure *Eva.*

*

14.11.82

Liebe Kursgeschwister, liebe Kursmutter!

Immer und immer wieder las ich Ihre und Eure Berichte. In fast jedem Brief sind wertvolle Erfahrungen festgehalten, die einem für so manche Situation zur Lebenshilfe werden können. Ich wünsche uns allen, daß wir tapfer durchhalten. Man muß eben jeden Tag wieder neu anfangen. Im Oktober verlebte ich eine Woche Urlaub in einem Schw.-Erholungsheim in Tabarz. In dem Haus herrschte eine wohltuende Atmosphäre. Ich fühlte mich so richtig frei und froh, da alle Urlauber einer Gesinnung waren. Wir verstanden uns sofort. Einen wunderschönen Sonntag verlebte ich bei Renate. Trotz Regen gingen wir spazieren, waren fröhlich und guter Dinge. Noch heute denke ich an das wohlschmeckende Mittagessen. Meiner Mutter und meinen Geschwistern geht es gut. Der älteste Sohn meines Bruders Christoph ist nun schon das zweite Jahr beim Dresdner Kreuzchor. Es macht ihm viel Freude. Am kommenden Sonntag werde ich zum ersten Mal den Kreuzchor in Dresden hören können. Darauf freue ich mich.

Mir geht es gesundheitlich immer noch gut, obwohl viele behaupten, daß ich schlecht aussähe!

Im Dienst versuche ich meinen Mitarbeitern gegenüber gerecht zu sein. Manchmal muß aber auch ein hartes Wort gesprochen werden. Mir unterstehen 11 mittlere med. Kader. Mein Verhältnis zu ihnen ist gut. Wir versuchen offen miteinander zu sein und gegenseitig zu erziehen, wenn nötig. Auch ich bin bereit, Kritik entgegen zu nehmen. Mehr Schwierigkeiten gibt es mit den oberen „10.000". Dazu gehören der Chef, sein Stellvertreter (Genosse), der jedem nach dem Mund redet, der aber angehört wird, eine Ökonomin, eine Sekretärin (alte Lehrerin) und zwei Frauen, die für die Dokumentation und für die Statistik verantwortlich sind. Mit den Dispatcherinnen, dem Hausmeister, der Küchenfrau und nicht zuletzt mit den Krankentransporteuren, sollte man ja auch zurechtkommen. Ab Dispatcher funktioniert das Verhältnis wieder. Darüber freue ich mich auch. Wollen wir uns auf ein nächstes Kurstreffen freuen? Wo u. wann wird es sein? Kommt bitte alle. Es lohnt sich.

All denen, die krank sind, wünsche ich weitere Zuversicht und Kraft für alles Schwere, daß sie es ertragen können. Gott kann die Kraft dazu schenken. Lebt wohl. Liebe Grüße, Eure **Ruth** Begrich.

*

Tabarz, den 28. Dezember 1982

Ihr Lieben alle!

Dieses Mal hat der Rundbrief lange in meinem Schreibschrank ruhen müssen, entschuldigt bitte. Habt Dank für alle Eure Briefe. Es ist wirklich ein besonderes Geschenk, daß wir immer noch alle Verbindung miteinander halten können. Als der Brief ankam, hatte ich gerade die Handwerker in meiner Küche. Ich ließ mir um die Wirtschaftsecke herum Fliesen legen. Der Handwerker kam jeden Tag nach Feierabend und noch etwas später sein Freund, ein Schornsteinfegermeister, als Handlanger. Zuerst mußte natürlich Kaffee und Kuchen sein u. später Abendbrot, wenn möglich etwas Warmes. Zwischendurch mußte ich noch zur Nachtspritze zu einer schwerkranken Patientin, wo ich auch heute noch hingehen muß. Wenn dann die Handwerker gegen 22 Uhr das Feld räumten, fing für mich noch einmal die Arbeit an. Das alles zog sich über 14 Tage hin un dann ging ab 2.12. meine Kollegin in Urlaub bis zum 19.12. Ihr könnt Euch sicher denken, daß da viel Briefpost liegen geblieben ist. Wie froh bin ich, daß wir noch immer keinen ernsthaften Winter haben und ich meistens noch mit dem Moped fahren kann. –

Was brachte das Jahr 1982 noch?

Den herrlich warmen Sommer habe ich meistens genossen. In meinem kalten Haus war es überall warm. Nur die Trockenheit war böse. Im Garten wollte nichts blühen. Wegen einer Epicondylitis* im re. Arm fiel es mir auch schwer, mit der Gießkanne zu gießen und so ist eben manches vertrocknet. In der Veronika wurde ich 4 Wochen mit Pelosepackungen und Massagen behandelt und das Ausruhen u. die Behandlung haben mir gut getan. Einen wunderschönen Urlaub durfte ich in Bad Saarow im "Hospiz zur Furche" verleben. Gott sei Dank, durfte man dort etwas spüren, daß Christen zusammen waren. Ich bin dort innerlich richtig aufgelebt.

Das Wetter war im September auch immer noch so schön, daß man meistens draußen sitzen konnte. Obwohl ich alleine dort war, war ich nie alleine, es war einfach beglückend. – Ein großes Ereignis dieses Jahr war noch die Renovierung der Tabarzer Kirche und ihre Wiedereinweihung durch Landesbischof Leich* zu Ostern. Siehe Foto.

* Reizzustand der Sehnenansätze von Muskeln des Unterarms

** *Leich, Werner* (*1927) ev. Theologe, Landesbischof 1978 bis 1992.

Zu Weihnachten war mein Vater am 1. und 2. Feiertag bei mir. Zwischendurch mußte ich immer einmal Dienst machen, doch hatten wir schöne Stunden miteinander. Auch einen Christbaum habe ich nun geputzt u. ich zünde mir jeden Morgen beim Kaffeetrinken ein paar Kerzen an u. erfreue mich an meinem Bäumchen.

Am 2. Feiertag überraschten mich Ursula und Familie nachmittags mit ihrem Besuch. Das war auch eine ganz große Freude für mich. Zu Silvester fahre ich zum Vater nach Weimar. Wie dankbar bin ich, daß er noch immer so rüstig ist mit seinen 76 Jahren.

Seid nun alle dem treuen Gott für das neue Jahr befohlen. Er allein weiß die Wege für uns, wir dürfen uns bei Ihm geborgen wissen.

Herzliche Grüße von Eurer *Renate.*
*

Mühlhausen, d. 24.2.83

Ihr Lieben!

Für den Rest des Jahres wünsche ich Euch allen noch alles Gute, vor allem Gesundheit. Vielen Dank für alle lieben Berichte. Wie schön, daß wir uns im Herbst 1982 bei Christel in so einem großen Kreis treffen konnten. Hoffentlich kommt es bald wieder zu einem Beisammensein. Liebe Elisabeth, bedenke, daß wir in 15 Jahren in Rente gehen, ob wir Dich bis dahin nochmal sehen? Wenn nicht, kommen wir zu Deinem 60. Geburtstag alle angereist.

Seid nicht traurig, aber von mir gibt es dieses Mal nichts Neues zu berichten. Der tägliche Dienst, die Hektik, die immer größer wird und mitunter auch viel Ärger unter den Mitarbeitern, geht nicht immer spurlos an einem vorüber. Nur gut, daß ich trotz vieler Arbeit zu Haus wenigstens meinen häuslichen Frieden habe. Gelegentlich kommt Renate zu uns, im Herbst konnte Eva zwei Tage bei uns sein, sie hospitiert ab und an bei uns in Pfaffi (d.h. im Bezirkskrankenhaus).

Unser M. macht zur Zeit die Tanzstunde mit, eigentlich recht zeitig, aber wie so Vieles, ist auch das von der Schule organisiert. Aber es macht ihm Spaß, da möchte man ein Einzelkind auch nicht ausschließen.

Für heute grüße ich Euch alle sehr herzlich, Eure **Ursula** u. Familie.

*

Allstedt, d. 03.7.83

Ihr Lieben!

Vor 25 Jahren konnten wir in Arnstadt unser Examen ablegen und voll Dankbarkeit freue ich mich immer über die Verbindungen, die noch so innig sind. Jeder von uns hat doch seine eigenen Sorgen und auch Freuden und es ist schön, sich jemanden mitteilen zu können. Wir wissen, daß wir zusammen in einer gütigen Hand geborgen sind und schon daher eine Verbindung nicht abreißen kann. Einige von uns hatten den Mut, eine neue Aufgabe zu übernehmen u. andere versuchen mit dem täglichen und nicht sehr abwechslungsreichen Einerlei fertig zu werden. Jeder braucht täglich neue Kraft und ich denke, wir können uns durch Fürbitte gegenseitig tragen.

Mein Aufgabenbereich hat sich nicht verändert, nur das Zipperlein des fortgeschrittenen Alters macht sich bemerkbar und die Arbeit geht nicht mehr so flott von der Hand.

Da meine Wirbelsäule leicht ramponiert ist, will man mir in diesem Jahr eine Kur zukommen lassen. Die Reise soll sogar ins Ausland gehen. Wie man mir sagte nach Rumänien oder in den Kaukasus. Damit wäre auch meine erste Flugreise verbunden u. mir wird schon heute etwas flau. Im Inland wäre mir eine Kur lieber gewesen, da kann man mal zu Hause anfragen, wie es geht.

A. macht gute Fortschritte in der Schule u. L. arbeitet seit einem Jahr hier im Forst. Da er nur 1 ½ Jahre zur Armee gehen will, läßt man ihn zappeln und auch ein Studienplatz ist in Frage gestellt. Seine großen Interessen an der Jagd u. die Jagdausbildung während der Lehre finden aus Mangel an richtiger Gesinnung auch keine Bestätigung. Dafür habe ich schon seit fast 4 Jahren eine angehende Schwiegertochter. Na, wir tragen es mit Fassung. Am 2. Pfingsttag konnte unsere Kirche, nach großer Renovierung, durch den Landesbischof wieder eingeweiht werden. Sie ist ganz wunderschön geworden u. ich wünschte, Ihr könntet sie alle bestaunen. Ein Wunder ist es wirklich, daß es trotz aller Schwierigkeiten in relativ kurzer Zeit gelungen ist.

Nun Ihr Lieben wünsche ich Euch weiterhin Gottes Geleit und Segen. In herzlicher Verbundenheit grüßt Euch,

Eure **Waltraud.**
*

Wismar, 13.7.83
Liebe Schwester Marlies,
liebe Kursschwestern,
soeben bin ich zurück von einer kleinen Tour im Thüringer Wald,
über den Harz, über Arnstadt, Weimar, Naumburg und Halle. Ich
habe meiner Freundin – wir fuhren im Auto – viel von der Schülerin-
nenzeit und uns allen erzählt und an verschiedene von Euch gedacht,
in deren Nähe mich gerade der Weg führte. Hätte ich Euch besuchen
wollen, hätte ich allein sein müssen und mich in den Tagen nur dieser Tätigkeit widmen müssen. Und so habe ich nur hingedacht und
von Euch gesprochen; und dann ist der Kursbrief inzwischen angekommen – habt alle vielen Dank – und ich konnte lesen von Euch
allen. Meine Freundin war sehr erstaunt, daß nach 25 Jahren alle
noch schreiben und sich miteinander verbunden fühlen: nur eine ist
nicht mehr, glauben kann ich es noch nicht. Gisela kam aus einem
Magdeburger Vorort, ihre Eltern lebten damals, glaube ich, schon
nicht mehr, ich meine es war nur ein Bruder da. Einmal fuhren wir
von Arnstadt aus zusammen bis Magdeburg.

Ein Höhepunkt war in diesem Jahr der Kirchentag in Rostock,
den ich in verschiedenster Weise, im Vor- und Nachhinein miterlebte. Diese Tage hatten eine frohe, hoffnungsvolle Atmosphäre und es
wurde unendlich viel angeboten. Von besonderem Wert waren für
mich die Liturgische Nacht in der kath. Christukirche und der „Eli-
as" von F. Mendelssohn Bartholdy in der Marienkirche. Aber auch
die Gesprächsrunde in „Sei unser Gast" brachte für mich Positives
und wirkliche Begegnung. –

Die Familie ist gesund, meine Mutter hilf viel in beiden Güstrower
Kirchen und Gemeinden. Meine älteste Nichte beginnt im September die Berufsausbildung. Herzliche Grüße und gute Gedanken gehen nochmals zu Euch allen, Eure **Lotti.**
*

Stadtilm, d. 12.8.83
Liebe Schwester Marlies,
liebe Kursgeschwister!
Dank Euch für alles Berichten. Wenn ich meinen Brief von vor 1 ½
J. nochmals lese – es hat sich in dieser Zeit doch einiges ereignet. Für
die meisten von Euch ist's eigentlich keine Neuigkeit mehr, daß ich
geheiratet habe. (Vor dem Rentendasein noch solch ein schwerwie-
gender Einschnitt!!!) Vor nun schon vier Jahren hatten Werner u. ich

uns in Boltenhagen zufällig am Strand getroffen. Wie Schw. Marlis schon schreibt, wir sind „alte" Jugendfreunde, nach so manchem Hin und Her entschloß ich mich zu diesem Schritt. So sagte ich Mitte März verg. Jahres Schwerin nach fast 23 Jahren Ade. Am 5.4.82 heirateten wir.

Wir wohnen im Elternhaus meines Mannes – Uraltbausubstanz mit vielen, vielen Reparaturen, aber 1. Haus am Marktplatz! Obwohl Stadtilm meine Heimatstadt ist, konnte ich mich sehr schwer hier wieder eingewöhnen. Auch das „liebe" Arnstadt hat viel von seinem Glanz eingebüßt. Obwohl, man versucht viel wieder zu renovieren. Aber, wir waren damals jung und sahen nicht den Dreck u. den Verfall.

Ja, Arnstadt, gezwungenermaßen muß ich nun wieder dort arbeiten, d.h. für mich tägl. Bahnfahrt. Habe im Marienstift Mitte November begonnen. Und zwar als Op.-Schwester. Allerdings nur für 6 ½ Stdn., das genügt. Fahre morgens 6.05 u. bin gegen 14.30 wieder in Stadtilm. Brauche auch keine Schicht u. keinen Sonn- u Feiertagsdienst zu machen.

Im letzten Brief erwähnte ich auch, daß meine Mutter 70 wurde u. sich kreislaufmäßig nicht mehr so fühle. Nun, leider dauerte unsere Zeit des Miteinanders nicht mehr lange. Denn verg. Jahr, im August, 2 Tage vor ihrem 70. Geb., kam sie in die Klinik. Abrasion, Op., Nachbestrahlung (bekam ihr gar nicht gut); am 3.12. Entlassung u. am 7.1.83 verstarb sie schon. Für Mutti war es nur gut so, brauchte sie doch nicht die elende, lange Leidenszeit durchzumachen. Für uns natürlich hart! Ich hatte sie hier bei mir bis zum Schluß. Ja, so kann sich innerhalb eines Jahres doch so allerhand ereignen. So grüßt Euch ganz herzlich, Eure *Christa.*

*

Nbg., d. 31.8.83

Liebe Schw. Marlies!
Liebe Kursschwestern!
Ganz herzlichen Dank für Eure Berichte. Erst dachte ich schon, ich hatte heimlich schon auf den Rundbrief gewartet, daß ich nicht mehr mit im Bunde bin, da ich noch nicht einmal zum Treffen war. Desto größer war natürlich die Freude. Leider ist der Weg zum Treffen recht weit. 2 Tage nur Bahnfahrt muß ich schon einkalkulieren, also müßte ich 3 Tage einplanen. An einfachsten ginge es ja, wenn Ihr zu mir kommt, nur ist es vorläufig nicht sehr günstig, da meine Mutter jetzt fast immer bei mir ist, ein Zimmer für sich braucht, da sie die ganze Nacht umherwirtschaftet und sonst auch recht durcheinander ist, hochgradige Arteriosklerose. Ab Oktober arbeite ich 6 Std. leider wieder in Schicht auf der Kardiolog. Station, wo die Kardio-

log. Wachstation angeschlossen ist. Erst einmal für ½ Jahr. Leider ist in der Ambulanz keine Planstelle für 6 Std. zu vergeben. Es wird nach 7 Jahren Ambulanz wieder eine Umstellung werden. Da ändert sich doch manches bei den Medikamenten und Tröpfen. Aber meine Mutter ist mir jetzt wichtiger. Evtl. muß ich, falls es noch schlechter wird und das wird es wohl ganz bestimmt, ganz aufhören.

Ansonsten geht es, Gott sei Dank, meiner Familie und mir gut. An Dich, liebe Ruth, denke ich ganz besonders, hoffentlich bist Du wieder ganz zu Kräften gekommen. Christa wünsche ich für die gemeinsamen Ehejahre mit ihrem Mann alles Gute.

Es grüßt Euch alle ganz herzlich, *Elisabeth*.
*

26.10.83

Ihr Lieben alle!

Auf einer Pastorenrüste hier in Altenbrak im Harz komme ich endlich dazu, Euch zu danken für alle lieben Berichte und Grüße. Ich bin sehr froh und dankbar, daß ich meinen Mann hierher begleiten konnte. Wenn ich auch keine Spaziergänge mit unternehmen kann, höre ich mir doch gern Vorträge und dgl. an. Außerdem wird man für einige Tage der Hausfrauenpflichten enthoben, denen ich allerdings nur noch in „beschränktem Maße" nachkommen kann. Aber ich will nicht resignieren, sondern mir Mühe geben, mehr und mehr zu lernen, mich als Behinderter unter „Gesunden" zu bewegen. Das ist ein langer Lernprozeß. Wenn man die Augen offen hält, sieht und spürt man in schweren Zeiten Gottes Hilfe und Beistand. Wie oft wurde ich schon bei einem „Fall" vor einer Fraktur bewahrt...

Da wir – Gott sei Dank – einen „Trabi" besitzen, verbrachten wir den heutigen freien Nachmittag in Elbingerode. Es war mir eine Freude, mitzuerleben, wie M. selbständig eine innere Station versorgt. Da bekam man Lust mitzumachen. So Gott will beendet er 1984 seine vierjährige Ausbildung, G. machte im letzten Sommer ihr Examen und arbeitet nun in Woltersdorf bei Berlin. An solchen Ereignissen merkt man besonders, wie die Zeit eilt. Wir erleben: Aus Kindern werden erwachsene Leute, die versuchen, ihr Leben selbst zu gestalten. Euch allen liebe Grüße! Eure *Ruth*.

Z.Zt. Rockensußra, den 5.1.84

Liebe Schwester Marlies,
liebe Kursgeschwister!
Als ich vor etwa 2 Monaten den Rundbrief erhielt, kam ich gerade
von zuhause. Da las ich gleich im Stehen einige oder vielleicht doch
alle Berichte. Sie interessierten mich und ich danke herzlich dafür.
Nun muß ich mich gleich wieder entschuldigen, weil der Brief über
2 Monate bei mir lag. Aber es ist eben ein Zeichen dafür, daß ich einfach nicht rumkomme. Darunter leide ich natürlich auch. Ich weiß
auch nicht, was ich lassen sollte. Die Arbeit der Hausschwester ist
nicht in der täglichen Dienstzeit zu bewältigen. Dazu ist fast für 30
Diakonieschwestern zu sorgen, mindestens Geburtstage zu bedenken, monatlich ein Schwesternabend zu organisieren u. zu gestalten,
Gäste zu empfangen, dazu mal Gruppen einzuladen. Den Pflegevor-
jahresschülerinnen gebe ich wöchentlich eine Informationsstunde
über die Schwesternschaft usw.
Zuhause lagen jährlich immer wieder Reparaturen in dem primi-
tiven Einfamilienhaus an. 1983 kamen endlich 2 Ausgüsse ins Haus
u. Betonfußboden ins Wohnzimmer, weil es für Parterre neue Die-
len gibt. Für 1984 wünschte ich mir fließendes Wasser u. ein Toi-
lettenausbau, weil die Außentoilette 39 m vom Haus entfernt ist.
Das braucht alles viel Lauferei, Geld und eine Menge Eigenleistung.
Meine Mutter ist 78 Jahre u. Gretl 69. Beiden wird das Wasserholen
u. dgl. doch sehr schwer. Bei Schnee u. Glätte sind sie hilflos. D.h.
es kommt täglich eine Frau von der V(olks)S(olidarität) und bringt
das Mittagessen. Dies anzunehmen war mir anfangs schwer, aber nun
habe ich mich daran gewöhnt.
Z.T. genieße ich 3 Wochen Resturlaub zuhause. Vormittags habe
ich in Haus, Hof, Garten zu tun u. nachmittags versuche ich etwas
von meinem Briefschuldenberg abzutragen. Die Ruhe tut mir nach
der turbulenten Adventszeit u. dem Fest gut. Ich war erstmalig Weihnachten im Sophienhaus. Es graute mir echt davor. Wir waren Heiligabend immerhin 90 Personen, am 1. Feiertag deckten wir für 67
den Mittagstisch, nachmittags tranken die Feierabendschw. bei uns
Kaffee. Abends fiel alles wie ein schwerer Stein von mir. Ich war sehr
dankbar u. froh, bis dahin alles geschafft zu haben. Vor dem 2. Feiertag graute mir nicht mehr so u. auch nicht vor den Tagen bis zum
31.12. mit etwa 1/3 der Besetzung. Den 31.12.83 habe ich richtig
genossen. 4.50 ging ich aus dem Haus, hatte eine sehr angenehme
Fahrt u. war 8.45 zum Frühstück zuhause. Nun wünsche ich mir für
diese Tage nicht nur Ruhe sondern auch Stille. Wir haben sie wohl
alle nötig, denn von uns selber aus vermögen wir wohl nichts zu geben. In herzlicher Verbundenheit grüßt Sie u. Euch, Eure **Else-Marie.**

Teschen, d. 5. 2. 84

Liebe Kreofamilie ringsum im Lande!
Zu Beginn des Neuen Jahres kam der
Kreobrief hier an. Ich danke, daß alle
so herzlich u. fleißig berichten. In Gedanken
verweile ich beim Lesen bei jedem einzelnen ein paar Minuten u. über manches
Berichtete denke ich immer wieder nach.
Da möchte ich Sie, liebe Rose u.   , gleich herzlich
grüßen. — In unserer Sprechstunde kommt
ein junger Mann (Anf. 20) regelmäßig
zum Spritzen, er ist vor etwa 5 Jahren
an einer MS erkrankt. Und wir erleben
bei ihm das Auf u. Ab dieser Krankheit u. wie nötig immer wieder guter
Zuspruch ist. Und dann denke ich oft
an Sie dabei.
Und Sie, liebe Christa in Stadtilm, haben vor
Jahr die Mutter verloren. Wie gut, daß Sie
die Kraft hatten, sie bis zum Ende zu pflegen.
Beim Lesen Ihres Berichtes, liebe Else-Marie,
konnte ich mich des Eindruckes nicht erwehren, daß Sie etwas zuviel um die Ohren

Liebe Kursfamilie ringsum im Lande!

Zu Beginn des Neuen Jahres kam der Kursbrief hier an. Ich danke, daß alle so treulich und fleißig berichten. In Gedanken verweile ich beim Lesen bei jedem einzelnen ein paar Minuten u. über manches berichtete denke ich immer wieder nach. Da möchte ich Sie, liebe Ruth, gleich herzlich grüßen. In unsere Sprechstunde kommt ein junger Mann (Anf. 20) regelmäßig zum Spritzen. Er ist vor etwa 5 Jahren an einer MS erkrankt, und wir erleben beim ihm das Auf u. Ab dieser Krankheit u. wie nötig immer wieder guter Zuspruch ist. Und dann denke ich oft an Sie dabei.

Und Sie, liebe Christa in Stadtilm, haben vor 1 Jahr die Mutter verloren. Wie gut, daß Sie die Kraft hatten, sie bis zum Ende zu pflegen. Beim Lesen Ihres Berichtes, liebe Else-Marie, konnte ich mich des Eindruckes nicht erwehren, daß Sie etwas zu viel um die Ohren haben. Läßt sich da nicht etwas Abhilfe schaffen? Wir verfallen leicht in den Fehler zu meinen, alles selbst machen zu müssen. Doch eines Tages geht es nicht mehr.

Ich spüre jetzt öfter schmerzlich die Grenzen meiner Kraft. Da heißt's halt kürzer treten.

Hat denn irgendjemand mal was von Gisela N. in Erfahrung bringen können? In einem Brief fiel auch das Stichwort Kurstreffen. Ich würde gern mal wieder nach Teuchern einladen. Aber damit muß ich wohl warten, bis mein Chef in den Ruhestand geht. Voriges Jahr wurde er 65 J. Es wird ihm jetzt manchmal zuviel, besonders in Zeiten von Grippewellen. Aber ohne seine Praxis kann er kaum leben. Und die Pat. jammern jetzt schon, was werden soll, wenn er mal aufhört.

Das erste Halbjahr 83 u. der Herbst 82 standen für uns ganz im Zeichen von B. weiteren Ausbildungswegen. Mit Weimar war es ein Hin und Her: Bewerbung abgelehnt, wieder zurückgenommen u. im Jan. 83 endgültig abgelehnt (aus Kontingentgründen), trotz bester Beurteilungen der Musikschule Zeitz u. ihrer Dozentin aus Weimar. Eine Frage bei der Kirchenmusikschule in Halle ergab: Studienbeginn erst mit 18 J. Und sie wurde im Juni erst 16!

Es fand sich ein Ausweg im kirchenmusikal. Seminar in Halberstadt, die Kirchenmusiker im Nebenberuf ausbilden mit der C-Kantorenprüfung nach einem Jahr. Dort ist sie seit 1.9.83. Sie ist jetzt mit Leib und Seele an der Orgel u. beim Chorleiten u. bedauert überhaupt nicht mehr, daß es mit Weimar nicht geklappt hat. Nun steht die Frage ins Haus, wird sie ab Sept. 84 in Halle weiterstudieren können oder müssen wir noch 1 Jahr überbrücken. Am 13. Febr. soll in Halle ein Gespräch darüber sein u. eine Voraufnahmeprüfung.

P. wird im Sommer seine Facharbeiterprüfung als Schlosser ablegen. Diese Woche kam die Aufforderung zur Musterung. Mein Mann bekam kurz vor Weihnachten eine schmerzhafte Laryngitis, die ihn seitdem außer Gefecht gesetzt hat. Nach Abklingen des akuten Katarrhs stellte sich eine Stimmbanderschlaffung ein. Er fährt 2 x wöchentl. nach Halle in die Phoniatrie zur Behandlung.

B. u. ich hielten 2 Christvespern auf den Dörfern, u. auch hier tauschten wir schon die Rollen: mein Mann spielte Harmonium, ich hielt Lesegottesdienst. Wir müssen abwarten, wie es weitergeht. Zum Glück sind wir z.Zt. im Kirchenkreis ganz gut besetzt. Ich freue mich, daß die Tage wieder länger sind u. die Vögel schon anfangen zu singen. Die ersten Schneeglöckchen gucken. Das längste Stück des Winters haben wir sicher hinter uns.

Den vollen Kursbrief behalte ich jetzt hier. Wenn hier mal wieder ein Treffen stattfindet, dann lesen wir alles nochmal vor. Heute möchte ich mit einem Spruch der Chinesischen Weisheit schließen:

"Neben der edlen Kunst, Dinge zu verrichten, gibt es die edle Kunst, Dinge unverrichtet zu lassen."

Dazu möchte ich alle ermutigen! Bleiben Sie alle recht behütet u. seien Sie herzlich gegrüßt von Ihrer **Marlies** K.

*

K.-M.-Stadt, 22.2.84

Ihr Lieben!

Habt herzlichen Dank für alle Eure Berichte. Gelacht habe ich über Ursulas Mahnung an Elisabeth: in 15 Jahren gibt es Rente! Ja, man ertappt sich schon gelegentlich beim Rechnen, wie lange man denn nun noch täglich wie ein Uhrwerk zur Arbeit marschieren muß. Dabei habe ich eigentlich gar keinen Grund zur Klage, denn gesundheitlich geht mirs ganz gut, und ich sollte eher dankbar sein, daß ich arbeiten kann. Aber manchmal fällt diese Erkenntnis schwer, wenn der Arbeitstag wieder mal gar so lang und vom Anfang bis zum Ende ausgefüllt war.

An meinem Aufgabenbereich in der Poliklinik hat sich nun in den letzten 3 Jahren auch nichts mehr geändert. Es gibt zwar viel zu tun, aber es ist überschaubar und einigermaßen zu schaffen.

Mit unseren Müttern hatten wir im vorigen Jahr allerdings etwas Sorgen. Es sind nun doch die altersbedingten Krankheiten, die sie nicht mehr so gut verkraften. Meine Mutter wohnt ja zum Glück in Erfurt mit meiner Schwester zusammen. Das ist mir eine große Beruhigung. Die Schwiegermutter hier in K.-M.-Stadt war auch zeitweise pflegebedürftig. In solchen Zeiten muß man sich eines sehr großzügigen Arbeitsstils bedienen! Aber im Moment sind alle wieder einigermaßen wohlauf, und wir sind dankbar, daß noch nichts Schlimmeres kam. Über Gisela N. konnte ich leider auch nichts in Erfahrung bringen. Renate Wegener bekam keine Verbindung zu der Oberin in Buch. Mit vielen guten Wünschen für Euch alle

grüßt Euch herzlich Eure **Christiane.**

Erfurt, 24.3.84

Ihr Lieben!

Meinen Gruß voran fügte ich 2 Fotos von unserem letzten Treff im Okt. 82 bei. Christel fehlte leider bei unserem Iga-Ausflug, sonst wäre die Truppe vollständig.

Mit Freude, Interesse und auch Betroffenheit las ich Eure Berichte und danke für alles „Sich mitteilen". Es ist gar nicht einfach, eine Zusammenfassung vom Erlebten eines Jahres u. mehr zu finden. Stärker als Beruf und Privates hat mich 1983 der Kirchentag in Erfurt bewegt. Er setzte viele neue Akzente in großen und engeren Gesprächen, bei Vorträgen, Bibelarbeiten, Gottesdiensten u. Versammlungen, so daß das Thema „Vertrauen wagen" konkret u. erlebt wurde. Einige von

Euch haben sicher ähnliche Zusammenkünfte erlebt u. Erfahrungen gemacht. Dann stand Erfurt ganz im Mittelpunkt mit einer Festwoche in dem altehrwürdigen, historienumwobenen Augustinerkloster, das mit viel Mühe u. Sachkenntnis renoviert wurde. Es gab viele Gäste aus dem In- u. Ausland, darunter auch gute u. spritzige Referenten. Die Friedenswoche mit dem Friedensgebet rund um die Uhr (für die gesamte Zeit) löste die Luther-Festivitäten nahtlos ab. Viele Menschen drängten sich allabendlich in die Reglerkirche – mitunter stehend. Eröffnet wurde diese Abende von unserem Propst Dr. Falcke* unter dem Thema „die Kraft der Schwachen". Viel Mut – auch zu kleinen, geringfügigen Schritten, Entschuldigungen – wurde uns Christen hier gemacht. Die absolute Krönung dieser Friedenstage bildete die Anwesenheit von Pf. Heinrich Albertz**. Er sprach in einer total überfüllten Kirche, in den 1. Stuhlreihen die Honoratioren der Stadt u. des Bezirkes saßen. Er nannte in seiner Art die Dinge beim Namen, so daß aus seinem Vortrag eher eine Predigt wurde (2. Kor. 12 zugrunde legend – die große Einmischung Gottes in unser Tun, Reden u. Unterlassen). Ich kann hier nur andeuten.

Ihr Lieben, ich wünsche Euch, uns allen Gottes gutes Geleit. Bleibt behütet bei allen mehr oder weniger Beschwernissen. Es ist gut, daß wir durch den einen Herrn verbunden bleiben, der uns Wegweisung sein will.

Herzlich grüßt Euch, Eure Eva.

*

Erfurt, d. 26. 3.84

Meine Lieben!

Die Ruhe des Vormittags nutzte ich und las all' Eure Briefe mit großem Interesse. Ganz herzlichen Dank für alles mitteilen von Freude und Leid. Auch ich bin immer wieder froh und dankbar, daß unser Band noch nicht zerrissen ist. Ich habe sogar den Eindruck, es sei fester geworden.

Eine große Freude war es für mich, als an meinem Geburtstag unverhofft Else-Marie u. Christa mit Mann bei mir reinschauten. So waren wir drei nach langer Zeit mal wieder beieinander. Durch die anderen Gäste hatten wir leider nicht ganz so viel voneinander.

Unser C. hat nun seinen Platz in Weimar im Sophienhaus gefunden. Das war uns eine echte Gebetserhörung und Gott hat Tante Else-Marie als Werkzeug benutzt. C. ist seit Sept. 83 im Sophienhaus

---

* *Falcke, Heino* (* 1929) ev. Theologe, 1973-1994 Propst in Erfurt, bed. Denker und Mahner der evangelischen Kirchen in der DDR.

** *Albertz, Heinrich* (1915-1993) ev. Pastor und Politiker (SPD)

in der Verwaltung tätig u. beginnt im Herbst 84 mit der Lehre als Verwaltungsdiakon. Es macht ihm Freude, obwohl der „Frauenbetrieb" ihm manchmal auf die Nerven geht. S. hat im Mai-Juni ihr Abschlußexamen und wird dann im ev. Kinderhospital/Altenburg ihre Arbeit aufnehmen. Sie ist jetzt auch vornehmlich dort im Praktikum. Sollten wir in diesem Sommer noch nach Jena versetzt werden, so wird M. in Erfurt wohnen bleiben. Er hat vor, zum Herbst den Meisterlehrgang zu beginnen. Da er aber noch nicht bei der Armee war, läßt man ihn wohl zappeln. Es ist ähnlich wie bei Waltrauds L.

Unsere beiden Jüngsten wollen überhaupt nicht weg von Erfurt, aber auch mir wird ein Wechsel schwer. Doch in allem wollen wir Gott gehorchen und keine eigenen Wege gehen.

Am 8. Juli ist bei uns in Erfurt ein Gnadauer Gesangs-Gottesdienst, zu dem wir von vielen Gemeinschaften der DDR die Sänger erwarten (ca. 1000 Leute). Die Gottesdienste finden in 4 Kirchen statt und den Abschluß bildet ein gemeinsames Singen auf der Severiwiese beim Dom. Die Vorbereitungen sind voll im Gange. Wird das unsere letzte „Amtshandlung" in Erfurt sein? Auf längere Sicht könnte dann auch ein Kurstreffen in Jena geplant werden. Wir stehen jetzt in der Passionszeit. Es ist mein Wunsch und Bitte zum Herrn Jesus, daß wir uns nicht mitreißen lassen von allem Lärm und aller Hektik, sondern uns besinnen auf das, was Jesus für jeden von uns am Kreuz vollbracht hat. Wir haben es mit dem lebendigen Gottessohn zu tun, das darf uns froh machen.
Seid alle herzlich gegrüßt und dem treuen Herrn befohlen,

Eure **Christel** mit Familie.

*

Erfurt, d. 9.4.84

Ihr Lieben!

Mit Interesse habe ich Eure Berichte gelesen. Unverkennbar ist, daß Sie, liebe Schw. Marlies, noch immer, nach so vielen Jahren, unsere treusorgende Kursmutter sind. Haben Sie Dank für Ihre wertvollen Ratschläge, die wir alle beherzigen sollten.

Auch Du, liebe Christel, erinnerst uns daran, daß wir die Zeit zur Besinnung unbedingt haben sollten. Auch ich merke immer wieder, daß mir vieles mißlingt, wenn ich mich auf mich selbst verlasse!

Obwohl ich Dich, liebe Christel, selten gesehen habe, tut es mir leid, daß Ihr wahrscheinlich Erfurt verlassen werdet. Es ist einfach schade! – Andererseits werden alle, denen Ihr etwas oder auch viel geben konntet, dankbar dafür sein, daß Ihr nicht schon viel früher „ausgewechselt" wurdet.

Ich wohne immer noch in meiner Einraumwohnung. Es wird sich auch nichts daran ändern. Unzufrieden bin ich eigentlich selten. Warum auch? Meiner Mutter geht es nach einer Glaukom-Op. wieder gut. Wir sind sehr dankbar dafür, daß sie noch gut sehen kann. Meinen Geschwistern geht es auch allen gut. Geschieden wurde noch niemand von ihnen. Wir sind froh darüber, daß wir uns haben und wir freuen uns auf jeden Treff. Im Familienkreis wissen wir, daß wir uns aufeinander verlassen und uns auch vertrauen können. Ich wünschte mir auch für das tgl. Leben eine etwas freiere Atmosphäre. Manchmal muß ich schon aufpassen, daß ich mich von dem tgl. Kleinkrieg nicht unterkriegen lasse. Ein recht frohes und gesegnetes Osterfest wünscht Euch allen, Eure **Ruth** Begrich, die sich bemüht, auf dem richtigen Weg zu bleiben mit Gottes Hilfe.

*

25. April 1984

Ihr Lieben!

Mit Freuden nahm ich den Kursbrief in Empfang. Es ist doch schön, wenn man wieder voneinander hört. Ich bin Gott sei Dank aus dem Bezirkskrankenhaus Mühlhausen entlassen. Zu Hause kann ich mich frei bewegen und den Haushalt führen.-

Vom 28.3.84 bis 6.4.84 fuhr ich zu einer Freizeit nach Kloster Drübeck. Es war sehr schön dort und eine gute Gemeinschaft. Vom 13.4. bis 23.4.84 war meine älteste Schwester Ria von Celle aus der Lüneburger Heide da. Sie hatte ein Auto mit und so waren wir frei beweglich. Einmal waren wir in Wittenberg und besuchten die Lutherstätten, das Melanchthonhaus und die Stadtkirche sowie die Schloßkirche. Vom 26.4.-4.5.84 kommt meine andere Schwester, Sie hat kein Auto. Aber das macht nichts. Wir freuen uns schon sehr auf sie.

Zum Osterfest brachte meine Schwägerin uns bunte Ostereier mit. Meine Tante brachte uns auch Forsythien mit, die mit kleinen Ostereiern behängt sind. Der Frühling hat nun seinen Einzug gehalten. Überall grünt es und blüht es. Euch allen von Herzen alles Gute!

Gott befohlen! Eure **Anneliese**

*

Tabarz, den 15. Mai 1984

Ihr Lieben alle!

Es war schön, wieder von Euch allen zu hören, habt Dank für all Eure Briefe. Heute hat unsere Unterrichtsschwester, Gertraute Döhrmann, ihr 50-jähriges Schwesternjubiläum. Leider bin ich erst gestern dazu gekommen, ihr zu schreiben und ich habe ihr ein bißchen von uns erzählt und ihr geschrieben, daß wir uns dankbar ihrer erinnern. Sonst stehe ich nicht mit ihr in Verbindung, weiß auch nicht, ob sie noch in der Lage ist zu schreiben.

Wieder ist ein Winter in Tabarz überstanden, er war recht lange und anstrengend. Am 2. Februar erkrankte meine Kollegin und nahm erst vorigen Montag die Arbeit wieder auf. Dafür mußte ich mich am Mittwoch mit einer komischen Grippe legen, die auch noch nicht überwunden ist. Die Beine sind schlapp und immer habe ich leicht erhöhte Temperaturen. Doch es gibt Schlimmeres und vergeht auch wieder.

Ein einschneidendes Ereignis für die hiesige Gemeinde und für mich war der Pfarrerwechsel in Tabarz. Unser Pfr. Friedrich* ist Landesjugendpfarrer in Eisenach geworden und seit Ende Oktober haben wir wieder einen jungen Pfarrer. Er heißt XY, sein Vater war Pfarrer in Ostthüringen, zuletzt Sup. in Neustadt/Orla. Seine Eltern kannte ich von unserer Pößnecker Zeit her. Seine Mutter, die jetzt mit im Haus lebt, war bis zu ihrer Verheiratung auch Diakonieschwester. So gab es schon Verbindungen und man war sich nicht so fremd. Es ist nun der 4. Pfarrer, den ich in meiner Tabarzer Zeit erlebe und ich wünsche mir, daß ich nicht noch einmal einen Wechsel erleben muß. Es dauert doch immer eine Zeit, bis man sich an die Eigenarten eines Jeden gewöhnt hat. An manches kann man sich auch nicht gewöhnen, aber mit zunehmenden Alter hört man auf, sich über Dinge zu ereifern, die man nicht ändern kann. Ich habe aber den Eindruck, daß ich mit XY gute Zeiten haben kann und das ist sehr wesentlich für die gesamte Gemeindearbeit. Das Ehepaar ist bis jetzt kinderlos und Frau XY arbeitet als Krankenschwester in der Veronika. Pfr. XY hat vor seinem Theologiestudium die C-Kantorenprüfung gemacht und hat gleich zu Beginn seiner Amtszeit einen Kirchenchor ins Leben gerufen. Darüber freue ich mich sehr und es haben sich auch schon eine ganz schöne Zahl Sänger für diesen Dienst rufen lassen.

Viel Freude darf ich an meinem kleinen Patenjungen Friedemann W. hier im Haus erleben. Er ist vorige Woche 2 Jahre alt geworden, singt, springt und plappert den ganzen Tag. Es ist auch für die Familie W. ein großes Geschenk, dieses fröhliche, gesunde Kind wieder geschenkt bekommen zu haben. Es lindert den Schmerz von Wilfrieds Tod, es werden im August schon 4 Jahre, doch etwas.–

Mein Vater befindet sich wieder einmal auf Reisen. So Gott will, wollen wir im Juni/Juli zusammen in Chorin Urlaub machen. Es ist für ihn schon auch wichtig, dem Altersheim ab und zu zu entfliehen, so gut er es dort auch hat. Jeder von den alten Menschen hat so seine Besonderheiten und mit den Jahren geht man sich doch auf den

* *Friedrich, Jürgen* (*1944) 1976-1983 Pfarrer in Tabarz, bis 1988 Landesjugendpfarrer in Eisenach, 1991-2009 Direktor Marienstift Arnstadt

Geist. Da ist ein Abstand immer einmal gut. – Ich wünsche Euch allen einen schönen Sommer mit guten Ferienerlebnissen und für den Alltag Kraft für jeden neuen Tag.

Viele liebe Grüße von Eurer **Renate.**

*

Dresden, am 30.5.84

Ihr Lieben!

Seid herzlich gegrüßt und bedankt für all Euer Berichten. Ich freue mich, daß der Rundbrief mich nun auch in meiner neuen Wohnung erreicht hat. Seit 16.11.83 sitze ich nun im warmen, trockenen, hellen und eigenen Nest und fühle mich sehr wohl, und oft bin ich erstaunt und sehr dankbar, daß alles so gut sich für mich ergeben hat. Das Zimmer ist 22 qm groß, hat eine Loggia nach Westen über die ganze Breite des Zimmers, die Küche ist 5,5 qm groß, ohne Fenster, mit Durchreiche zum Zimmer, die ich aber mit Büchern vollgestellt habe. Das Bad genieße ich, und im Korridor ist noch Platz für einen Kleider-Wäscheschrank. Die Wohnung liegt zentral, ich habe gute Verbindung zur Akademie, in die Pragerstraße kann ich laufen in 10'. Vom Bahnhof, der nur 1 Straßenbahnhaltestelle entfernt liegt, höre ich nichts, nur die Straßenbahn vorm Haus macht ganz schön Lärm. Aber man kann nachts sogar mit offenem Fenster schlafen. Ihr seht, es gibt für mich viel Grund zum Danken. Daheim bei meinen Eltern ist immer allerlei los durch die große Familie.

Pfingsten wird das 13. Enkelkind erwartet, es ist also nie langweilig. Meist haben meine Eltern zu viel vor und es ist nicht immer leicht für sie zu entscheiden, wo man einschränken muß und zu manchen Dingen „Nein" sagen muß. Mein Vater wird im Sept. 75 Jahre alt und wir wollen versuchen, alle zu einem Familientag bei meiner jüngsten Schwester uns zu treffen, sie haben ein großes Pfarrhaus und einen noch größeren Pfarrgarten. Wir hoffen, daß das Wetter schön ist und man sich draußen aufhalten kann. Vor allem für die Kinder aller Altersstufen (17-0,5 Jahre) wäre es angenehmer.

Im Urlaub will ich mit meiner anderen Schwester für 1 Woche nach Bratislava ins Studentenwohnheim, dadurch brauchen wir nur wenig und in Mark für die Übernachtung zu bezahlen, weitere Pläne habe ich noch nicht.

Euch allen, so weit Euch der Brief noch vorm Urlaub erreicht, einen wirklich erholsamen Urlaub, allen zusammen aber mit all' ihren Lieben einen ganz herzlichen Gruß von Eurer **Maria.**

*

Ihr Lieben!

Es wird Zeit, daß der Rundbrief wieder auf Reisen geht, er hat ja nun den „Sommer" bei mir verbracht. Habt Dank für all Euere Berichte. Ja, in einem Jahr ereignet sich sehr viel, ich muß sagen, das letzte Jahr hat sich um mich auch wie ein Kreisel gedreht. Zur Ruhe bin ich so gut wie gar nicht gekommen, manchmal komme ich mir schon richtig abwesend hervor, was so alles in meinem Kopf herumschwirrt und zu bewältigen war.

Im Sept. 83 nahm ich nochmals eine Qualifizierung für Arbeitshygiene auf mich, die mich bis zum Sommer 1984 doch ganz ordentlich forderte. Das Fachschulpensum ist doch jetzt schon ganz schön hochgeschraubt und ein älterer Kopf braucht halt länger, bis er begreift. Man hat mich auch vor keiner Prüfung verschont. Das Familienprogramm und der Dienst sind für Mutter immer eine Selbstverständlichkeit.

M. machte seinen 10. Klasse-Abschluß, seit Sept. 1984 nennt er sich „Student" der Med. Fachschule – sprich Ausbildung in der Krankenpflege. Er hat viel Freude daran, an der Praxis mehr als an der Theorie. Gestartet ist er auf Innere Männer.

Anfang Dezember 83 legte sich meine Schwiegermutter, nach kurzem Krankenlager ist sie friedlich am 16. Dez. eingeschlafen. Nachdem sie in letzte Zeit sehr durcheinander war und viel wanderte, war es doch auf einmal sehr, sehr still im Haus.

Im Frühjahr mußte dann meine Mutter für einige Wochen sehr streng das Bett hüten und als sie sich im Frühjahr so einigermaßen erholt hatte, mußte Vater plötzlich ins Krankenhaus – Gangrän* bei Diabetes am re. Fuß.

Wir hatten eine größere Urlaubsreise in die SU vor, nach Meinung des behandelnden Artes gab es auch keinen Hinderungsgrund zum Fahren. Als wir Anfang August wiederkamen, fanden wir unsere Mutter völlig hilflos und verstört vor. Vater hatte man das rechte Bein amputiert, er war schwerstkrank, wahrscheinlich ins Koma gerutscht, nicht mehr klar. Dauerkatheter usw. So begann für mich täglich eine mehrstündige Mission im Krankenhaus, um das zu tun, was leider heute nicht mehr so selbstverständlich ist oder nur in der Theorie gelehrt wird, in der Praxis fehlt die Zeit oder wird sich nicht mehr genommen. Da Vater nichts mehr zu sich nahm, begann ich mit Babynahrung. An Infusionen, guten Medikamenten, Blut usw. sparte man nicht, meine Hilfe wurde auch dankend angenommen und ärztlich befürwortet.

---

* Gewebsnekrose, meist infolge von Blutunterversorgung

Es ging bergauf, Dekubitus und Wunde heilten gut. Ende Sept. bekam er den 1. Wochenendurlaub.

Beim 4. Wochenendurlaub mußten wir unterbrechen, der Katheter war verstopft. Vergangene Woche wurde Vater nochmal operiert, Prostata. Es geht ihm nach 1 Woche gut. Inzwischen hat man ihm schon eine Prothese angemessen, so wollen wir hoffen und beten, daß wir ihn bis Weihnachten etwas auf die Beine bekommen. Mutter wohnt z. Zt. noch bei uns, aber wir wollen bald mit einer gründlichen Reinigung in ihrer Wohnung beginnen, denn die Beiden haben den guten Willen, nochmal zu Hause zu sein.

Das war es nun von mir und meiner Familie, hoffentlich überwiegen beim nächsten Mal etwas positivere Ereignisse meinen Bericht. Mit vielen lieben Grüßen, verbleibe ich.

Euere *Ursula.*

*

Allstedt, d. 06.12.84

Ihr Lieben alle!

Zum Nikolaustag gehen meine herzlichen Grüße zu Euch überall im Lande. Wie freue ich mich immer, wenn sich der Kursbrief bei mir am Ende der Welt einfindet. Habt herzlichen Dank für Eure Berichte von Freude und auch Leid in Familie und Beruf. Es ist eine große Gabe, daß wir uns einander so mitteilen dürfen. Ich denke es hilft uns auch weiter, daß jeder auf seinem Platz sich in einer Gemeinschaft geborgen weiß.

Mein Leben verläuft in den gewohnten Bahnen und hat sich seit meinem letzten Bericht nicht verändert. Meine Reise zur Kur im vergangenen Jahr führte mich nach Karlsbad. Man hatte die Kur für mich im Kaukasus, aber ich mußte ablehnen, da sie nicht in die Ferienzeit fiel u. A. dann nicht versorgt gewesen wäre.

3 Wochen durfte ich mich bei herrlichem Wetter auf mich selbst besinnen. Die Behandlung war nicht sehr anstrengend und ich hatte so viel freie Zeit für mich selbst, wie nie zuvor. Die Gesellschaft war angenehm u. es wurde viel gewandert, gelesen u. herrliche Konzerte besucht. In Karlsbad selbst kann man sich tagsüber und vor allem in der Ferienzeit kaum aufhalten. Es ist vollgestopft von Touristen u. erst wenn die Tagesausflügler wieder die Heimreise angetreten haben, kann man die Parks genießen.

Tagesausflüge führten uns nach Prag, Franzensbad u. Marienbad. Jedenfalls zehre ich noch von der Erinnerung. Meine Rückenschmerzen haben sich durch die Thermalbehandlung auch wesentlich gebessert. Hier zu Hause gibt es keine Neuigkeiten. A. wird schon wieder 10 Jahre alt u. die Schule macht ihr noch Spaß. L. wartet noch auf die Einberufung. Er verlobte sich zu Pfingsten. Seine Verlobte studiert in

Erfurt, wird aber Ende Januar fertig u. kommt dann als Bauingenieur nach Sangerhausen. Nun Ihr Lieben alle, wünsche ich eine recht gesegnete und besinnliche Weihnachtszeit und Gottes Segen und Geleit für das kommende Jahr.

Herzlichst Eure Waltraud.

*

27.12.84

Ihr Lieben!

Herzlichen Dank für alle Berichte, alle guten Gedanken, alle guten Wünsche die jeder von uns sicher gut gebrauchen kann. Und so möchte ich Euch allen für 1985 viel, viel Gutes, ein gesegnetes Jahr, wünschen – und uns allen den Frieden.

Ich bin immer noch in Wismar, ich arbeite immer noch in der Rheumatologie und ich bin noch nicht in eine andere Wohnung gezogen. Und doch hat das Jahr nicht nur immer das tägliche Allerlei geboten, es gab auch viel Schönes und vor allen Dingen eine kleine Erinnerungsfahrt mit dem Auto: Weimar, Erfurt, Arnstadt, Eisenach, und das war ganz wunderschön und die Zeiten vor 25 Jahren sehr gegenwärtig. Zu einem Besuch bei einem von Euch reichte es nicht.

Liebe Schwester Marlies, haben Sie Dank für den Spruch. In Unserer schnelllebigen und hektischen Zeit können wir nicht bestehen, wenn es uns nicht gelingt, das Wesentliche vom Unwesentlichen zu trennen – und danach zu handeln. Und wir wollen uns vom „täglichen Kleinkrieg" – wie Du es schreibst, liebe Ruth – nicht unterkriegen lassen, das ist auch für mich ein tägliches „Übungsprogramm".

Wie wollen wir dankbar sein, wenn unsere Familie und unsere Freunde unser Vertrauen nicht mißbrauchen! Und trotz allem habe ich Freude am Leben und kann es meistens morgens neu und in Erwartung beginnen. Viele herzliche Grüße Euch allen, Eure Lotti.

*

Am 28.1.85 z. Zt. Altenbrak i. Harz

Ihr Lieben!

Wieder ging der Rundbrief mit in das Schwesternerholungsheim Altenbrak – siehe Ruth's Kartengruß vom 6.10.83. Bin hier zu einer Seminarwoche der Absolventen vom Fernunterricht. An den Vormittagen Vorträge, nachmittags darf jeder frei verfügen, wonach ihm der Sinn steht. Die Abende sind auch meist mit Besprechungen, „Technica", ausgefüllt. Für mich ist der Harz Neuland und so freue ich mich über jedes Stück Land, das ich neu kennen lernen darf. Leider sind die Wanderwege zu Eisbahnen geworden, so daß es oft recht anstrengend ist, um flott vorwärts zu kommen. Na, an den Winter 85 werden wir sowieso lange denken –3 Woche Dauerfrost mit viel Schnee. Erinnerung an Euch, die Ihr das Heft vielleicht bei 30 Grad im Schatten zur Hand habt!

Es werden im März schon wieder 3 Jahre, daß ich in Stadtilm bin. Inzwischen ist auch mein Vater verstorben (Herzinfarkt). Nur 1 Jahr u 3 Monate durfte er unsere Mutter überleben. Manchmal ist's schon eigenartig. Höhen und Tiefen des Menschseins wollen durchlebt sein. Da gehört auch der Tod eines lieben Nächsten mit hinein.

In das orthopädische „Handwerk" habe ich mich nun auch eingewöhnt. Werde jetzt für das Instrumentieren der Endoprothesen eingeübt. Bisher taten dies nur der „Boß" (unser leitender Op-Pfleger) sowie eine andere Kollegin. Aber, unser Boß hat die Ausreise beantragt, so muß ich halt ran. Ich von mir aus wollte es nicht mehr, das ganze Drum und Dran. Irgendwie möchte ich nicht mehr allzuviel Aufregung diesbezüglich. Zum Dienst der freien Wortverkündigung werde ich auch in Stadtilm eingesetzt. Hierbei bin ich immer wieder dankbar, für alle Kraft, die mir für diese Aufgaben geschenkt wird. Ob wir uns bald einmal wiedertreffen??

Mit ganz herzlichen Grüßen, Eure **Christa.**

*

Nbg., d. 13.2.85

Liebe Schwester Marlies!

Liebe Kursschwestern!

Herzlich danke ich Euch für Eure Berichte. Mit großem Interesse las ich Eure Erlebnisse. Dieses Jahr hat ja man erst angefangen, da möchte ich Euch alles erdenklich Gute wünschen und daß wir weiter, in welcher Situation wir auch sind, mit Gottes Hilfe den Alltag meistern. Von mir und meiner Familie gibt es nichts neues zu berichten. Die Kinder wachsen und gedeihen, ohne daß man es groß merkt, weil man ja den ganzen Tag im Betrieb ist. Jetzt arbeite ich wieder voll in der Endoskopie. Die 6 Std. Schichtarbeit auf Station war zwar sehr interessant, aber auch die Dauer-Schicht mit 20 Überstunden pro Monat ist nicht mehr meine Masche, da bleibe ich lieber bei meinem alten Eisen.

Unsere Mutter wird leider geistig immer hinfälliger, sie fragt 10x kurz hintereinander dasselbe, und weiß oft gar nicht, wo sie ist. Wir Geschwister lösen uns in der Pflege ab, daß sich jeder mal zwischendurch erholen kann. Wer weiß, wie es uns noch einmal gehen wird. Man merkt nun auch schon langsam, daß man nicht mehr zum jungen Eisen gehört. Aber jedes Alter hat auch seine angenehmen Reize. Man muß eben aus allem das Beste machen. Meine Devise lautet, wenn es brenzlig wird: „Ran und durch". „Frisch gewagt ist halb gewonnen." Das wünsche ich Euch allen mit den herzlichsten Grüßen!

Eure **Elisabeth.**

Jeeben, 17.3.85

Ihr Lieben alle!

Jedesmal, wenn der Kursbrief kommt, empfange ich ihn als Geschenk. Es ist wunderbar daß wir schon solange zusammengehören dürfen.

Als wir heute morgen aus dem Fenster schauten, stellten wir fest, daß der Winter wieder zurückgekehrt ist. Bäume, Sträucher und Rasenflächen waren aufs neue mit einer Schneedecke überzogen. Sicher sehnt Ihr Euch auch nach dem Frühling. Ihr, die Ihr im Pfarramt seid oder gar aus Pfarrhäusern kommt, wißt, daß das Winterhalbjahr besonders viel Arbeit mit sich bringt: Die Frauenarbeit wird intensiver betrieben als sonst, Rüsten oder Rüsttage finden statt, Bibelwoche in der eigenen Gemeinde und außerhalb. Die Kirchenkassen (7) sollen bis 31 März abgeschlossen sein... Im Januar hatten wir den Pfarrkonvent zu Gast. Zwei treue Frauen aus der Gemeinde haben wir bei solchen Anlässen zur Hilfe, da wir's allein nicht bewältigen könnten. Jetzt beginnen die Vorbereitungen für Ostern und Konfirmation. Dann kommt – hoffentlich – eine kleine Ruhepause. Da es mir in den letzten Monaten gar nicht gut ging, nahm mein Hausarzt – auf meine Bitte – eine Vitaminspritzen-Tablettenkur (Dexamethason) vor, 3-4 Wochen. Da gerade Schulferien waren, konnte ich mich viel hinlegen, mein Mann kochte. Ich habe den Eindruck, daß das nicht umsonst war, sondern daß die Vitamine gut tun. Und vielleicht sollen die B1-Spritzen in Abständen beibehalten werden. Ein Nervenarzt ist nicht in der Nähe, der befragt werden könnte. So müssen wir unsere Erfahrungen anwenden.

Aber wir haben ja einen großen himmlischen Arzt, der helfen kann. Seine Zusagen sind die wertvollsten und lassen uns auch im Leid Freude erleben.

Noch kurze Familiennachrichten: G. heiratete im vorigen Herbst. M. verlobte sich zum Jahreswechsel und möchte noch in diesem Jahr heiraten. Schon jetzt grüße ich Euch herzlich zu Ostern mit dem Wort aus Kol. 2.12: „Mit Jesus seid auch ihr auferstanden durch den Glauben, den Gott wirkt."

Eure *Ruth*

*

Weimar, den 21.3.85

Liebe Schwester Marlies,
liebe Kursgeschwister!

Weil ich Rekonvaleszent nach einer Blinddarmop bin, habe ich Zeit, gleich zu schreiben u. den dicken Brief weiterzuschicken. Habt Dank für alle Berichte. Diesmal war ich erschüttert, was so manche von Euch in einem Jahr erlebt haben. Andererseits ist es zum Danken, daß Ihr auch immer wieder die Kraft dafür geschenkt bekamt. Das letzte Jahr stand bei mir nur unter dem Zeichen des Klärgrubenbaus, Wasserleitung legen, Umbau im Haus, um Raum für 1 Toilette u. evtl. Bad zu bekommen. Das war mir fast zu viel u. oft hielt ich mich mit ganz bestimmten Gottesworten hoch zum Weitermachen, mal mit Tageslosung, aber immer wieder nahm ich den Herrn auch beim Wort, daß ER „Waisen" beistehen will. Ich kam irgendwie auf den Gedanken, weil ich ja schon lange keinen Vater mehr habe u. auch keine Geschwister. Und für solche Bauerei ja eigentlich ein Mann gebraucht wird. So erfuhr ich auch immer wieder Hilfe. Es gab auch manche Komplikationen. Aber immerhin am 19.10. – Geburtstag meiner Mutter – bekamen wir die Genehmigung, daß die Klärgrube zugedeckt u. benutzt werden dürfe. Das Wasser ist noch trübe aus der Leitung, da das Rohr etwas zu tief in den Brunnen hineinragt. Das muß irgendwann noch korrigiert werden. – Meine Mutter u. Grete waren aber in diesem Winter täglich dankbar für die Innentoilette. Grete hatte auch keine Blasenentzündung mehr u. auch die rheumatischen Beschwerden waren wesentlich zurückgegangen. Das war mir dann doch eine Bestätigung, daß dieser Großangriff nötig u. richtig war.

In Weimar wurde die Teeküche umgebaut. Nichts außer dem Gasherd ist vom alten Mobiliar oder Wände oder Fenstern geblieben. Das gab manche Erschwernis, worauf anfangs Rücksicht genommen wurde, aber später hatte man sich an die Umständlichkeit gewöhnt u. das Programm lief wie immer. Oft mußte ich die Mannschaft ermuntern, alles nicht so schwer u. tragisch zu nehmen. Nun fehlen bis auf 1 Schrank noch alle Möbel in der Teeküche. Der Umbau läuft seit Jan. 84.

Liebe Schwester Marlies, danke für alle Anteilnahme u. liebevolles Raten. Ich denke auch sehr oft darüber nach, was ich lassen könnte oder abgeben, aber sehe da nichts Rechtes. Sr. Herta, die 1. Hausschw. arbeitet 6 Tage voll u. hat danach 8 Tage frei. Die sog. 3. Hausschw. arbeitet täglich 6 Std., ist verheiratet u. hat 3 kleine Kinder. Beiden kann man unmöglich mehr aufladen. Aber zuletzt wird man dann lustlos oder verärgert – gell. So will ich mich bemühen, wirklich die Last des einen Tages zu sehen u. mich nicht zu sorgen. Ihnen u. Euch allen eine gesegnete Passionszeit.

Liebe Grüße Euere Else-Marie.

*

eine gesegnete Passionszeit,
liebe Grüße
Eure Eva-Marie

Z.Zt. Themar, d. 22.4.85

Liebe Kursfamilie, ringsum im Lande!

Wieder beginnt eine neue Runde unseres Kursbriefes. Wie schön, daß alle so getreulich mitmachen und sich offenbar jeder freut, wenn der dicke Brief ins Haus trudelt!

Ein reichliches Jahr ist seit meinem letzten Bericht vergangen. Und jede Einzelne von uns hat viel an guten und schweren Erlebnissen gehabt. Doch in jedem Brief ist der „rote Faden" spürbar, daß wir uns geführt wissen. Und dieser unser Glaube ist Gabe und Aufgabe zugleich.

Es ist in mehreren Beiträgen von schwerer Krankheit u. Sterben die Rede. Und je älter wir werden, umso öfter werden wir damit konfrontiert werden. Nun kommt mir ein kleines Gedicht in den Sinn (ich habe es jetzt aber nicht zur Hand), in dem vom Abstieg in unserem Leben die Rede ist. Dessen letzte Zeile lautet: „ganz unten wartest Du." Das finde ich so sehr tröstlich. Wir können immer nur in die ausgebreiteten Heilandsarme fallen.

Aber noch leben wir und versuchen uns den Aufgaben zu stellen, die jeder Tag bringt. Und diese sind gar vielfältig: in der eigenen Familie, im Beruf, in der Kirchengemeinde und anderes mehr. Zwar möchte man auch manchmal angesichts der Not in

der Welt, des Wettrüstens und der Umweltverschmutzung verzagen. Doch sind wir hier im besonderen aufgerufen, der um sich greifenden Resignation zu wehren. Versöhnung beginnt im Kleinen. Ebenfalls kann jeder von uns etwas zur Wiederherstellung des ökologischen Gleichgewichtes tun. Von Albert Schweitzer stammt der Ausspruch: *„Das Wenige, das Du tun kannst, ist viel."*
Nun einiges von unserer Familie. In einem Jahr passiert ja eine ganze Mange. P. wurde Facharbeiter – Schlosser. Seit dem 1.4.85 arbeitet er im Braunkohlekombinat in Deuben (4 km von Teuchern) im Schichtdienst als Anlagenfahrer im Kraftwerk. Es gefällt ihm und vor allem verdient er gut. Und das braucht es, denn im September wird er Vater! Seine G. ist ein nettes Mädchen; aber noch in der Ausbildung als Zahntechnikerin. Sie sind beide noch sehr jung. Sie freuen sich auf ihr Kind und haben nicht eine Minute an eine Unterbrechung gedacht. Darüber sind wir froh u. wir sagen uns, wir wollen ihnen ihre Verantwortung nicht abnehmen, aber wir wollen ihnen helfen, sie zu tragen.
B. hat im Juli 84 in Halberstadt ihre C-Kantorenprüfung abgelegt und wurde in Halle an der Kirchenmusikschule angenommen. Dort erhält sie eine umfassende Ausbildung und nach 4 Jahren B-Kantor-Katechetin. Sie hat sehr viele Interessen u. man muß manchmal etwas bremsen, damit sie sich nicht übernimmt.
Letzten Sonnabend hat sie uns in Teuchern mit 2 jungen Leuten eine kleine Abendmusik gestaltet anläßlich der Einweihung unserer neuen Kleinorgel im Gemeinderaum. Das war sehr schön. Wir machen in Teuchern 4-5 mal im Jahr Kirchenkonzerte, die für unseren kleinen Ort recht gut besucht werden. Ein besonderes Erlebnis war Ende März dieses Jahres eine Aufführung der Markus-Passion von Reinhard Keiser*, der 1674 in Teuchern geboren wurde. Es ist eine wunderschöne Musik. Chor und Orchester waren aus Leipzig gekommen von der Universität.
Im Herbst 85 wird der andere Pfarrer von Teuchern wegziehen. Er wird Superintendent in Könnern. Da entstehen eine Menge Probleme. Für Teuchern ist nur noch 1 Pfarrstelle vorgesehen. Wird mein Mann das allein schaffen? Denn seine angeschlagene Stimme macht ihm immer wieder zu schaffen. Was wird aus dem 2. Pfarrhaus? Wir sollen evtl. ausziehen u. unser Haus

---

* *Keiser, Reinhard* (1674-1739), wie sein Vater *Gottfried Keiser* (1650 - n. 1712) Komponist in Teuchern. Als Komponist der Passion wird heute eher der Vater angenommen.

verkauft werden. Dazu haben wir aber nicht viel Lust; denn wir fühlen uns wohl und haben eine Menge investiert in die Wohnung und in den Garten. Evtl. könnten wir dann im Ruhestand dableiben, denn das ist ja auch so ein ungelöstes Problem, wohin mit den Ruheständlern. Doch das andere Pfarrhaus müßte unbedingt gehalten werden; denn da sind die Gemeinderäume, Teeküche, Toilette usw. Wir hatten schon schlaflose Nächte deswegen. Wir müssen es abwarten u. überlegen. Es kommt schon alles, wie es muß.

Ich arbeite noch in der Praxis. Aber mein Chef wird wohl bald aufhören. Er wird im August 67 J. alt und seine Frau ist nicht gesund. Die Patienten jammern, was aus ihnen werden soll. Besonders für unsere Ältesten wird es schlimm; denn um diese hat er sich rührend gekümmert. Ich werde sicherlich keine neue Arbeit annehmen, habe genug in der eigenen Familie und in der Gemeinde zur tun. Außerdem werde ich Großmutter!

26.4.85
Mein Mann und ich verleben 1 Urlaubswoche bei meiner Mutter in Themar. Erinnern Sie sich noch an den Ausflug hierher nach dem Examen?

Das große Haus wurde verkauft an die Mieter, die schon lange drin wohnen. Meine Mutter hat Wohnrecht auf Lebenszeit mit 2 Zimmern u. kleiner Küche. Sie ist mit ihren 77 Jahren relativ munter und freut sich, wenn ihre Kinder oder Enkel zu Besuch kommen.

Wir sind froh, ein paar Tage ausspannen zu dürfen. Es war sehr nötig. Trotz wechselhaften Wetters sind wir viel gewandert; einen Tag sogar 16 km auf dem Rennsteig lang, wo uns die Aprilsonne richtig braungebrannt hat in den Gesichtern.

Ich wünsche Ihnen allen, daß Sie nicht unter der Last der Pflichten verzagen, sondern rechtzeitig Hilfe kommt oder eine Bremse vorgeschoben wird (z.B. durch einen gereizten Blinddarm).

Bleiben Sie mit Ihren Lieben recht behütet!

Mit vielen lieben Grüßen,
Ihre **Marlies K.**

(Der volle Brief wird wieder in Teuchern aufbewahrt.)

*

K.-M.-Stadt, d. 8.6.85

Ihr Lieben!

Habt Dank für alle Eure Berichte. Der vergangenen 2 Jahre waren ja für einige von Euch wahrhaftig keine leichten. Da werden beim Lesen die eigenen Problemchen und Kümmernisse verschwindend klein.

Bei mir hat sich im dienstlichen Bereich eine Veränderung ergeben. Zu Anfang des Jahres ging unsere Nervenärztin weg und die Abteilung wurde somit aufgelöst, da in anderen Polikliniken „genügend" Nervenärzte arbeiten. Mir hat das alles sehr leid getan, und auch vonseiten der Patienten gab es oft einen schweren Abschied. Seit Februar arbeite ich nun bei der Oberärztin der allgemeinmedizin. Abteilungen unserer Poliklinik. Sie ist ein sehr netter Mensch, aber die Sprechstunde ist umfangreich und es geht oft sehr hektisch zu und spätestens auf dem Heimweg merke ich dann, daß es wieder mal fast zuviel war. Insgeheim hoffe ich ja immer noch auf eine andere Lösung für mich.

Sonst geht es aber meinem Mann und mir bis auf ein paar kleine Weh-wehchen ganz gut. Meine Mutter wird in diesem Jahr 80. Sie fühlt sich auch zur Zeit recht wohl. Im vorigen Herbst machte ihr eine Digitoxinüberdosierung zu schaffen. Wir hatten sie 4 Wochen bei uns, und mit unserer Poliklinik-Ärzte überwand sie bald den bedenklichen Zustand. Ich durfte auch in der Zeit verkürzt arbeiten. In Erfurt wohnt sie ja mit meiner Schwester zusammen, und auch mein Schwager ist unserer Mutter gegenüber sehr aufmerksam und ein friedlicher Mensch. Das ist mir schon eine große Beruhigung.

Meine Schwiegermutter hier in K. M. Stadt macht uns immer mal Sorgen durch ihre gehäuften schweren Bronchitiden. Da gibt es schon gelegentlich einzuspringen. Aber es ist noch kein Vergleich, mit den Aufgaben, die z.B. Du, liebe Ursel, zu bewältigen hattest und sicher noch hast.

Ein lieber Ausgleich für den oft recht sauren Alltag ist uns unser Garten, und wir bemühen uns, ihn wenigstens am Wochenende etwas zu genießen. An den Werktagen wird ja bei uns Vollbeschäftigten nicht mehr viel nebenbei. Wir können uns auch nur sehr selten zu irgendwelchen Abendveranstaltungen aufraffen. Das tut uns schon leid bei dem oft verlockenden Angebot.

In der kommenden Woche beginnt nun unser Urlaub. Wir wollen ihn diesmal in Brandenburg verbringen Das Wichernhaus bot im Frühjahr durch die Kirchenzeitung Übernachtungsmöglichkeiten an, und da bei uns ein anderer Urlaubsplan gerade geplatzt war, haben wir uns dort angemeldet. Wir kennen die Gegend noch wenig und freuen uns sehr darauf!

Ich wünsche Euch allen recht unbeschwerte sonnige Urlaube, wovon möglichst lange gezehrt werden kann.

Es grüßt Euch herzlich Eure **Christiane**.

*

26.6.85

Liebe Schwester Marlies!

Liebe Kursgeschwister!

Herzlichen Dank Euch allen für Euere Berichte und lieben Grüße. Es ist schön, von allen, wenn auch in zeitlichem Abstand, zu hören. Es gibt über vieles nachzudenken und an den Anderen zu denken und auch viel Grund zum Danken.

Von mir selbst gibts nichts Neues zu berichten. Die Arbeit macht Freude, wenn auch sehr viel zu tun ist und die Termine drängen. Häufig bleibt nicht mal Zeit zum Frühstück oder um ein Telefongespräch mit Daheim zu führen. Im Moment sitze ich seit Wochen an der Analytik einer bestimmten Substanz, von deren Bestimmung ein Serum bei gesunden Probanden im Vergleich zu einem bisher für harte Währung eingeführten Arzneimittel allerlei abhängt. Hoffentlich klappts bald und dann kommen andere Substanzen an die Reihe.

Meiner neuen Wohnung erfreue ich mich bisher noch und genieße. Zur Zeit allerdings fehlt uns für 3 Wochen Warmwasser + Heizung wegen der alljährlichen Überprüfung und Reparatur. An das kalte Wasser muß man sich erst wieder gewöhnen, aber ein Tauchsieder tut mir gute Dienste.

Meinen Eltern geht's dem Alter entsprechend gut. Sie haben nach wie vor viel „um die Ohren". Wir hoffen nächstes Jahr im April mit der ganzen Familie ihre Goldene Hochzeit feiern zu können. Jetzt, am 6.7., trifft sich alles in Löbau, bei meinem Bruder zum Familientreffen.Laßt Euch lieb grüßen und bleibt behütet durch Gottes Hand!

Eure **Maria**.

*

Erfurt, d. 2. Juli 85

Ihr Lieben!

Als ich vergangenes Wochenende in Dresden zu einem Treff mit Chorprobe für die Sommerreise war, gab mir Maria unseren Rundbrief. Wir Erfurter hatten ihn lange nicht; ich glaubte ihn schon hängen – bzw. liegengeblieben. Inzwischen hat sich bei uns allen viel ereignet. Da ist vom Umzug, Arbeitsplatzwechsel, beruflichen Entwicklung der „Kinder", Krankheit, ja auch Tod der Eltern die Rede. Die Eltern, die noch leben, werden zunehmend hilfsbedürftig.

Mein Vater, der noch in unserem alten Haus in Nordhausen wohnt, d.h. wir traten das Grundstück 1984 an das staatl. Eigentum ab, weil es ohne „Beziehungen" nicht zu erhalten ist – wird in diesem Jahr 82 Jahre alt. Er ist zwar noch einigermaßen selbständig bei jedoch spürbaren und ihn teils selbst belastenden Abbauerscheinungen.

Im Frühjahr wurde ein unberechenbarer, geistesgestörter Alkoholmißbräuchler in eine Wohnung des Hauses eingewiesen, der nach wenigen Tagen Freiheit wegen Einbrüchen, Schlägereien u. totaler Zerstörung seiner Wohnung mit sämtl. Fensterscheiben wieder in Haft genommen wurde. Da gab es für mich viele Behördenwege in Nordhausen, Schriftwechsel u. Telefonate. Bis zur Staatsanwaltschaft drang ich vor, wo ich Gehör u. Verständnis fand. Laut Kreisärztlicher Mitteilung soll er bei Entlassung anderen Wohnraum bekommen. Leider ist das Verhältnis zu der 2. Frau meines Vaters gespannt. Das bedrückt u. belastet mich sehr, besonders, weil mein alter Vater am meisten darunter zu leiden hat.

Beruflich hat es bei mir vor 1 Jahr einen Wechsel innerhalb derselben Poliklinik in die onkologische Beratungsarbeit gegeben. So konnte ich der unfreiwilligen Arbeit in der Psychiatrie mit vornehmlich Alkoholiker-Suchtmittelbetreuung (ohne Hinterland!) ade sagen. Selbstverständlich wurde mir der Abschied von manchen Patienten, die lange beraten u. „geführt" wurden, schwer. In der Geschwulstfürsorge arbeite ich sehr selbständig, finde Verständnis, Gehör u. Hilfsbereitschaft in der Umgebung und gute Zusammenarbeit mit den Kliniken. Die Hälfte des Arbeitstages verbringe ich bei Hausbesuchen. Da mein Einzugsbereich (besser Zuständigkeitsber.) sehr weit auseinander liegt, habe ich mitunter einen Hausbesuchswagen zur Verfügung. Die meisten Patienten freuen sich über unsere Besuche und sind dankbar für manche Vermittlung, mitunter Erleichterung. Die Konfrontation mit Schmerz, Leid und Tod ist in diesem Fachgebiet besonders groß. Das muß auch von uns Mitarbeitern verkraftet werden.

Wenn man allein lebt, gibt es nicht viel aus dem Privatbereich zu berichten, das von allgemeinem Interesse sein könnte. Ich singe noch mitunter sporadisch in Chören. Eine Woche des Urlaubs bin ich wieder mit dem Dresdner Singkreis mit allabdl. geistlichen Chorkonzerten unterwegs, diesmal nordöstlich von Berlin, mit Standquartier in der Malche bei Bad-Freienwalde. Diese Gemeinschaft, die sich schon über Jahrzehnte hält, ist schön u. hat einen besonderen Stellenwert. Angeregt hat mich auch die Synode der Kirchenprovinz Sachsen, die viele öffentliche Veranstaltungen hat und unter dem Thema „Frieden, Gerechtigkeit u. Bewahrung der Schöpfung" einen Ideenreichtum zur Lebensstiländerung brachte. Sie, liebe Schwester Marlies, sprachen in Ihren Bericht die kleinen Schritte eines jeden zur Wiederherstellung des ökologischen Gleichgewichts an u. nannten in diesem

Zusammenhang einen Ausspruch Albert Schweitzers. Mir fällt hierzu noch ein Wort von Tagore ein, das heißt: „Die große Erde bedarf, um gastlich zu sein, der Hilfe des winzigen Grases."

Ich grüße alle herzlich, Eure *Eva.*

*

Erfurt, d. 1.8.85

Ihr Lieben alle!

Es war mir wieder eine große Freude als Eva vor 3 Wochen den Kursbrief bei mir vorbeibrachte. Ich danke Euch für alles Mitteilen von Freude und Leid in den einzelnen Familien. Wie Ihr seht, sind wir immer noch in Erfurt. Diese Ungewißheit und das Hin und Her im vergangenen Jahr hat ganz schön an unseren Nerven gezerrt. Für uns ist Jena nun gestorben und wir bleiben vorläufig in Erfurt, bis sich ein Nachfolger für meinen Mann gefunden hat. Wir hatten innerlich schon Abschied genommen, doch die Kinder freuten sich, daß wir noch nicht umziehen.

S. verlobte sich im Mai und möchte am liebsten auch hier in der Predigerkirche getraut werden. H.-M. wurde Pfingsten konfirmiert und so werden die Kinder langsam erwachsen und wir älter. Ich bin dankbar, daß der Herr mir täglich Kraft schenkt für alle Aufgaben in der Gemeinde und Familie. Wir hatten jetzt Urlaub und nun geht es wieder an die Arbeit. Viele Alte und Kranke warten auf einen Besuch. Wenn von Euch mal wieder eine in Erfurt ist, dann schaut doch bei uns ein. Ihr seid alle herzlich willkommen.

Bleibt alles Gott befohlen und seid von Herzen lieb gegrüßt

von Eurer *Christel* und Familie.

(P.S. Auch meinen Mann interessieren Eure Briefe sehr!)

*

Erfurt, d. 8.8.85

Ihr Lieben alle!

Angekündigt wurde mir der Kursbrief schon lange, gestern bekam ich ihn. Noch abends spät las ich all Eure, mich interessierenden Berichte. Nun würde es Zeit, daß wir uns wieder einmal sehen und sprechen könnten, aber wann und wo ?!

Wer ist unser bester Initiator?

Mir geht es gut, habe keine erheblichen Probleme und manchmal nur unbedeutende Sorgen. Die Arbeit bei der SMH ist gut zu bewältigen, nur das zeitige Aufstehen, 5.15 Uhr, fällt mir oft recht schwer. Eine Woche meines Urlaubs verlebte ich im Juni in Greifswald zur Zeit der Bachwoche, bei meiner Freundin. Wir hörten viele schöne Konzerte. Den Höhepunkt bildete der „Messias". Es tut gut mit gleichgesinnten Menschen zusammen zu sein. Für mich oder auf mich wirkt so ein Erleben entspannend und ermutigend. Meiner Mutter geht es noch gut. Sie feierte mit ihrer Nachkommenschaft (20 Pers.) im Juli ihren 72. Geburtstag. Sie war an diesem Tag echt dankbar dafür, daß es ihr gut geht und dafür, daß sie uns alle hat. Es war ein unwahrscheinlich gut gelungenes Familientreffen in Reinsdorf. Jeder der Anwesenden trug mehr oder weniger Anteil zu dieser Harmonie. Lebt wohl. Es denkt gern an Euch, Eure **Ruth** Begrich.

*

Erfurt, den 3. Sept. 85

Ihr lieben!

Wie freute ich mich, als der Kursbrief wieder in meine Hände gelangte. Mit großem Interesse las ich die Berichte der einzelnen Kursschwestern. Von mir gibt es nicht viel zu berichten. Ich war das ganze Jahr über zu Hause im Haushalt. Mein Bruder, meine Mutter und ich bildeten eine kleine Familie, für die ich kochte. Auch das Saubermachen der Wohnung will verstanden sein.

Ende März, Anfang April machte ich eine Freizeit in Kloster Drübeck mit. Es war sehr schön dort. Wir unternahmen viele Spaziergänge in den verschneiten Winterwald z.B. zur Plessenburg. Auch das Schloß Wernigerode besichtigten wir.

Im Juli besuchte uns meine Schwester Hildegard, die von Beruf Krankenschwester ist. Sie leitet ein evangelisches Altersheim in Schorndorf bei Stuttgart. Mit ihr waren wir auf der IGA zur Rosenschau, die ganz berauschend war.

Im August besuchte uns meine älteste Schwester Ria mit Volkswagen. Sie ist Gemeindehelferin in Celle in der Lüneburger Heide und nebenher Religionslehrerin an der Oberschule. Es waren schöne Tage. U.a. waren wir mit dem Auto an der Oratalsperre und an der Lütschetalsperre. Unsere Mutti freute sich, daß wir sie mitnahmen. Die 2. Autotour ging ins Schwarzatal. Wir wanderten zum Trippstein. Nun sind die Gäste wieder weg. Der Herbst hat seinen Einzug gehalten. Die Blätter färben sich gelb und rot und fallen von den Bäumen.

Seid alle sehr herzlich gegrüßt, von Eurer **Anneliese.**

*

Tabarz, den 15. September 1985

Ihr Lieben alle!

Es ist schön, wieder von Euch zu hören. Habt Dank für Eure Briefe. Eigentlich wollte ich heute in Mühlhausen mit Ursulas Eltern die goldene Hochzeit mitfeiern, doch der Dienst hielt mich in Tabarz fest. Unsere Hundertjährige legte sich letzte Woche zum Sterben nieder und heute früh fand ich sie tot vor ihrem Bett liegen. Die 73-jährige Nichte hatte wohl seit gestern abend nicht wieder zu ihr hineingesehen. Verständnis kann ich für so ein Verhalten nicht aufbringen. Die alte Tante hat noch vor 14 Tagen den 2-Personen-Haushalt geführt und wenn wir sie jetzt noch etwas fragten, konnte sie genau sagen, wo etwas liegt. Zu ihrem 100. Geburtstag war unser Landesbischof hier und hat ihr eine Andacht gehalten und wir haben mit unserem Chor ein paar Choräle gesunden. Die Jubilarin hat diesen Tag in völliger geistiger Frische erleben dürfen. Sie hat auch in den letzen Tagen noch gern daran zurückgedacht. Es war für mich die erste 100-jährige Patientin. 4 meiner Patienten sind z. Zt. über 90 Jahre alt, in sehr verschiedenem Gesundheitszustand.

Von mir wäre noch zu berichten, daß vor einem Jahr festgestellt wurde, daß ich „steinreich" war. Inzwischen bewahre ich die Kollektion von Gallensteinen in einer Tüte auf, ich ließ sie mir im November 84 in Wittenberg herausnehmen. Ich ging in das Paul-Gerhardt-Stift, weil unsere Schwestern dort arbeiten und weil ich nach der stationären Entlassung noch 14 Tage im neuen Schwesternhaus wohnen durfte. So konnte ich mich sehr gut und auch schnell erholen. Fast alle Tage ging ich ins Städtchen und machte meine Weihnachtseinkäufe. Durch den längeren Aufenthalt im Paul-Gerhardt-Stift habe ich auch einen Einblick in die jetzige Struktur der Schwesternschaft bekommen. Es ist alles nicht mehr zu vergleichen mit den Zeiten in unseren früheren Seminaren. Auch Wittenberg ist kein Seminar der Diakonieschwestern mehr, sondern eine Schwesternschule des Paul-Gerhardt-Stiftes und somit Fangbecken der verschiedensten Gruppierungen. Der junge Mensch sträubt sich wohl heute weitgehend gegen irgendeine Bindung. Durch die verschiedenen Dienstzeiten, durch das Schichtsystem, kann auch kaum eine Gemeinschaft entstehen. Zur Andacht morgens 6.15 Uhr fanden sich von dem großen Haus 8-12 Schwestern ein. Es hat mich alles sehr nachdenklich und traurig gemacht. Die Frage nach Sinn und Auftrag einer ev. Schwesternschaft muß neu nachgedacht werden.

Im August konnte ich 14 Tage Urlaub in Bad Elster verbringen. Ich wohnte bei unseren Schwestern in dem orthopädischen Kinderkrankenhaus „Heimdall"*. Von Bad Elster und seiner waldreichen Umgebung war ich sehr begeistert. Mit Freude suchte ich Heidel-, Preißel- und Himbeeren. Wie lange hatte ich keine Heidelbeeren mehr gegessen! 10 Tage Urlaub verbrachte ich noch hier u. hatte in dieser Zeit viel Besuch. Mit einer Wanderfreundin fuhr ich nach Oberhof u. wir wanderten auf dem Rennsteig bis Tambach-Dietharz, es ist eine hübsche Strecke. Erschüttert war ich, wie krank stellenweise unser Wald aussah. Außerdem ist auch der Schneebruch der letzten

* 1913 unter dem Namen „Heimdall" als Sonnenlichtheilstätte für tuberkulosekranke Kinder gegründet.

Winter noch nicht aufgearbeitet. Der Schaden war eben auch sehr groß.

Aus meiner Familie ist zum Glück nichts Neues zu berichten. Mein Vater ist weiterhin recht reiselustig und oft noch sehr beschäftigt, worüber ich froh bin.

Bleibt alles behütet uns seid lieb gegrüßt von Eurer **Renate**.

*

18.12.85

Ihr Lieben alle!

Zum Weihnachtsfest soll für dich, lb. Waltraud, der Kursbrief eine kleine Freude werden. Habt alle Dank für Eure lieben Zeilen und Berichte.

Auch in diesem Jahr ist doch von mir mehr Positives zu sagen. Unseren Vater haben wir am 10. Nov. 84 aus dem Krankenhaus geholt, er ist auch gleich mit Mutter wieder in sein gemütliches Heim gezogen. Es war eine große physische und psychische Belastung (er war ja ein Pflegefall), besonders für Mutter. Sein Wunsch, noch einen Sommer in seinem Garten zu verbringen, konnte in Erfüllung gehen. Pfingsten brachten wir die Eltern mit allem Marschgepäck in die Gartenlaube. Dort wohnten sie auch bis Sept. Allerdings schockte uns Vater am 3. August mit einem akuten Herzversagen. Die SMH war schnell, zuvor Mutters zielgerechtes Handeln (überwältigend was die Frau mit ihren 75 Jahren noch reagiert hat) – so ging es auch dieses Mal gut, Vater kam nach Nordhausen, bekam einen Herzschrittmacher und konnte in relativ gutem Zustand mit allen Freunden und Verwandten seine „Goldene Hochzeit" feiern. Nun sind die Beiden in ihrem Winterquartier (zu Hause), haben sehr viel Besuch und sind sehr geduldig u. zufrieden, daß sie sich noch haben. Weihnachten kommen sie zu uns. Vater plant schon wieder seinen Sommeraufenthalt im Garten, obwohl er ja nur Schritt für Schritt geht und so gut wie nichts mehr sieht. – Leider hat mein Herz einen ziemlichen Knacks wegbekommen, nun nehme ich fleißig Pillen (wenn es sie in der Apotheke gibt) und hoffe, daß ich meiner Familie noch ein paar Jahre erhalten bleibe. M. ist nun schon im zweiten Lehrjahr und stolz auf alles, was er auf Station schon machen darf. Über neueste Erkenntnisse werde ich unterrichtet und examiniert. So wird Mutter fit gehalten. Wenn es unserem Vater zu bunt wird, rückt er ab in seine Werkstatt. Ob unsere gute Mutter Marlies nun schon glückliche Großmutter ist? Aber das werden wir wohl erst beim nächsten Rundbrief erfahren. Euch „Allen" möchte ich nun von Herzen ein gesegnetes Weihnachtsfest und viel Gesundheit im Jahr 1986 wünschen.

Es grüßt Euch ganz lieb, Eure **Ursula** u. Familie.

Allstedt, d. 28.2.86

Ihr Lieben!
Von ganzem Herzen möchte ich Euch ein gesegnetes Jahr wünschen.
Habt herzlichen Dank für all Eure Briefe, die uns doch immer wieder die Verbundenheit miteinander zeigen. All unseren nicht mehr ganz Gesunden wünsche ich viel Kraft und Gottes Beistand. Es wäre schön, wenn wir uns alle einmal wiedersehen und miteinander sprechen könnten. Es sind ja nun schon dreißig Jahre, daß wir mit unserer Ausbildung in Arnstadt begannen. Das klingt gewaltig und doch merken wir, wie gering unsere Zeit doch ist und wir halt doch nur wie ein Staubkorn im All sind. Nehmen wir uns nicht selbst viel zu wichtig?
Von meiner Familie gibt es in dieser Runde des Briefes doch einige Neuigkeiten zu berichten. L. ist verheiratet und seit dem 6. November bin ich glückliche Oma eines kleinen E.*. Die Eltern sind ganz stolz auf ihren Prachtsohn. Leider muß die junge Familie noch auf eine Wohnung warten. L. wird wohl im Mai auch zur Armee müssen. Es ist schade, denn er verpaßt ja bei dem kleinen Kerl die schönste Zeit. L. und seine K. wollen sich eigentlich ein altes Haus kaufen u. ausbauen, nun bot sich aber die Gelegenheit, ein Gartengrundstück als Bauland zu kaufen. Die Lage ist wunderschön und in einigen Jahren soll ein Eigenheim errichtet werden. Sie sind ja jung und haben Freude am Pläne schmieden.
A. ist Schülerin der 5. Klasse. Das Halbjahreszeugnis fiel gut aus. Sie möchte einmal Archäologe werden. Woher sie diese Idee hat, weiß ich allerdings nicht. Mit großer Freude spielt sie Flöte und will nun noch Gitarre lernen. Unsere Kantorkatechetin gibt den Unterricht und versteht gut, die Kinder zu motivieren.
Nun Ihr Lieben alle, möchte ich für uns alle Gottes Segen und Geleit auch weiterhin erbitten. Ich grüße Euch von ganzem Herzen und in Verbundenheit Eure **Waltraud.**

*

Wismar, 22.3.86
Frohe, gesegnete Ostern wünsche ich Euch allen, Ihnen, liebe Schwester Marlies und Euch, liebe Kursschwestern, ein wenig Ruhe, Besinnung und Freude. Habt alle zusammen Dank für die ausführlichen Berichte – wie viel ist manchem von uns zugestoßen? – der Brief kam an, als ich gerade von einer Weiterbildungswoche in „Sachen Rheuma" aus Leipzig kam. Na, dann habe ich erstmal alles studiert....
1985 brachte mir einen längeren Urlaub im Bulgarenland. In den Rhodopen wanderten wir und sahen auf die Bergketten, über allem

---

* Namenskürzel geändert.

spannte sich der tiefblaue südliche (griechische) Himmel. Danach noch das malerische Sosopol am Schwarzen Meer, Nähe Burgas. Durchweg schönstes Wetter, gute Unterkünfte, freundliche Menschen und interessante Erlebnisse – es war sehr, sehr schön!

Zu einer erweiterten Familienfeier trafen wir uns im August in Güstrow zum 80. Geburtstag meiner Mutter – ich denke an Deine Worte Ruth B. über Euer Familientreffen. Dankbar erinnern auch wir uns dieses fröhlichen Beisammenseins.

Ja, die Musik! Ohne sie fehlt uns viel an innerem Erleben und Ermuntern, an Höhepunkten und uns selbst Freimachenden, Freizügigen; viel Schönes hörte ich zu verschiedenen Zeiten und an verschiedenen Orten. Heute freue ich mich auf die Matthäus-Passion von Schütz, nicht groß, aber mir lieb geworden, auch in Erinnerung an eine Aufführung 1955 hier in St. Nikolai.

Viele Grüße sage ich nun an Euch allen und frage mit Ruth: wer ist unser bester Organisator? Wann und wo gibt es ein Wiedersehen?

Eure *Lotti.*

*

Stadtilm, den 19.04.86

Ihr Lieben alle!

Danke für alles Berichten, für alle Grüße. Unser Rundbrief, auch ein Gang durch die vier Jahreszeiten mit all' den Festen!

Die letzten Schneemassen brachten so allerhand Verspätungen bei Bahn u. Bus. An dem bewußten 10.4. kam ich nachmittags mit 1 ½ Std. Verspätung in Stadtilm an. Aber das sind so die kleinen Freuden im tgl. Berufsverkehr. Nun heißt es, im Garten wieder tätig zu sein. Das wäre für 1987 vielleicht eine Möglichkeit zum Treff! Ich denke, daß bis dahin der Bungalow wieder in Ordnung ist. Mein Vater hatte diesen gebaut. Wir mußten den Fußboden herausreißen u. andere Veränderungen sind noch geplant. Das Gelände ist sehr schön groß, wir können ein Zelt aufstellen. Platz wäre dann schon. Dieses Jahr bin ich mit daran beteiligt, daß ein Klassentreffen (35 J.) zustande kommt. Soll im Sept. sein.

Unseren Urlaub verg. Sommer verbrachten wir in Altenkirchen auf Rügen. Sehr schöne 3 Wochen. Leider hatten wir einen sehr, sehr bitteren Abschluß. Kurz vor Oranienburg hat es uns aus einer Re.-Kurve getragen, u. sind seitlich in einen LKW gerauscht. Auto Totalschaden, wir ganz ohne Schramme. Er war nachmittags gegen 15 Uhr, Polizei, Abschleppdienst – gegen 18 Uhr waren wir am Bahnhof Oranienburg. Als wir da so auf d. Straße saßen, mit allem Drum und Dran an Kram, was man so zum Zelten braucht, war es der zweite Schock – wie nun nach Hause kommen?! Man half uns ein Taxi zu finden, das uns bis an die Haustür fuhr (400,- M). Mit dem

Glockenschlag zur Mitternacht kamen wir auf unserem Markt an – ein neues Lebensjahr hatte, im wahrsten Sinne des Wortes, für mich begonnen. Denn der neue Tag war mein Geburtstag! All' die lieben Wünsche zu diesem Tag drangen verständlicherweise tief ein. Es ist nichts selbstverständlich. – Wieso u. warum, man kann es hinterher schlecht rekonstruieren. Es ging immer schnurgerade durch d. Wald. Wir haben beide das Kurvenschild übersehen! – Inzwischen haben wir das Auto wieder. Es wurde wieder aufgebaut. ½ Jahr Wartezeit. Aber eine gewisse Angst ist immer noch da. Einer Kollegin geht es ebenso. Sie hatten 1 Monat nach uns einen Unfall. Sind von hinten angefahren worden, auf der anderen Fahrbahn mit einem anderen PKW zusammen gestoßen. Deren Verursacher begang Fahrerflucht! Wir alle sind dankbar, daß „nur" materieller Schaden verursacht wurde. Obgleich man hat hinterher eine fürchterliche Lauferei. –
„Von allen Seiten umgibst du mich, u. hältst deine Hand über mir."
In Verbundenheit Euch allen ganz herzliche Grüße, Eure **Christa**.

PS.: Im Nachhinein ist mir noch eingefallen: Bin im Okt. letzten Jahres zu einem „Ehemaligentreffen" in Ludwigslust gewesen. Die ehemalige Hausschwester aus Güstrow ist jetzt leitende Schw. der Diakonieschwestern i. Ludwigslust "Stift Bethlehem". Nun, es ist auf eine Art recht interessant, mal an solch einem Treffen teilzunehmen. Es sind aber „leider" nur Schwestern aus d. Nordbereichen anwesend gewesen.
Ein Hauptproblem der Diakonieschwesternschaft, überhaupt d. Schwesternschaften, ist wohl, daß nicht mehr der Zusammenhang oder -halt besteht, wie zu unserer Zeit. Das eigentliche, was eine Schwesternschaft ausmacht. Außerdem die Einordnung d. Schülerinnen. Schw. Annemarie berichtete z.B., daß sie nicht mehr weiß, wie sie die Schülerinnen dazu bringen soll, sich abzumelden, wenn diese nach Hause fahren. Oder abends rechtzeitig im Bau sind (Verantwortung von den Eltern). Keine geschlossenen Tischzeiten mehr usw. Ist ja in anderen konfessionellen Häusern auch nicht anders. Von uns erwartete Schw. Annemarie Berichte aus der staatlichen Ausbildung u.a.m. Die Reaktion auf die jetzigen Verhältnisse „...ach, wenn ich (wir) an die XY denken, wie die uns gescheucht hat ... wehe, wenn wir nicht zu der u. der Zeit in den Betten lagen..." Also die gute alte Zeit! Wir können doch da voll mit einstimmen. Herzlichst **Christa**.

*

Nbg. d. 29.8.86
Ihr Lieben!
Kann man sich überhaupt dafür entschuldigen, daß der Rundbrief 4 Monate im Schrank geruht hat? Dafür gibt es, glaube ich, keine

Entschuldigung. Alle möglichen Argumente könnte ich anführen, aber ich fange lieber gar nicht erst an. Eure Berichte habe ich wieder gemütlich im Sessel gelesen. Ja, jeder hat seinen vorgeschriebenen Weg zu gehen. Hätten wir uns das, wie wir noch alle zusammen waren und noch so jung und unbeschwert, gedacht, was uns begegnet? Und wir möchten unsere Kinder vor so vielem bewahren, aber auch sie müssen ihre Erfahrungen sammeln und mit Krankheit, Enttäuschungen fertig werden.

Von mir und meiner Familie ist nichts besonderes zu berichten. Die Kinder werden langsam erwachsen. Unser Mutter feiert nun bald ihren 82. Geburtstag, gesundheitlich geht es ihr gut, nur die Verkalkung nimmt mehr und mehr zu. Meine Arbeitsstelle ist noch die Gleiche. Man wird vielleicht desto älter man wird empfindlicher. Das Wühlen in den Ausscheidungsorganen u. im Magen mit dementsprechenden Entleerungen (Endoskopie), macht mir oft persönliche Schwierigkeiten. Mein Appetit ist nicht mehr der beste. Es ist wenigstens keine Schichtarbeit und die Arbeitsstelle wechseln, wer möchte das noch mit 48 Jahren. Aber vielleicht werde ich doch noch einmal den Sprung wagen.

Euch allen wünsche ich viel Kraft und Mut für all Euer Tun und grüße Euch ganz herzlich, Eure *Elisabeth.*

*

Jeeben, 21.9.86

Ihr Lieben alle!

Eben erntete mein Mann wunderschöne Äpfel in unserem Garten. Obwohl der Frost im zeitigen Frühjahr viele Baumblüten zerstörte, wächst doch noch so viel, daß wir keinen Mangel haben. Daran nehmen selbst unsere Kinder, die ja nun weit weg von uns wohnen, teil.

Vielleicht ist es schon zu diesem und jenem gedrungen, daß M. nun auch verheiratet ist. Im vorigen Jahr im August war die Hochzeit hier, bei der auch Eva als Patentante gegenwärtig war. Mein Mann traute das junge Paar.

Im Mai kam eine kleine „Sara" zur Welt, die an Länge und Gewicht schon tüchtig zugenommen hat. Bei G., die z. Zt. ihren Umzug bewältigen muß, wurde eine kleine „Rebekka" geboren im Juli. Alle wohnen weit weg, wir sehen uns selten. Die Wohnorte wählten die Kinder selbst.

So ist es in der Familie hier recht still geworden, die Kinder aber, die zum Unterricht kommen, bringen, „Leben" ins Haus. Und da ich vieles aus der Hand legen mußte, bleibt für meinen Mann an Arbeit viel zu bewältigen. Ab und zu haben wir mal Hilfe.

Unseren Urlaub verbrachten wir in diesem Jahr in Drübeck, wo wir aber wegen meiner Behinderung nicht viel gemeinsam unternehmen

konnten. Die befahrbaren Wanderwege waren zumeist gesperrt. Viel
zu tun gibt's jetzt noch an unserer Scheune, bei der im vorigen Jahr
das Dach zusammenstürzte. Sie wird sehr gebraucht, tüchtige Hände
haben sich schon geregt aus den Gemeinden.
Laßt Euch alle herzlich grüßen!

Dank für alle liebe Post. Eure **Ruth.**

*

Rockensußra –Tabarz, den 5.10.86

Liebe Schwester Marlies! Liebe Kursgeschwister!
Heute ist Erntedankfest u. seit Tagen ein prachtvolles Wetter mit
wunderbarer Laubfärbung und herrlich blauen Himmel. Sicher freut
sich jeder von uns daran.

Vor einigen Tagen – auch auf einer Fahrt – las ich mit viel Interesse
all Euere Berichte u. danke herzlich dafür. Nun will ich nur gleich
auch damit anfangen. Zum Jahreswechsel trat Frau Oberin Demke, jetzige Leiterin der Verwaltungstellte des „DV", mit der Frage
an mich heran, ob ich mit Fr. Gudrun Wendisch (44 J.) das kleine
Krankenhaus Veronika in Tabarz übernehmen könnte. Die leitende
Schwester dort wurde jetzt am 30.9. 60 Jahre und bat um sofortige
Ablösung. Mit ihrer Stellvertreterin war sie eng befreundet, sodaß sie
beide zusammen gehen wollten. Wegen meines offiziellen Berufsver-
botes lehnte ich erstmal die Leitung ab, schrieb dann, wenn mich die
Schwesternschaft in Tabarz mehr als in Weimar brauchte, wollte ich
gehen. Aber leicht fiel mir die Entscheidung nicht. Nun bin ich seit
1.8.86 da. Und leider geht Renate jetzt weg von Tabarz.

Unsere Vorgänger sind seit 27.8.86 weg. So lange sie noch da waren, war es für mich leicht u. schön. Nun läuft erstmal noch alles weiter, ohne daß wir schon alles richtig in der Hand hätten. 1987 wird
unter dem Zeichen der Umprofilierung stehen. Jetzt haben wir Re-
konvaleszenten, adipöse Leute mit Herz-, Gelenkbeschwerden oder
WS-Veränderungen. Ab 1.1.88 wollen wir die Nachbehandlung von
Krebspatienten übernehmen. Da sind noch allerlei häusliche Veränderungen notwendig. Aber auch zu Euerer Orientierung: Wir werden noch laufend 8 Betten für kirchliche Mitarbeiter zur Verfügung
haben. Sie kommen meist auch mit psychisch, physischen Erschöp-
fungszuständen. Die Patienten sind mir eigentlich die große Freude
in der Arbeit, während mir die Verwaltungsarbeit neu u. schwerer ist.
Sr. Gudrun ist schon 1 Monat länger als ich in der Veronika. Sie hat
in allem auch einen guten Vorsprung. Wir müssen uns auch erstmal
aufeinander einstellen u. abstimmen. Es gäbe noch allerlei zu erzählen, aber so viel fasst das Büchlein auch nicht u. außerdem verändert
sich in Kürze sehr viel. Seid von Herzen gegrüßt u. „freut Euch jegli-
cher Freude, denn sie kommt von Gott." Euere **Else-Marie.**

*

Teichen, d. 10. 11. 86

Liebe Meesofamilie!

Mit großer Anteilnahme habe ich alle Berichte gelesen. Es ist von Freud' u. Leid die Rede, von Not in schwierigen Situationen u. an Dankbarkeit für Hilfe in schweren Zeiten. Ich habe in Gedanken bei jedem ein wenig verweilt u. finde auch, daß es Zeit wird uns einmal wiederzusehen. Da ich seit dem 1.7.86 „arbeitslos" bin, wäre der Weg frei für ein Treffen in Teichen. Ich denke an den Herbst 87, etwa Sept/Okt. u. werde rechtzeitig Einladungen aussenden.

Bis Ende Juni 87 habe ich nämlich wichtige Großmutterpflichten. Ich u., erst mal die Mitteilung, daß am 7.10.85 eine kleine St— geboren wurde. Unsere J— hat alles gut überstanden. Sie wurde in ihrer Zahntechnikern-Ausbildung für 1 Jahr zurückgestellt. Jetzt muß sie noch 1 Studienjahr an der Fachschule in Halle absolvieren u. ist

Liebe Kursfamilie!

Mit großer Anteilnahme habe ich alle Berichte gelesen. Es ist von Freud' u. Leid die Rede, von Mut in schwierigen Situationen u. von Dankbarkeit für Hilfe in schweren Zeiten. Ich habe in Gedanken bei jedem ein wenig verweilt u. finde auch, daß es Zeit wird, uns einmal wiederzusehen. Da ich seit dem 1.7.86 „arbeitslos" bin, wäre der Weg frei für ein Treffen in Teuchern. Ich denke an den Herbst 87, etwa Sept./Okt. Ich werde rechtzeitig Einladungen absenden. Bis Ende Juni 87 habe ich nämlich wichtige Großmutterpflichten.

Ach so, erst mal die Mitteilung, daß am 3.10.85 eine kleine St. geboren wurde. Unsere G. hat alles gut überstanden. Sie wurde in ihrer Zahntechnikerin-Ausbildung für 1 Jahr zurückgestellt. Jetzt muß sie noch 1 Studienjahr an der Fachschule in Halle absolvieren u. ist nur am Wochenende zu Hause. Papa P. kümmert sich zwar so gut er kann, um sein Töchterchen, aber als Schichtarbeiter geht es oft gar nicht. So ist's gut, daß ich nicht mehr berufstätig bin u. für unser kleines Mädchen sorgen kann. Es ist ein freundliches u. fröhliches Kind u. entwickelt sich gut. Mein Mann u. ich stellen immer wieder fest, daß wir bei unserer Enkelin viel mehr das Wunder „Menschlein" bestaunen als bei unseren eigenen Kindern, als sie klein waren. Wir bemerken das gleiche aber auch bei den jungen Eltern, die oft gar nicht merken, was für ein goldiges Kind sie haben. Großelternfreude ist halt was Besonderes. Stimmt's Ihr Großmütter?

Unsere St. hat einen Krippenplatz (v. 7.30-15.00). Sie ist dort Liebling aller. Mein Arbeitstag ist trotzdem reich gefüllt u. ich frage mich oft, wie hast Du bloß auch noch gearbeitet? Der Abschied aus der Praxis fiel schwer, die Patienten jammerten Stein u. Bein. Und sie erzählen mir oft, daß sie sich nicht mehr so gut betreut fühlen. Das Landambulatorium hat die Patienten übernommen. Uns selbst fehlt ja auch der gute Hausarzt. Seit vielen Wochen habe ich eine hartnäckige Bronchitis u. einen Infekt nach dem anderen. Z. Zt. bin ich beim HNO-Arzt wegen einer Kehlkopfentzündung. Seit 8 Wochen kann ich nicht singen. Wie mir das fehlt! Da auch mein Allgemeinbefinden etwas „angekratzt" ist, muß ich arbeitsmäßig einige Pflöcke zurückstecken. Das gefällt mir nicht; aber auch dies muß man mit zunehmendem Alter irgendwie lernen. Seit einem Jahr sind wir allein in Teuchern im Pfarramt. Da mein Mann auch noch Präses der Kreissynode ist, ist das Maß an Arbeit fast nicht zu bewältigen. Wir sind nun doch hier im Hause wohnen geblieben u. hoffen auf eine Zwischenlösung für das andere Pfarrhaus. Evtl. könnte vorübergehend ein Dozent oder Studentenehepaar vom Oberseminar Naumburg* einziehen.

Im April dieses Jahres feierten wir unsere Silberhochzeit mit unseren nächsten Verwandten u. guten Freunden. Es war – trotz winterlichen Wetter – ein fröhlich-harmonischer Tag mit viel Musik. Wir denken mit großer Dankbarkeit daran zurück.

Im Nov. 85 erlebten wir eine wunderbare Aufführung von Bach's H-Moll Messe durch die Kirchenmusikschule in Halle. Wir müssen es ausnützen, solange B. dort studiert, daß sie uns Karten besorgen kann. Ihr gefällt es noch immer, wenn auch nicht kritiklos. Z. Zt hat sie auch Kummer mit der Stimme u. hat Gesangsverbot. Wir sehen sie nicht oft zu Hause. Sie hat gute Freunde, mit denen sie viel unternimmt. Im Sept./Okt. dieses Jahres hatte sie ihr großes Praktikum in Nordhausen bei Kantor Kupke**.

Ein Leben ohne Musik können wir uns alle nicht vorstellen. Auf manche technische Errungenschaften könnte man vielleicht verzichten. Aber Radio und Plattenspieler möchte ich nicht missen. Die Musik vermag wirklich zu trösten u. aufzurichten u. zu beruhigen. Wenn ich jetzt auch nicht singen kann, so habe ich doch noch das Klavier u. die Orgel u. manchmal kommt auch die Flöte zum Klingen. Durch den Organistendienst muß ich mich glücklicherweise ständig damit befassen. Ganz traurig bin ich, daß ich der kleinen St. keine Liedchen vorsingen kann, denn die Eltern tun das nicht.

Ich möchte Sie alle herzlich grüßen mit einem kleinen doppelsinnigen Satz: *„So lange sie singen, ist die Kirche nicht aus!"* Bleiben Sie behütet mit all' Ihren Lieben!

Ihre **Marlies K.**

*

---

* Das *Katechetische Oberseminar Naumburg (Saale)* (1990–1993 Kirchliche Hochschule Naumburg) war eine kirchliche Ausbildungsstätte für ev. Theologie unabhängig der Fakultäten bzw. Sektionen der Universitäten.

** *Kupke, Wolfgang* (*1952), Kirchenmusiker und Hochschullehrer.

Ihr Lieben!
Habt Dank für alle Eure Berichte, die ich wieder mit viel Interesse gelesen habe. Wie doch die Zeit eilt. Nun ist also die nächste Generation schon ganz stark im Kommen!

Was einige von Euch über die Entwicklung der Diakonieschwesternschaft schreiben, stimmt doch recht nachdenklich. Sicher geht es heutzutage nicht mehr mit so strengen Methoden wie damals. Aber mit welchem Ergebnis?! Ob das wohl nun der Anfang vom Ende ist?

Seit meinem vorigen Beitrag hat sich in beruflicher Hinsicht bei mir nicht allzuviel geändert. Ich bin derselben Poliklinik treu geblieben. Zu einem Wechsel fehlte mir wohl doch ein bissel der Mut und Schwung. Ich arbeite hauptsächlich in der Allgemeinmed. Abteilung, wo ich auch Abteilungsschwester bin. Die Neurologie ist nur noch 2 x wöchentlich nachmittags von einem Arzt im Z.-Stellenverhältnis besetzt. Diese Sprechstunde mache ich auch mit und es ist ein gutes Zusammenarbeiten. Auf meinen Antrag hin wurde mir von Januar bis Juni 1986 eine Arbeitszeitverkürzung gewährt. Das war schon eine schöne Zeit! Sie hat mir merklich gut getan. Die Vollbeschäftigung fällt mir nun erst mal wieder etwas leichter.

Ein Höhepunkt in diesem Jahr war meines Mannes 50. Geburtstag, und, wie Einige von Euch es ja auch erlebt haben, ein frohes Familientreffen damit verbunden. Das Ganze spielte sich zwar gerade an den heißesten Tagen des Jahres ab, aber es ließ sich keiner dadurch ermatten.

Noch eine große Freude gab es für uns. Im November hat mein Bruder hier in K.-M.-Stadt eine Pfarrstelle bekommen und wohnt nun mit seiner Familie für hiesige Verhältnisse nicht einmal so sehr weit von unserer Wohnung entfernt in einem recht hübschen, nicht allzu großen Pfarrhaus. So ist die Verwandtschaft etwas zusammengerückt.

Mit vielen guten Wünschen auch für das Jahr 1987 grüßt Euch alle sehr herzlich, Eure **Christiane**.

*

Dresden, am 19.12.86

Ihr Lieben!
Damit der Brief nicht über die Feiertage bei mir liegt und Eva noch eine Weihnachtsfreude durch all' Eure Briefe hat, nun heute ein Gruß von mir. Vielen Dank für Euer berichten von Guten und schweren Tagen.

Seit meinem letzten Brief im Sommer 1985 hat sich bei mir nicht viel verändert, die Arbeit, die Wohnung haben sich nicht geändert. Im April haben wir alle gemeinsam die Goldene Hochzeit meiner Eltern gefeiert. Es war wunderschön und alle sind mit viel Freude dabei gewesen und denken noch gerne und viel daran zurück, es war ein großer Kreis, knapp 50 Leute, aber fast alles Familie. Meine Cousine mit Familie, mein Vetter mit Familie aus Würzburg, reisten auch an. Nur der einzig noch lebende Bruder meines Vaters wurde am Abreisetag zur Feier schwer krank und mußte operiert werden und konnte nicht bei uns sein. Unsere Familie ist um eine weitere Nichte gewachsen, im Januar kommt bei einem anderen Bruder das 2. Kindchen an. Die Familie wird sehr umfangreich. Jetzt in der Weihnachtszeit merke ich es besonders, man muß immer aufpassen, daß man an alle denkt, denn Jeder soll ja doch eine kleine Freude haben, manchmal gar nicht so einfach. Aber Ihr kennt das ja auch alle.

Weihnachten verlebten meine Eltern, meine Schwester und ich wieder im Pfarrhaus bei meiner jüngsten Schwester. Dort ist's immer sehr schön, aber auch sehr lebhaft. Die 3 Kinder sorgen für Abwechslung, besonders der Jüngste mit seinen 2 ½ Jahren, ein sehr lebhafter und temperamentvoller Bursche.

Eva schrieb im letzten Brief an mich von Ihrer Auszeichnung für 30-jährigen Dienst im Gesundheitswesen, sicherlich hat es auch noch einige von Euch „betroffen" (ich bin ja zwischendurch in der Chemie gewesen). Es ist erstaunlich und erfreulich, daß wir nach so langer Zeit immer, wenn auch in Abständen, voneinander hören und uns nicht ganz aus den Augen verloren haben. Dafür sei Euch allen Dank.
Ich grüße Euch ganz herzlich und wünsche Euch für alles vor Euch liegende Segen und Kraft und Freude, Eure *Maria.*
*

Erfurt, am 9.1.1987
Ich soll also den Kursbrief-Reigen im neu begonnenen Jahr eröffnen, nachdem mich Eure Briefe u. Berichte zwischen den Festen erreichten. Habt Dank für alle Beiträge, die mich erfreuten, teils auch betroffen, nachdenklich stimmten.

Laßt mich zunächst beginnen, Ihr Lieben nah u. weit, mit guten, segensreichen Wünschen für das neue, vor uns liegende Jahr 1987 u. Euch grüßen mit der Jahreslosung aus Römer 6,23: „Die Gabe Gottes ist das ewige Leben in Jesus Christus, unserem Herrn."

Diese neue Jahreslosung nimmt uns mit in den weiten Bereich der Gottsliebe, durch die wir uns verbunden wissen. Ich bekam diese Losung als kunstvollen, farbigen Batikdruck eines Gemeindegliedes meiner Pastorfreunde in der Bundesrepublik geschenkt, als ich im November 86 dort zu Besuch sein durfte. Dieser Besuch von 10 Tagen, der zunächst einer 75-jährigen Tante galt, war wohl das bewegendste u. erfreulichste Ereignis des verg. Jahres für mich. Es sei darum vorangestellt, auch wenn es am Ende des Jahres lag.

Im Juni konnte ich eine andere Wohnung beziehen. Die Verbesserung besteht in 4 qm zusätzlichen Wohnraum, sodaß jetzt eine abgeteilte Schlafstelle gewonnen wurde u. einem nicht zu unterschätzenden Balkon. Ich hatte beim Umzug Hilfe durch zuverlässige gute Freunde. Im Oktober wurde nun auch nach 13-jährig. Antragstellung der Telefonanschluß bewilligt. Das war mir eine große Freude. Ich bin erreichbar (unter 722981) und kann selbst Menschen/Freunde zu erreichen versuchen; für Alleinstehende eine wichtige Kontaktmöglichkeit!

Im verg. Jahr sah ich außer den beiden Erfurtern Waltraud wieder. Wir trafen uns überraschend zur Abschlußveranstaltung des Nordhäuser Kirchentages. Dann sah ich Maria kurz bei einem Dresdenaufenthalt. Christa soll ich seit Jahren in Stadtilm besuchen. Ich hab' es für dieses Frühjahr fest vorgenommen; auch einen Einguck bei Waltraud, den ich versprach. Ruth erwähnte schon meines Patensohns Hochzeit im Aug. 85, die mich für etliche Tage nach Jeeben führte.

Wir hatten dort schöne gemeinsame Tage. Gerade in diesen Tagen besuchte ich die junge „Familie" von M. mit ihrer kleinen Sara. Sie leben nun auch in Erfurt wie meine älteste der vielen Patenkinder Kerstin, die auch Familie hat u. weiterhin guten Kontakt zu mir hält. Doch das interessiert weniger.–

Von einem Treffen im Herbst ist die Rede. Sie, Liebe Frau K., ja Schw. Marlies, haben dazu eingeladen. Eigentlich haben Sie genug Aufgaben u. Pflichten. Vielleicht aber können wir alle vorbereitend dazu beitragen, indem Sie bei rechtzeitiger Terminfestlegung jeden, der zusagt bzw. überhaupt mit einer bestimmten Besorgung/Erledigung beauftragen. Sie haben mit der Quartierbeschaffung schon genug zu tun, neben ohnehin anstehenden familiären Pflichten. Das nur als Vorschlag. Ich danke Ihnen, liebe Familie K. sehr für die Bereitschaft, u. ich freue mich schon jetzt auf die Tage der Begegnung.

In diesem Sinne grüßt Sie u. Euch alle, Ihre/Eure *Eva*.

*

Erfurt, am 24.1.87

Ihr Lieben!

Auch ich habe mit viel Interesse all Eure Berichte gelesen, habt Dank dafür! Auf ein Treffen im Herbst freue ich mich sehr. Es wäre schön, wenn möglichst Viele diese Gelegenheit wahrnehmen könnten. Der mündliche Austausch ist meines Erachtens nicht zu unterschätzen. Jede von uns hat wahrscheinlich ihr Kreuz zu tragen, welches oft schwer zu bewältigen ist, im Alleingang. Meine Höhepunkte sind die freien Wochenenden – dann bin ich „Ich", tanke auf, bin zufrieden, fühle mich wohl. Nach dem Dienst und auch oft während des Dienstes bin ich mit mir und mit Anderen unzufrieden. Vieles in unserem System erscheint mir so unnütz und widersinnig, so, daß ich mich zu Äußerungen verleiten lasse, die doch zu nichts führen, nur zu Verärgerungen. Nun habe ich meinem Herzen Luft gemacht – werde mich bessern! Lebt wohl. Alles andere mündlich im Herbst. Ganz herzlich grüßt Euch mit Else-Maries Schlußsatz, der mich immer wieder aufrichtet. Eure **Ruth** Begrich

*

Erfurt, d. 30.1.87

Meine Lieben alle!

Endlich ist unser Rundbrief wieder bei uns eingetroffen und ich las ihn gleich durch. War ich doch begierig von Euch allen zu hören wie es Euch geht. Selbst wir 4 Erfurter hören und sehen uns kaum. Es ist traurig, aber wahr! Ich danke herzlich für die Berichte und im Geist sah ich Euch alle vor mir. Wie schön wäre es, wenn in diesem Jahr ein Kurstreffen zustande käme. Danke für die Initiativen von Schwester Marlies und Christa. Ich hatte auch schon den Gedanken, aber bei uns wäre die Sache ungewiß. Wir sind wieder im Gespräch betreffs einer Versetzung und zwar an den Ort meiner Jugend – Gotha. Vieles ist noch ungeklärt und es heißt geduldig abwarten.

Mein Mann hat in der Erfurter Arbeit etwas an seinen Mitarbeiter abgetreten und tut schon Dienste im Gothaer Arbeitsfeld. Auch „spielt" er von Zeit zu Zeit Lehrer und schult Leien zur Mitarbeit. Unsere 3 Großen machen auch mit u. wir freuen uns darüber. S. heiratete im Sept. und wohnt wieder bei uns oben im Haus. Ihr Mann ist Augenoptiker und sie arbeitet in Weimar im Sophienkrankenhaus auf Entbindung im Säuglingszimmer. C. arbeitet ebenfalls dort als Verwaltungsdiakon, M. heiratet zu Pfingsten und steht z.Zt. in der praktischen Meisterprüfung. H.-M. geht jetzt in die Abschlußprüfungen der 10. Klasse und beginnt im Herbst hier eine Gärtnerlehre (1/3 Gemüse, 2/3 Zierpflanzen). Unser Jüngster F. hält mit seinen 11 Jahren weiterhin die Familie in Atem.

Wir durften im Dez. unsere Silberhochzeit feiern. Voller Dank gegen Gott und viele liebe Menschen schauten wir zurück auf 25 reiche Ehejahre. Freude und Leid hielten einander die Waage und wir können mit dem Psalmsänger ausrufen: "Der Herr hat Großes an uns getan, des sind wir fröhlich." Ps. 126,3

Anfang Juli lag ich in Weimar zu einer Unterleibsoperation. Gerade in der Zeit ging Else-Marie nach Tabarz. Doch die ersten Tage konnten wir noch zusammen sein und es war mir eine große Stärkung. Auch in der schweren Zeit durfte ich des Herrn Durchhilfe erfahren, denn es lief nicht ganz so, wie wir es gewünscht hatten. Nun geht es mir in der Sache besser. Plagen tut mich schon seit Jahren eine Allergie (Nasen-Schleimhautentzündung) und z. Zt. habe ich eine doppelseitige Kieferhöhlenentzündung, die trotz starker Geschütze nicht weichen will. Ich kann Schwester Marlis verstehen, wenn sie vom „Durchhängen" oder so ähnlich, schreibt. Viel Arbeit ist da, und die Kraft oft klein. Ich mußte da so an Dich denken, liebe Ruth, die Du schon jahrelang kürzer treten mußt. Ich wünsche allen „Angeschlagenen" des Herrn Beistand und viel Kraft zum Tragen !

Im Frühjahr durfte ich auch in die BRD reisen und erlebte viel Schönes und hatte beglückende Begegnungen. Dankbar kehrte ich zu meinen Lieben zurück.

Nun freue ich mich auf ein Wiedersehen mit Euch – so Gott will und wir leben. In herzlicher Verbundenheit laßt Euch grüßen und dem treuen Herrn anbefehlen von Eurer **Christel** und Familie.

*

Erfurt, den 4. Februar 1987

Meine Lieben alle!

Mit großer Freude nahm ich den Rundbrief in Empfang. Es macht Spaß, wenn man wieder erfährt, (was) wie es den einzelnen ergangen ist und wenn man etwas über die „Nachkommenschaft" hört.

Von mir gibt es nicht all zu viel zu berichten. Ich führe nach wie vor meiner Mutter und meinem Bruder den Haushalt. Da gibt es einzukaufen und zu kochen, bügeln, saubermachen. Zu Weihnachten waren meine Schwestern nacheinander da und es war, wie immer, ein schönes Fest. Von meiner Schwester Ria bekam ich einen tadellosen türkisfarbenen Anorak zum Weihnachtsfest geschenkt, der mir sehr gut steht und den ich gut brauchen kann.

Der Winter hat inzwischen bei uns seinen Einzug gehalten. Man sieht die Kinder vergnügt rodeln und Ski fahren. Das erinnert einen an die Kindheit, wo man auch fröhlich dem Wintersport huldigte.

Am 1. April feiert meine gute Mutter ihren 90. Geburtstag. Meine Schwestern von drüben wollen beide kommen. Es wird ein großes Familienfest werden. Ich hoffe, sie erlebt es in Gesundheit.

Ich finde es ganz fabelhaft, daß Schwester Marlies ein Kurs-Treffen für den Sommer geplant hat. Natürlich komme ich gerne!

Für heute Gott befohlen! Mit vielen, lieben Grüßen,

Eure **Anneliese.**

*

Eisenberg, den 2. März 1987

Ihr Lieben alle!

Früher lag Eisenberg für mich gleich hinter dem Mond, doch ganz so außer der Welt kann es doch nicht liegen, sonst hätte der Kursbrief nicht zu mir finden können. Habt Dank für all Eure schönen Briefe.

Wenn du der Stimme des Herrn, deines Gottes, gehorchen wirst:
Gesegnet wirst du sein bei deinem Eingang und
gesegnet bei deinem Ausgang.

5. Mose 28, 1.6

Mit dieser tröstlichen Geburtstagslosung will ich den
Neuanfang wagen und wohne ab 1. Nov. 1986 in der

Richard-Wagner-Straße 5
Eisenberg
6520

Renate Stegmann

Gott gibt uns die Kraft, die Lasten des Lebens zu tragen;
wenn wir in der Dunkelheit stehen,
ist er ein Licht auf unserem Wege.

Martin Luther King

Eisenberg, den 2. März 1937

Ihr Lieben alle!

Früher lag Eisenberg für mich gleich hinter dem Mond, doch ganz so außer der Welt kann es doch nicht liegen, sonst hätte der Kursbrief nicht zu mir finden können. Habt Dank für all Eure schönen Briefe. Daß Sie, liebe Schwester Marlis, wieder einmal ein Kurstreffen auf sich nehmen wollen, erfreut auch mich sehr. Ich bin ja nun sehr in Ihre Nähe gerückt und wenn es unsere Stationsbesetzung im September erlaubt, kann ich Ihnen zur Hilfe eilen. -

Noch vor einem Jahr ahnte ich nicht, daß meine Zeit in Tabarz bald abgelaufen sei. Anfang Mai enthüllte mir dann mein Pfarrer, daß er unter meiner Art mit ihm umzugehen so leiden würde, daß er schon in psychiatrische Behandlung wegen mir gegangen sei. Ich hatte tatsächlich keine Ahnung davon u. fiel regelrecht aus allen Wolken. Ein Beschwerdebrief der Pfarrfrau gab Fr. Ob. Denke, gab dann bei mir den Ausschlag, mein

Daß Sie, liebe Schwester Marlis, wieder einmal ein Kurstreffen auf sich nehmen wollen, erfreut auch mich sehr. Ich bin ja nun sehr in Ihre Nähe gerückt und wenn es unsere Stationsbesetzung im September erlaubt, kann ich Ihnen zur Hilfe eilen.

Noch vor einem Jahr ahnte ich nicht, daß meine Zeit im Tabarz bald abgelaufen sei. Anfang Mai enthüllte mir dann mein Pfarrer, daß er unter meiner Art, mit ihm umzugehen, so leiden würde, daß er schon in psychiatrische Behandlung wegen mir gegangen sei. Ich hatte tatsächlich keine Ahnung davon u. fiel regelrecht aus allen Wolken. Einen Beschwerdebrief bei Fr. Ob. Demke gab dann bei mir den Ausschlag, mein sehr geliebtes Tabarz zu verlassen. Doch wohin und was tun?

Am 10. Juli bot mir dann OKR Höser* eine Stelle hier in Eisenberg im Pflegeheim „Bethesda" an. Am 1. August sah ich mir dann hier das Haus an und eine leer werdende Wohnung in der Stadt. Am 2.8. reiste ich bei sommerlichen Höchsttemperaturen noch nach Templin, um mir dort die Häuser der Inneren Mission anzusehen. Die schöne Wohnung in Eisenberg und die Nähe zum Vater gaben den Ausschlag für „Bethesda".

Eins weiß ich bis jetzt, ich werde hier sehr, sehr nötig gebraucht. Ich bin auf einer Frauenstation mit 39 Betten als Zweitschwester eingestellt. Bis zum 27.2. war die Vorgängerin von mir noch da, nun ist sie endgültig weggezogen und meine Stationsschwester ist erkrankt. Heute abend gehe ich in meine erste Nachtwache für 4 Nächte, wo man für das ganze Haus u. ein Nebengebäude, also für alle 108 Heimbewohner verantwortlich ist. Wir wissen alle nicht recht, wie es weitergehen soll. Die langjährigen Mitarbeiter haben solche „Durststrecken" schon sehr oft zu bestehen gehabt, doch mit der Zeit werden sie auch müde.

Ganz neu für mich ist der Arbeitsrhythmus. Als Gemeindeschwester hatte ich ja nur für ein Dienstwochenende frei, doch ich war da auch nicht diesem Streß ausgesetzt. Ich brauche die freien Tage tatsächlich, um mich wieder zu erholen. Doch an meinen freien Tagen müssen die anderen wieder für mich rennen. Es ist schon alles eine schwere Umstellung für mich.

„Bethesda" gilt in Thüringen als führendes Haus in der Beschäftigungstherapie. Wir müssen auch die ganz debilen Leute aus den Betten holen, in die Rollstühle packen u. mit in das Therapiegebäude, das im Oktober letzten Jahres eingeweiht wurde, bringen. Bei unserer

---

* *Höser, Wolfgang,* Pfarrer, Rektor des Diakonissenhauses (1957-1979), Leiter des "Diakonischen Amtes" in Eisenach bis 1991.

augenblicklichen „Starbesetzung", von vormittags 3-4 Mitarbeitern u. nachmittags 2, ist das fast ein Ding der Unmöglichkeit. Zum Glück haben wir nicht nur schwere Pflegen auf Station, sondern auch Heimbewohner, die uns in der Teeküche beim Essenaustragen u. beim Abwaschen helfen.

Sehr froh bin ich über meine schöne Wohnung mit 1 ½ Wohnzimmern, einem Schlafzimmer u. einer Küche. Das Haus hat eine ruhige Lage u. von meinen Wohnzimmerfenstern habe ich einen weiten Blick über die Stadt bis zur Autobahn. Eisenberg liegt ganz dicht an der Autobahn u. ich freue mich immer, wenn ich Besuch bekomme, liebe Autofahrer. 3 Übernachtungsmöglichkeiten habe ich mir auch geschaffen. Es fehlt mir hier sehr, daß es fast nie an meiner Wohnungstür klingelt. Der liebe Gott hat mir aber eine liebe, fürsorgliche Nachbarin geschenkt, die mir schon viel geholfen hat u. mit der ich manche Stunde zusammensitze. Sie heizt mir meinen Kachelofen, damit es warm ist, wenn ich vom Dienst komme, da habe ich es wirklich gut. Nun seid alle Gott befohlen und herzlich gegrüßt,

von Eurer *Renate*.

*

Bad Elster, d. 24.3.87

Ihr Lieben alle!

Wie habe ich mich wieder gefreut, als all Eure lb. Berichte bei mir ankamen. In Gedanken habe ich bei jedem verweilt. Unsere „gute Mutter" möchte uns in diesem Jahr wiedersehen, wie schön, wenn es mit einem Treffen klappen würde.

Zur Zeit bin ich in der glücklichen Lage (v. 5.3.–1.4.87) gemeinsam mit meinem Mann eine Heilkur in Bad Elster zu genießen. Wir bewohnen ein Zweibettzimmer im 4. Stock des Bettenhauses im neuesten Sanatoriumskomplex. So haben wir alles sehr bequem, sogar die Behandlungen 2. Teil im Haus. Es wird hier schon so allerhand für uns getan, die Ruhe tut gut. Konnte auch recht gut abschalten.

(Sohn) M., bald ausgelernter Pfleger, bewältigt alle häuslichen Pflichten, samt Betreuung der Großeltern. Nach seiner Meinung sei alles in Ordnung, wir werden sehen.

Meine Eltern wohnen noch in ihrer Wohnung. Mutter hält die Wirtschaft aufrecht, für größere Wäsche, Versorgung u.ä. sorgen wir. Sie möchten es so, bis es gar nicht mehr geht.

Unseren Urlaub 1986 verbrachten wir in Steinbach bei Bad Liebenstein in einem sehr schönen geräumigen Bungalow einer LPG. Das Wetter zeigte sich zwar nicht so sehr von der sonnigen Seite, aber wir wußten uns zu beschäftigen. Dank wetterfester Kleidung marschierten wir so allerhand Kilometer auf dem Rennsteig ab. Ein besonderer Festtag war Renates Geburtstag in Tabarz. Meine Arbeitsaufgaben in der Arbeitshygiene sind noch die Gleichen, wenn nichts dazwischen kommt, wird es wohl auch der Posten bis zur Rente sein. Es wäre falscher Ehrgeiz, auf Kosten der Familie nach Ruhm und Ehren zu streben.

Mehr gibt es von mir nicht zu berichten. Auf ein Wiedersehen freue ich mich. Herzliche Grüße Eure *Ursula* u. Familie.

*

Allstedt d. 12.04.87

Ihr Lieben!

Wie schon im vergangenen Jahr, erreicht mich der Kursbrief wieder zur Osterzeit. Vielen Dank für all Eure Berichte. Ein Kurstreffen bei Ihnen, liebe Kursmutter, wäre wohl sehr schön für uns, aber mit zunehmenden Alter wissen wir ja auch die Belastung richtig einzuschätzen, die damit verbunden ist.

Viel Neues gibt es von uns nicht zu berichten. Natürlich wollen sich so allerhand Wehwehchen einstellen u. ich werde wohl Christa in Arnstadt bald einmal besuchen müssen. Die junge Familie hat endlich eine kleine Wohnung bekommen, aber leider nur kurze Zeit, um sich dort einzuleben. Nach langer Ungewißheit muß L. nun am 5. Mai in Gera zum Armeedienst antreten. Natürlich ist das für die ganze Familie eine große Belastung. Meine Schwiegertochter ist von 6-17.15 Uhr unterwegs, da sie in Sangerhausen arbeitet. Der kleine E. kann ja nicht so lange in der Krippe bleiben. Dazu unser Garten u. L.s Berggrundstück u. in der kalten Jahreszeit muß ja auch bei den jungen Leuten geheizt werden.

A. ist mit Schule u. außerschulischen Unterricht u. Sport voll ausgelastet.

Arbeitsmäßig hat sich bei mir nichts verändert und ich hoffe wie Du, liebe Ursel, bis zur Rente noch durchzuhalten. Nun, Ihr Lieben, wünsche ich uns Allen viel Kraft und ausreichend Gesundheit um mit Gottes Hilfe den Alltag zu meistern! *Waltraud.*

*

6. Mai 1987

Liebe Schwester Marlies,
liebe Kursschwestern!

Ich danke Euch allen für Eure Berichte in diesem Buch, es kam zu mir als „Osterei"! Renate, was Du uns schreibst, hat mich sehr bewegt. Deine schwere Arbeit jetzt und die oft aussichtslos erscheinende Situation kann ich gut nachfühlen, aber daß ein Mensch so unter Deiner Art, mit ihm umzugehen, leidet, daß er eine Behandlung braucht, und Du dann gehen mußt: das würde ich nicht für möglich gehalten haben! Ich wünsche Dir Kraft und Mut und immer wieder eine Freude am Tag.

Liebe Christa, hast Du Bekannte getroffen in Lulu*? Ich hatte nichts gewußt, vielleicht hätten wir uns sehen können!

Liebe Elisabeth, ich habe Dich nicht wiedergesehen seit Arnstadt und nun bist Du Mutter von erwachsenen Kindern – ob wir uns noch erkennen würden?

Wie sehr würdest Du eine gute Freundschaft mit Renate in Deiner Nähe gehabt haben – aber es ist anders gekommen, eine große Aufgabe liegt wieder vor Dir, liebe Else-Marie.

Liebe Ruth, vieles ist wirklich in unserem System widersinnig – und wir verschwenden wertvolle Kräfte leider allzuoft, und das macht unzufrieden. Wir sollten finden, was wichtig ist und Unwichtiges lassen, damit wir das immer mehr ansteigende Pensum bewältigen können und dabei noch ausgeglichen und fröhlich bleiben!

Bei mir gab es im vergangenen Jahr keine einschneidenden Veränderungen, auch keinen Urlaub, weil eine schmerzhafte Trigeminusneuralgie mit dem 1. Urlaubstag begann. In diesem Jahr planen wir eine Reise in den Kaukasus Ende August/Anfang September. Ein Treffen, das Wiedersehen, wäre sehr schön! Vielleicht wird was aus den Plänen.

Viele herzliche Grüße für Euch alle und möchte die österliche Freude in unseren Herzen bleiben, Eure *Lotti.*

*

Stadtilm, d. 13.06.87

Ihr Lieben!

Wir sitzen in unserem Bungalow, während draußen ein tolles Gewitter mit Strömen von Wasserbächen tobt. Von drinnen läßt sich das alles gut beobachten, haben wir doch eine weiten Rundblick. Dadurch habe ich aber Zeit zum Schreiben. Denn sonst werkelt man doch irgendwie immer draußen herum. Die Tage fliegen aber auch so rasant dahin, so daß man kaum zur Besinnung kommt. Aber, daß ist wohl ein Zeichen der Zeit, und, wenn man genau hinsieht, ist es der tgl. „Kleinkram" oder, das tägl. „Allerlei", das uns so beansprucht.

Seit d. Herbst 86 muß unser Pastor eine Nachbargemeinde mit betreuen. Es sind 2 Dörfer, die nur 1 km voneinander getrennt liegen. Doch jedes dieser Dörfer will seinen eigenen Gottesdienst haben. So halten wir 1 x i. Monat parallel den G.D.

In einem der bdn. Dörfer ist der G.D.-Besuch relativ gut, dagegen in d. 2. Dorf nicht. Von daher für uns die Frage, ob wir es so beibehalten wollen. Zu zweit ist der Aufwand zu groß. Nun will d. Pastor hintereinander die Dienste tun.

* *Lulu* = Ludwigslust

Darüber bin ich eigentlich auch froh, denn es ist schon eine Belastung regelmäßig im Einsatz zu sein.

Diese Woche war Waltraud wieder bei uns in d. Klinik. Wir freuten uns natürlich beide, als wir uns zum ersten Mal wieder getroffen hatten. Selbstverständlich war auch das bevorstehende Kurstreffen im Gespräch. Freuen wir uns also auf ein Wiedersehen mit hoffentlich zahlreicher Beteiligung!

Doch zunächst steht die Urlaubszeit vor der Tür. Wir bleiben dieses Jahr auf unserer Ranch. Erstens liegt das Gelände sehr schön, zum anderen hat mein Mann hier noch vieles zu tun. So „nebenbei" alles machen, dafür fehlt oftmals die notwendige Kraft u. auch die Zeit. Er hat alle 14 Tage Wo.-enddienst, ohne dafür in d. Woche frei zu bekommen. Es bleibt dann so manches liegen.

Von Herzen Euch allen liebe Grüße,

Eure **Christa.**

*

Nbg., d. 22. 6. 87

Ihr Lieben!

Vor 2 Tagen erhielt ich Euere Berichte und möchte sofort antworten, Mit großem Interesse habe ich Eure Erlebnisse verfolgt und möchte Euch danken, daß Ihr auch immer noch an mich denkt mit dem Zuschicken, da ich bisher an keinem Kurstreffen teilgenommen habe. Ja, und nun soll wieder ein Treffen starten und leider, liebe Lotti und Ihr Lieben anderen, kann ich wieder nicht kommen. Z.Zt. führe ich ein Hausfrauendasein. Meine Mutter lag im Frühjahr 7 Wochen im Krankenhaus auf der cardiolog. Wachstation mit Lungenödem und Rhythmusstörungen. Wir hatten schon alle Hoffnung aufgegeben, aber sie hat sich wieder so gut aufgerappelt, daß sie als Pflegefall wieder entlassen werden konnte. Meine Berufstätigkeit habe ich trotz Bitten und Betteln der Oberin, die meine Mutter auf Station lassen wollte, um mich als Arbeitskraft zu behalten, aufgegeben bzw. ich habe jetzt ein Arbeitsruheverhältnis mit Betriebszugehörigkeit bis zu einem Jahr.

3 Monate bin ich nun schon zu Hause. Zwischendurch habe ich in den inneren Spezialsprechstunden, die unserer Abtlg. angeschlossen sind, schon wieder stundenweise ausgeholfen. Die jungen Schwestern sind ja viel mit ihren Kindern krank, dann ist natürlich „Holland in Not". Die Personalsituation ist wohl überall die Gleiche. Zuerst wurde mir die plötzliche Umstellung recht schwer. Nach 30-jähriger Berufstätigkeit (im vergangenen Jahr), hat sich der Tagesrhythmus so eingeschliffen, daß ich doch Mühe hatte, mich an das Alleinsein mit meiner Mutter zu gewöhnen. Meine Kolleginnen sehen aber öfters bei mir rein und bei einem Kaffeestündchen höre ich doch alles Neue

vom Betrieb. Unsere Mutter hat sich gut erholt, der Dr. meint, daß sie in diesem Zustand 100 Jahren werden könnte. Ihre Verkalkung läßt ein Alleinsein nicht zu, sie macht oft Dummheiten und ist vor allem nachts sehr unruhig. Daher muß ich leider meine Anwesenheit beim Treffen entschuldigen, aber es wird bestimmt noch einmal klappen und wir werden uns wiedererkennen!

Viele liebe Grüße Euch allen, Eure **Elisabeth**.

*

Zinnowitz, 11.7.87

Ihr Lieben!

Kurz bevor wir unsere diesjährige Urlaubsreise antraten, kam der Kursbrief. So hatte ich hier Zeit und Muße, alle Eure Berichte in Ruhe zu lesen. Jeden von Euch sah ich vor mir in seiner besonderen Situation. Habt Dank!

Renate, Dein Brief hat mich sehr bewegt. Du mußtest Tabarz verlassen. Es kann in einer Gemeinde manche Probleme geben, die oft nicht leicht zu lösen sind. Dazu möchte ich sagen – und wir sind dankbar dafür – daß wir in den 26 Dienstjahren in Jeeben mit Gottes Hilfe mit allen Menschen in den Gemeinden gut ausgekommen sind. Auch gab's manches zu verkraften. Gottes Beistand, liebe Renate.

Wir sind hier in Zinnowitz in Haus „Waldesruh", einem kirchlichen Heim, für 18 Tage. Schon mit unseren Kindern waren wir hier. Wir werden gut versorgt und haben eine Unterkunft unserer Situation angepaßt. Der Weg zum Strand ist nicht allzuweit. Wir fahren mit dem Auto, dann kann ich mit meinem Delta-Rad (Geh-Rad), das ich im vorigen Jahr aus der BRD geschenkt bekam, das letzte Stück laufen. Mit Hilfe meines Mannes kann ich kurz im Wasser sein. Danach geht das Laufen ½ Std. besser. Das Wetter war bisher wunderbar.

Am 31.5. wurde in Jeeben M.s Töchterchen Sara getauft. Sie wurde zugleich 1 Jahr „alt" und entdeckte in diesen Tagen manche Neuigkeiten, die sie in Staunen versetzte. Noch nie habe ich das bei einem Kind erlebt, bei den Enkeln tut man das wohl intensiver als bei den eigenen Kindern. Man sieht das Wunder der Schöpfung mit anderen Augen.

Mein Mann, der seine Enkeltochter taufte, nahm als Taufspruch: „Freuet euch aber, daß eure Namen im Himmel geschrieben sind." Übrigens sieht Sara dem Opa sehr ähnlich. – Wir bedauern, daß die Kinder so weit weg wohnen. Vielleicht wird uns bald einmal ein Wiedersehen geschenkt.

Seid dem Herrn befohlen und laßt Euch alle herzlich grüßen, Eure **Ruth**.

Rockensußra, den 09.08.87

Liebe Schwester Marlies!
Liebe Kursgeschwister!
Von Herzen danke ich für alle lieben Briefe und Berichte u. grüße Euch nun aus dem Urlaub – heute einem verregneten Sonntag. Nach dem Gottesdienst habe ich unseren Feriengast zum Bus gebracht. Jetzt werde ich mich ein wenig den lieben Briefschreibern widmen. Bis zum Freitag sind dann wieder Garten, Hof u. Wäsche dran. Damit geht der erste Urlaubsteil zuende.

Meiner Mutter u. Grete geht es zuhause noch relativ gut, damit bin ich in Tabarz immer noch voll einsatzfähig. Bis jetzt hat sich da noch nicht viel verändert. Wir bekamen lediglich 3 Fertigteilgaragen angeliefert, Mitte August soll mit dem Ausschachten, Aufstellen u. dgl. begonnen werden. –

Wenn uns eine Firma in Erfurt eine maßgerechte Geschirrspüle anfertigt, kann auch mit dem Umbau im Haus begonnen werden.

Am letzten Septemberwochenende soll Bezirksschwesterntag in Tabarz sein. Die Einladungen wurden geschrieben, als Ihre liebe Einladung zum Kurstreffen kam, liebe Schwester Marlies: Da ich für die Schwestern (DV) im Thüringer Raum zuständig bin, habe ich eben auch solche Dinge zu veranstalten. Ich bin gespannt, wie viele Schwestern sich anmelden werden. Räumlich ist solch ein Treffen bei uns sehr ungünstig, aber der Methodistenprediger will uns helfen. Dafür bin ich dankbar.

Die schwesternschaftliche Arbeit tue ich gern, wenn sich auch das Profil der Schwesternschaft änderte u. die Zahl der Schwestern kleiner wird. Unserer Schwesternschaft ist jetzt mehrfach das Wort gegeben: „Trachtet zuerst nach dem Reich Gottes u. nach SEINER Gerechtigkeit, so wird euch alles zufallen."

Das gilt beim Einzelnen und in Gemeinschaft zu verwirklichen. (schlechtes Deutsch – hoffentlich versteht Ihr es dennoch).

Seid von Herzen gegrüßt – vielleicht kann es später auch mal ein Treffen bei uns geben – ein frohes Miteinander!

Euere *Else-Marie.*

*

255

Teschen, d. 25.10.87

Liebe K...familie!

Vor 4 Wochen war unser Werktreffen.
Wir denken nach wie vor gern und mit
Dankbarkeit an diese Tage u. Stunden
zurück. Zu den 14 „Kindern" waren
da u. 3 Ehemänner. Es war einfach
schön: viel wiederzusehen, im Gespräch
auszutauschen u. das Gefühl zu haben:
wir sind uns nicht fremd geworden,
vieles Gemeinsame verbindet uns.
Danke an dieser Stelle für alle Mithilfe
in diesen Tagen, alle Mitbringsel und
den Umschlag im Gästebad.
Herzlich danke ich auch für alle Grüße,
die uns seitdem erreicht haben.
Noch etwas hat das Treffen gebracht,
was eigentlich schon lange fällig
war: die Urenkelten duzen sich mit
ihren Kindern! Ich hoffe, daß diejenigen, die nicht dabei sein konnten,

Teuchern, d. 25.10.87

Liebe Kursfamilie!

Vor 4 Wochen war unser Kurstreffen. Wir denken nach wie vor gern und mit Dankbarkeit an diese Tage u. Stunden zurück. 9 von 14 „Kindern" waren da u. 3 Ehemänner. Es war einfach schön: sich wiederzusehen, im Gespräch auszutauschen u. das Gefühl zu haben: wir sind uns nicht fremd geworden, vieles Gemeinsame verbindet uns. Danke an dieser Stelle für alle Mithilfe in diesen Tagen, alle Mitbringsel und den Umschlag im Gästebuch.

Herzlich danke ich auch für alle Grüße, die uns seitdem erreicht haben. Noch etwas hat das Treffen gebracht, was eigentlich schon lange fällig war: die Kurseltern duzen sich mit ihren Kindern! Ich hoffe, daß diejenigen, die nicht dabei sein konnten, damit einverstanden sind.

Der Kursbrief ist diesmal ungebührlich lange bei mir geblieben, nachdem er seine Runde schneller als sonst geschafft hatte. Er kam unmittelbar vor einer 12-tägigen Westreise hier an. Und dann habe ich ihn absichtlich für das Kurstreffen hier behalten. Danach begannen das Renovieren u. Umräumen von meines Mannes Arbeitszimmer. Es war eine Riesenarbeit. Am 7.10. halfen (Tochter) B. und ihr Verlobter beim Herunterräumen des Zimmers. Das war eine große Hilfe; sie kamen mir vor wie vom Himmel geschickt. Das Zimmer ist sehr schön geworden, und ich freue mich über eine ordentliche Stelle in der Wohnung.

P. ist dabei, für sich u. seine kleine Familie oben eine Wohnung einzurichten mit 1 ½ Zimmern u. winziger Küche, bis sie einmal eine richtige Wohnung bekommen Unsere kleine St. ist nach wie vor die Woche über bei uns, weil unsere Schwiegertochter noch das letzte Ausbildungsjahr als Zahntechnikerin absolvieren muß. Wir Großeltern haben sehr viel Freude an der kleinen Süßen.

Vor 1 Woche sind mein Mann u. B. gen Nürnberg gereist zum 60. Geburtstag meines Schwagers. Ich freue mich für beide. Da wir wegen Dachdeckerarbeiten an der Kirche keinen Sommerurlaub nehmen konnten, hat mein Mann das Ausspannen dringend nötig.

All Eure Berichte habe ich mit großem Interesse gelesen. Gerade vom Klassentreffen erfuhren wir, daß Du, liebe Anneliese, Deine Mutter verloren hast. Wir sagen Dir unsere Teilnahme.

Und Ihr, liebe Ruth in Erfurt u. liebe Elisabeth, habt auch große Sorge um Eure Mütter. Ja, das Alter bringt manches Schwere mit sich. Und es ist sicher gut, in jüngeren Jahren schon mal daran zu denken.

So Gott will, möchten wir Anfang März nächsten Jahres den 80. Geburtstag meiner Mutter hier feiern mit allen Kindern u. Enkeln. Sie lebt noch in Themar, hat oft Besuch u. ist geistig noch rege. Die Körperkräfte haben stark nachgelassen. Falls sie Hilfe braucht, holen wir sie zu uns nach Teuchern.

Die Seele
nährt sich von dem, an dem sie sich freut.
Aurelius Augustinus

Noch ein Fest steht ins Haus: im August wollen B. u. J. heiraten. B. wird im Juli mit dem Studium fertig, J. hat noch ein Jahr vor sich, da er nach dem Abitur seine Bausoldatenzeit absolviert hat u. 1 Jahr als Straßenbahnfahrer in Leipzig arbeitete. Er ist 3 Jahre älter als B. Wir finden, daß die beiden gut zusammen passen und hoffen sehr, daß sich eine gute u. dauerhafte Partnerschaft daraus entwickelt. Das große Problem ist nur, daß sie eine Stelle brauchen, wo 2 Kirchenmusiker angestellt werden können. Aber der Kirchenleitung ist bekannt, daß so etwas öfter vorkommt u. sucht nach Möglichkeiten in den Gemeinden.

In der vergangenen Woche hatte ich Ferienkinder, 2 Neffen aus Weimar. So habe ich mein Strohwitwendasein nicht so sehr gemerkt. Leider plagt mich wieder ein heftiger Husten. Mein Bruder (Internist in Weimar) rät dringend auch zu einer Solekur. Vielleicht machen wir es Christiane nach u. melden uns in Bad Sulza in dem kirchlichen Heim mal an. Ich schließe mit dem Wunsch, daß es uns geschenkt werde, täglich etwas zum Freuen zu entdecken. Behüt Euch Gott alle miteinander!

Eure **Marlies** u. Dieter.

*

Karl-Marx-Stadt, 21.11.87

Ihr Lieben!

Der Rundbrief ist eine Weile bei mir liegengelieben. Nun kann ich Euch aber dafür auch mit einer Fotoserie vom Kurstreffen in Teuchern erfreuen. Ich denke auch noch sehr gern an das Wochenende bei Euch, liebe Marlies und lieber Dieter. Habt nochmals Dank für alle Mühe, die Ihr trotz Bau- und Renovierungsarbeiten auf Euch genommen habt! Ich glaube, dieses Treffen hat uns allen wieder mal so richtig gut getan und den Zusammenhalt gefestigt. Wir waren ja auch so eine große Runde wie wohl noch nie. Diejeinigen, die nicht mit dabei sein konnten, hatten ja zum Teil sehr schwerwiegende Gründe. Du, liebe Anneliese, hattest in den Tagen gerade Deine liebe Mutter verloren. Wir haben sehr an Dich gedacht. Und bei Dir, liebe Ruth, war die Mutter schwer krank. Was mag inzwischen geworden sein? Ja, unsere Lieben können ein noch so hohes Alter erreichen, wenn sie dann von uns gehen, wird es einem doch immer zu zeitig erscheinen. Ich las gestern in der Kirchenzeitung aber einen sehr guten und zuversichtlichen Artikel: „Im Morgenglanz der Ewigkeit". Man sollte sich daraus außerdem auch selbst für das tägliche Leben etwas Wichtiges annehmen, nämlich die irdischen Dinge im richtigen Größenverhältnis zu sehen. Ich ertappe mich ja auch nur zu oft dabei, daß ich mich in der Hektik zu Äußerungen hinreißen lasse, die mir hinterher leid tun, weil sie auch so nicht nötig gewesen wären. Man müßte zum täglichen Kleinkram viel mehr Abstand haben

Kursustreffen 26./27. Sept. 1987
in Teuchern

können, aber das ist nicht so leicht. – Wir verbrachten im Sept./ Oktober einen sehr schönen Kur-Urlaub im kirchlichen Heim „Sophie" in Bad Sulza. Vormittags waren die Sole-Behandlungen, alles im Heim bzw. im Gelände, und nachmittags konnten wir bei herrlichem Herbstwetter die Umgebung entlang der Saale genießen. Wir haben in den 4 Wochen gut abschalten und ausspannen können und das Zusammensein mit netten, gleichgesinnten Menschen als wohltuend empfunden. Danach empfing mich im Dienst gleich wieder ein ziemlicher Trubel, zeitweise mit Vertretung in mir nicht so geläufigen Abteilungen, aber ich hatte wohl tatsächlich noch allerhand Urlaubsgelassenheit in mir, sodaß ich die ersten Wochen jedenfalls ganz gut bewältigt haben.

Nun steht die Advents- und Weihnachtszeit ganz nah bevor und ich wünsche Euch allen viel Freude bei den Vorbereitungen und auch Zeit zur Besinnung. Es grüßt Euch herzlich, Eure **Christiane**.

In der Tür des Pfarrhauses Teuchern, Eva (oben) und Lotti (links).

Die Bilder liegen dem Kursrundbrief in einem Umschlag bei.

Dresden, am 3.12.87

Ich Lieben!

Wieder zur Adventszeit grüßt mich der Rundbrief mit all' Eueren Berichten, herzlichen Dank!

Schön, daß wir uns doch in einem größeren Kreis in Teuchern treffen und uns austauschen konnten über Freude und Schmerz. Ich denke dankbar an diese Tage zurück. Ob's wohl mal möglich sein wird, daß wir uns alle sehen können?

In meinem Tun und Lassen läuft alles in den gewohnten Bahnen. Im Dienst wird's auch nicht ruhiger, oft bleibt kaum Zeit ein Telefongespräch zu führen. Trotzdem arbeite ich dort gerne und hoffe, daß es auch so bleibt. – Daheim bei den Eltern merkt man auch, daß bei Ihnen die Kräfte nachlassen, vor allem bei meinem Vater. Dieses Weihnachtsfest bleiben wir auch in Dresden, meinem Vater wird's zu viel und zu Hause ist vieles leichter und ruhiger für ihn. Aber trotzdem werden wir sicherlich teils bei den Dresdner Geschwistern sein, meine jüngste Schwester mit der ganzen Familie kommt auch zwischen den Feiertagen nach Dresden. So wird es nicht langweilig und zu geruhsam werden.

Zu meinem 50. Geburtstag waren alle bei meinen Eltern versammelt (bis auf einen Bruder und eine Schwägerin), 25 Personen, durch die kleinen Neffen und Nichten war's sehr lebhaft, aber es war ein sehr schöner Nachmittag und ich denke gerne daran zurück.

Jetzt muß ich noch meinen Kopf anstrengen und die Weihnachtsgeschenke vervollständigen für die große Familie. Ich wünsche Euch allen trotz aller Hektik und Unruhe eine gesegnete Advents- und

Weihnachtszeit und ein gutes und geborgenes 1988.

Seid ganz herzlich gegrüßt von Eurer *Maria.*

Vielen Dank für die Fotos!

Erfurt, am 4. Advent 87

Liebe Kursfamilie!

Im Advent erreichten mich
die mal Eure Berichte, die
ich mit Freude las.

Noch ist unser Kurstreffen mit allen Gesprächen
und in der so guten Begegnung sehr lebendig
in mir, obwohl schon wieder 1/4 Jahr seitdem verstrich. Wir hatten es sehr gut bei Marlies u. Dieter,
die uns das Treffen nicht nur ermöglichten,
sondern mit ihrer Art verschönten. Sehr herzlich
sei Euch dafür nochmals Dank gesagt.

Es war ein gutes, fruchtbares Zusammensein
im großen Kreis. Daß wir sogar der Musik
huldigten, aus unserem Kreis einen Chor bildeten u. vor der Gemeinde im Gottesdienst u. im Orgelkonzert sangen, fand ich besonders schön.

Nun leben wir wieder in einer Zeit, aus der die
Musik nicht wegzudenken ist. Ich sang in
der verg. Woche bei 2 Aufführungen die 6 Bach'sche
Kantaten des Weihnachtsoratoriums mit. Damit

Liebe Kursfamilie!

Im Advent erreichten mich diesmal Eure Berichte, die ich mit Freude las. Noch ist unser Kurstreffen mit allen Gesprächen und in der so guten Begegnung sehr lebendig in mir, obwohl schon wieder ¼ Jahr seitdem verstrich. Wir hatten es sehr gut bei Marlies u. Dieter, die uns das Treffen nicht nur ermöglichten, sondern mit ihrer Art verschönten. Sehr herzlich sei Euch dafür nochmals Dank gesagt. Es war ein gutes, fruchtbares Zusammensein im großen Kreis. Daß wir sogar der Musik huldigten, aus unserem Kreis einen Chor bildeten u. vor der Gemeinde im Gottesdienst u. im Orgelkonzert sangen, fand ich besonders schön.

Nun leben wir wieder in einer Zeit, aus der die Musik nicht wegzudenken ist. Ich sang in der verg. Woche bei 2 Aufführungen die 6 Bach'schen Kantaten des Weihnachtsoratoriums mit. Damit kehrte die rechte Weihnachtsfreude bei mir ein. Ihr habt sicher auf vielfältige Weise Advents- u. weihnachtliche Musik hören können oder selbst gemacht. Wir sind hier in Erfurt damit sehr verwöhnt und ich „Alleingänger" genieße das.

Am 2. Advent besuchte ich Else-Marie im Haus Veronika, wo zukünftig unsere onkologischen Patienten Aufnahme zur Erholung u. Rehabilitation finden können. Wahrscheinlich habe ich dann öfters auch beruflich mit E.-Marie zu tun, erfreulich für uns beide.

Du, liebe Elisabeth, pflegst z.T. Deine alte Mutter. Das wird nicht leicht sein, zumal Du von einer zeitweiligen Verwirrtheit sprichst. Aber wie gut für sie „u. Dich", daß Du Dich dazu entschlossen hast. Wie geht's in der Zeit Deiner eigenen Familie? Die Kinder sind groß u. Dein Mann hat für alle Deine Entscheidungen Verständnis?

Ruth u. Anneliese sah u. sprach ich mehrfach, so daß hier keine Fragen zur Familienbefindlichkeit gestellt werden müssen.

Euch, Ihr lieben Christiane und Gerhard, danke ich herzlich für Eure Fotobeilagen. Das sind ja gute Schnappschüsse gelungen, die beim Betrachten schöne Erinnerungen wachrufen. Schön, daß Ihr beiden Euch gut erholen konntet bei Eurer Solekur.

Hoffentlich fühlst Du Dich, liebe Renate, inzwischen wesentlich besser!? Deine Wohnung, die ich auf der Rückfahrt mit Ursula kennenlernte, ist sehr schön. Hierzu gratuliere ich Dir.

Zum Fest fahre ich nach Nordhausen zu meinem 84-jährigen Vater. Er ist gottlob geistig noch recht rege, interessiert sich für vieles, liest u. sieht alle Sportsendungen, die in Ost u. West übertragen werden. Körperlich aber wird er zunehmend hilfsbedürftiger. Seine Frau sorgt gut für ihn. Wenn ich ihn besuchen komme, freut er sich ganz aufrichtig.

Nun laßt Euch zur Weihnacht herzlich grüßen mit einem Choral aus dem WO:

„Dies hat er alles uns getan,
sein groß' Lieb zu zeigen an!
Dessen freu' sich alle Christenheit
und dank ihm das in Ewigkeit...."

Bleibt Gott befohlen im neuen Jahr 1988.
Herzlich grüßt Euch, Eure *Eva.*

Erfurt, d. 4. Jan. 1988

Ihr Lieben alle!
Mit einem Wort aus 4. Mose 6, 24 grüße ich Euch zum neuen Jahr. „Der Herr möge euch reich beschenken und euch beschützen."
    Herzlich danke ich für alle Briefe, die ich wieder mit großem Interesse las. Freude und Leid wechseln einander ab und prägen unser Leben. Der Herr alleine weiß, was jeder braucht und tragen kann! ER geht auch mit in das neu begonnene Jahr und das läßt uns froh und getrost sein.
    Nun steht fest, daß wir im Mai nach Gotha umziehen. Wir sind dabei, die Wohnung auf „Vordermann" zu bringen. Die Doppelbelastung (Gotha-Erfurt) in der Gemeinschaftsarbeit war und ist für uns alle strapaziös. Nur gut, daß ein Ende abzusehen ist. Die Söhne F., H.-M. und auch C. werden mit uns nach Gotha ziehen. S. bleibt mit ihrer Familie hier im Haus wohnen. Seit Juli hat sie eine kleine Barbara und es ist herrlich, Großmutter zu sein!!! Viel Freude haben wir an unserer Enkeltochter. Sie ist ein sonniges Kind, wächst und gedeiht prächtig! Unser M. hat am Tag seiner standesamtlichen Trauung in Leipzig seinen „Meister" als Korbmacher bekommen. Er wird in Ohrdruf ein Haus kaufen können und sich dann eines Tages selbständig machen.

Danke, Christiane, für die Fotos vom Kurstreffen. Mir tat es echt leid, daß ich nicht dabei sein konnte. Dafür hatten wir dann als Ersatz ein „Mini-Kurstreffen" zu Else-Maries 50. Geburtstag in Rockensußra. Wir fuhren als Großfamilie mit zwei Autos und nahmen als Überraschung Eva und Christa mit. Da wurde auch geblasen und gesungen. Wir hatten viele Freude miteinander und der dortige Pastor hatte 3 Bankreihen Leute mehr im Gottesdienst.

So Gott will – und wir leben – möchte ich, daß das nächste Kurstreffen dann bei uns in Gotha ist. Es müssen ja nicht wieder so viele Jahre drüber hingehen. Der Herr segne und behüte Euch alle.

Herzlichst Eure Christel u. Fam.

Erfurt, d. 13.2.88

Ihr Lieben alle!
Lange ließ ich Euch warten. Entschuldigt bitte! Zu gern wäre ich zum Kurstreffen gekommen – aber leider war es unmöglich! Unsere liebe Mutter schlief am 22.01.88 für immer ein. Sie hatte keine Schmerzen, dafür war sie sehr dankbar. Wir sind alle sehr dankbar, daß Mutti im Kreise der Familie ihre letzten Monate verbringen konnte. Alle wußten wir, daß sie einen Pankreastumor hatte, der inoperabel war. Durch Umgebungsanastomosen konnte ihr Leben um vier Monate verlängert werden. Es war eine segensreiche Zeit für die ganze Familie. Mit ihr zusammen sahen wir ganz bewußt ihrem nahenden irdischen Lebensende entgegen. Oft war es schwer. Vor allem für Mutti.

Sie verabschiedete sich auf ihrem Sterbebett von all ihren Lieben. Die Verabschiedung begann um 14.00 und endete um 23.00 Uhr. Jedem Einzelnen gab sie gute Wünsche für das weitere Leben mit auf den Weg. Auch erzählte sie aus ihrer Kindheit und Jugendzeit, Ehe und Familie. Es gelang ihr sogar, uns in den Körbchen liegen zu sehen. Wir sollen uns am Leben freuen und das Beten nicht vergessen, auch sollen wir zusammenhalten.

Eine Woche später schlief sie friedlich ein. Ich war die letzten Wochen zuhause – also bei ihr. Mit meiner Schwägerin zusammen pflegte ich Mutti. Sie hatte es gut.

Natürlich fehlt sie uns jetzt – aber sie hat es nun besser in der Ewigkeit, woran sie ganz fest glaubte. Seit dem 3. Advent habe ich eine wunderschöne Wohnung in Erfurt Süd. Ein Arztehepaar in meinem Alter teilt mit mir ein Einfamilienhaus. Ich wohne Parterre, habe zwei Zimmer, Diele, Küche und Dusche. Die Gasheizung funktioniert auch.

Es ist alles wunderschön. Mutti konnte es noch sehen. Sie war sehr glücklich für mich. Kommt mich bitte mal besuchen. Es denkt an Euch alle Eure **Ruth** Begrich.

Erfurt, d. 17.2.1988

Ihr Lieben alle!
Wie freute ich mich, den Kursbrief wieder in die Hände zu bekommen und alles zu lesen, was sich bei Euch allen zugetragen hat. Ich bekam ihn von Ruth Begrich und konnte dabei gleich Ihr neues Heim bewundern. Sie wohnt ja jetzt ganz in der Hautevoleé von Erfurt in einer Villa mit Garten und nahe dem Steiger. Was mich mit Ruth verbindet ist, daß wir beide im letzten Jahr unsere Mütter verloren haben. Ich lag im Krankenhaus, als ich von ihrem Tode erfuhr und konnte wenigstens bei der Beerdigung dabei sein. Sie fehlt mir doch sehr.

Trotzdem feierten wir das Weihnachtsfest wie jedes Jahr mit meinen Schwestern, die von „drüben" kamen, unterm strahlenden Weihnachtsbaum. Es gab dieses Jahr wenig Schnee. Ich werde dieses Jahr wieder zu einer Rüstzeit nach Kloster Drübeck fahren. Ich freue mich schon sehr darauf. Ganz eventuell fahre ich, wenn ich einen Pass bekomme, mit meinen Schwestern im Sommer nach Amrum an die Nordsee.

Schade, daß ich bei dem Kurstreffen dieses Jahr nicht dabei sein konnte. Aber die netten Bilder von Christiane waren ein kleiner „Ersatz". Ein andermal kann ich vielleicht wieder dabei sein. Ich wünsche Euch allen alles Gute! Gott befohlen! Eure *Anneliese.*

Das ist der Eingang zum Haus Schalom in Bethesda /Eis

Eisenberg, 10. April 1988

Ihr Lieben alle!

Vor etwa 14 Tagen erfreute mich unser Rundbrief, den mir meine Fr. Pfeifer von der Post abholte. Heute habe ich einen ruhigen freien Sonntag und so soll mein Beitrag nicht länger warten. Meinem Bericht vom Vorjahr ist nicht viel zuzufügen. Natürlich habe ich in diesem Jahr nun einen besseren Überblick, aber an der Besetzungssituation hat sich kaum etwas geändert. In bin in diesem Winter manchmal um 4 Uhr zur Arbeit gegangen, damit bis um 7 Uhr alle Heimbewohner gewaschen waren.

Im Januar bekam ich von Heute auf Morgen einen dreiwöchentlichen Urlaubsplatz im "Haus zur Gotteshilfe", Bad Liebenstein. Es war noch alter Urlaub und eine sehr schöne Zeit. Es lag erst ab 700 m Höhe Schnee und so bin ich viel gewandert u. habe die abwechslungsreiche Landschaft genossen. Wenn es die Berge rauf ging, habe ich allerdings immer ganz schön geschnauft, doch zum Schluß war ich auch oben.

Im Februar jagte mir mein Vater noch einen Schrecken ein. Er wurde von einem Internisten ganz schnell ins Sophienhaus wegen Durchblutungsstörung in der Zehe eingewiesen und bekam dort 3 Woche lang tägl. einen Tropf. Er soll das Rauchen lassen, was er leider nicht kann. Allerdings raucht er jetzt bewußter u. weniger. Meine Schwester hat große Probleme mit ihrem Zucker u. so manche Aufregung mit ihrer großen Familie.

Um etwas Kontakt zur Kirchgemeinde zu bekommen, habe ich mich letztes Jahr dem Kirchenchor angeschlossen. Durch unsere schlechte Besetzung auf Station konnte ich aber im März nicht mehr mitsingen, will es aber jetzt doch wieder versuchen. Es ist gar nicht so einfach in unserem Alter neue Kontakte zu knüpfen. Als Gemeindeschwester bringt es der Beruf mit sich, in der Gemeinde zu Hause zu sein. –

Ende September habe ich erst einen Urlaubsplatz in Bad Saarow u. kann nur hoffen, daß ich den Sommer gut durchstehe. –

Liebe Christel, Dir alles Gute u. Gottes Segen für den Neubeginn in Gotha. Du kommst ja aber in die alte Heimat. Euch allen wünsche ich einen schönen Sommer mit frohen Urlaubserlebnissen. Bleibt behütet und seid alle lieb gegrüßt von Eurer *Renate.*

∗

Mühlhausen, d. 6.6.88

Ihr Lieben!

Nun liegt unser Rundbrief schon einige Zeit bei mir, um es ehrlich zu sagen, fehlt mir irgendwie der Faden, um einem jeden von Euch das passende oder mitfühlende Wort zu sagen. In Gedanken seid Ihr alle

Mühlhausen, d, 6.6.88

Ihr Lieben!

Nun liegt unser Rundbrief schon einige Zeit bei mir, um es ehrlich zu sagen, fehlte mir irgendwie der Faden, um einem jedem von Euch das passende oder mitfühlende Wort zu sagen. In Gedanken seid Ihr alle um mich, so wie ich jeden

um mich, so wie ich jeden einzelnen mit und ohne Familie kenne. Das freut mich und ist auch gut so. So danke ich Euch allen für Eure Berichte, die freudigen und traurigen Nachrichten. Du, liebe Eva, hattest noch in deinem letzten Bericht so lieb von Deinem Vater geschrieben, nun ist er auch schon heimgerufen worden.

Du, liebes Ruthchen, konntest bis zuletzt bei Mutter sein, Christel kommt mir nun wieder etwas näher, vielleicht ist sie schon nach Gotha umgezogen. Unsere Kinder werden erwachsen. Auch unser M. will im Juli seine U. heiraten. Um Weihnachten wird ein Baby erwartet, da kommt Leben ins Haus.

Meine Eltern werden auch immer hilfsbedürftiger, Vater will sich im Sept. nochmal einer Augen-Op. unterziehen, er hofft auf etwas Sehkraft, verschlechtern kann sich nichts mehr. Sie freuen sich auf einen Urenkel, den sie hoffentlich noch (gesund!) erleben dürfen.

Am 21.d.M. will ich mit meinem Mann 2 Wo. Urlaub in Hasselfelde machen. Wie immer könnten wir es uns wegen der Gärten nicht leisten, aber man muß einfach mal abschalten. Mein Hausarzt hat mich auch seit einer Woche arbeitsbefreit, ich soll zur Ruhe kommen (hab 8 kg. abgenommen). Wenn ich nicht aufpasse, habe ich daheim mehr Aufgaben, als wenn ich zum Dienst gehe.

Nun wünsche ich Euch allen mit Familie alles erdenklich Gute und laßt Euch lieb grüßen von Eurer *Ursula.*

*

Ihr Lieben alle!

Vor drei Tagen kam von Waltraud der Kursbrief ohne einen Bericht für alle. Sie ist in sehr großer Sorge um ihren Mann und bittet um unsere Fürbitte. Seit einigen Wochen liegt er am Tropf, wurde nun nach Erfurt verlegt und wurde wohl inzwischen zum dritten Mal operiert – der Ausgangspunkt war ein großer Gallenstein.

Es war schön vor einem Jahr in Teuchern, und es ist mir wie ein Wunder, daß wir nach gut 30 Jahren so miteinander verbunden sind – wir spürten keinerlei Fremdsein. Wir knüpften an, wo wir unterbrochen hatten, und wenn viele Jahre dazwischen gelegen hatten. Viel tat auch Eure liebenswerte Gastfreundschaft, liebe Marlies und lieber Dieter.

Danken möchte ich Euch allen für Eure Briefe. Inzwischen sah ich Eva hier bei mir in Wismar, auch Maria ganz kurz im Schweriner Dom. Und dann hatte ich Urlaub und war in Wehlen bei Bad Schandau – es hat mir sehr gefallen und ich konnte mich gut erholen. Und jetzt habe ich soeben die 50 überschritten und bin munter und stark gefordert – immer noch in der Rheumatologie – und inzwischen 25 Jahre hier in dieser Stadt. Ich wünsche mir für 1989 eine Woche Besuch in Erfurt bei Eva und würde Dich, liebe Ruth, sehr gern besuchen in Deinem schönen neuen Heim und vielleicht auch Dich, Anneliese, dabei treffen? Nun viele gute Wünsche für Euch alle, viele Grüße, bleibt behütet, Eure *Lotti*.

Am 20.11.88

Ihr Lieben alle!

„Nun werden die Tränen trocknen auf Erden, die Traurigen sollen
getröstet werden…"

So sangen wir es heute zum Ewigkeitssonntag im Gottesdienst. Es ist
gut zu wissen, daß EINER da ist, der die Tränen trocknet, die man
um einen lieben Entschlafenen weinte. Wir brauchen nicht in eine
dumpfe Hoffnungslosigkeit zu versinken.

Für mich begann das Jahr 1988 mit einer Reise in d. BRD, d.h.
ich verbrachte den Jahreswechsel dort. Eine Tante, Mutters Schwester, hat am 1.1. Geb.tag. So ergab sich die Gelegenheit. Und, 4 Wochen später, fuhr ich zur Kur in den Kaukasus! Das war vielleicht
eine Überraschung. Mein Mann holte mich von meiner Rückreise
aus Hessen ab u. teilte mir unterwegs mit, daß er meine Kurpapiere
abgeholt hat. Auf meine Frage: „wohin?" – meinte er, ich soll erst
mal erzählen. Na, nachdem sagte er, ich hätte gerade noch Zeit, mir
ein neues Visa zu beantragen. Als ich dann hörte, wohin es geht, war
ich erstmal schockiert. Ich konnte es nicht fassen, mir war regelrecht
schlecht. So füllte ich gleich bei meiner Rückmeldung die neuen For-
mulare aus. Die Reise nach Kislowodsk erfolgte per Flug über Moskau, mit dortiger Übernachtung (hin u. rück). Es war eine Kur für
Herz- u. Gefäßkranke. Die Gruppe – 16 Pers., aus allen Gegenden
unseres Landes. Der Ort Kislowodsk liegt im Vorland des Gebirges,
ca. 800 m ü. d. Meeressp., unser Sanatorium 900. Vom Klima her
wunderbar, viel, viel Sonne, so gut wie kein Schnee. Die Behandlung
– Mineralbäder, Luftbäder, Gymn., Massagen, Wandern.

Inzwischen ist schon beinahe das Jahr wieder abgelaufen. Im Sommer fand in unserer Klinik ein Chefwechsel statt. Der „Neue" kommt
aus Leipzig, ist noch relativ jung und wie ich's schon oft miterlebte,

wird nun alles „auf d. Kopf" gestellt. Wir operieren von der Zt. her
gesehen länger. Die Räumlichkeiten lassen aber an sich kein so langes
Op.-Programm zu, von wegen der Sterilität. Aber was solls, wir „kl.
Lichter" können dagegen sowieso nichts tun.
Wünsche Euch nun eine frohe Advents- und Weihnachtszeit, alles
Gute für 1989, herzlich grüßt Eure **Christa.**

Wünsche Euch nun eine frohe Advents-
u. Weihnachtszeit, alles Gute für 1989
herzlich grüßt Eure Christa

Ihr Lieben! Nbg., d. 4.12.88
Ganz herzlich grüße ich Euch in
der Adventszeit und danke Euch
für Eure Berichte, die ich mit großem
Interesse las. Freude und Leid
haben viele von uns erfahren.

Nbg., d. 4.12.88

Ihr Lieben!
Ganz herzlich grüße ich Euch in der Adventszeit und danke Euch
für Eure Berichte, die ich mit großem Interesse las. Freude und Leid
haben viele von uns erfahren. Denen, die einen lieben Menschen verloren haben, möchte ich still die Hand drücken.
   Die Bilder vom Treffen sind ja sehr schön geworden und ich habe
Euch alle wiedererkannt. Einige von uns sind ja schon Großeltern.
Bei mir ist noch etwas Zeit. Meine beiden gehen zur EOS. B. in die
11. Klasse u. H. 9. Kl. SE (Sprachklasse). Es ist schön, daß wir sie
noch bei uns haben. Wer weiß, wo sie nachher zum Studium landen
und womöglich wegen großer Entfernung wenig nach Hause kommen. Unsere Mutter ist am 30. Januar dieses Jahres eingeschlafen. Sie
hatte sich nach dem langen Krankenhausaufenthalt gut erholt. Durch
die intensive Pflege konnte sie, zwar mit Unterstützung, wieder laufen. Eine Woche vor ihrem Tod mochte sie nicht mehr essen. Alles
mögliche, was sie gerne aß, kochte ich, es war nichts zu machen. Sie
wurde zunehmend schwächer und schlief ganz friedlich ohne Kampf

ein, es war für sie eine Erlösung. Aber wir vermissen unsere Mutter doch noch sehr. Jetzt arbeite ich wieder voll. Meine Verwandtschaft meint, ich hätte nun ja viel weniger zu tun, aber der lange Arbeitstag von 7-16.15 hat es in sich. Wenig Personal, so daß man abends nichts mehr leisten kann. Ob ich dieses Tempo im Betrieb bis 60 schaffe, weiß ich noch nicht.

Euch allen wünsche ich eine gesegnete Weihnachtszeit und ein Gutes Jahr 1989, Eure *Elisabeth.*

Jeeben, 28.1.1989

Ihr Lieben!

Draußen scheint so warm die Sonne, daß man meint, der Frühling stehe vor der Tür. Aber noch ist Winterszeit und strenger Frost kann uns überraschen. Zur Winterszeit gibt es ja – wie mancher von Euch weiß – im Pfarramt besonders viel zu tun. Weil jetzt Gärten und Felder ruhen müssen, sind die Gemeindeglieder auf dem Lande leichter zu erreichen als sonst, besonders gern werden die Frauenabende in den verschiedenen Dörfern besucht. Auch die Bibelwoche wird sehr geschätzt. Aus diesem Anlaß kommt allabendlich ein anderer Gastprediger.

Sonntag nach Ostern wird wieder Konfirmation sein. In diesem Jahr wird das Pfarrhaus 200 Jahre alt. Wir müssen überlegen, wie dieses Jubiläum begangen werden kann. Daß ich meinem Mann nicht mehr so zur Seite stehen kann, ist manchmal nicht einfach. Aber ich werde manchmal an den 68. Psalm erinnert: "Gelobt sei der Her täglich. Gott legt uns eine Last auf, aber er hilft uns auch."
Das erfahre ich sehr oft.

Inzwischen sind wir wieder Großeltern geworden. Bei G. kam ein kleiner Friedrich an, bei M. und Simone eine kleine Tabea. So haben wir vier Enkelkinder. Eben kam ein Anruf, Rebekka wollte Oma und Opa sprechen. Leider wohnen wir alle weit auseinander. Nur einige Male sehen wir uns jährlich. Aber wir freuen uns über briefliche und telefonische Verbindung. Laßt Euch alle herzlich grüßen. Ich wünsche Euch eine stille Passionszeit.

Eure **Ruth.**

z. Zt. Rockensußra, den 8.2.89

Ihr Lieben alle!

Herzlich danke ich Euch für Euere z. T. sehr bewegenden Briefe. Inzwischen hörte ich auch von Renate, daß Waltraud ihren lieben Mann verloren hat. Wenn unsere Eltern gegangen sind – sind wir die letzte Generation der Familie. Das machen wir uns kaum bewußt, zumal wir noch sehr in der Arbeit – im Leben stehen. Sicher werden wir hin und wieder durch mancherlei Beschwerden erinnert – aber meistens verliert oder „repariert" sich es auch wieder.

Unsere neue Arbeit in der Veronika konfrontiert uns täglich mit der Frage nach dem Leben. Seit März/April 1988 sind wir mit 23-25 onkologischen Patienten u. bis zu 8 kirchlichen Mitarbeitern belegt. Wir hatten fast Angst vor der neuen Aufgabe, aber dürfen nun erleben, daß wir vieles von diesen Menschen lernen können u. daß wir sie sehr achten u. oft staunen, wie sie mit ihrer Krankheit leben. Sie leben sehr bewußt. Das äußert sich in der Kleidung, im täglichen Gespräch, was nicht oberflächlich ist, in Ernährung, Behandlungserwartung usw. Sehr oft sind die Menschen total verängstigt. Am schwersten ist wohl zu verkraften, wenn solche Krankheit durch die Leichtfertigkeit der Ärzte gewachsen ist.

Sehr dankbar sind wir, daß uns Liebe zu den Patienten geschenkt wurde. Dennoch gehen sicher auch viele Patienten enttäuscht von uns. Da wollen wir nicht leichtfertig sein, aber allen Anforderungen werden wir auch nicht genügen können. Mir fehlt sehr oft die Zeit für die Patienten, da ich überall die Vertretung bin. Wir haben genügend Pflegepersonal. Damit wird die Arbeit nicht unbedingt leichter, zumal auch in unserem kleinen Haus alle ihrer Qualifikation entsprechend arbeiten wollen. Letztes wird von unserem Chefarzt sehr unterstützt. Er möchte sich auch nicht um Bauerei und dgl. kümmern – obwohl er es wirklich in seinem 1. Jahr bei uns sehr getan hat. Schwer ist, daß er aus einem staatlichen Haus kommt u. noch nie in einer konfessionellen Einrichtung gearbeitet hat.

Im Sommer (Juli/August) heirateten unsere 2 Hausmeister im Abstand von 4 Wochen u. verzogen nach Sachsen u. nach Brotterode. Nach relativ kurzer Vertretungszeit, die ich schon auch gern und interessiert auf mich nahm, stellten wir einen Volkskünstler (Feuerschlucker) ein. Inzwischen ist er wieder gegangen, denn er wollte nicht gern heizen. Der 2. Mann ist recht angenehm u. heizt auch ausreichend. An seinen freien Tagen übernehme ich die Arbeit u. bin sehr dankbar für den milden schneelosen Winter. Dadurch brauche ich mich auch nicht so sehr um meine beiden zu Hause zu sorgen. Aber mit dem Haus u. großen Stall gibt es auch immer wieder Aufgaben, die an den Rand meines Vermögens gehen. Diesjahr müßte eine große Stallwand neu hochgezogen werden, weil sie wegen eines Fundamentschadens einzufallen droht. Das ist dann immer im Urlaub zu bewältigen. Wir bekommen ja relativ viel. Letzten Sommer konnte ich auch mal 8 Tage allein in einem Wochenendhaus so richtig ausspannen. Das war wunderschön. – Ich versuche auch, die gearbeiteten Sonntage zuhause etwas nachzuholen, daß ich mir an diesen Tagen keine Arbeiten vornehme, sondern schreibe, stopfe, länger schlafe, weil ich dazu in der Dienstzeit nie komme.

Nun grüße ich Euch von Herzen, wünsche uns allen immer wieder ein „Ja" zu dem, was uns aufgetragen ist.

Bleibt dem Herrn befohlen. Eure *Else-Marie*.

Teöchern, d. 19. 2. 89

Ihr Lieben alle ringarum im Lande!

Es ist Sonntagnachmittag. Ich habe gerade noch einmal Eure lieben Briefe gelesen und in jedem bei jedem um Eol ein wenig verweilt.

Viele Andere aus haben im vergangenen Jahr einen lieben Menschen hergeben müssen.

Wenn wir auch in der Hoffnung leben, daß der Tod uns nicht von der Liebe Christi trennen kann, so ist es doch schmerzlich und ganz besonders für Dich, liebe Waltraud, die Du den Ehemann verloren hast. Ich wünsche allen, die jetzt traurig sind, daß sie früher oder später sagen können: „Wir wollen nicht klagen, daß wir einen geliebten Menschen verloren haben, sondern denken, daß wir ihn gehabt haben."

Ihr Lieben alle ringsum im Lande!

Es ist Sonntagnachmittag. Ich habe gerade noch einmal Eure lieben Briefe gelesen und in Gedanken bei jedem von Euch ein wenig verweilt. Vier unter uns haben im vergangenen Jahr einen lieben Menschen hergeben müssen. Wenn wir auch in der Hoffnung leben, daß der Tod uns nicht von der Liebe Christi trennen kann, so ist es doch schmerzlich und ganz besonders für Dich, liebe Waltraud, die Du den Ehemann verloren hast. Ich wünsche allen, die jetzt traurig sind, daß sie früher oder später sagen können:

„Wir wollen nicht klagen, daß wir einen geliebten Menschen verloren haben, sondern danken, daß wir ihn gehabt haben."

Ich war ganz erstaunt, daß verschiedene von Euch vom 50. Geburtstag schrieben. Aber es stimmt ja: vor 30 Jahren war Euer Examen u. der Abzug von Arnstadt gewesen. Ich hatte eigentlich gedacht, in diesem Jahr noch einmal zu einem Treffen nach Teuchern einzuladen.

Uns stehen aber große Veränderungen bevor, die alles Planen z. Zt. unmöglich machen. Wir werden wahrscheinlich im Laufe des Jahres ins andere Pfarrhaus umziehen u. dieses Haus wird verkauft. Die Gemeinde wird nie wieder 2 Pfarrer haben. Es wird eine Riesenarbeit werden. Die Wohnung muß erst noch gemalert werden u. der Garten gleicht einer Dornröschenhecke. Fast 22 Jahre wohnen wir hier u. es wird uns nicht leicht, das alles aufzugeben. „Wir haben hier keine bleibende Statt."

In 6 Jahren wäre dann der nächste Umzug dran, wenn Dieter in den Ruhestand geht. Wir wollen versuchen, dann eine Wohnung in Teuchern zu bekommen. Im anderen Pfarrhaus wäre manches für uns günstiger u. vor allem könnten wir meine Mutter zu uns nehmen, deren Kräfte merklich nachlassen.

Noch etwas bewegt uns sehr u. macht vor allem mir großen Kummer: P.s Verlobte hat ihn verlassen u. ist mit der kleinen St. wieder zu ihren Eltern gezogen vor 3 Wochen. Für uns kam es wie ein Blitz aus heiterem Himmel, u. ich kann gar nicht sagen, wie das Kind mir fehlt. P. hat's auch getroffen. Aber inzwischen merkt er, daß das Leben für ihn bequemer geworden ist u. das gefällt ihm. Da die Beiden nicht verheiratet waren, haben wir keinerlei Anspruch auf die Kleine u. wir müssen noch froh sein, daß sie alle 2 Wochen ½ Tag bei uns sein darf. Sie hängt sehr an uns u. es ist bitter für das Kind, wenn es 2x am Tag an unserem Haus vorbeigeht auf dem Weg zum Kindergarten.

Über 3 Jahre hatten wir St. tagtäglich um uns u. freuten uns an ihrem sonnigen Wesen.

Nun noch ein kurzer Streifzug durch die wichtigsten Ereignisse des vorigen Jahres: Ende Februar veranstalteten wir hier ein Familientreffen zum 80. Geburtstag meiner Mutter. Es wurde viel gesungen im Familienchor.

Im August heirateten B. und J. Wir feierten die Hochzeit im „Einkehrhaus" in Bischofrod bei Themar. Diese Tage waren trotz vielfältiger Arbeit für mich rundum schön. Ende Sept. zog das junge Paar nach Landsberg bei Halle. B. hat dort ihre 1. Kirchenmusikstelle. J. wird im Juli mit dem Studium fertig. Dann müssen sie eine Stelle hier beide finden. Wir konnten sie schon öfter in Landsberg besuchen (1 knappe Stunde Autofahrt). Und dort ist es immer sehr schön für uns.

Vom 26.10.-19.11. waren wir zur Kur in Bad Sulza im „Heim Sophie". Wir haben uns ebenso wohlgefühlt wie B. das Jahr zuvor. Die Kur hat uns gut getan, wenn auch meine chron. Laryngitis nicht weg ist. Für allen persönlichen Kummer und für die Sorgen um die Probleme in unserer Welt bitten wir unseren Vater im Himmel um Rat und Hilfe.

In herzlicher Verbundenheit Eure **Marlies** u. Dieter.

*

K.M.Stadt, d. 1.3.89

Ihr Lieben!

Sehr herzlich danke ich Euch für Eure Briefe, in denen von frohen, aber auch von schweren Zeiten die Rede ist, die einige von Euch durchzumachen hatten. Möchtest vor allem Du, liebe Waltraud, inzwischen etwas zur Ruhe gekommen sein. Christels Familie hat hoffentlich den Umzug nach Gotha gut überstanden, und Euch, liebe Marlies, wünsche ich zur gleichen Prozedur noch recht viel Kraft. Bei uns hat sich sei meinem letzten Bericht nichts Wesentliches verändert. Im März vorigen Jahres konnte ich für 1 Woche in die BRD reisen, dabei war mir das Zusammensein mit meiner 83-jähr. Patentante in Sulingen bei Hannover besonders lieb und wichtig. Unseren Sommerurlaub verbrachten wir in Ungarn in Leányfalu am Donauknie, nicht weit von Budapest entfernt. Mein Mann hatte den Ferienplatz über seinen Betrieb bekommen und wir konnten hier alles beim Reisebüro bezahlen, sonst wäre es wohl kaum machbar gewesen. Es waren 2 wunderschöne Wochen, und wir zehren in Gedanken immer mal davon, wenn uns der Alltag gar zu grau erscheinen will.

Anläßlich der 1000-Jahrfeier des Bestehens der Orthodoxen Kirche in Rußland hatte mein Bruder im Juni 1988 in seiner Gemeinde einen Gottesdienst mit orthodoxen Chorgesängen gestaltet. Ich sang dabei mal ausnahmsweise in seinem Chor mit, und es hat mir viel Freude gemacht. Man kann sich ja für die Art der russischen Gesänge regelrecht begeistern, zumal das auch ganz tolle Sätze waren wie z.B. von Tschaikowski*, Rimski-Korsakow**, Gretschaninow*** u. Strokin.**** Aber sonst schaffe ich einfach nicht, neben Vollbeschäftigung u. Haushalt, noch in einem Kirchenchor mitzusingen. (Ob es Dir, liebe Renate, wohl wieder gelungen ist?) Das ist zwar schade, aber man kann ja nicht alles haben. Und es gibt viele Dinge, die ich habe und für die ich dankbar bin, und um sie mir zu erhalten, muß ich eben anderes sein lassen.

Gesundheitlich geht es uns so einigermaßen gut. Eine Solekur im „Haus Sophie" in Bad Sulza könnte ich allerdings schon wieder gebrauchen. Der Rachen ist ständig gereizt und mit Infekten plage ich mich lange herum. Wir haben aber auch oft eine schlimme Luft hier in der Stadt!

Im Oktober feierte auch ich meinen 50. Geburtstag. Es bleiben schöne Erinnerungen, aber ich bin auch froh, daß ich's hinter mir habe. Beim nächsten „Zehner" gibt's für viele von uns einen großen Erleichterungsseufzer – oder auch nicht?!

Aber bis dahin haben wir noch ein bissel Zeit und wir sollten ihr das Beste abgewinnen.

Es grüßt Euch Lieben alle ganz herzlich, Eure **Christiane.**

*

Dresden, am 8.8.89

Ihr Lieben!
Ich muß mich bei Euch entschuldigen und gehe in „Sack und Asche". Eben beim Räumen und Sortieren fand ich den Rundbrief, er war mir total aus dem Gedächtnis geraten.

Habt Dank für alle Eure Berichte und ich wünsche Euch, daß Ihr einen guten Sommer habt und hattet. Ich war Ende Mai, Anfang Juni für 14 Tage in Wolgast. Meine Schwester und ich haben viel mit dem Fahrrad und zu Fuß vom Hinterland der Insel Usedom uns angesehen und viele wunderschöne stille Flecken entdeckt. Wir haben längst nicht alles geschafft.

---

* *Tschaikowski, Pjotr Iljitsch* (1840-1893), russ. Komponist der Romantik

**Rimski-Korsakow, Nikolai Andrejewitsch* (1844-1908), russ. Komponist

***Gretschaninow, Alexander Tichonowitsch* (1864-1956), russ. Komponist

****Strokin, Michail* (1832-1887), Kirchenmusikkomponist

Nun rüste ich mich für die diesjährige Chorfahrt vom 12.-19.8. nach Naumburg und Umgebung. Dieser „Urlaub" ist anstrengend, aber auch ein großes Erlebnis der Gemeinschaft im Singen und wir freuen uns jedes Jahr dabei zu sein. Es ist die 30. Chorfahrt und soll wahrscheinlich die letzte sein. Eva ist „mit von der Party" und ich werde ihr den Rundbrief persönlich übergeben können. Bei uns wird 1989 ein Jahr der Umzüge werden. Am 20.9. ziehen nun meine Eltern ins Pfarrhaus zu meiner Schwester. Bis dahin müssen wir allerdings noch eine ganze Menge in der Wohnung tun. Die meiste und schwerste Arbeit hatten und haben meine Schwester und Familie.

Im August bezieht meine Berliner Schwester endlich (nach über 20. jähriger Arbeit im Gesundheitswesen) eine 1 Raumwohnung (AWG) in Hohenschönhausen.

Ein Bruder mit seiner Familie wird hoffentlich noch im September sich eine neue Existenz aufbauen können. Dann werde ich allein in Dresden sein, an den Gedanken muß ich mich erst gewöhnen. Ich werde mich dann häufig am Wochenende auf die Bahn verlassen müssen, kilometermäßig keine große Entfernung zu meinen Eltern, aber für die 110 km brauche ich meist 4 Stunden. So, das war ein kleiner Überblick über das, was mich zur Zeit vorrangig bewegt.

Ich grüße Euch und Euere Familien ganz herzlich! Eure **Maria.**

*

28.8.89

Ihr Lieben!

Bevor ich in wenigen Tagen in den Urlaub nach Ungarns Heilquellen „Heviz" aufbreche, hoffentlich bei der Fluchtseuche noch darf – soll dieser Gruß an Euch noch werden. Maria übergab mir den Rundbrief vor 10 Tagen bei unserer gemeinsamen Chorfahrt mit dem Singkreis, die uns diesmal in das Standquartier Schönburg im Saaletal bei Naumburg führte. Bei unseren geistlichen Chorkonzerten hörten uns in Zeitz Marlies u. Dieter. Mit ihnen hatten wir noch einen schönen Abend des gemeinsamen Austauschs.

Im Juni hatte ich mir selbst eine Kur über die Caritas in Heiligenstadt/Eichsfeld besorgt, nachdem ich 6 Jahre vergeblich auf eine staatliche wartete. Das bischöfl. Konvikt der Kath. Kirche führt in seinem Haus Kneippkuren auf Selbstzahlbasis durch. Man muß dafür seinen Urlaub verwenden. Ich stellte einen Antrag auf unbezahlte Freistellung u. bekam es von der BGL u. Klinikleitung genehmigt. Ich war nach der Haushalt- u. Hausauflösung in Nordhausen auch urlaubs- oder kurreif.

Hinzu kommt der sehr aufreibende Dienst. Ich hatte diesen Kursbrief lange nicht, so daß ich auch noch nicht vom Heimgang meines Vaters am 30. April 1988 schreiben konnte. Mein altes Väterchen hatte mit 84 Jahren ein erfülltes, reiches Leben: dennoch fehlt er mir sehr, zumal er mein einziger naher Angehöriger war. Ich durfte ihm zuletzt nahe sein u. dafür bin ich dankbar.

Schlimm u. unwürdig gestaltete sich die Wohnungsauflösung. Vaters 2. Frau zeigte sich so unberechenbar u. schikanös, daß es viel Kraft u. Energie kostete. Sie fand nach einer herzzerreißenden Trauerphase mit tägl. kummervollen Briefen des Selbstmitleids an mich schon bald einen neuen Mann. Mit seiner Stärkung im Rücken verriegelte u. verbarrikadierte sie die Wohnung, verlangte andererseits meinen sofortigen Auszug u. Auflösung mit Möbeltransport. Die Spedition hat jedoch keine sofortigen Termine. Das waren aufregende Wochen, in denen ich fast zusammenbrach. Alles wurde in Eile nur schnell verteilt. Abnehmer fand ich reichlich, echte Hilfe nur von wenigen Freunden, darunter der Mann einer Bekannten, der „Marxist u. Genosse" ist, mir jedoch am selbstlosesten half. Kann man hier nicht eine Parallele zum Gleichnis mit dem Samariter sehen? Durch ihn fand ich auch Hilfe u. Unterstützung bei der Auffrischung meiner vor 26 Jahren erworbenen Autofahrprüfung (ohne Fahrpraxis).

Elisabeth Glaß, meine langjährige Jugendfreundin, die Ihr von Arnstadt kennt (sie war 3 Kurse über uns), hinterließ mir dieses Relikt in Form eines Trabi bei ihrem Wegzug aus unserem gelobten Land. Sie lebt mit der Adoptivtochter nun in der Lüneburger Heide. Beiden geht es gut: dennoch hinterläßt solch ein Weggang Narben, die Ihr alle nachempfinden könnt. Ihren Trabant kaufte ich also ab und „kutschiere" nun schon tüchtig durch Dörfer u. Städte. Ich kann sagen, es macht mir Spaß u. ist vor allem eine Hilfe. Ein bißchen spät, denn zu Vaters Lebzeiten, vor allem während seines Krankenlagers, wäre mir mein Gefährt sehr dienlich u. zeitsparend gewesen. Und wie gern hätte ich ihm damit eine Abwechslung mit einer kleinen Ausfahrt verschafft! Aber man hat selten alles Gute beisammen.

Ein langer, angefüllter Bericht von mir. Vielen von Euch begegnete oder schrieb ich persönlich, so daß ich keine Fragen hier stelle. Bleibt behütet u. Gott befohlen, Ihr Lieben ringsum im Lande u. nehmt herzliche Grüße von Eurer *Eva.*

*

Erfurt, den 12. Nov. 1989

Ihr Lieben!

Wie freute ich mich, den Kursbrief wieder in die Hände zu bekommen und von allen zu hören, was sich inzwischen beigetragen hat. –

Im Sommer hatte ich das Glück, einmal wieder nach langer Zeit in Urlaub zu fahren. Meine Schwester von drüben war mit dem Auto da und wir verbrachten unsere Ferien auf dem „Hainstein" bei Eisenach. Mit dem Auto waren wir frei beweglich und mußten nicht zu jeder

Tour einen weiten Anmarsch hinter uns bringen. Wir besahen die Wartburg, die Hohe Sonne und den Inselsberg. Auch besichtigten wir das Lutherhaus, das Bach-Haus und Thüringer Museum, was uns sehr viel Spaß machte. Zum Abschluß besuchten wir noch Wechmar und besahen das Haus von Hans Veit, auf den die Vorfahren von Joh. Seb. Bach zurückgehen. Für heute mache ich Schluß! Und grüße Euch alle in alter Verbundenheit Eure *Anneliese*.

*

20.1.1990

Ihr Lieben!
Euch allen wünsche ich Gottes Segen und eine glückliche Wende für 1990 – Hoffentlich nimmt die SED ihren Hut freiwillig. Es wäre das Beste für unsere DDR. Nun können u. müssen wir um einen weiteren friedlichen Verlauf der Demonstrationen hoffen u. bitten. Manchmal kann es einem schon bange werden, aber die Hoffnung auf einen guten Ausgang ist größer.

Da es mir bei der SMH nicht mehr gefiel, bin ich seit dem 1.2.1989 auf einer kleinen internistischen Station des KKH* tätig. Wir haben 11 Betten, sind aber sehr schlecht mit Schw. besetzt. Die Umstellung fiel mir schwer. Nun endlich habe ich den Überblick gewonnen. Die Arbeit macht mir Freude, die Patienten sind dankbar für jedes gute Wort.

Im KKH herrscht ein besserer Geist als bei der SMH. Dort konnte ich es nicht mehr aushalten wegen des schlechten Klimas. Es wurde nur noch gelogen! – Jetzt geht es mir wieder gut, obwohl ich oft körperlich erschöpft bin. Ich arbeite im Zweischichtsystem, auch bin ich Zweitschwester. Meine freien Tage nutze ich, um mich zu regenerieren. Letzteres gelingt mir in meiner schönen Wohnung recht gut. Gestern feierten wir den 75. Geburtstag meines hiesigen Onkels**. Die Tante verstarb vor zwei Jahren. Zum Glück kommt er gut allein zurecht in seiner kleinen Neubauwohnung. Seinen Geburtstag feierten wir im Kultur- und Freizeitzentrum „Stadt Moskau". Es war ein wunderschöner Abend im Kreise der Familie, die sehr groß ist. Es waren die eigenen drei Kinder mit Familie und die ältesten Kinder seiner Geschwister eingeladen. Sie kamen aus Ost und West. So waren wir 30 Personen. Von uns bekam der Onkel Grünpflanzen und von den Cousinen u. Cousins aus dem Westen eine Norwegenreise finanziert. Er freute sich riesig. Die Stimmung war einzigartig. Überhaupt ist es herrlich, daß wir nach der Wende wieder aufrecht gehen können! In diesem Sinne grüßt Euch alle ganz herzlich Eure *Ruth* B.

---

* *KKH* = Katholisches Krankenhaus St. Johann Nepomuk

** *Begrich, Siegfried* (1915-1993), Pfarrer zuletzt in Erfurt.

Ruth mit Pfarrer Siegfried Begrich, ihrem Onkel, auf dem Pfarrhof in Reinsdorf bei Artern. 1987–2017 fanden hier alljährlich die Familientreffen statt.

Z. Zt. Rockensußra, den 11.3.90

Ihr Lieben alle!
Diesmal nimmt der Rundbrief nach größeren Pausen einen anderen Lauf. Eben habe ich nochmal nachgelesen u. danke für alle Berichte – manche sind ja recht kurz. Aber es ist auch schwer, alles zu schreiben was uns bewegt. Das letzte Jahr ist nun von den vielen neuen Ereignissen im Land u. den umliegenden Ländern gekennzeichnet – wir stehen vor der ersten echten Wahl. Verspricht eine Partei all unsere Wünsche? Das wird es nicht geben u. dann fragt es sich noch, ob sie ihr Programm u. Versprechen halten kann u. hält. Ich bin sehr skeptisch. Die Jugend u. davon haben wir jetzt einige im Haus (3 von der NVA + junge Schwestern) – ist ja sehr hoffnungsvoll. Wir wollen ihr auch die Hoffnung nicht nehmen.

In der Veronika haben wir einige neue Apparate bekommen – zumeist auch durch die Öffnung der Grenze. Wir sind weiterhin am Bauen und sind immer voll belegt mit onkologischen Patienten, z. Zt. mit Schwerstkranken oft jungen Patienten. Viele haben große Angst vor dem Sterben u. doch findet man so wenig Zugang, ihnen ein echtes Zeugnis von der Erlösung durch Jesus zu geben. Manchmal sind sie auch recht verstrickt in abergläubische Dinge. Den neuen Ereignissen im Lande stehen sie wegen der sozialen Bedürfnisse ängstlich gegenüber. Ich freue mich über jede Gelegenheit, wo wir ihnen auch wohltun können. Sie sind ja auch sehr dankbar in ihrer bewußten Lebensweise.

Inzwischen hatten wir die erste Oberinnenkonferenz im Heimathaus – wo ich 30 Jahre lang nicht war. Ich konnte den 1. Tag nicht reden, alles beeindruckte mich sehr. Gern besuchte ich im Friedrich-Zimmer-Haus 2 alte Schwestern (Dorothee Heynemann u. Hilda Krause). Sie haben es dort gut. Am 20. Februar starb die Mutter von Schwester Gudrun W. Das ist für sie und uns sehr einschneidend. Ich bin dankbar, daß es hier zuhause immer noch so geht – es liegt natürlich im Haus u. Gelände wie überall viel Arbeit an. Die Stallwand wurde vorigen Sommer hoch gezogen, dieses Jahr müßte sie verputzt werden. 1/3 des Hofes u. Stalles habe ich verkauft. Nun läuft 1 Zaun durch unseren Hof, weil er nicht mehr uns gehört –meiner Mutter war das etwas schwer – mir nicht so. Nun grüße ich Euch alle recht herzlich – bleibt dem Herrn befohlen, Euere *Else-Marie*.

*

Gotha, d. 28.3.90

Meine Lieben!
Über zwei Jahre hat der Kursbrief gebraucht um wieder bei mir einzutreffen. Vieles hat sich ereignet in dieser langen Zeit, in unserem persönlichen Leben, in den Familien und in unserem Volk und Vaterland. Wir haben Grund und Ursache Gott zu danken für manche Erleichterung und Veränderung. Alle, die Schweres durchgemacht haben, möchte ich ein Bibelwort zurufen aus Josua 1,5: Gott spricht: Ich lasse dich nicht fallen und verlasse dich nicht!
Mit dieser Zusage unseres Herrn dürfen wir immer rechnen – ER ist treu!

Im Mai werden es schon zwei Jahre, daß wir in Gotha sind. Wir wohnen im Gemeinschaftshaus, in dem wir auch unsere Hochzeit feierten. Die Arbeit ist kleiner als in Erfurt, aber weitläufiger. Mein Mann hat noch 9 Außenstationen zu betreuen. Außerdem ist er für zwei Vakanzen verantwortlich. Das geht manchmal bis an die Grenzen seiner Kraft. Auch ich merke, daß ich die „50" bereits 3 Jahre überschritten habe. Ich darf aber täglich Gottes Durchhilfe erfahren.

Die Familie ist kleiner geworden. C. ist das 2. Jahr auf der Bibelschule. H.-M. hat nach Beendigung seiner Gärtnerlehre gleich mit der Musikschule begonnen. Er wird aber kaum bei dieser Sache bleiben. Zur Zeit ödet ihn alles an. Unser F. wird im Mai konfirmiert und hält nach wie vor die Familie in Atem.

Ein ganz großes Geschenk wurde mir vorige Woche zuteil. Ich durfte mit meinem Mann in die Schweiz fahren. Das Prediger- u. Miss.-Seminar (an dem er studierte) feierte das 150-jährige Jubiläum. Es war schon beeindruckend, in Basel im Kongreß-Center und im Basler Münster die Feierlichkeiten mitzuerleben. Dazu kam herrliches Wetter und eine Seilbahnfahrt auf den „Pilatus" (über 2000 m) Die Bergwelt ist schon überwältigend und die Größe Gottes wird einem neu bewußt.

Für heute soll es genügen. Ich grüße Euch alle von Herzen und wünsche eine gesegnete u. frohe Osterzeit. In herzlicher Verbundenheit Eure *Christel* u. Fam.

PS: Im Okt. werden wir zum 3. x Großeltern. M. + Margarete erwarten ihr 1. Kind. S. Barbara wird 3 Jahre u. Johannes 2 Jahre.

*

Eisenberg, den 4. April 1990

Ihr Lieben alle!

Fast 2 Jahre hat der Brief gebraucht, um wieder bei mir anzukommen und die Freude war groß, als ich ihn in den Händen hielt. Da ich heute noch frei habe, soll er nicht lange bei mir herumliegen. Habt Dank für all Eure Berichte. Manche Berichte haben mich etwas getröstet, ich merke, daß Ihr, die Ihr in der Krankenpflege arbeitet, mit den gleichen Problemen zu kämpfen habt wie ich. Immer zu wenig Leute und zu wenig Zeit für den einzelnen Pflegebefohlenen. Seit einem guten Jahr arbeite ich auf einer anderen Station, sie ist unterteilt in Männer- u. Frauenseite. An sich bin ich für die Männerseite eingesetzt, doch auf der Frauenseite sind so viele Mitarbeiter erkrankt oder im Babyjahr(en), daß wir oft aushelfen müssen. Der Frühdienst beginnt für mich immer um 5 Uhr, anders kann ich die Morgenarbeit nicht schaffen. Manchmal lassen wir schon die voll bettlägrigen Heimbewohner von den Mitarbeitern waschen, die um 10 Uhr mit dem Dienst beginnen u. legen sie morgens nur trocken. Ab Mai sollen wir 3 Wehrersatzdienstleistende bekommen, vielleicht wird es dann etwas leichter. Es tut eigentlich immer gut, wenn Jugend ins Haus kommt, auch unsere Alten haben Freude daran.

Seit 3 Jahren wird bei uns im Gelände gebaut. Ein neues Haus für unsere Heimbewohner entsteht und hat durch den milden Winter gute Fortschritte gemacht. Im Sommer soll das Richtfest sein und viele unserer Heimbewohner, vor allem die jüngeren, freuen sich auf ein Einbettzimmer. Die Wohnsituation ist eben immer noch sehr schlecht. Wie weit die Vereinsamung des Einzelnen noch größer wird, werden wir erleben. Jetzt sind sie dazu verdammt (entschuldigt das schlimme Wort, aber ich empfinde es oft so), sich einander anzunehmen oder auch zu zanken, aber sie sind nicht alleine. Später wird nach einem komischen Kauz keiner mehr sehen u. wir Schwestern kommen noch weniger in die kleinen Zimmer bzw. werden von dem Einzelnen weniger gesehen. Wir können uns diese neue Situation noch gar nicht so recht vorstellen und haben auch ein wenig Angst vor dieser neuen Situation.

Sorge macht mir mein Vater, der in dem letzten Jahr recht schwach geworden ist. Vor 14 Tagen war er noch einmal für 2 Tage bei mir, doch der Weg vom und zum Busbahnhof ist schon sehr beschwerlich. Im Januar lag er wieder 3 Wochen im Sophienhaus und die gleichmäßige Betreuung hatte ihm wieder etwas auf die Beine geholfen. Im Altenheim läßt er eben außer dem Mittagessen oft die Mahlzeiten aus, weil der Appetit fehlt u. vielleicht auch die Kraft alles vorzubereiten. Meine Schwester würde den Vater zu sich nehmen, aber er will nicht aus seiner gewohnten Umgebung. So müssen wir den Dingen ihren Lauf lassen und Gott bitten, daß er es gnädig mit dem Vater macht. – Im Kirchenchor singe ich übrigens weiter mit und bin froh darüber. Im Mai habe ich eine Rundreise in den Norden der BRD geplant und hoffe, daß alles klappt. –

Am 26.4. haben wir unseren ersten gemeinsamen Schwesterntag in Zehlendorf, worauf ich mich auch schon freue. Seitdem wir als Schülerinnen im Heimathaus waren, bin ich nicht wieder hingekommen. Es ist schon wunderschön, daß das alles möglich geworden ist. Die Probleme, die sonst noch auf uns zukommen, sind fast nicht zu übersehen und wir können nur hoffen, daß alles gut wird und alle Beteiligten die nötige Geduld aufbringen und unsere Bevölkerung auch bereit wird, Opfer zu bringen. In den Wahlreden hat man leider davon nur von wenigen Politikern gehört, denn davon will ja das Volk auch nichts hören.

Seid nun alle sehr herzlich gegrüßt, von Eurer **Renate**.

*

Mühlhausen, d. 16.7.1990

Ihr Lieben alle!

Nach geraumer Ruhezeit dieses Rundbriefes bei mir, möchte ich versuchen, meinen Bericht zu Papier zu bringen. Danke, für all Euere lieben Zeilen, die ich mir eben noch einmal alle beim Lesen in Erinnerung gebracht habe. Was sich doch in so einem Zweijahreszeitraum alles tut.

25.7.90

Nun haben wir schon einen Enkelsohn von 1 Jahr + 7 Mon. – A. Ein kräftiges freudiges Kind. Er geht zwar in die Krippe, ist aber nachmittags, nachts oder an den Wochenenden viel bei uns. M. u. U. sind beide im Krankenhaus, U. auf Innere Frauen, M. ITS.
M. hat jetzt seinen Fachpfleger für das stat. Wesen abgeschlossen, ab Okt. soll er nach Erfurt zum Lehrgang für Anästhesie. Sie wohnen in meinem Elternhaus, meine Eltern hatten ihnen den Wohnraum 1988 zur Verfügung gestellt – meine Eltern zogen zu uns. An M. 21. Geburtstag 1989 ist mein lb. Vater nach schwerem Krankenlager eingeschlafen.

Unsere Mutter ist dankbar, daß sie bei uns sein kann. Sie hat sich wieder etwas erholt, sorgt sich um viele Dinge in unserem Haus, züchtet Blumen, die in den schönsten Farben blühen und wird von ihrem Urenkel über alles geliebt. Kaum ist der kleine Kerl bei uns im Haus, nimmt er die Uroma (seine Anna) an die Hand, marschiert mit ihr in den Garten, dann schleppt er einen kl. Stuhl heran, damit sich seine „Anna" zu ihm setzt und mit ihm spielt. Unsere Oma wird in diesem Jahr 80 J.

8.8.90

Nun war ich mit Enno zwischenzeitlich auf einem kleinen Urlaubstrip in London. Ein von mir seit Jahren gehegter Wunsch konnte jetzt in Erfüllung gehen.

Unsere Dienststelle besteht z. Zt. noch, bis Ende des Jahres hat man noch Geld, wie es weitergeht, keiner weiß etwas. Enno kam auch schon mit Kurzarbeit heim, er nutzt z. Zt. diese freie Zeit zum Fensterstreichen u. für Renovierungsarbeiten im Haus – da ist so allerhand fällig. Ab heute haben wir unseren „Kleinen" für ein paar Tage in Pension, unsere Kinder wollen mal zum Patenonkel nach Frankf./Main fahren. So sind wir immer in Bewegung, aber nicht traurig darüber.

13.8.90

Damit der Brief nicht noch länger hier verbleibt, grüße ich Euch alle sehr herzlich und bin in Gedanken bei Euch.
Herzlichst Euere *Ursula* u. Familie.

*

Allstedt d. 03.12.90

Ihr Lieben!
Von ganzem Herzen möchte ich Euch eine gesegnete Adventszeit und einen guten Neubeginn im einigen Deutschland wünschen. Euch allen danke ich sehr für die lieben Worte, die mich nach dem Tod meines Mannes erreichten. Kurt mußte viel leiden und spürte schon bald nach der Operation, daß er nicht wieder nach Hause kommen

würde. Für A. und mich war es sehr schwer zusehen zu müssen, ohne helfen zu können. Unser Vati ist nun schon zwei Jahre nicht mehr bei uns u. oft denke ich, es geht nicht weiter. Im September wurde A. nach einer Gallenkolik gelb u. mußte operiert werden. Ich konnte sie im Elisabethkrhs. in Halle unterbringen und mußte nach genau 2 Jahren die gleiche Angst noch einmal durchleben. Leider konnten nicht alle Steine gleich entfernt werden. 4 Wochen lag A. in Halle, bis die restlichen Steine endoskopisch entfernt waren.

Nun hat sie sich erholt und auch die Schulversäumnisse aufgeholt. L. und Familie geht es gut und beide haben auch ihre Arbeit noch. Da sieht es bei mir schon trauriger aus. Seit der vergangenen Woche habe ich meine Kündigung zum 31.12. Mit 52 Jahren hat man wenig Aussicht, neue Arbeit zu finden. Ich wünsche mir nur, daß ich A. eine gute Ausbildung ermöglichen kann. Für mich hat die Veränderung in unserem Land nur Unsicherheit und Ungewißheit mit sich gebracht. Die Sorgen nehmen seit Jahren kein Ende und allein ist es besonders schwer.

Nun grüße ich Euch von ganzem Herzen. Lotti danke ich für ihren Besuch im vorigen Jahr und Christiane und Gerhard, die in diesem Jahr kurz unser Gäste waren ebenfalls nochmals Dank für den Besuch. Euch allen wünschen wir in dieser unruhigen Zeit viel inneren Frieden und Zuversicht. In Verbundenheit **Waltraud** mit A.

∗

Wismar, d. 15.12.1990

Ihr Lieben alle!
Ein gesegnetes Weihnachtsfest wünsche ich Euch allen und sage gute Wünsche für das neue Jahr, mögen wir uns alle der anderen Welt bewußt sein, der Hilfe, die von dort kommt, möchten wir alle die nötigen Kräfte für alles, was wir bewältigen möchten und sollen, uns erwerben, möchte alles in eine gute und bessere Zeit übergehen. Ich danke allen für die Berichte und Grüße und Wünsche. Was ist alles geschehen im letzten Jahr, welche Aufgaben liegen vor uns – und doch – ich sage mit Dir, Ruth: „Daß wir nach der Wende wieder aufrecht gehen können, ja, wie schön ist das!" Vielleicht kann ich noch einige Zeit (Monate oder 1-2 Jahre?) in meinem Beruf weiterarbeiten? Dann hätten sich alle Bemühungen darum von unserer Seite gelohnt. Ich warte auf eine schriftliche Entscheidung in den nächsten Tagen.

Meine Mutter verlebte mit uns allen in fröhlicher, erweiterter Familienrunde ihren 85. Geburtstag.

Liebe Grüße Euch allen in besonderer Zeit, Eure **Lotti.**

∗

Ihr Lieben!

Nun liegt Weihnachten hinter uns, ein ereignisreiches Jahr ist vergangen, ein neues Jahr wie ein verschlossenes Buch vor uns. Bei all' den verwirrenden u. bedrohlichen Nachrichten ist es gut zu wissen, daß wir treu sorgende Hände des einen VATERS um uns haben.

Ja, vor kurzem dachte ich: „Der Rundbrief ist lange nicht hier gewesen!" Aber, daß es schon 2 Jahre her sind, kaum zu fassen. Schnell eilt die Zeit!

Arbeitsmäßig hat sich bei mir nichts verändert. Probleme des Hauses dringen meist doch nicht bis in die „unteren" Schichten durch. Die Arbeit in der Gemeinde ist im letzten Jahr für mich u.a. intensiver geworden, denn seit Jan. 90 sind wir ohne Pfarrer, ohne Kantor. Wir tun die Arbeit gemeinsam als Kirchgemeinderat. Ich nehme an den Pfarrkonventen teil, um so die Verbindung zwischen der Suptur u. Gemeinde aufrecht zu erhalten. Und, man muß auch immer wieder daran erinnern, daß wir einen Pfarrer brauchen; daß wir Vertretung für die jeweiligen Gottesdienste benötigen usw. 1 x im Monat halte ich, jetzt über die Feiertage sogar öfter. Aber so „nebenbei" ists halt auch anstrengend.

Wir versuchten auch anderes aufrecht zu erhalten. So z.B. die Partnerschaftstreffen mit d. Patengem. Ausflug mit unseren Uralten per PKW; Basar, Adventssingen. Als KGR treffen wir uns monatl. regelmäßig, auch der Chor trifft sich, damit eben nicht alles auseinander fällt. Sorge u. Not macht uns die Kinder- u. Jugendarbeit. Ein alter Pfarrer i.R. hält d. Christenlehre, aber kommt man mit Eltern ins Gespräch, so erfährt man, daß d. Kinder nicht mehr wollen!

Im letzten ¼ Jahr machte ich meine Fahrerlaubnis! War ja schon 5 J. angemeldet. Doch durch die „Erneuerung" ging auch dies schneller. Brauchte allerdings in der Praxis viele, viele Stunden Kopf, Hände, Füße zu koordinieren – für ein altes Weib eben doch nicht mehr so einfach! Mein Mann hat viel Ärger mit dem Geschäft. Es gehört uns, er möchte es anderweitig an eine hiesige Firma vermieten u. selber mit dort tätig sein. – Aber die HO geht nicht raus, und, die Treuhand verfügt darüber. Ein Nachlaß der alten DDR-Regierung Modrow! Von Herzen liebe Grüße u. Wünsche.

Ob wir uns bald mal wieder sehen? Eure *Christa.*

*

Ihr Lieben!

Gefreut habe ich mich zu unserem Rundbrief, der vor 14 Tagen wieder bei mir landete. Gerade die letzte Zeit habe ich des Öftern an ihn denken müssen, fast hatte ich die Hoffnung aufgegeben, daß er noch existiert. Desto größer war meine Freude, das könnt Ihr Euch ja denken.

Wir haben alle im letzten Jahr so viel erlebt, von der Revolution bis zur Einheit, im Berufsleben und manch einer von uns schwere Stunden im Privatleben. Die Ewigkeit hat das Jahr genommen, einen Nachgeschmack uns hinterlassen, der auch bald ersetzt wird.

Das neue Jahr hat einen traurigen Anfang genommen. 7 Tage dauert nun schon der Golf-Krieg. Es ist ein Wahnsinn, man kann es nicht fassen. Bei uns läuten die Glocken jeden Mittag von 11.55–12 Uhr. 2 Abende in der Woche sind Friedensgebete. Man darf nicht nachdenken und trotzdem hat man die vielen 1.000, wohl schon 10.000 Tote im Irak und wer weiß, wie viele Verletzte, vor seinen Augen, die meist unschuldig, vielleicht unter schrecklichen Umständen sterben müssen, und in den anderen Ländern rundherum ebenfalls. An den Börsen in Amerika steigen die Werte der Kriegsaktien. Wir demonstrieren für den Frieden und sind selber ausländerfeindlich. Ein Iraker, der in der alten BRD lebt, kann sich nur unter Lebensgefahr auf die Straße wagen, er u. seine Familie wird von allen Seiten bedroht. Unsere Giftgaswaffen werden von den Irakern abgeschossen u. Hussein verschanzt sich in einem Bunker, den die Deutschen 1981 im Irak gebaut haben, und noch werden illegal Raketen an den Irak von über 100 Firmen in der alten Bundesrepublik geliefert.

Unter Honnies Regime haben Stasiexperten Iraker zu Terroristen ausgebildet. Es ist unfaßbar. Ihr seht, mich beschäftigt das alles sehr. Was haben wir uns schon wieder alles an Schuld aufgeladen. Euch wird es nicht anders gehen, man muß irgendwie damit fertigwerden. Meiner Familie geht es Gott sei Dank gut. Die Große, unsere B., studiert Lebensmitteltechnologie in Köthen. Ein vielseitiges Studium mit Biotechnologie usw. H. geht 11. Klasse EOS. Er hat die Sprachen u. Naturwissenschaften gepachtet. Will aber nicht studieren, sondern sich im Bankwesen versuchen. Wir freuen uns, daß er noch bei uns ist. B. kommt jedes Wochenende nach Hause. Sie nimmt die Bahnfahrt von 6 Std. gerne auf sich. Wir mußten uns erst sehr an die weite Trennung gewöhnen. Mein Mann u. ich, wir haben noch unsere Arbeit, wer weiß wie lange noch. Die Kommune will das Krankenhaus nicht mehr alleine finanzieren, bei unserem Vater wird um das Überleben des Betriebes mit letzter Kraft gekämpft. Euch wünsche ich von Herzen ein gesegnetes und gesundes neues Jahr. Es ist ja schon vier Wochen alt, aber gute Wünsche kommen nie zu spät. Eure *Elisabeth.*
*

7.3.91

Ihr Lieben!
Heute ist mir nur möglich, ganz kurz zu schreiben. Hab Dank für
Eure lieben Briefe und Fotos.

Dieser Brief liegt ja schon einige Zeit hier, denn ich habe eine meh-
wöchige Behandlung (MS) in Elbingerode hinter mir, die mir aber
nicht gutgetan hat. Ich wurde fast vollkommen lahmgelegt.

Wahrscheinlich habe ich schon lange eine Entzündung im ZNS, die
hier zu Hause mit allen möglichen Medikamenten behandelt wird;
Dexamethason, Spritzen, Gymnastik. Das ist sehr anstrengend.

Doch ich bin froh, daß ich noch nach (…) ? muß, um den Schub
dort behandeln zu lassen. Das Schreiben fällt schwer. Für heute laßt
Euch von Herzen grüßen, Eure *Ruth.*

*

Rockensußra, den 17.03.91

Liebe Schwester Marlies,
liebe Kursgeschwister!
In diese Tagen vor 1 Jahr schrieb ich auch von zuhause. Der Rundbrief hat einen anderen Lauf genommen, deshalb sind die Berichte nicht vollständig und ich muß irgendwie daran Schuld sein. Das
habe ich beim Nachblättern erkannt. Entschuldigt bitte, vor allem
die, die dadurch so lange gewartet haben. Habt von Herzen Dank für
alles Berichten. Wie gern möchte ich mit Euch persönlich sprechen.
Meist ist das selbst bei einem Kurstreffen nicht möglich. Und ich
könnte im Moment auch keins organisieren.

Wir sind dienstlich sehr, sehr in unserem kleinen Häuschen ein-
gespannt, obwohl unsere Existenz sehr unsicher ist. Im Juni vorigen
jahres war die Leitung der Schwesternschaft u. die Leitung eines nä-
heren Partnerkrankenhauses bei uns u. sagten nach der eingehenden
Besichtigung, daßsich solch kleines Krankenhaus in Zukunft nicht
halten könnte, außerdem hätten wir von der baulichen Situation als
Fachwerkhaus keine entscheidenden Renovierungsmöglichkeiten
(nicht für jedes Zimmer Dusche u. WC) usw. usw. Ein anderes Haus
wurde besichtigt u. verworfen. Schließlich am 25.01.91 mußte die
Hausleitung die Schließung des Hauses zum 31.3.91 bekannt geben
u. die Kündigungen austeilen.

Am 1.02.91 wurde in einer Mitarbeiterversammlung die „Schließung wieder zurückgenommen" u. bis zum 31.12.91 verschoben.
Unmut, Aggressionen, Unzufriedenheit unter den Mitarbeitern waren die Reaktionen. Das sprang leider bis auf die Patienten über, die
sowieso stark verunsichert sind. Inzwischen arbeiten wir also immer,
immer weiter. Die Mitarbeiter sehen sich nach anderen Stellen um,
die sie natürlich auch vor dem 31.12.91 annehmen.

Die Verwaltungsarbeit hat sich etwa verdreifacht, alles ist total unsicher. Wir müssen als vorher sparen wegen der steigenden Lohnkosten, die aber nicht den Mitarbeitern sondern mehr den Steuern zugute kommen. Während wir sonst großzügiger Apfel, Milch, Joghurt ausgeteilt haben, müssen wir da sparen. Das merken die Patienten schon.

Bei mir selbst hat sich noch nichts Wesentliches geändert. Die Schwesternschaft wächst wieder zusammen. Das ist schwieriger, als wir jemals gedacht hätten. Frau Oberin Demke ist über 60 Jahre u. dann fehlt es im ehemaligen DDR-Bereich an leitenden Schwestern, Wir werden im April einen letzten Schwesterntag „Ost", dabei kurze Rückschau halten u. Danke an das Diakonische Amt aussprechen, daß uns all die Jahre unter seine Schirmherrschaft genommen hat.

Zuhause wächst die Arbeit, da meine Mutter natürlich schwächer wird. Sie ist im Oktober 85 Jahre geworden. Was mit Grundstück u. Land auf uns zukommt, können wir noch nicht übersehen.

Wir sind wohl alle in Gefahr, uns sehr in die äußeren Dinge verstricken zu lassen bei so viel sozialer Unsicherheit, bei all den Unruhen in den Nachbarländern, daß wir echt um das Wahre u. Ewige ringen u. kämpfen müssen. Möchten uns doch mehr gute Pastoren u. Prediger geschenkt werden, die Gottes Wort u. Willen verkündigen.
Eine gesegnete Passionszeit und liebe Grüße,

Euere **Else-Marie** Kaiser.

Werdegang der Protagonistinnen des Rundbriefes

Marlies, geb. Müller, Jg. 1931, "Kursmutter" – Arzttochter aus Themar, heiratet einen Pfarrer und lebt zunächst im thüringischen Haussömmern, ab 1967 in Teuchern und von 1993 bis 2008 in Großkayna. Im Alter zieht sie in die Nähe der Tochter im brandenburgischen Teupitz südlich von Berlin. Sie engagiert sich im Gemeindedienst und ist kirchenmusikalisch tätig. In den 1980er Jahren arbeitet sie zudem als Sprechstundenschwester.

Zu ihrer Familie gehören Ehemann Dieter sowie die adoptierten Kinder P. (Sohn) und B. (Tochter)*. Unter den zahlreicheren Enkeln berichtet sie später häufiger von Ihrer Enkelin St. und Enkel S., Thomaner in Leipzig. Sie stirbt betagt im Jahr 2017.

Marlies, sich bis ins Alter geistlich verantwortlich fühlend, gibt immer wieder Impulse für den Inhalt der "Kursrundbriefe" und bewahrt diese als Zeitzeugnisse bei sich auf. Ihr ist der Zusammenhalt der Schwestern wichtig, die sie als rund sieben Jahre ältere und einst von diesen erwählte "Kursmutter" ins Herz geschlossen hat.

Im Rentenalter sendet sie fast regelmäßig einen passenden Bibelspruch oder eine Gesangbuchzeile mit, denn sie weiß: "Je älter man wird, umso öfter begegnen uns Krankheit u. Sterben u. trauernde Menschen, die auf ein freundliches Wort warten. "(2003) Nach ihrem Tod gehen die Briefe an Schwester Renate.

Briefe von Marlies: S. 33 f., 55 f., 72 f., 91 f., 109 f., 126 f., 138 f., 168 f., 178 f., 196 f., 209 f., 224 f., 239 f., 256 f., 278 f.

*

*Renate**, Pfarrerstochter, Diakonieschwester, Jg. 1937:* "Ich hatte mich schon länger um eine Versetzung nach *Neustadt/Orla* bemüht, weil das in der Nähe meiner Eltern war. Es kam dann auch noch unsere Unterrichtsschwester mit dem nächsten Kurs mit, der dann im Sophienhaus Weimar das Examen ablegen konnte. Wenn ich an diese Zeit denke, erinnere ich mich an harte Arbeitszeiten und oft schlechte Wohnbedingungen. 2 Woche durchgehende Nachtwachen in der schönen Villa, wo die Innere untergebracht war. Mitten in der Nacht fing ich an, die pflegebedürftige Patienten zu waschen u. morgens mußte ich bei allen 36 Patienten die Fiebermessung u. Pulszählung durchführen, bei den Frauen Katheterurin abnehmen u. in einem Zimmer noch die Betten machen. Nach einem 12-Stundendienst war man geschafft. Nach 3 Jahren hatte ich meine Kündigung schon vorgefertigt, da kam von der leitenden Oberin aus Magdeburg

* Namenskürzel geändert!
** Schreiben an den Herausgeber, 15. Februar 2021.

ein Brief, ob ich nicht Gemeindeschwester werden wollte und man schickte mich zu einem ¼ Jahr nach Hirschluch zu einem Vorbereitungskursus für Gemeindearbeit vom Burkhardhaus. Das war eine ganz besonders schöne Zeit in meinem Leben. Nach dieser Zeit arbeitete ich noch ½ Jahr in Neustadt/Orla und bekam dann die Berufung nach *Zeitz* als Gemeindeschwester. Wir waren dort 5 Diakonieschwesterm, die jede einen Stadtbezirk zu versorgen hatte und auch einen eigenen Haushalt führte. Ich hatte einen Außenbezirk mit ein paar Dörfern zugeteilt bekommen. Dazu gehörte ein Vorort mit einer kleinen Kirche. Meine Vorgängerin führte mich noch etwas in die Arbeit ein und meine erste Arbeit war das Schmücken der Kirche zum Erntedankgottesdienst. Ich hatte in dieser Kirche den Küsterdienst u. war verpflichtet, jeden Sonntag dort den Dienst zu versehen. Dieser Dienst wurde für mich mit der Zeit zu einem Problem, denn der zuständige Pfarrer war psychisch krank. Meine Vorgängerin, Schw. Hilde Meyer, hat ihn in ihrer liebevollen Art u. mit viel Altersweisheit ertragen und wohl auch nicht richtig eingeschätzt, was sie da einer jungen Schwester zumutet.

Jetzt im Alter, in Rückblick auf mein Leben, mußten diese 2 Jahre sein, um mich dazu zu entscheiden, die Schwesternschaft um Beurlaubung zu bitten, um meiner Schwester beizustehen. Sie war in *Greiz* verheiratet mit einem Kantorkatecheten, doch der Mann strebte noch ein Theologiestudium an, und es waren 2 kleine Buben im Alter von 1 ½ u. 2 ½ Jahren da, die versorgt werden mußten. Da meine Schwester den gleichen Beruf erlernt hatte, ging sein Amt nahtlos auf sie über. Es ergab sich dann, daß ich halbtags in Greiz von der Kirchgemeinde als Gemeindeschwester angestellt wurde u. am Vormittag diesen Dienst übernahm u. dann nachmittags, wenn für meine Schwester der Dienst begann, für die Kinder zuständig war. Es war für mich eine schöne Zeit am Wachsen und Werden der Kinder teilhaben zu können.

Nach 1 ½ Jahren bekam ich Post aus Tabarz, ob ich als Gemeindeschwester zu ihnen kommen wollte, da die Diakonieschwester heiratete. Sie mussten dann 1 ½ Jahre auf mich warten, bis meine Zeit in Greiz zu Ende war u. auch die Schwesternschaft damit einverstanden war, daß ich den Dienst in *Tabarz* übernehmen konnte. Doch in meiner Dienstwohnung gab es noch keine Toilette u. da ich in der Veronika (Krankenhaus des Ev. DV) benötigt wurde zog ich zuerst dort ein u. versah ¼ Jahr dort als „Springer" den Dienst. So hatte ich gleich eine gute Verbindung zu den Mitschwestern dort u. ging nach Möglichkeit Sonnabendabend zum Stationssingen u. zur Wochenschlußandacht in der Veronika. Sonntag zum Mittagessen konnte ich auch gegen ein kleines Entgeld in die Veronika kommen. Die leitende Schwester Schw. Christel Below lud alle Diakonieschwestern die gerade im Urlaub da waren oder eine Behandlung als Patienten hatten, an den festlich gedeckten Mittagstisch ein und so erlebte ich wieder Schwesternschaft. Ich lernte dadurch auch viele Schwestern aus der DDR kennen u. hatte so manche bei mir als Kaffeegäste. In diesen Jahren war auch die Verbindung zum Heimathaus u. zu manch anderen Schwestern aus der BRD intensiv und sie unterstützten mich mit liebevollen Päckchen.

Ein besonderes Erlebnis war noch der Besuch von Oberin v. Dewitz, die mir in Gegenwart meiner Mutter u. auch noch „zufälligem" Glockengeläut, die Stammschwesternbrosche ansteckte. Nach dem Examen hatten wir die Jungeschwesternbrosche bekommen. Diese hübsche Brosche habe ich nicht sehr lange getragen, weil ich dann 1971 in Wittenberg eingesegnet wurde und die Stammschwesternbrosche bekam. Als schwesternschaftliche Großveranstaltungen sind mir noch gut die Schwesterntage in Berlin im Stephanusstift in Erinnerung. Dazu kamen viele Diakonieschwestern aus Westberlin herüber, die einen Tag zuvor den Schwesterntag im Heimathaus gefeiert hatten. Sie brachten uns köstliches Obst mit u. zum Mittagessen ergab sich manch schönes Gespräch.

Dann gab es 1986 einen großen Riß in meiner Biografie, als der amtierende Pfarrer in Tabarz meinte, nicht mehr mit mir zusammenarbeiten zu können. Frau Oberin Demke reiste an u. als es klar wurde, daß da nichts mehr möglich war, telefonierten wir mit OKR Höser* und der schlug für mich dann das Bethesda-Pflegeheim in *Eisenberg* vor. Es arbeiteten damals noch Eisenacher Diakonissen u. Verbandsschwestern in der Einrichtung und ich kam in einen Schwesternkreis. Es war ein sehr schwerer Anfang für mich u. dennoch war es ein vorgezeichneter Weg.

Es kam die Wende u. alle Strukturen brachen weg, auch die Ostschwesternschaft mußte sich umstellen, was in meinem Fall nicht ganz gelang: Manch schönen Schwesterntag im Heimathaus konnte ich noch miterleben u. später auch in Rothenburg an der Fulda, zu dessen Bezirk die Thüringer Schwestern dann gehörten u. gehören.

Die Schwesternschaft hat sich gewandelt, sie ist mit der Zeit gegangen, heißt es. Unsere schöne Tracht ist abgeschafft worden und so viele Dinge sind weggebrochen. Es liegt an jeder einzelnen Schwester, wie weit sie sich „selbst verwirklichen" will oder ob sie noch bereit ist

---

* 1953 gab sich die Schwesternschaft des Ev. Diakonievereins auf dem Gebiet der DDR den Namen "Diakonieschwesternschaft", die 1968 auch juristisch selbstständig, von Berlin-Zehlendorf unabhängig wurde. Sie stand während dieser Zeit unter dem Dach des "Diakonischen Werkes" in der DDR.

„zu dienen", was wohl fast ein Fremdwort geworden ist. Unser Leit-spruch aus Luk. 9,24 „Wer sein Leben verliert um Meinetwillen, der wird's erhalten" war immer schwer nachzuvollziehen und diesen Weg wirklich zu gehen. Ich habe in der Schwesternschaft viele wunderbare Menschen kennengelernt und dafür bin ich dankbar. (…)
P.S.: Die Briefe von 1968-1978 sind nicht auffindbar u. die von 1991-1998 sind wahrscheinlich auch 'untergegangen', vermutlich durch die schwere Erkrankung einer unserer Kursschwestern, die von ihrem Mann bis zu ihrem Tode liebevoll gepflegt wurde."

Briefe von Renate: S.: 39 f., 60 f., 78, 97 f., 114 f., 155 f., 171 f., 186, 202 f., 215 f., 246 f., 269, 286 f.

*

Christiane*, *Pfarrerstochter, Jg. 1938* – geht zunächst nach Bad Elster in das noch vom DV geleitete Krankenhaus, wo sie austritt und Lotti nach Erfurt folgt, von wo sie 1965 zu ihrem Ehemann Gerhard nach Karl-Marx-Stadt (Chemnitz) zieht. Später reflektiert sie:
"Ich wurde an das Kreiskrankenhaus in *Bad Elster* vermittelt, wo noch Diakonieschwestern arbeiten durften. Bald merkte ich aber, daß hier ein anderer Ton herrschte, als ich ihn von Arnstadt gewöhnt war. Die Regeln und Vorschriften des DV wurden hier sehr pedan-tisch u. übertrieben angewendet, was oft zu Unstimmigkeiten führte. Dazu kam, daß mir wegen meiner Rückenprobleme die körperliche Arbeit im Krankenhaus schwer fiel. So beschloß ich aus dem DV aus-zutreten und mir im ambulanten Bereich meine zukünftige Arbeit zu suchen. Ich ging nach *Erfurt* zurück, wo meine Familie – Mutter und Geschwister – noch wohnten, und bewarb mich in der Poliklinik Süd als Sprechstundenschwester. Als ehemalige Diakonieschwester wurde ich sofort u. gern eingestellt. Ich wurde bald bei einer prakt. Ärztin eingesetzt. Hier konnte ich selbständig arbeiten, die Ärztin übertrug mir viele Tätigkeiten, die sie sonst selbst machte. Auch hatte ich ei-nen guten Kontakt zu den Patienten, die ich bald alle kannte, da sie ja in größeren Abständen immer wieder kamen. Ich fühlte mich sehr wohl bei meiner Tätigkeit."
Auch in *Karl-Marx-Stadt* arbeitete Christiane als Sprechstunden-schwester in verschiedenen Fachabteilungen wie z.B. Allgemein-medizin, Neurologie, HNO, Gyn. usw. – sie erzählt: "Das war sehr abwechslungsreich. Nur der bis dahin gute Kontakt zu den Patien-ten konnte mir hier in dieser Industriestadt nicht so recht gelingen. Das besserte sich, als ich bei einer jungen prakt. Ärztin mit noch 2 Schwestern arbeitete. Bald nach der Wende 1989 wurde auch diese

* Schreiben an den Herausgeber im Mai 2021.

Poliklinik aufgelöst (1995) und ich wurde arbeitslos. Ich bekam aber bald vom Arbeitsamt im Zuge der ABM eine Stelle vermittelt als Patientenbetreuerin in der Nervenklinik, befristet für 1 Jahr. Eine Krebserkrankung, die 1 Jahr Behandlung erforderte, brachte mich dem Rentenalter nahe. So wurde ich im Okt. 1998 Rentnerin. Da mein Mann bereits Rentner war, verfestigte sich unsere Zweisamkeit. Wir übernahmen in unserer Kirchgemeinde einige ehrenamtliche Aufgaben. Bei der Aktion "offene Kirche" machten wir mit, trugen die Gemeindeblätter aus u. ich beteiligte mich am Besuchsdienst, während mein Mann forschte u. Artikel verfasste über unsere Kirche, die früher eine Klosterkirche war. (...) Höhepunkte waren für mich die Urlaube, die ich zusammen mit meinem Mann verbrachte. Unser gemeinsames Interesse, das Wandern, gestaltete jeweils diese Zeit und sind uns jetzt liebe Erinnerungen. Leider blieb unser Kinderwunsch unerfüllt. Umso mehr waren wir füreinander da. Dankbar sind wir, daß wir uns nach 57 Jahren noch haben und bitten Gott, daß er uns noch möglichst lange beisammen lässt."

Briefe von Christiane: 35 f., 56 f., 74 f., 92 f., 111 f., 127 f., 140, 170, 181, 198, 211 f., 227 f., 242, 259 ff., 279 f.,

*

Ruth Begrich**, *Pfarrerstochter, Jg. 1938: I*m Zuge der Auflösung des Diakonieseminars kam Ruth auf eigenen Wunsch in das von Diakonieschwestern geführte Kreiskrankenhaus *Hagenow,* wo sie 3 ½ Jahre blieb. Oberin Asta von Lindeiner, die sie beeindruckt und geprägt hat, bestimmte insofern über ihren weiteren Werdegang, als diese ihre Fähigkeit für den OP-Dienst entdeckte, obgleich sie selbst das "technische" eigentlich nicht bevorzugte, sondern noch lieber nahe bei den Menschen auf Station war. "Da kommt unser 'Elflein'" hieß es anerkennend, wenn sie die Patientenzimmer betrat.

"Halten Sie durch", ermutigte Sie Schwester Asta, "OP ist das Richtige für Sie!" So wurde Ruth nach entsprechender Ausbildung eine geschätzte OP-Schwester. Die Fahrten aus Thüringen nach Hagenow waren umständlich, Ruth wollte wieder in die Nähe der Eltern (auf dem Pfarrhof Reinsdorf bei Artern) zurück. Vor diesem Wechsel im Jahr 1962 trat sie aus der Schwesternschaft aus, die ihr die Freiheiten zu nehmen schien, die sie als selbst bestimmte junge Frau für sich in Anspruch nehmen wollte.

In *Erfurt* pflegte Ruth Kontakt zu Pfr. Siegfried Begrich u. Familie mit Gisela, Gerhard und Thomas Begrich. 17 Jahre arbeitete sie als OP-Schwester in der Med. Akademie mit zahlreichen Weiterbildun-

* Nach einem Interview mit Ruth Begrich im Juni 2019.

gen in verschiedenen Spezialdisziplinen. 1978 wurde sie Oberschwester in der Schnellen Medizinischen Hilfe (SMH). Dort erlebte sie unter dem stellvertretenden Direktor als Nichtparteimitglied Mobbing. Daher bewarb sie sich ein Jahr vor der politischen Wende im Katholischen Krankenhaus. "Sie sind ja schon 50 und eigentlich zu alt", wurde ihr dort gesagt, doch durfte sie sich schließlich auf der Inneren Station (Psychosomatik) von der Pike auf einarbeiten. Schon bald wurde sie Zweitschwester. Das blieb so bis zur Rente im Jahr 1998.

Mit dieser Tätigkeit schloss sich ein Kreis, und wie in der Jugend erlebte sie, wie ihr Glaube über Nachteile hinwegtrug, die die klare Positionierung gegen den Zugriff des Staates mit sich brachte. Sie war froh, in den letzten zehn Jahren des Arbeitslebens im Katholischen Krankenhaus arbeiten zu können und war dort eine beliebte Schwester. Die Haube, für Ruth das Symbol "Schwester" des Patienten zu sein, wurde jedoch mit der politischen Wende abgeschafft.

Ruth lebte viele Jahre bescheiden in Wohnheimen: Als Schülerin zunächst in 4- und 3-Bett-Zimmern. In Erfurt, mit Mitte 20, bewohnte sie ein Zimmer im Schwesternwohnheim. Je eine ihrer Mitbewohnerinnen hatte Früh-, Spät- und Nachtdienst; nie gab es Ruhe. Dies besserte sich im Haus 11, im neuen Schwesternwohnheim, wo sie mit rd. 30 Jahren ein eigenes kleines Appartement bezog. Mit ca. 36 Jahren bezog sie dann endlich eine eigene Wohnung, nach heutigen Maßstäben bescheiden im Plattenbau am Moskauer Platz in Erfurt-Nord. Knapp 15 Jahre später (1988) erhielt sie bei einem Arztehepaar in Erfurt-Süd eine Wohnung zur Untermiete.

Erst nach der Friedlichen Revolution, mit Renteneintritt (1998) bezog sie eine Wohnung nach ihrem Geschmack, erstmals (!) auch mit eigenem Zugang. Immer hatte sie Freunde und gute Bekannte aus ihrem Wirkungskreis in ihrer Nähe, bis hin auf die Wohnetage. "Nun darf ich lesen, Musik hören, Zeit haben und vieles tun, was mir Freude macht – z. Zt. macht mir alles Freude", schreibt sie kurz nach Renteneintritt am 4. November 1998 und steckt mit ihrer Stimmung an: "Der Grundton der Dankbarkeit klingt bei allen durch", kommentiert Schwester Marlies (14. April 99): "Der möge uns erhalten bleiben auch in schweren Tagen. 'Wenn dein Herz das Danken lernt, läßt die Angst Dich los.' Diesen Satz kann man auch singen."

Jedoch: Im Jahr 2005 stellt Ruth bezüglich der Briefe fest: "Sie klingen total anders als noch vor Jahren. Jede von uns verspürt an seinem Körper die Klopfzeichen der Vergänglichkeit." (Bd. II)

Briefe von Ruth Begrich: S. 37, 57 f., 75 f., 94, 112, 128, 145 ff., 161 f., 185, 201 f., 214 f., 230 f., 244 f., 266 f., 283

*

Lotti*, *Pfarrerstochter, Jg. 1938*, fasst ihren beruflichen Werdegang wie folgt zusammen: "Nach der Zeit in Arnstadt mit Examen am 8. September 1958 mußten wir uns alle neu orientieren. Für uns als Examenskurs mußte noch ein sogen. Aufbaujahr anschließen (Vertiefung der Kenntnisse, Stationsschwesternvertretung, 50 fachliche Aufbaustunden mußten absolviert werden), zu welchem ich in das Kreiskrankenhaus nach *Bad Elster* – vom DV geführt – geschickt wurde vom 2.11.1958 – 30.10.1959. Danach erklärte ich meinen Austritt aus dem Verein. Es folgte für mich die Zeit in *Erfurt* in der Poliklinik Süd vom 15.1.1960 – 10.9.1963 als Sprechstundenhilfe bei einer praktischen Ärztin. Die dortige Oberschwester stellte mich ohne Zeugnisse ein, weil ich im DV gelernt hatte: "das ist eine gute Ausbildung, da brauche ich keine Zeugnisse." In diese Zeit fiel auch unser erstes Kustreffen, in Erfurt. Nach der Zeit wollte ich zurück in die Heimat nach Mecklenburg. Ich bekam — erneut unbürokratisch – eine Anstellung im Bezirkskrankenhaus *Wismar*, Innere Medizin, und arbeitete dort knappe vier Jahre, bewarb mich nach dieser Zeit um eine Ausbildung zur Gesundheitsfürsorgerin; für mich war diese auf der medizinischen Fachschule in Weimar, die ich 1968 mit sehr gutem Erfolg beendete. Meinen Arbeitsplatz hatte ich weiterhin in Wismar, Krankenhaus, Innere Abteilung als Kreisfürsorgerin für Rheumatologie, Stadt und Land. Dort kam für mich – bedingt durch die politische Wende – schnell eine Entlassung. Nach einem Tag Arbeitslosigkeit wurde ich eingestellt in der Stadtverwaltung im Sozialamt als Sozialarbeiterin und als solche arbeitete ich dort bis zu meinem Rentenanspruch.

Singen war – und ist es noch – mir immer wichtig gewesen, so habe ich in den verschiedenerlei Chören gesungen mit einigen kleinen Unterbrechungen, bis jetzt zur Pause durch die Pandemie."

In ihren späteren Briefen an die Kursgeschwister reflektiert Lotti zumeist die Aussagen der vorherigen Briefe, ehe sie auf sich selbst zu sprechen kommt. Lotti teilt ihr Leben mit zwei Freundinnen. Aus Ihrem Ruhestand lässt sie die Mitschwestern brieflich teilhaben an Reisen, Kunst und Kultur. "Mir geht es relativ gut", schreibt sie am 21. Dezember 2003, "ich bin dankbar für jeden Tag und habe Freude und kann helfen. Es wird eben weniger mit den körperlichen Kräften, dafür sollten Weisheit und Güte wachsen!" (Bd. II)

Briefe von Lieselotte (Lotti): 35, 58 f., 76 f., 94 f., 113, 129, 151, 174, 191, 205, 220, 234 f., 251 f., 271, 289

*

* Schreiben an den Herausgeber 14. Mai 2021.

Waltraud, Jg. 1938, wird zunächst in *Kölleda* und dann in der neu ge-gründeten Medizinischen Akademie *Erfurt* tätig. 1963 zieht sie zu den Eltern ins thüringische *Allstädt* zurück. Das scheint langweilig für sie zu sein, vor allem auch der neue Tätigkeitsbereich, die Außenstelle des Kreiskrankenhauses Sangerhausen. 1964 absolviert sie jedoch in Hal-le einen Lehrgang zur Stationsschwester. Außerdem erlebt sie Mutter-freuden mit Sohn L. Verheiratet ist die moderne Frau zunächst nicht. 1967 kann sie endlich eine eigene kleine Wohnung beziehen, zu der der couragierten Frau eine Eingabe beim Staatsrat verhilft. Hellerau-Möbel, die damals wohl begehrteste Möbelmarke, zieren alsbald ihre persönliche Umgebung.

In den 1970er Jahren verheiratet, wird Tochter A.* geboren. 1979 wechselt Waltraud zur Poliklinik, die keinen Schichtdienst verlangt. Waltraud ist in der Kirchgemeinde engagiert. Auch der Chor bereitet ihr Freude; ansonsten wähnt sie sich in Allstädt "am Ende der Welt". Mehrfach resümiert sie, wie lange die Examenszeit inzwischen zu-rück liegt – 25 Jahre, 30 Jahre etc. Die Gemeinschaft ist ihr wichtig.

1990 ein persönlicher Einschnitt: Viel zu früh stirbt ihr Ehemann. Zudem verliert Waltraud, bedingt durch die "politische Wende", ihre Arbeit. "Mit 52 Jahren", klagt sie im Dezember 1990, "hat man we-nig Aussicht, neue Arbeit zu finden. Ich wünsche mir nur, daß ich A. eine gute Ausbildung ermöglichen kann. Für mich hat die Verände-rung in unserem Land nur Unsicherheit und Ungewißheit mit sich gebracht." Wie wird sie sich in die neue Epoche einfinden?

Obgleich Waltraud das Loslassen der inzwischen erwachsenen Tochter sichtlich schwerfällt, kann sie im Jahr 2000 feststellen: "Mir geht es gut und ich genieße mein zu Hause mit Hund und Pflanzen jeden Tag aufs Neue und bin dankbar dafür. Gleich morgens gehe ich, noch im Nachthemd, auf den Balkon und freue mich, wenn die Amseln in meiner Birke sitzen und singen."(21.6.00). Nachdem sie sich krankheitsbedingt nicht mehr selbst am Kursbrief beteiligen kann, fassen bis zu ihrem Tod im Jahr 2016 die Kursgeschwister die Inhalte des Rundbriefes für sie zusammen. (Bd. II)

Briefe von Waltraud: 37, 59 f., 77, 95 f., 114, 150 f., 173, 187 f., 204 f., 213 f., 219 f., 234, 250 f., 288 f.

*

*Ursula**, Jg. 1938* – wird 1958 von Arnstadt als OP-Schwester ins Krankenhaus Kölleda und Mittweida geschickt. Von April 1959 bis Juni 1968 ist sie als Op.-Schwester in der Privatklinik Dr. Raeschke in *Mühlhausen* tätig. In dieser Zeit heiratet sie Ehemann Enno. 1968

---

* Namenskürzel von Sohn (L) und Tochter (A) geändert.

** Schreiben an den Herausgeber im Mai 2021.

wird Sohn M. geboren. Von 1970 bis 1990 ist Ursula Schwester in der Arbeitshygiene Mühlhausen. Nach der politischen Wende folgt ein 1½-jähriger Einsatz in der Arbeitshygiene Karlsruhe, und von Oktober 1992 bis zum Eintritt in die Altersrente April 1999 ist sie Schwester im Ökumenischen Hainichklinikum Mühlhausen. Nach der politischen Wende erweist sich Ursula als sehr reisefreudig, zudem erfordern Haus und Garten Aufmerksamkeit. Bis ins hohe Alter hinein ist sie im Besuchsdienst für ältere Menschen eingebunden. An all dem lässt sie brieflich ebenso teilhaben, wie an den Freuden und Sorgen ihrer Kleinfamilie mit Mutter, Sohn, Schwiegertochter und Enkel. Im Alter hat sie einige familiäre Schicksalsschläge zu verkraften, die Else-Marie 2019 kommentiert: "Es beeindruckte mich schon tief, wie gefaßt Ursula davon berichtet."

"So wurschteln wir beide uns durch und sagen täglich: wir haben uns noch und sind dankbar.", fügt Ursula in demselben Jahr an, ehe das Paar wegen eines Wasserschadens in ein Seniorenheim umziehen muss. Inzwischen fühlt es sich dort wohl. (Bd. II)

Briefe von Ursula: 41, 61, 79 f., 98, 116, 158 f., 187, 203 f., 218 f., 233, 250 f., 269 f., 287 f.

*

Christel*, Predigertochter, Jg. 1937, setzte ihre Tätigkeit im Oktober 1958 in *Güstrow* fort, wo noch Diakonieschwestern tätig waren. Sie schreibt (2021): "Ich kam in die Aufnahme. Da meine Vorgesetzte die Schlafkrankheit hatte u. nach Berlin in die Charité mußte, war ich schnell auf mich gestellt. Dabei hatte ich kurz nach dem Examen noch wenig Erfahrung. Da Mecklenburg meine Heimat ist, fand ich mich schnell hier zurecht u. hatte auch Freude an der Arbeit. Sehr gern sang ich im Domchor mit. Ich war nicht die einzige Diakonieschwester.

Da meine Schwester in Gotha heiratete u. mein Vater, er war Prediger in der Landeskirchlichen Gemeinschaft, eine Nachfolgerin für die Kinder- und Jugendarbeit brauchte, bat er die Oberin Wilkens (...) um meine Freistellung. So verließ ich im Sommer 1959 Güstrow und arbeitete bis Nov. in *Gotha,* dann 5 Monate Bibelschule Falkenberg b. Berlin (1959/60). Danach folgte wieder Jugend- und Kinderarbeit und ab Sommer 1960 die Arbeit als Krankenschwester im Kreiskrankenhaus Gotha (OP). Im Dezember folgte die Heirat mit Martin P. Er war als Prediger nach *Ohrdruf* berufen worden, 1968 folgte der Wechsel nach *Erfurt* in die Landeskirchliche Gemeinschaft. Wir haben 5 Kinder und waren 20 Jahre in Erfurt, 1988-1999 in Gotha. Ich konnte meinem Mann eine gute Gehilfin sein. 1999 folgte der

---

* Schreiben an den Herausgeber im Mai 2021.

Ruhestand in *Ohrdruf,* wo unsere gemeinsame Zeit begann. 2013 zogen wir wieder nach *Erfurt.*"

Obgleich Christel in ihrer Jugend im Vorstand des Diakonievereins gewähnt wurde, kam alles anders. Heute ist sie die Einzige der Kursgeschwister, die mit fünf Kindern auf eine Großfamilie schauen kann, an deren Entwicklung sie brieflich teilhaben lässt. Vor schwierigen Situationen bleibt sie selbst nicht verschont. "Was wäre unser Leben ohne Hoffnung. Hoffnung auf das Ewige, Unvergängliche!", schreibt sie am 5. September 2001. Mit Blick auf die sich einstellenden Altersbeschwerden, auch denen ihrer "Kursgeschwister", erinnert sie wiederholt daran, "wie Gott in Zeiten der Dunkelheit und Krankheit hilft, stärkt und ermutigt. Wenn für einen gebetet wird, erfährt man die Kraft der Fürbitte. Welch ein Geschenk!" (1. Dezember 04)

Bezüglich des Kursbriefes, für dessen Bewahrung sie sich insbesondere der geistlichen Inhalte wegen einsetzt, schreibt sie im Mai 2021 an den Herausgeber: "Dass wir sieben noch Lebenden aus unserem Kreis so zusammengehören und der Kursbrief noch existiert, ist uns Altgewordenen ein Gottesgeschenk. Möge über unser Grab hinaus Gottes Güte und Treue groß werden. IHM sei Lob und Dank."

Briefe von Christel: 43 f., 61 f., 80 f., 99, 116 f., 148 f., 162, 184, 199 f., 213 f., 230, 245 f., 265 f., 285 f.

*

Else-Marie*, *Diakonieschwester, Jg. 1937,* wird zusammen mit Christel bis 1960 im Kreiskrankenhaus *Güstrow,* eingesetzt, danach im Stift Bethlehem in Ludwigslust. 1961-62 wird sie wegen starker Allergie ins kleine Krankenhaus "Veronika" nach *Tabarz* versetzt. Danach ist sie ein Jahr Gemeindeschwester in der Kirchgemeinde *Nordhausen.* 1963-64 folgt ein Grundkurs an der Bibelschule Malche in Bad Freienwalde, 1964-1965 ist sie im Stadtkrankenhaus *Neustadt Orla* tätig, wo sie abermals eine heftige Allergie mittels eines zehnwöchigen Aufenthaltes in der Hautklinik Jena behandeln lassen muss. 1965 bis 1967 arbeitet Else-Marie als Gemeindeschwester in *Potsdam/Waldstadt* und absolviert anschließend eine Fortbildung am "Institut für Weiterbildung mittlerer med. Fachkräfte des Ministeriums für Gesundheitswesen" in der DDR. Bis 1981 ist sie danach Unterrichtsschwester im Ev. Krankenhaus "Paul-Gerhardt-Stift" *Wittenberg,* anschließend bis 1986 Hausschwester im Sophienkrankenhaus *Weimar.* Dann wird sie in *Tabarz* im kleinen Krankenhaus Veronika gebraucht, in dem sie bis 1991 als leitende Krankenschwester und nach der Umgestaltung des Hauses zum Ferienhaus als Leiterin desselben tätig ist. 2002 gibt

---

* Nach einem Schreiben an den Herausgeber im Mai 2021.

der DV das Haus zu ihrer Enttäuschung auf. Wie wird sich ihr Leben gestalten?

Ab Januar 1998 geht Else-Marie in den Ruhestand. Ein Zentrum bleibt in den Jahren des häufigen Wechsels der kleine Bauernhof im thüringischen *Rockensußra*, auf dem noch viele Jahre ihre Mutter lebt, außerdem bis 2002 Umsiedlerin Grete.

Else-Marie treibt die geistige und geistliche Verfasstheit der Gesellschaft um. "Um Deutschland ist mir manchmal sehr bange – eine satte, bequeme Spaßgesellschaft, dazu sehr liberal. Wir können uns nur immer wieder in GOTTES Hand befehlen u. um Vergebung bitten", schreibt sie am 7. Januar 2002. Intensiv befasst sie sich mit dem Volk Israel und unternimmt mit 82 Jahren ihre erste Flugreise dorthin – zur Überraschung aller und knapp vor Schließung der Grenzen aufgrund der Corona-Pandemie: "Das war Erfüllung eines jahrzehntelangen Wunsches etwa seit 1967. Aber dazu fehlte mir bis 2007 immer das Geld; u. meine Mutter brauchte mich ihre letzten 10 Lebensjahre. Zum anderen war ich nie im Ausland mit Ausnahme von 2 Tagungen, einmal in Dänemark u. einmal in der Schweiz, so war ich auch noch nie geflogen. Also alles neu für mich." (10. Mai 2020) (Bd. II)

Briefe von Else-Marie: 45, 64 f., 81 f., 99 f., 118 f., 137, 180 f., 193 ff., 208, 222 f., 238, 255, 276 f., 284 f., 292 f.

*

***Gisela**, Jg. 1936,* spielt von Anfang an eine Sonderrolle. Für sie ist die Ausbildung im Kurs eine Zweitausbildung, nachdem sie Kinderkrankenschwester erlernte. Nach den Ereignissen in Arnstadt ist ihr, so scheint es zunächst, das Glück besonders hold. Sie landet an der „Deutsche Akademie der Wissenschaften" in *Berlin-Buch* und schwärmt fortan von dem "wundervollen Arbeiten", den fortschreitenden bauliche Prozessen und Modernisierungen in der Hauptstadtklinik. Davon können ihre früheren Mitschwestern nur träumen. Auch vom erweiterten Horizont, der sich ihr durch renommiert besetzte Tagungen oder Reisen in die Sowjetunion bietet. Aufgrund dieses Informationsgehaltes sind ihre Briefe heute besonders interessant.

Allerdings ändert sich ihre Stimmungslage um 1980 – mit etwa Mitte 40. "Ich war in der letzten Zeit immer ziemlich deprimiert. Denn 21 Jahre nur Krebskranke um sich, das legt sich einen einfach mal aufs Gemüt. Aber ich habe den richtigen Zeitpunkt zum Abspringen verpaßt. Jetzt ist man der Klinik einfach mit Haut und Haaren verschrieben", resigniert sie am 1. Mai 1980. Im Frühjahr 1982 kommt der Rundbrief zurück: "Empfänger verstorben". Es scheint so, als schied Gisela freiwillig aus dem Leben.

In den 1980er Jahren beteiligt sich an Giselas Stelle die neurologisch erkrankte Pfarrerstochter **Anneliese** aus *Erfurt* am Rundbrief. Auch zu ihr reißt die Verbindung im Laufe der Jahre wieder ab.

Briefe von Gisela: 65 f., 83, 100 f., 120, 166 f., 179

*

Elisabeth, *Pfarrerstochter*, *Jg. 1938*, verschlägt es mit Ruth und Maria nach Hagenow. Nach nur einem Jahr wechselt sie nach *Neustrelitz* und schließlich wieder in die Heimat nach *Neubrandenburg*. 1966, schon bald 30, verfügt sie dort endlich über eigenes Zimmer. Wir finden sie in Neubrandenburg zunächst als Seitenschwester auf einer gemischten inneren Station, dann qualifiziert sie sich weiter zur Hebamme. Den Lieblingsberuf muss sie allerdings einer Allergie wegen wieder aufgeben und arbeitet auf einer Kinderinfektionsstation, seit Mitte der 1970er Jahre in der Endoskopie. Nach der Geburt zweier Kinder in den 30er Lebensjahren – für die damalige Zeit spät – absolviert sie auch eine Fachschwesternausbildung für die Innere Abteilung. 1982 schreibt sie trocken: "Im nächsten Jahr sind es 25 Jahre, die man nach dem Examen außer Kinderkriegerei im Gesundheitswesen gearbeitet hat, wie sind die Jahre vergangen. Ab Dezember merken wir das ja auch am Geldbeutel." (21. Januar 82)

1988 befürchtet sie: "Ob ich dieses Tempo im Betrieb bis 60 schaffe, weiß ich noch nicht." Lethargie und Müdigkeit, auch nach der Pflege ihrer Mutter, klingen aus den Zeilen. Unerwartet ergeben sich dank der politischen Veränderungen neue Perspektiven.

Mehr als 30 Jahre lang schafft es Elisabeth trotz häufiger Willensbekundungen nicht, an einem der regelmäßigen Kurstreffen teilzunehmen. Im Rentendasein taut sie unerwartet auf und wird mitteilsamer. "Mit Ruthchen kann ich wirklich sagen", schreibt sie im März 1999, "man lebt jetzt sein eigenes 'Ich' aus. Das hört sich zwar egoistisch an, aber man muß auch für sich selber Zeit haben, in sich hineinhorchen, zu sich selber kommen, kennt man sich selber eigentlich? Man ist sein Leben lang auf andere Menschen zugegangen, Familie, Beruf, Freunde, Verwandte u.s.w. Man hat eine bestimmte Umgangsform angenommen, die fast zu jedem passt, mit der man nicht aneckt. Aber war man immer gegen sich ehrlich, selbstkritisch und offen? Man sagt ja, andere kennen Dich besser, als Du Dich selber. Da ist wohl was Wahres dran." Im letzten persönlichen Brief vor ihrem Tod traut sie Ihren Freundinnen ein Stück Widerstandsgeschichte ihrer Familie im Dritten Reich an. (Bd. II)

Briefe von Elisabeth: 48, 66 f., 84, 103, 121, 137, 160 f., 175 f., 192, 200, 206 f., 221, 236 f., 253 f., 273 f., 290 f.

*

Eva, Jg. *1937,* ist zunächst in der Medizinischen Akademie Erfurt zu finden, 1963 geht sie zur Unterstützung der Eltern in ihre Geburtsstadt *Nordhausen* zurück. Damit muss sie die lustige Truppe im Chirurgischen Op-Saal verlassen – und findet sich in Ambulanz und der neu eingerichteten "Gebietsblutspendezentrale" wieder. Sie sehnt sich nach einer direkteren Arbeit mit den Menschen. So ist es wenig erstaunlich, dass sie 1966 eine 2-jährige Ausbildung als Gesundheitsfürsorgerin beginnt:"Ich schwitze bes. im gesellsch. wissenschaftl. Unterricht, ständig in Angst zu explodieren. Die Freiheit, die wir bislang beruflich genießen durften, wurde mir erst dort so recht bewußt", schreibt die selbstbewusste junge Frau über die Ausbildung in Weimar, sich den Motorroller "Berlin" zulegend, um flexibler zu sein und einen Rest Freiheit zu genießen.

Eva geht schließlich nach *Erfurt* zurück, wo sie Ende 1971 in der kardiologischen Fürsorge beginnt. 1979 folgt aufgrund innerer Berufung der Wechsel in die neue Körperbehindertenschule von Erfurt, wo sie Schwierigkeiten mit der Staatsgewalt bekommt, weil sie "für die christl. Unterweisung der Kinder u. Schüler in Verbindung eines Pastors gesorgt (hat), deren Eltern eine solche wünschten." Später hat sie sich mit der Suchtproblematik in der DDR auseinanderzusetzen. 1986 darf auch Eva besuchsweise in die Bundesrepublik reisen, im Jahr darauf bekommt sie nach 13-jährigem Warten endlich einen Telefonanschluss. Interessanterweise ist sie die einzige Schwester, die nach der Friedlichen Revolution in den "Westen" geht (*Bad Sachsa*).

Eva erweist sich in ihren Briefen suchend nach Wirkungsmöglichkeiten als Christin – offen und interessiert. In ihren erfrischenden, kein Blatt vor den Mund nehmenden Briefen, erleben wir sie mitunter hadernd, nicht den Weg einer familiär gebundenen Frau gegangen zu sein. Doch ermöglichen ihr die bis ins hohe Alter zur Verfügung stehenden Freiräume, in denen sie begeisterte Chorsängerin ist, intensivere Auseinandersetzungen mit Land und Leuten –insbesondere auch den Geschicken Ostpreußens. Noch im Alter kümmert sie sich um Alte und Schwache, etwa mittels Besuchsdiensten (Bd. II). Insofern bleiben ihre Briefe auch in den Jahren des Rentnerdaseins aus gesellschaftskritischer Perspektive ein Gewinn.

Briefe von Eva: 46 f., 67 f., 84 f., 104 f., 121 f., 144 f., 163 f., 183 f., 200 f., 212 f., 229 f., 243 f., 264 f., 281 f.

*

Christa, Jg. *1937,* geht nach *Schwerin,* einem rückschrittlichen Krankenhaus, wie sie betont. Doch der Chirurgische OP bildet ein "gutes Kollektiv". Im Krankenhaus hat sie auf dem ausgebauten Boden ein hübsches Stübchen mit Blick auf den Schweriner See. So ist sie mit Leib und Seele Schwester und nimmt im Herbst 1962 am

Mittelstufenlehrgang für OP-Schwestern teil. Zudem ist sie in der Volksmission tätig und legt mit ihrer 3 ½-jährigen Zusatzausbildung für Wortverkündigung eigene Initiative an den Tag. 1977 wechselt sie zudem wie ihre Freundinnen Christiane und Waltraud zur Poliklinik. Ihr Privatleben gestaltet sich noch 1982 in einem "gewissen Gleichmaß im Ablauf der Wochen und Monate", doch schon 1 ½ Jahre später kann sie überraschend von der Heirat ihrer Jugendliebe berichten – mit gut 45 Jahren. Seither lebt sie in *Stadtilm*. In dieser Zeit ist sie öfters nebenher in den Verkündigungsdienst eingebunden. Auch Christa prägten die Erlebnisse des politischen Umbruches. "Ein ereignisreiches Jahr ist vergangen", schreibt sie 1990, "ein neues Jahr liegt wie ein verschlossenes Buch vor uns. Bei all' den verwirrenden u. bedrohlichen Nachrichten ist es gut zu wissen, daß wir treu sorgende Hände des einen VATERS um uns haben."

Als Christa um 2003 wegen einer ernsthaften Erkrankung häufiger das Stadtkrankenhaus Arnstadt aufsuchen muss – diesmal als Patientin – gesteht sie beherzt offen: "Man kann viel über die Ewigkeit sagen und besingen, steht man jedoch vor der Tür, dann schlottern einem ganz schön die Knie." (Bd. II).

Briefe von Christa: 49 f., 68, 85 f., 106, 123 f., 153, 174 f., 191 f., 205 f., 220 f., 235 f., 252 f., 272 f.

*

Ruth, geb. I., *Pfarrerstochter, Jg. 1937* – wird 1961 glückliche Pfarrfrau und zwei Jahre später zum ersten Mal Mutter. In der Gemeinde hilft sie etwa mit den Kindergottesdiensten. 1964 wird Sohn M. geboren. "Ja, unser Familienglück ist groß und es ist unser großer Wunsch, daß es immer so bleiben möchte", schreibt Ruth überglücklich im Oktober 1965. Allerdings gibt es mit drei Gemeinden, baulichen Sorgen und einem riesigen Gartengrundstück für das junge Paar außerordentlich viel zu tun. Und zwar ohne die Hilfe eines Hausmädchens wie es früher in Pastorenkreisen üblich gewesen ist. "An den Kirchen ist überall zu renovieren u. vieles muß selbst in die Hand genommen werden, wenn man nicht Jahre warten will. Z.B. haben wir Fensterrahmen für die Jeebener Kirche schon mindestens 1 Jahr bestellt. Nichts tut sich", klagt Ruth 1966. Im Jahr darauf hat sie eine erstere größere Erkrankung durchzustehen.

"Bauprobleme gibt es an fast allen 7 Kirchen, die Jeebener ist am meisten betroffen, sie steht unter Denkmalschutz und wir müssen viel Geduld aufbringen", teilt sie ihren "Kursgeschwistern" noch zehn Jahre später mit. 1979 wird Multiple Sklerose diagnostiziert. Während der folgenden Jahre, die Kinder sind aus dem Haus, kämpft Ruth um Besserung bzw. versucht mit den Schüben zu leben. "Dankbar können wir für jede Heilung u. Wiederherstellung sein", kommentiert dies Else-Marie im Jahr 1981, "andererseits müssen wir lernen, u. das jeder für sich, mit Gebrechen zu leben. Ruth geht uns da ein Stück voran. Sie hat uns auch die Kraft- u. Lebensquelle gerade in solchen Situationen gezeigt. Vieles andere verliert dann an Bedeutung u. hat keinen Bestand."

"Aber ich will nicht resignieren, sondern mir Mühe geben, mehr und mehr zu lernen, mich als Behinderter unter 'Gesunden' zu bewegen", bestätigt dies Ruth im Jahr 1983: "Das ist ein langer Lernprozeß. Wenn man die Augen offen hält, sieht und spürt man in schweren Zeiten Gottes Hilfe und Beistand." Allerdings: "Daß ich meinen Mann nicht mehr so zur Seite stehen kann, ist manchmal nicht einfach", gesteht sie, angewiesen auf Gehhilfen.

Briefe von Ruth, geb. I.: 53, 69 f., 88 f., 107 f., 124 f., 153 ff., 176 f., 192 f., 207, 222, 237 f., 254, 274 ff., 292

*

Maria, Pfarrerstochter, Jg. 1937, wechselt von Hagenow nach *Dresden* und lässt sich dort als Laborantin ausbilden. Zu finden ist sie im Hämatologischen Labor des Sächsischen Serumwerkes (SSW). Der Luxus bleibt bescheiden: "Ich habe mir im Frühjahr Hellerauer Möbel für mein Zimmer gekauft", schreibt sie 1966: "Mir gefällts und ich finde es ganz gemütlich, nur heizen kann ich nicht, ich muß die Tür zum Nebenzimmer auflassen, um ein wenig von den weiteren Breitengraden mitzubekommen. Eva kennt meine Kemenate."

1983 bekommt sie von der staatlichen "Wohnraumlenkung" eine neue Wohnung zugewiesen, im Plattenbau. Eine Errungenschaft, nachdem die andere bereits baupolizeilich gesperrt war.

In ihrer Freizeit bereitet der Chor die größte Freude, im Sommer liebt sie Reisen ans Meer. Ansonsten sind der Familienzuwachs unter ihren Geschwistern und die ausufernde Arbeit in der Klinischen Pharmakologie die beherrschenden Themen der 1980er Jahre. Das wird bis weit über das Rentenalter hinaus so bleiben. Der Absprung in die zweite Lebensphase fällt Maria sichtlich schwer. (Bd. II)

Briefe von Maria: 51 f., 68 f., 87 f., 106 f., 122 f., 143, 171, 181 f., 198 f., 217, 228, 242 f., 262 f., 280 f.

Ruth Begrich

zu ihrer Taufe am 1. Advent (27. November 1938 in Bornhagen) von ihrem Großvater Begrich in Emersleben.

Von Busch und Baum fiel welk und matt
in Herbstnebeln Blatt um Blatt.
Da geschah's durch Gottes Güte,
daß ein Blümlein uns erblühte.
Ein hochgebornes Töchterlein,
- Hochgeborn nicht drum allein,
weil es auf des Eichsfelds Höh'n
just das Licht der Welt ersehn,
sondern weils als Gottes Kind
seines Lebens Lauf beginnt!
Aus der Taufe heut' gehoben
unter Beten, Danken, Loben
soll's in Gottes Diensten stehn,
als sein Kind durchs Leben gehn.
Unter Gottes Vaterhut,
Gottbegnadet: eine Ruth!
Gottes Segen sie geleite,
so ist unser Flehen heute,
daß in Freud und Leid sie spürt,
treu, von Gottes Hand geführt,
sei ihr Leben bis ans End
ein steter seliger Advent!

Gott schenkte uns unser erstes Kind, ein Töchterchen

Ruth

In dankbarer Freude

Jobst Begrich, Pastor,
und Frau Elisabeth geb. Nordheim

Bornhagen/Eichsf., den 25. Oktober 1938.
z. Zt. Heiligenstadt (Klosterkrankenhaus)

Oben: Gedicht zur Taufe von Pastor Karl Begrich (1879-1952)

Mitte: Geburtsanzeige

Unten: Mutter Elisabeth geb. Norheim (1913-1988) mit Ruth, Brigitte und Christoph.

Q/426 a
Über Frau Oberin Seidel.
              Berlin, d.4.Februar 1957.

Schwesternschülerin
Ruth B e g r i c h
A r n s t a d t ,
Kreiskrankenhaus.

Liebe Schwester Ruth!

Dass Sie sich erst auf die Arbeit am kranken und hilf-
losen Menschen umstellen mussten, ist verständlich. Aber
nun klingt aus Ihrem Erstbericht so viel gutes Wollen,
dass Sie immer mehr in die praktische Arbeit hineinwachsen
und die Freude am Dienst spüren werden. Durch Ihre sorg-
liche und gewissenhafte Art werden Sie das Vertrauen der
Ihnen überlassenen Kranken erwerben.
So nehmen wir Sie gern als Schwesternschülerin in die
grosse Schwesterngemeinschaft auf, die Ihnen in den vor-
weihnachtlichen Festtagen besonders bewusst wurde. Durch
Frau Oberin Seidel erhalten Sie jetzt die Schülerinnenbrosche mit den Schwesternregeln der Schwesternschaft.
Wir grüssen Sie herzlich mit guten Wünschen für die weitere Lernzeit.

Schwesternschaft des
Ev. Diakonievereins e.V.

Schwester
Ruth B e g r i c h
Heinsdorf bei Artern
Hauptstr. 2
              Einschreiben

Liebe Schwester Ruth!

Nach dem Scheiden von unserem Diakonieseminar in Arnstadt hatten Sie sich nach Hagenow gewünscht und sind dort eine tüchtige und geschätzte Op.-Schwester geworden. Ihr Fortgang wird
recht betrauert, denn für den Arzt und die Kranken ist eine
eingearbeitete Op.-Schwester unendlich viel wert. Ihren Eltern zuliebe sind Sie jetzt wieder in Heimatnähe zurückgekehrt
und werden in Kürze mit der Arbeit in der heutigen Medizinischen Akademie in Erfurt beginnen - einst unser grosses Erfurter Diakonieseminar. Der Gedanke daran ist uns schmerzlich,
liebe Schwester Ruth, das werden Sie verstehen. Nach dem Hagenower Krankenhaus wird Ihnen die Umstellung auf den riesigen Betrieb nicht leicht werden. Sie können ganz gewiss viel
dort lernen. Möchten Sie sich gut einleben und froh im Dienst
stehen können, liebe Schwester Ruth.

Wir brauchen Ihnen wohl nicht zu sagen, dass wir uns freuen würden, wenn Sie eines Tages in die Schwesternschaft zurückfinden
und munter eine der Arbeiten angreifen, in die wir in der Diakonie täglich gerufen werden. Wir müssen schweren Herzens immer wieder Hilferufe ablehnen, die uns von Seiten der Pfarrer,
Heime und Gemeinden erreichen, weil die Schwestern, die imstan-
den zu verantwortlicher Arbeit fähig sind, heiraten oder eine
andere Aufgabe vorziehen.

Wir danken Ihnen, nachdem Sie Frau Oberin von Lindeiner Ihre
Schwesterntracht und -brosche abgegeben haben, Ihre persönlichen Papiere zurück und legen eine Bescheinigung über die Zeit
Ihrer Zugehörigkeit zu unserer Schwesternschaft bei. Den Eingang bestätigen Sie uns bitte.

Wir danken Ihnen, liebe Schwester Ruth, dass Sie vor Ihrem Fortgang über die Ausscheidefrist hinaus noch eine Urlaubsüberbrückung
für eine Mitschwester gegeben haben; dies war Ihr und Frau Oberin
von Lindeiner eine Hilfe. Gott behüte und geleite Sie auf Ihrem
weiteren Lebens- und Berufsweg. Wir grüssen Sie zum Abschied herzlich.

Schwesternschaft des
Ev. Diakonievereins e.V.

Anlagen:
Schulzeugnis i.Abschr.
Berufsschulzeugnis i.Abschr.
Gesgn.u.vordiakon.Kursus i.Abschrift.
Stellenzeugnis i.Abschr.

Oben: 1957: Aufnahme in die Schwesternschaft aufgrund Ruths Erfahrungsbericht. Vgl. dazu auch die Ausführungen von Lotti S. 12.

Rechts: 1962: Austritt aus der Schwesterschaft des Diakonievereins Zehlendorf

Orts- und Landschaftsregister

Personenregister

A

Ahrens, Hanna (II) 154

Albertz, Heinrich (I) 213

Aufderbeck, Hugo (II) 276

Awet aus Eritrea (II) 272 f., 279 f., 304

B

Bach, Johann Sebastian (I) 47, 60, 98, 112, 213, 241, 264, 283, (II) 11, 64, 87,, 141, 173, 175, 182, 195

Barenboim, Daniel (II) 58

Bäuml, Jutta (II) 195

Bednarz, Klaus (II) 191

Begrich, Elfriede (I) 6 (II) 193

Begrich, Gerhard (II) 65, 90

Begrich, Gisela (II) 283

Begrich Martin d. J. (I) 58, 128, 162, (II) 52 f., 90, 100 f., 110, f. 125, 148, 181, 257 f., 276, 313

Begrich, Siegfried (I) 283 f., 298 (II) 65

Begrich, Thomas (I) 298, (II) 283

Begrich, Teja (II) 142

Below, Christel (Sr.) (I) 295

Bergengrün, Werner (II) 156

Berlioz, Hector (II) 51

Bernstein, Leonhard (II) 30

Bezzel, Hermann von (I) 185

Biller Georg-Christoph (II) 156

Bonhoeffer, Dietrich (I) 147

Bonifatius (II) 44, 142

Boom, Corrie ten (I) 66

Bovet, Theodor (I) 64

Brahms (II) 51, 151, 224

Brehm, Alfred (II) 264

Bruckner (II) 169, 175

Büchner Friedrich (II) 111

Buttig, Renate (Sr.) (II) 23, 315

Buxtehute, Dieterich (I) 76

Claus v. Stauffenberg (II) 192

C

Câmara, Dom Hélder Pessoa (II) 54

Camus, Albert (II) 307

Carius, Anne (I) 172

D

Demke Oberin (I) 180, 186, 238, 249, 293 296 (II) 4

Demnig, Gunter (II) 207

Dewitz von, Ursula (I) 8, 296

Döhrmann, Gertraute (Sr.) (II) 18, 23, 29

Dönhoff, Marion Gräfin von (II) 137, 191 f.

Dvoráks, Antonín (II) 64

F

Falcke, Heino (I) 213

Stefan Stadtherr Wolter (Hg.)

BEKENNTNIS & AUFBRUCH

Die „Kursgeschwister" aus Arnstadt
im Rundbrief als Spiegel der Zeit (II)

Drei Jahrzehnte im vereinten Deutschland

Preis: 12,99 Euro

Paperback
336 Seiten, 21 x 14,8 cm

Ankündigung

Paul Jobst Martin Begrich (1897-1971),

heute bekannt als Pastor, Historiker und Autor, wanderte 1929 frisch vermählt nach Brasilien aus, wo in der expandierenden Gemeinde São Paulo eine zweite Pfarrstelle zu besetzen war. 1936 bezog das Paar das „Heydenreichhaus" – ein nach dem Stifter genanntes Gemeindezentrum, umgeben von einem riesigen Garten. Wo sich heute Hochhäuser dicht aneinanderreihen, grünte unter der Hand des naturverbundenen Denkers nicht nur der Acker. Ein blühendes Gemeindeleben entfaltete sich, das trotz der politischen Wirren der Zeit nie gänzlich zum Erliegen kam.

Die erstmals veröffentlichten Tagebücher gewähren Einblicke in die Alltags- und Arbeitsstruktur, ins Privatleben und in die Formen der Geselligkeit der Deutschen in Brasilien während der wechselnden schwierigen politischen Verhältnisse im Lande zwischen 1929 und 1950. An Pfarrer Martin Begrich kann ein persönlicher Werdegang nachvollzogen werden – von der Kindheit im bildungsbürgerlich und national-protestantisch geprägten Pfarrhaus, den traumatischen Erlebnissen im Ersten Weltkrieg, dem Begrüßen und Ablehnen des Nationalsozialismus bis hin zum Mitgestalten der deutsch-brasilianischen Beziehungen im Nachkriegsdeutschland. 1954 erhielt er das Bundesverdienstkreuz.

Begrich leistete Pionierarbeit bei der Erforschung der Anfänge der deutschen Kolonien und wurde selbst zu einem wichtigen Förderer und Zeugen der Entwicklung des Deutschtums in Brasilien.

Martin Begrich erscheint in den Tagebüchern als ein begnadetes „Kind im Horizont seiner Zeit". Seine Erkenntnis, auch geirrt, gesucht und vielleicht nicht immer gefunden zu haben, mag ihn von der Aufarbeitung seines Wirkens abgehalten haben. Sein Großneffe, Historiker Stefan Stadtherr Wolter (geb. 1967), spürt im 50. Jahr der Wiederkehr seines Todestages dem vielseitigen Leben nach.